双碳目标下的绿色增长

中国经济增长十年展望 10 2022—2031

国务院发展研究中心"中长期增长"课题组

刘世锦 主编

中信出版集团 | 北京

图书在版编目（CIP）数据

双碳目标下的绿色增长 / 刘世锦主编 . -- 北京：中信出版社，2022.10
ISBN 978-7-5217-4754-6

Ⅰ.①双… Ⅱ.①刘… Ⅲ.①中国经济－绿色经济－经济增长－研究 Ⅳ.① F124.5

中国版本图书馆 CIP 数据核字（2022）第 167182 号

双碳目标下的绿色增长
主编：刘世锦
出版发行：中信出版集团股份有限公司
（北京市朝阳区惠新东街甲 4 号富盛大厦 2 座　邮编　100029）
承印者：宝蕾元仁浩（天津）印刷有限公司

开本：787mm×1092mm 1/16　印张：31.25　字数：270 千字
版次：2022 年 10 月第 1 版　印次：2022 年 10 月第 1 次印刷
书号：ISBN 978-7-5217-4754-6
定价：98.00 元

版权所有·侵权必究
如有印刷、装订问题，本公司负责调换。
服务热线：400-600-8099
投稿邮箱：author@citicpub.com

本书编写人员

主　　编：刘世锦

协调人：刘培林　赵　勇

其他作者：邹　骥　辛嘉楠　才婧婧　李俊峰　刘玲娜
　　　　　张永生　禹　湘　王子豪　郑旭扬　郭　徽
　　　　　蔡　颖　陈　晨　李云海　徐晓龙　姜淑佳
　　　　　许　伟　赵　勇　卓　贤　杨修娜　黄俊勇
　　　　　赵建翔　韩　阳　王　青　刘　馨　于亮亮
　　　　　董安胜　丁　东　马天昊　张　航　崔　煜
　　　　　彭田杰　张文清　刘　涛　张　振

本书出版得到黄廷方慈善基金资助

目 录

导 言 双碳之解 ·· 刘世锦 1
稳增长重在稳预期 ·· 1
双碳目标与全方位的发展方式转型 ·················· 5
尽快形成四位一体的减排协同机制 ·················· 7
两种不同的减碳战略 ·· 10
进取型减碳战略的三支柱体系 ······················· 14

专 题

第一章 碳中和愿景下谱写绿色低碳的新增长故事
······························· 邹骥 辛嘉楠 才婧婧 21
中国增长新方位 ··· 23
双碳目标的实施路径 ······································· 28
推动绿色投资、低碳消费和低碳产品贸易，
　　为中国经济增长注入新动能 ··················· 33
建立激励相容的环境经济激励政策机制 ·········· 40

第二章	双碳目标下中国能源转型问题的若干思考

　　……………………………李俊峰　刘玲娜　44
　　能源转型必须坚定不移地推进……………………47
　　能源转型必须多管齐下……………………………50
　　能源转型要坚持实事求是…………………………54
　　推动中国能源转型的几点建议……………………60

第三章	新发展理念下碳中和的风险防范…………张永生　63

　　理解碳中和的重大历史机遇与挑战………………66
　　对碳中和风险的总体研判…………………………69
　　碳中和与重点风险防范……………………………80
　　重点煤炭地区绿色转型的挑战与风险……………83

第四章	工业碳达峰前景展望………………………禹湘　88

　　工业碳达峰碳中和的实现背景……………………89
　　工业碳达峰面临的挑战与机遇……………………96
　　工业碳达峰的展望…………………………………98

宏　观

第五章	2022 年经济形势分析和十年增长展望

　　……………宏观经济和长期增长研究课题组　107
　　2021 年回顾：投资大幅下滑带动 2021 年
　　　第三季度后增长减速 ……………………… 109
　　2022 年展望：经济增长呈现中间低两边高的态势，
　　　中速增长平台重心再下台阶 ……………… 114

未来十年中国经济增长展望 …………………… 124
政策建议：结构性潜能重于宏观政策 …………… 134

第六章 人口集聚、结构性潜能与潜在增长率
……… "人口集聚和结构性潜能研究"课题组 137
研究背景 …………………………………………… 138
集聚效应 …………………………………………… 139
人口密度的空间格局 ……………………………… 141
人口密度与经济增长 ……………………………… 150
人口集聚与潜在增长率 …………………………… 159
结论与政策含义 …………………………………… 166

第七章 居民消费：疫情冲击下的减缓、韧性与复苏
………………………………… 蔡颖 陈晨 170
2021年居民消费情况回顾：全口径视角下的
　居民消费 ………………………………………… 172
2022年居民消费展望 ……………………………… 179
未来十年居民消费增长路径展望 ………………… 188
政策建议 …………………………………………… 191

第八章 稳增长新动向：基建、制造业助力投资企稳回升
………………………………… 李云海 徐晓龙 195
2021年资本形成发展回顾 ………………………… 196
2022年资本形成趋势展望 ………………………… 204
未来资本形成的长期展望 ………………………… 212
政策建议 …………………………………………… 216

第九章　进出口：外贸规模再创新高

　　………………………………………………姜淑佳　219

2021 年：货物贸易强劲增长，服务贸易逆差收窄

　　……………………………………………………… 220

2022 年：贸易景气度切换的一年 ……………… 226

未来十年中国进出口展望 ……………………… 228

政策建议 ………………………………………… 232

第十章　畅通供应链缓解人民币贬值压力

　　…………………………………………………… 许伟　235

2021 年以来人民币汇率走势总体稳定 ………… 236

受疫情散发冲击、美元加息提速等因素影响，

　　人民币汇率短期将面临一定贬值压力 ……… 238

人民币汇率长期仍有可能小幅升值 …………… 241

政策建议 ………………………………………… 245

要　素

第十一章　人力资本：灵活就业成为稳就业的重要途径

　　……………………………………………………赵勇　249

2021 年就业市场景气指数不断回升，全年

　　就业形势基本保持稳定 ……………………… 251

2022 年就业压力将进一步增大 ………………… 262

规范平台灵活就业的相关政策建议 …………… 266

第十二章 返乡、睡村与家庭城镇化

——农民工回流本地的近忧与隐虑

.... 卓贤　杨修娜　270

2021年城镇化进程回顾与未来十年展望 272

农民工跨省回流和本地就业半径扩大的新趋势 ... 273

县域经济发展和"举家城镇化"的高成本

　构成回流的引力和推力 276

农民工回流本地的近忧与隐虑 278

应从"以人为核心的城镇化"升级为"以

　家庭为核心的城镇化" 281

第十三章 绿色发展：减污降碳协同增效助推绿色转型

.... 黄俊勇　284

2021年我国生态文明建设成效显著 285

2022—2031年我国绿色发展前景展望 291

政策建议 295

产　业

第十四章 供给侧：承压筑底，复苏可期 .... 赵建翔　301

供给侧经济观察 303

供给侧经济展望 313

政策建议 328

第十五章 房地产：在阵痛中转型 .... 韩阳　332

2021年：撕裂的上下半场 333

2022 年：增温御寒 ………………………………… 338
2022—2031 年：从"前锋"到"中场" ………… 341
政策建议：创造温和的渐进式改革环境 ………… 344

第十六章 汽车：从补偿性增长向潜在增长水平回归
………………………………… 王青 刘馨 348
汽车销量结束三年连降，市场持续修复 ………… 349
未来十年中国汽车需求增长前景（2022—
2031 年） ………………………………………… 365
双碳目标引领下的中国汽车产业低碳
转型发展 …………………………………………… 372

第十七章 装备制造业：绿色化数字化推动转型升级
……………………………… 于亮亮 董安胜 383
2021 年：行业增长平稳，结构调整在路上 …… 385
2022 年：挑战中孕育着希望 …………………… 392
2022—2031 年：装备制造业绿色化转型和
进一步升级 ……………………………………… 396
政策建议 ………………………………………… 400

第十八章 钢铁行业：压力下的韧性增长
………………………… 丁东 马天昊 张航 405
2021 年钢铁产业回顾 …………………………… 406
2022 年双碳背景下的钢铁行业 ………………… 416
钢铁行业中长期发展展望 ……………………… 420
政策建议 ………………………………………… 424

第十九章　能源行业：转型升级的"突围战"
.... 崔煜　彭田杰　张文清　427

2021年国内能源结构继续优化，清洁能源
　　占比稳步提高 428
2022年新旧能源共同发力，能源结构
　　持续优化 436
以"绿色高质量发展"为目标，驱动能源行业
　　中长期增长 439
政策建议 450

第二十章　服务业：全面恢复中推进低碳发展
.... 刘涛　刘馨　453

2021年我国服务业发展回顾 454
2022年我国服务业发展展望 458
未来十年我国服务业发展趋势 460
持续推进服务业低碳发展 462

第二十一章　金融业：保实体、增绿色、提效率
.... 张振　474

2021年货币总量稳定、结构优化，
　　汇率弹性增强 476
2022年的金融业：在不确定中为实体
　　经济恢复提供确定性 479
2023—2033年展望：绿色、科技重塑
　　金融业态 483
政策建议 485

导言　双碳之解

刘世锦

进入2022年后，新冠肺炎疫情、俄乌冲突、三重压力（需求收缩、供给冲击、预期转弱）下的经济减速不期而至，中国经济面临着较以往更大的不确定性和不稳定性。这些事件的短期和中长期影响复杂，有些可能带来长期的结构性改变。挑战不仅来自事实本身，还来自对同一事实的认识分歧乃至冲突。但经济仍然是重要的，当务之急是中国经济能够重返稳定增长的轨道。作为中国经济长期发展的研究项目，本书将如何实现双碳目标作为主题。如同以往，这篇导言将首先讨论2022年的宏观经济态势，然后聚焦于实现双碳目标的一些基础性、长期性议题。我们提出的一个基本问题是，双碳不仅是一个减排问题，还意味着更广义上的发展方式转型。在此背景下，我们依次讨论了协同机制、减碳战略，提出了进取型减碳战略的三支柱体系及其实施路径。

稳增长重在稳预期

2021年前两个季度经济的恢复和增长基本符合预期。第三季度出现明显回落，增速低于5%，第四季度进一步降低至4%。宏观增速下降主要是由于投资快速下滑。我们采用的腾景国民经济运行全口径数据库显示，按不变价当月同比口径，投资增速在7

月出现负增长,降幅最大超过7%;基建和房地产投资分别在5月和8月进入负增长,降幅也都超过10%。这是除了2020年第一季度受疫情冲击外,很长时期以来未曾有过的现象。

中央经济工作会议并未回避经济运行面临的挑战,明确提出经济增长面临需求收缩、供给冲击、预期转弱的三重压力。增速下行的短期因素是疫情反复、限电停产、供应链冲击,包括上游原材料限产、涨价、缺芯、缺柜、缺工等。中长期因素的影响也不容忽视。基建投资项目储备不足,地方债务风险加大,投资回报降低,融资能力下降,反映的是有效投资需求下降。房地产投资总体上已过峰值期,近年来拉动增长的都市圈和城市群的结构性潜能也在回落,不大可能重返若干年来的较高增速轨道。我们研究团队进行的一项关于中国与OECD(经济合作与发展组织)国家终端需求结构的比较研究显示,在按购买力平价计算的相同人均收入水平下,中国的基建投资比重较OECD国家高出一倍以上,房地产投资比重也高出30%以上。换句话说,我们在这些领域的投资可能在前些年已经出现潜能透支的问题。

疫情开始后的前两年,我国平均经济增速是5.1%,2022年政府提出的增长目标是5.5%。三年间GDP都停留在5%~5.5%的增速区间,这是疫情期间的阶段性现象,还是常态化的调整?我们倾向于后一种判断,也就是说,与疫情前相比,中国经济中速增长平台重心有1个百分点左右的下移。疫情前,人们还在争论是否要"保6",而近三年和此后一段时期,中国经济将会处在5%~5.5%的增长平台上。

前一段时间经济增速已低于潜在增速,如何使之尽快回升至潜在增长轨道?人们往往首先诉诸宏观政策。无疑,货币政策、财政政策等可以力度再大一些、有效性再高一些,在经济下滑之际起到托底提升的作用。但经验表明，仅有这些是不够的，甚至这些不是主要方面。

预期转弱是这次经济增速下滑的重要原因。预期问题以前也存在，但这一次似乎更为突出，起因也更为复杂。这个问题如果不能有效解决，投资者、生产者不看好前景，那么即便宏观政策宽松了，潜在增速也难以转换为实际增长动能。首先，要重申党和国家关于改革开放发展的系列大政方针，强调坚持以经济建设为中心，坚持"两个毫不动摇"，坚持建设高标准社会主义市场经济体制，坚持高水平对外开放，等等。之所以要重申，是因为诸多因素带来观点和政策上的混乱，通过重申澄清是非，可以增强大政方针的可信性。其次，需要加强对市场经济基本常识的宣传教育。比如，对能耗总量和某个行业增速的直接控制，其前提是对能耗和相关行业需求的精准计算，这件事情如果能够做到，当初就不用改革计划经济了。因此，还是要讲清楚什么事情需要市场做，什么事情适合政府做。最后，应更多运用法治办法保持政策的连续性、稳定性。法治的优点就是连续、稳定，不因人因事而随意改变。还是要讲一句老话，要多用法律的、经济的办法，在需要用行政办法的场合，也要提高其科学性，通过法治建设的进步推动政策和预期的稳定。

保持与潜在增速相适应的实际增速是必要的，通过努力也是可以争取到的，但必须以高质量发展为前提，并与其相协调。从长期看，这样做才可能真正实现国家经济总量和人均收入水平的快速增长。这一点在2021年经济增速分别按不变价人民币、现价人民币和现价美元计算的差异中已经明确显示。

2021年GDP总量按不变价人民币计算增长8.1%，按现价人民币计算增长12.8%，按现价美元计算则增长20%。如按现价美元计算，GDP总量在2020年为14.7万亿美元，2021年为17.7万亿美元，增加3万亿美元。这3万亿美元中，大约2万亿美元来自现价人民币衡量的增长，1万亿美元来自汇率升值。从2020年到2021年，人民币对美元汇率由6.9升到6.45，升幅为7%。

按照已有发展规划，到2035年，我国人均收入要达到中等发达国家的水平，也就是3万美元以上。如果按人民币不变价计算，即使人均收入翻一番，此间年均增速也要达到4.7%以上，难度相当大，但这并不意味着已定目标无法实现。其中的一个重要因素是汇率变动。根据日本、德国的历史经验，其人均收入在达到1万美元后的16年间，都经历了经济中速增长和汇率快速升值的过程，按现价美元计算的人均收入水平大幅上升，其中汇率升值的贡献显著大于实际增长的贡献。

汇率变动是一个复杂问题，从长期看，最重要的变量是劳动生产率，而劳动生产率和全要素生产率是高质量发展的核心指标。由此引出的启示是，我们需要保持可争取的、不盲目追高、符合现阶段潜在增长率的增速，更重要、难度更大的是坚持高质量发展不动摇，其内涵包括宏观基本稳定，微观有活力，结构持续转型升级。假设年均实际增速为5%左右，人民币现价与不变价差额和汇率升值之和上升5%，到2035年人均收入达到中等发达国家的目标是有可能实现的。

无论是保持必要增速，还是坚持高质量发展，都必须把更多的注意力和精力放到通过深化改革开放激发结构性潜能上。在逻辑层面，我们可以区分三种增长率，一是技术可能性意义上的潜在增长率，二是既有体制架构内可实现的增长率，三是宏观政策约束下可实现的增长率。实际增长率是以上三种增长率的叠加。如前所述，技术可能性意义上的潜在增长率逐步下降，但仍可达到5%~5.5%。近些年宏观政策的度总体上把握得较好，尤其是在疫情期间，基本上满足了经济救助、恢复和发展的需要，也没有搞大水漫灌，不存在政策过紧而压制增长率的情况。这样，关注的重点就要转到技术可能性意义上的潜在增长率和体制架构内可实现的增长率之间的缺口上。近期需要推出一批具有扩张性的深化改革开放、促进创新的政策举措，放松不当体制政策对增长潜能的约束，使之成为稳增长的重要力量。

双碳目标与全方位的发展方式转型

碳减排、碳中和目标的提出，其影响并不限于环境领域，对中国乃至全球发展模式都具有重大影响。二氧化碳等温室气体不同于传统污染物，在过去的很长时间内，该类气体并不被认为是有害的。当越来越多的科学证据表明人类活动产生的温室气体加剧全球升温并带来严重负面影响后，温室气体对经济活动的含义发生了改变，它被认为是人类发展付出的一种代价或成本。然而，温室气体具有全球范围的外部性，产生温室气体的活动带来的收益获得者是具体的，但温室气体引发的危害是全球性的。这种巨大的负外部性带来了相应的治理难度。

在绿色发展的视野内，同时也存在着具有巨大正外部性的公共物品，如生态环境。绿水青山就是金山银山，好的生态环境是人们福利体系的重要组成部分。随着人均收入水平的提高，这种重要性也相应上升。用生态学的概念说，生态环境能够带来生态资本服务价值，如固碳释氧、调节气温等。生态资本服务价值同样具有外部性，但通常是有区域范围的，与温室气体的外部性差异很大。同时，生态资本服务价值迄今尚未形成社会普遍认同的度量方法，而温室气体并不存在这个问题。度量方式的不足也加大了生态资本服务价值外部性的治理难度。

显然，已有的经济社会发展方式及其核算体系存在着重要遗漏或偏差。当我们讲到生态环境、污染治理以及双碳目标时，并不是对原有模式的修修补补。考虑更多方面的矛盾和挑战，已有的发展方式面临的是全方位转型。对这样一个重大议题，我们在这里不可能展开深入讨论，仅提出一些可供探讨的要点。

第一，发展是由物质资本、人力资本、自然资本和社会资本协同推动的。物质资本是基础性的，人力资本的重要性与日俱增，包含生态资本和地下资源的自然资本越来越受关注，而社会资本在数字时代被赋予了更多含义。但在四种资本如何相互影响、相互合作推动社会运转等很多方面我们并不清楚，尤其对后两种资本尚缺少深入理解。

第二，经济社会核算体系内的成本和收益需要做出重要调整。碳排放和常规污染物引起的短期和长期负面影响，应作为成本项计入核算体系。在绿色 GDP 核算中，我们就曾对常规污染做出过此类扣除。相应地，生态资本服务价值等绿色收益，应作为收益项计入核算体系。这些成本收益的调整，将会引起生产经营和投资活动效益和价值的重估，并形成新的激励机制。

第三，上述核算体系的调整以度量技术和方式变革为前提。以前述四种资本为例，物质资本的度量是基本成熟的；人力资本的度量有很大进展，但仍有较大提升空间；生态资本的度量有所进步，但与普遍可用还有较大距离；而社会资本的度量看起来差距更大。资本度量技术的进步是人类社会发展的基石。人们很早就意识到生态资本和社会资本的实际作用，但这些作用未能在现实发展过程中得到应有体现，这在很大程度上是受到了度量手段的制约。

就绿色转型而言，如果生态资本及其服务价值在度量方法上不能取得大的突破，所谓转型就很可能流于口号，难以落到实处。

第四，治理体系的变革。新加入核算体系的碳和其他污染物排放、生态资本服务价值等具有程度不等的外部性。如果沿用既有方式将其作为公共物品对待，前景恐难乐观。反之，如果在度量技术进步的基础上，内部化这类物品的外部性，使之接近或成为私人物品，进而融入市场体系，情况将大不相同。即便如此，在外部性内部化的过程中，虽然市场机制起作用，但这都是政府介入的结果，或者说，这类市场是由政府创造的。显然，这对政府组织的智慧和能力是一大考验。以往经验表明，政府组织是否能够发挥有效作用是不确定的，因为需要在某一时点上同时具备多种条件。

第五，获取新的发展动能。发展方式的转型并不仅是核算项目上的加减。碳减排、碳中和，常规污染物的治理，重视生态资本服务价值等，都是人类社会在新的认识水平上对发展方式进行的调整。对调整带来的冲击，人们的反应可能是消极的，也可能是积极的，即用改革和创新的办法面对和解决问题。而创新能力一旦形成，将会给经济社会发展带来超过预期的增长动能。在人类历史长河中，碳冲击只是发展约束条件改变后刺激创新的一次机会。

尽快形成四位一体的减排协同机制

双碳目标提出后，在国内外产生了广泛而深远的影响。如果说以往减碳更多地为能源、环保等领域所关注，那么实现双碳目标已经影响到全社会各个行业和各个层面，部分领域已经切实感受到这一目标的现实冲击力。为了实现短期的减排目标，有的地方一度出现了拉闸限电甚至停工停产的情况。尽管这类情况并不普遍，为时不长，但已经触及现阶段实现双碳目标难以回避的内在矛盾和政策冲突。

中国人均收入超过1万美元，总体上还是一个发展中国家，距离步入发达国家的门槛，还有相当长一段路要走。中国实现碳中和目标的同时，仍要兼顾其他重要目标，达到多目标的平衡。具体而言，是要立足中国的现阶段国情，尽快形成降碳、减污、扩绿、增长四位一体的协同机制。

首先要注意到，中国与发达经济体在发展阶段上存在重要差别。发达国家已经度过了工业化高峰期，进入以服务业为主的增长阶段，常规污染问题基本解决，生态环境总体较好，经济增长已转入成熟期，难以出现较高增长速度。对它们而言，绿色转型主要是碳减排的问题。而我国除了碳减排之外，常规环境污染治理和生态保护还没有过关，更重要的是，我国有必要也有潜力继续保持较快的经济增长。这几个方面都很重要，都要抓，都要硬，不可偏废。

有人可能会产生疑问，强调其他几个目标会不会弱化降碳目标。事实上，如能形成有效的协同机制，不仅不会弱化反而会有利于降碳目标。碳排放与其他污染物排放有较高的同源性，降碳与减污可以达成显著的协同效应。深圳的经验表明，大气治理与降碳的同源性达到70%，具有高协同性特征。生态修复、植树造林，可以增加碳汇，而碳汇可以中和碳排放。绿色技术创新和推广，既能促进经济增长，也有利于降碳、减污、扩绿。可从以下方面入手，加快形成这一协同机制。

一是把四位一体协同机制作为实现双碳目标、促进绿色转型的重要指导思想和工作方针。这一条应在各级政府五年规划、年度任务和日常工作中加以明确和体现。强调不能单打一减排,要诸方面协同推进;不能运动式减排,要立足长远、久久为功;不能形式主义减排,要推动发展方式的实质性转变。事先要有安排,事后要检查评估。

二是完善四位一体的指标体系和协同效应。对降碳、减污、扩绿、增长,要提出各自有科学依据的度量指标,同时应充分考虑这些指标之间的关联性,促进降碳与减污,降碳与扩绿,绿色技术创新与降碳、减污、增长等之间的协同效应。近期应尽快实现能耗"双控"向碳排放总量和强度"双控"的转变,重点是在统计方法、考核机制等方面把工作做实做细,尽快形成实施条件。

三是纠正不利于形成四位一体协同机制的政策或做法。例如,有的地方在减污降碳过程中,不论是否采用绿色技术,是否达到绿色标准,对高耗能或高碳行业均实行"一刀切"限制,其结果是减少供给,推高价格,同时也伤害了企业推动绿色转型的积极性。应对高碳行业实行"放开、稳住、限制"相结合的区别化政策,也就是放开绿色生产、投资、技术创新和推广的空间;稳住与经济社会安全和平稳运行直接相关、短期内难以被替代的环节;有序限制其他非绿色生产、投资,并加快实现绿色转型。

四是前瞻性制定受冲击领域的风险防控与产业就业转型规划和政策。以煤炭、钢铁、有色、化工、水泥等传统能源和高耗能产业为主的区域,将面临主体性产业替换的重大冲击,并引起高碳资产价值下跌和重估,进而影响区域性金融稳定。有关部门和地区要趁着日子好过的时候未雨绸缪,对金融风险防控、接续产业培育、员工退出安置和再就业培训等抓紧制定前瞻性、针对性强的规划方案和政策措施。

两种不同的减碳战略

把双碳压力转化为经济增长的动力，确实是一个很有吸引力、感召力的目标，但这个目标的实现并不容易。现实中，我们可以观察到三种不同的减碳类型。

第一种是衰退型减碳，就是通过减少生产来减少碳排放。这是所有减碳类型中最简单、最不费气力的。由于生产活动不能停止，这种类型通常并不具有可操作性，甚至会被认为不可思议，但是在某些特定情景下还是会出现，比如前一段时间有的地方为了完成短期节能减碳目标，一度出现拉闸限电、停工停产等现象。

第二种是增效型减碳，就是通过提高碳生产率，用同样多的碳排放实现更多的产出，或者以同样的产出带来较少的碳排放。我们经常讲的节能减排、节约优先等，大体上相当于这种类型的减碳。

第三种是创新型减碳，是指通过创新形成新的技术、工艺、方法等，在达到相同产出的情况下，实现低碳、零碳甚至负碳排放，如用风、光、水、生物质等可再生能源发电。如果用这类技术替代原有的高碳技术，就可以在实现相同产出的前提下减少或抵消碳排放。

在以上三种减碳类型中，前两类大体上在已有的技术和产业体系中做文章。与衰退型减碳相比，增效型减碳体现了积极导向，特别是在技术落后、管理粗放的情况下，提升能源和碳生产率有较大空间。事实上，近些年来中国在节能减排增效上取得了令人印象深刻的成绩。但增效型减碳的局限性也很明显，首先是随着技术和管理进步，碳生产率的提升会出现递减，持续提高的空间会收缩。其次更重要的是，这些变化主要局限于已有的技术和产业框架内，即便有技术创新，也属于所谓的改进型创新，而不是颠覆型创新。碳生产率可以达到很高水平，但所用资源仍然是高碳的，如燃煤电厂节能减排达到国际先进水平，但用煤发电这一点并没有改变。

这里还需要讨论一下如何用经济学的方法理解节能优先。节能优先，更广泛一点可以说节约优先，作为社会公德值得倡导。经济学从本质上说也是关于节约的一门学科，但经济学理解的节约是全局性的，着眼于全社会的资源最优配置。节能在一般意义上可以理解为在企业生产经营过程中降低成本，与原材料、运输、仓储、人工等环节降低成本含义相同，与此同时，还要考虑产出，寻求单位产出成本之比最低。节能是否优先，取决于这种全局性的比较评估，而这种评估通常是经由市场机制实现的。如果一直要把节能摆在第一位，特别是把控制能耗的指标作为间接控制碳排放的指标，那就难以避免资源配置的扭曲和错配，并会给正常经济运行带来负面扰动，这也是政策层面上提出由能耗"双控"尽快转向碳排放"双控"的原因所在。

而创新型减碳则是跳出已有的技术和产业圈子，开辟新的赛道，采用新的技术、工艺、方法等。由于这种变化，创新型减碳具备了前两种减碳类型所没有的特点。

第一，创新型减碳可以实现对传统高碳技术或产业的长期替代。所谓的绿色转型，从根本上说，就是要转换技术，用低碳、零碳或负碳技术替代原有的高碳技术。

第二，创新型减碳的空间究竟有多大，是无法事先设定的。创新的内在动力和不确定性，决定了人们不可能限定它的扩展边界。不难设想，如果可控核聚变能够成功并商业化，人类将在多大程度上改写可再生能源的版图。

第三，这种创新可以大大降低人类社会应对气候变化的成本。绿色产品在初期往往价格偏高，存在所谓的"绿色溢价"。随着创新竞争的加剧，价格下降，不少产品的绿色溢价已经为负。这方面的典型案例是光伏发电。十年前如果说光伏发电与燃煤发电竞争，会被认为不可思议，但过去的十年间，光伏发电成本下降了80%~90%，已经低于燃煤发电成本，并且还有进一步下降的潜力。应对气候变化的一个重要挑战来自成本冲击，创新带来的成本下降，可以极大地增强人类应对气候变化的信心和能力。

第四，创新最初源于减碳动机，一旦形成产品后，往往产生更多的附加效用或福利，创造更多的消费者剩余。以新能源汽车来说，其2022年第一季度销量已经接近全部汽车销量的20%，超过人们的预期。消费者在购买新能源汽车的时候，不能说不关注碳减排，但大部分消费者直接感受到的是使用成本低，电子设备应用得手，舒适程度高，操控感觉与以往大不相同，以及自动驾驶能力逐步提升。除了电动化之外，更有智能化、共享化等。简单地说，能够吸引消费者的大部分优点可能是在减碳之外，这意味着创新为社会提供了超出预期的福利。

第五，创新型减碳触发和加速了能源等高碳行业的数字化进程。数字经济是继农业经济、工业经济之后的另一种经济形态，整个经济社会正经历向数字经济形态的转型。即使没有双碳压力，能源、工业、交通、建筑等高碳领域也会进入数字化转型，但过程可能相对缓慢。创新型减碳触发和加速了这些领域的数字化转型，有可能推动这些领域成为数字化转型的领先者。

总之，创新型减碳提供了与另外两种减碳类型很不相同的可能性，有机会启动和引领远超减碳预期的经济社会发展绿色化、数字化转型。如果要做个区分的话，衰退型减碳和增效型减碳主要体现的是一种防御型战略，而创新型减碳则是一种进取型战略。应该承认，在较长一段时期内，我们对进取型战略已有认识和展望，但想法和做法基本上还停留在防御型战略。挑战在于如何尽快转向进取型战略。

不同的战略趋向，体现在目标、政策上，而更实际的要看激励机制。这里我们重点分析一下碳排放权交易市场。对于碳排放权这样具有全球外部性的物品，不可能指望市场直接发挥作用。首先要有政府的介入，由政府"制造"市场。诺德豪斯、斯特恩等气候变化经济学的领军者都提出要给碳定价，具体办法有配额加交易和征收碳税，并期待碳排放权市场能够发挥重要作用。然而，不论是最早兴起的欧洲碳市场，还是近期开始运作且全球规模最大的中国碳排放权市场，其实际运行状态似乎远不及预期。除了诸多外部因素外，这些市场均存在结构性缺陷，如只有部分高排放行业和企业被纳入市场，与"应入者"范围相差甚远，这样不仅覆盖面不够，公平性问题也显而易见；配额初次分配基本上是免费发放，实际付费只发生在"调节余缺"环节；配额分配由历史法转为基准法是一个进步，但考虑到供给安全和稳定，配额分配规模难以大幅下降，在很多情况下，监管者很难区分供给安全是实际存在还是生产者的借口；等等。由于这些因素的影响，碳排放权市场价格的发现以及相关的调节供求、促进创新等作用就会大打折扣。

更值得讨论的一个问题是，已有的碳排放权市场看起来主要是为前面提到的防御型战略服务的。对进入碳排放权市场的生产者来说，重要的是提高碳生产率，节能减排，通过出售节省下来的碳配额获利。对市场的设计动机而言，也期待生产者通过创新采用新技术提供低碳或零碳产品。但现实情况是，原有生产者往往存在严重的"路径依赖",缺少兴趣也缺少能力进行技术创新。那些颠覆型创新者大多数处在"圈子"之外。与此同时,为了防止高碳生产者通过购买碳汇放松自身节能减排的压力,碳排放权市场对CCER(国家核证自愿减排量)类型碳汇交易的规模设立了交易规模比重限制。目前这个比重被限定在5%,这是一个对整体市场结构难以产生较大影响的份额。因此,我们看到最有活力的创新型减碳很少能得到市场激励的眷顾。

进取型减碳战略的三支柱体系

实现双碳目标,需要把关注重心转到创新型减碳,转向进取型战略。中国改革开放的历史经验表明,正确理解和处理增量和存量的关系,体现了战略智慧和前瞻性眼界,对转型成功至关重要。改革开放初期,民营经济以拾遗补阙获得发展空间,由于其内生的活力、韧性和竞争力,逐步成长为在国民经济中举足轻重的生力军,并且带动了国有经济的改革和发展;对外开放开始时也是实行"三来一补",起步于沿海少数地区,而后带动中国成为全球性的贸易和投资大国。

中国的能源应该也必须走一条"增量优先、以新代旧、激励创新、市场驱动"的转型之路,这正是进取型减碳战略的主要含义。其中的经济学逻辑是,一方面,作为存量的传统高碳能源,尽管仍有一定的减碳空间,但其潜力具有累退性,越往后空间越小,难度相应加大,成本加快上升。另一方面,作为增量的低碳或零碳新能源,随着产量扩大、技术改进,成本快速下降,部分产品的绿色溢价由正变负,新能源替代旧能源的减碳成本优势增大,进而加快新老能源的转换进度。实施进取型减碳战略,就是要在稳住存量、保障能源供应稳定和安全的前提下，把重心转向更快地扩大增量，对能够增加产出和促进增长的低碳、零碳和负碳技术产品提供强有力的激励。这种激励并不限于少数措施，而应是相互依存的三支柱体系。

第一，建立全方位支持绿色技术创新的增长型碳汇市场。所谓增长型碳汇，是指运用低碳、零碳和负碳技术，在获取相同产出的情况下，与原有的高碳基准生产方式相比，所减少或抵消的碳排放量。增长型碳汇市场可以与已有的碳排放权市场并存，后者的主要任务是激励存量减排。增长型碳汇市场则应聚焦于激励增量部分的技术创新。这个市场应有强包容性，既可以包括绿电等绿色能源产品，还应包括其他行业或领域能够产生增长型碳汇的产品。可通过发行国债或由央行提供专项资金，对进入增长型碳汇市场的产品按照一定价格进行初次购买，然后转入市场流通。市场上的碳汇价格是对技术创新产品减排贡献的价值评估和报酬方式，政府可以通过增加或减少投入市场的资金规模相应调节激励创新的力度。增长型碳汇的确定要符合国内外相关技术标准和规则，可运用区块链等数字技术和方法降低成本、规范流程。

第二，形成区域自主减排责任体系。增量优先的关键是扩大对技术创新产品的市场需求，而这一点又直接取决于减排责任体系的有效性。可借鉴国际上《巴黎协定》的原则，调动各个地方的主动性，提出既合乎本地实际又有一定挑战性的减排目标，与下一步陆续出台的落实双碳目标"1+N"政策相配合，形成省、市、区县和开发区等层面的区域减排计划和可追溯的减排责任要求。区域或企业完成减排任务，既可以通过自身直接减排，或生产增长型碳汇产品，也可以通过市场交易购买增长型碳汇。这样，减排责任体系就可以动员起对绿色技术产品的持续需求，进而带动增量扩大、以新代旧的转型进程。

第三，加快以碳核算、碳账户为重点的绿色微观基础制度建设。不论是推进增长型碳汇市场建设，还是完善减排责任体系，前提都是要有一个合格的、管用的碳核算基础，而这恰恰是目前的一大短板。在碳核算的起步阶段，可以采取自上而下的方法，先把基本情况摸清楚。同时要普遍建立碳账户，包括企业和其他机构的碳账户，有条件的地方也可以建立个人碳账户。在企业中推广《ESG评价标准》，率先在上市公司和大型企业中形成稳定规范的ESG评估的披露制度。把更多的融资活动纳入绿色金融轨道，借助增长型碳汇开发多种类型的金融产品，进而为绿色技术创新提供切实有效的支持。

促进绿色创新，既有技术创新，也有体制机制政策创新。以上讨论的进取型减碳战略的三支柱体系就属于后者。对绿色转型中有创意的政策和做法，短期内看不准，或有争议，可以在国家顶层设计的引导下，在有条件、有意愿的地方先做试点，给出一定的试错探索空间，取得成功经验后完善提高再推广，逐步形成全方位持续促进绿色创新和转型的体制机制政策环境。

参考文献

刘世锦主编. 读懂"十四五"：新发展格局下的改革议程［M］. 北京：中信出版集团，2021.

中共中央、国务院. 关于完整准确全面贯彻新发展理念做好碳达峰碳中和工作的意见［Z］. 2021.

中华人民共和国国务院新闻办公室. 中国应对气候变化的政策与行动［Z］. 2021.

威廉·诺德豪斯. 气候赌场：全球变暖的风险、不确定性与经济学

[M].上海：东方出版中心，2019.

尼古拉斯·斯特恩.气候变化经济学[J].经济社会体制比较，2009（05）.

比尔·盖茨.气候经济与人类未来[M].北京：中信出版集团，2021.

林伯强.碳中和进程中的中国经济高质量增长[J].经济研究，2022（01）.

Robert Mendelsohn, Climate Change Economics, World Scientific publishing Co. Pte. Ltd. 2022.

Mathew Hampshire-Waugh, Climate change and the road to net-zero, Crowstone Publishing, 2021.

Danny Cullenward, David G. Victor, Making climate policy work, Polity Press, 2020.

专 题

第一章 碳中和愿景下谱写绿色低碳的新增长故事

邹骥 辛嘉楠 才婧婧[①]

要点透视

➢ 中国迈入高收入经济体行列后，增长的逻辑主线在于确立大气中碳容量资源的生产要素地位，确定碳排放额度的碳资产属性，提高碳资产在国民财富中的占比。要发挥自然资本的应有作用，需要合理界定政府、市场和社会各参与主体的责权利，其关键在于确立自然资源产权、形成自然资本的市场交易定价。

➢ 在面临多重挑战的背景下，应协同推进稳定经济增长、保障能源安全与减缓气候变化等多重目标。其中，推动可再生能源发展和能效提高，有望成为稳定经济增长、保障能源安全、实现碳减排的多得之举。应稳住存量，通过投资调整增量方向和结构，以增量的累积有序实现结构调整和能源与经济的转型，把短期的稳增长、稳就业目标和长期的绿

---

① 邹骥，能源基金会首席执行官兼中国区总裁；辛嘉楠，能源基金会气候变化国际事务主管；才婧婧，能源基金会气候变化国际事务主管。

色低碳目标相结合。

➢ 可持续能源消费、电力系统深度低碳化、终端用能部门电气化、非电力低碳燃料转换、力所能及的发展碳汇、减缓非二氧化碳温室气体排放，是实现双碳目标的六大路径。

➢ 应建立激励相容的环境经济激励政策机制。一方面，加快中国碳定价、碳市场和碳金融机制建设。另一方面，推动绿色财税改革，加快金融改革和创新，推动绿色金融政策和产业政策、气候政策的协调融合。

中国增长新方位

在复杂多变的国际形势下，中国作为一个独立自主和经济稳定的发展中大国，在全球变局中也面临着诸多挑战。拨开纷繁复杂的迷雾，中国当下的要务是稳住阵脚，保持战略定力，全力以赴聚精会神地稳增长、保民生。高质量的增长，将确保中国沿着建设社会主义现代化强国的道路前进。

做好迈入高收入经济体行列的准备

稳增长要求高质量、高效率。应避免陷入"当年 GDP 好看，来年产能过剩或过劣、资产沉没"的不良循环，不走依靠高能耗和高排放项目的"老路"，而是发挥中国的体制优势、市场体量优势、经济韧性优势和新能源装备制造的优势，趁本轮周期调整，切实开拓新的投资与消费方向，形成与短期、中长期发展方向相衔接的新发展动能。在新发展理念指引下，对中国的绿色低碳增长保持信心，谱写新增长故事，创新发展路径。

新增长的逻辑主线在于：确立大气中碳容量资源的生产要素地位，确定碳排放额度的碳资产属性，提高碳资产在国民财富中的占比。中国经过改革开放四十多年的努力，国民经济的物质基础已经相对雄厚，中国人均 GDP 接近高收入经济体水平，产业结构发生变化，服务业占比将越来越高，人民对美好生活的需求是大势所趋。从单纯的以温饱需求为主转为多元化的层次更高的需求，对安全、健康、自然环境舒适、人文关怀、尊重与自我实现、全面发展的需求日益上升，并直接构成强大的市场需求潜力。相应的国民财富构成及其投资领域也在发生深刻变化，从过去相对单纯地注重物质资本，转而更加全面地追求物质资本、人力资本、自然资本和社会资本构成的平衡和结构优化。

围绕自然资本，谱写新增长故事

反思进入新常态以来中国经济增长中应对的与过剩产能、过高杠杆和过量库存并存的投资收益和投资对增长拉动力持续不足等突出现象，问题不是出在要不要投资拉动，而是出在向何处投资和如何形成投资的动力。自然资本包含保持和恢复生态系统服务功能、持续提高环境质量水平、加强气候系统安全、防减自然灾害风险等要素，这些都是全球和国别生存与发展所必需的资本，而且面临系统性的挑战和危机。在进入高收入发展阶段后，随着物质基础的加强和对发展质量要求的提高，以及相应需求结构的变化，自然资本在国民财富中的地位应当显著提高，是未来拉动经济增长的新投资动能，其潜力巨大，产业关联度甚广。

但若要在市场上发挥自然资本的应有作用，需要合理配置政府、市场和社会各参与主体的责权利。例如碳作为自然资本的重要组成部分，通过公共政策和体制改革树立有力度的定量目标，将之分配给占用碳排放额度的企业和其他市场主体，以此明确定义企业持有的自然资产（碳排放额度）的产权（可利用大数据、区块链和现代监测等技术实现产权界定），并通过自然资产产权交易制度的改革，允许企业在要素市场上交易所持有的自然资产产权，从而实现相应的权益，形成自然资本的市场交易定价。以此定价为基础，就会有投资者和技术研发者向自然资本的保值和增值投资，或研发保护自然资本的技术。当公共政策（主要是相应的生态系统、环境保护和应对气候变化的目标）持续提高保护自然资本的力度，那么，向自然资本投资以盈利的预期就会存在，这个投资就会持续发生并成为支撑经济持续增长的动能。其结果就是整个经济将在结构转变中实现升级，过度占用消耗自然资本的高碳污染灰色产业和经济活动将减少，自然资本占用消耗少的绿色低碳产业及其关联产业就会增加，将形成更多的自然资本，使中国的经济效率、质量和竞争力得到进一步提高，产出更加符合广大人民的需求。

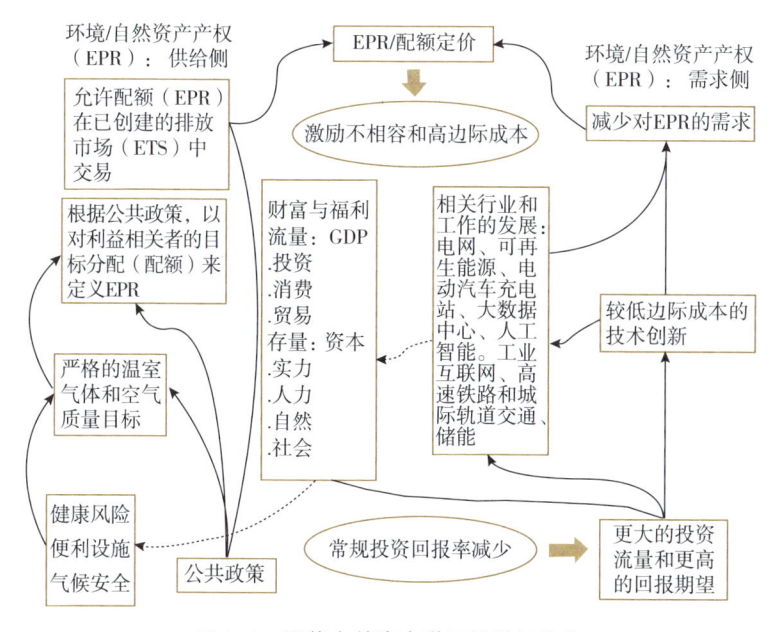

图 1.1　围绕自然资本谱写新增长故事

注：EPR，生产者责任延伸。
资料来源：能源基金会，《从绿色刺激措施和"十四五"规划到中国现代化：围绕自然资本谱写新的增长故事》，2020 年。

如果说过去的三四十年,主要靠钢铁、传统燃油汽车、房地产及关联的重化工业等产业支撑中国经济高增长的话,那么在未来三四十年中,中国的发展战略、体制改革和公共政策则应当使投资自然资本成为支撑经济持续增长新的重要动能。自然资本产权制度的建立和发展,也有利于解决地方政府、企业和投资者在保护环境和气候、建设生态文明的过程中存在的激励不相容、只有压力缺少动力等长期难题,要让投资自然资本的市场主体在市场上(而不是主要依靠政府补贴)得到真金白银的好处,真正让绿水青山转化为金山银山。

多重挑战下,应协同推进经济增长、保障能源安全与减缓气候变化等多重目标

全球面临地缘政治冲突、通胀高企、能源供应紧张及产业链紊乱等多重挑战;同时气候变化对生态和经济的影响正在不断升级,应对气候变化刻不容缓。需要以新发展理念处理好经济增长、能源安全、环境改善和气候稳定等不同政策目标之间的关系。一个明确的结论是:这几者之间的关系是可以协同的,但不会自动协同。在时代的选择前,如果选择对了,通往可持续繁荣的道路将越走越宽;选择错的话,则会延缓中国现代化的进程,降低中国在未来全球体系中的相对竞争力。可再生能源发展和能效提高在经济性、可靠性和可获得性方面已经取得显著进展,推动可再生能源发展和能效提高有望成为稳定经济增长、保障能源安全、实现碳减排的多得之举。

过去十年,可再生能源的成本降低了约90%,发电效率大大提高,技术的经济性、可靠性和稳定性取得了长足进步。这些变革发生在能源和装备市场上,也体现在各类统计数字上。中国非化石能源占一次能源的比例从2016年的13%左右上升到2021年的15.9%;在电力生产结构中,2020年非化石能源达到30%左右。2021年风光装机增加了1.3亿千瓦。这些都表明中国非化石能源的发展已经进入技术和产业迭代的快行道,到2030年占一次能源的比例有望大大突破此前的预期。

经过努力,可再生能源在可预见的近期内是能够满足中国能源需求的增长要求的,有助于解决中国电力安全问题,同时帮助中国实现社会经济发展的目标。根据能源基金会测算,中国现有火电厂装机总量完全可以满足电力高峰负荷需求,不需要新建煤电厂来保证能源安全,而是应该借助智能技术和市场机制增加电网调度和输配能力以及整个电力系统的储能能力,通过电力跨区域调配并配套投资、电价、保供机制和相关政策,解决局部高峰负荷时间的用电安全问题。需要更多的风光水煤多能互补、电网互联、储能、电力市场改革,将可再生能源发电进行本地消纳或外送,并确保发电量在需要时能被输送到需要的地方。2017—2021年,中国电力需求年均增长量约为4 700亿度电,如果新增太阳能和风能装机约为3.5亿千瓦(其中太阳能和风能各增加约1.75亿千瓦),这些增长需要每年约8 000亿元人民币的投资(其中太阳能约4 500亿元,风能约3 500亿元),投资额约为过去几年均值的1.5倍;带来每年新增装机发电销售收入约2 350亿元;预计在五年内新增500万个就业岗位。

可再生能源行业大规模发展的同时,煤炭采掘、煤炭燃烧发电等行业会逐渐被淘汰,这对空气质量改善也会产生深远影响。对于中国来说,温室气体和常规污染物排放是同根同源同过程的。在以煤为主的能源结构下,减少温室气体排放,实际上也就是在减少常规污染物排放。减污降碳协同增效是"十四五"期间的重要工作之一,与双碳目标相协同的空气质量目标,将适应中国高质量发展的要求和更好地满足人民美好生活的需要。

中国在能源转型中已经采取了很多推动可再生能源发展的措施，未来应继续坚定这个方向，处理好存量与增量、标量与向量、局部与总体的关系。稳住存量，通过投资调整增量方向和结构，以增量的累积有序实现结构调整和能源与经济的转型，加速超常规逆周期从"源、网、荷、储、用"诸多方面均衡投资可再生能源系统，把短期的稳增长稳就业目标和长期的绿色低碳目标相结合，协同实现经济增长、能源安全、气候安全和空气质量的改善。

双碳目标的实施路径

实现双碳目标的驱动因素分析：库兹涅茨曲线的启示

碳达峰本质上是发展的概念，是一个经济体能源相关二氧化碳排放轨迹随收入水平提高而变化的过程，也是产业结构和技术水平升级、能源结构不断低碳化的经济现代化过程。实现双碳目标有四个驱动因素：碳强度、能源强度、人均 GDP、人口。碳排放的高低走向要看能源结构和能源强度，而能源强度又受产业结构、产品结构、技术水平的影响。达峰之前人均 GDP 升高，碳排放也升高；达峰之后人均 GDP 进一步升高，碳排放则下降。人口这个因素较为复杂，假设在可预见的几十年里，人口总量结构发生变化，但总量大体上稳定，人口的老龄化和人口质量的总体上升将对碳排放轨迹产生潜在的影响。

库兹涅茨曲线反映了全球主要经济体经济增长与碳排放的脱钩情况，历史上大部分发达经济体在自在状态下约在人均 GDP 达到 20 000～25 000 美元的时候达峰。中国的峰值预计会比发达国家来得早，预计人均 GDP 在 14 000 美元左右就能达到峰值，峰值水平总体上低于发达国家水平（发达国家达峰时的人均碳排放量：

美国超 20 吨，德国 15 吨）。中国之所以能够做到这一点，是基于发展路径创新以及体制优势，并且在全球《巴黎协定》的约束下，各国都已从被动行动演变为主动行动，进入了自为状态。另外，中国今天在全球可达到的技术水平要比发达国家四十年前的水平高，不同部门的达峰路径与达峰节点会以不同形式的最新技术为基础而展开。

实现双碳目标的六大基本路径

碳中和已经成为全球的共识和趋势，已有 126 个国家和地区承诺在 21 世纪中叶前后达到碳中和。在未来 30~40 年的时间里，世界科技和经济体系及全球的意识体系都将不可避免地向碳中和的方向转型。碳中和经济将是可持续发展的经济，现在应重点讨论如何碳中和及如何进行这个历史性的、深刻的社会经济全方位的转型。

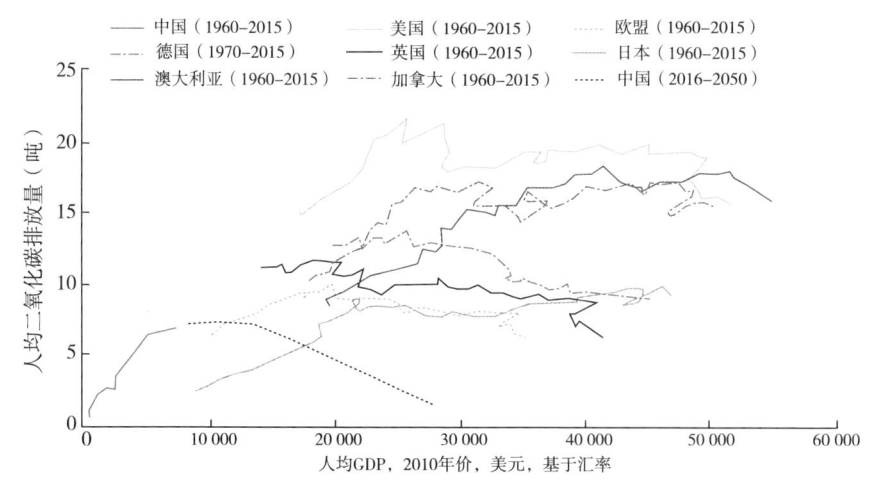

图 1.2　全球主要经济体经济增长与碳排放脱钩态势
（仅包含能源相关二氧化碳）

资料来源：能源基金会基于来自 CDIAC（二氧化碳信息分析中心）和世界银行的数据测算。

中国可以从六个关键领域发力来实现双碳目标。一是可持续能源消费，通过节能和能效提升、结构变革、城市规划和生活方式改变，在维持较高生活水平的同时，实现终端部门可持续能源消费；二是电力系统深度低碳化，通过逐步有序严控乃至替代常规燃煤发电，快速增加由可再生能源和水电、核能等多样化技术组合的发电量，实现电力部门的深度脱碳；三是终端用能部门电气化，通过推动电动汽车的普及，促进某些工业部门（如钢铁、化工和玻璃）以电产热，以及加速建筑供暖和热水供应的电气化；四是非电力低碳燃料转换，在电气化不具可行性的情况下，工业和交通（如长途货运、航运和航空）部门改用氢气、氨和生物燃料等低碳燃料（作为燃料或原料）；五是力所能及地发展碳汇，将碳封存在自然系统中（如植树造林和增加土壤含碳量），或通过二氧化碳清除技术及碳捕获、封存与利用技术，抵消主要来自电力、交通和工业部门的残留碳排放，在2060年之前实现碳中

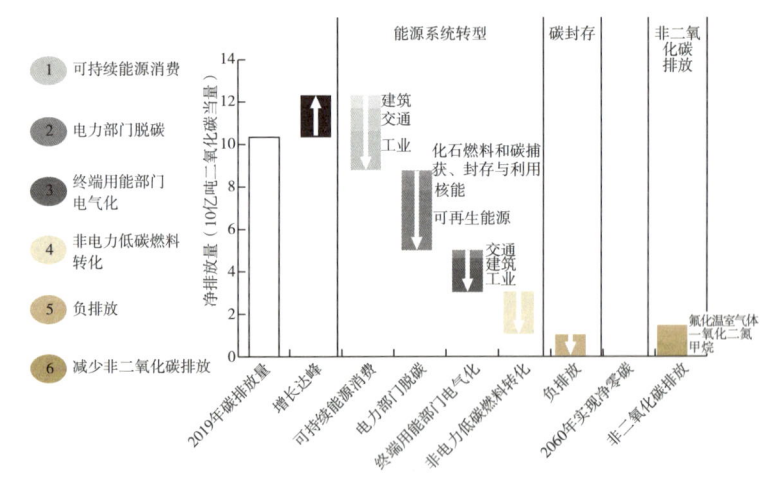

图1.3　实现双碳目标的六个关键领域

资料来源：能源基金会等，《五项策略实现中国2060年碳中和目标》。

和；六是减缓非二氧化碳温室气体排放（特别是甲烷）。为了最大限度地减少一氧化二氮和氟化温室气体排放，还需要农业和建筑部门采取有针对性的干预措施。

通过上述关键领域推动双碳目标的实现，需要不同部门和机构的协调。一是推进电力市场改革和建立现代化电网，适应以可再生能源为主导的清洁电力系统，保障电力系统安全高效低碳运行。二是加强电力政策与建筑、交通和工业部门政策之间的协调。三是终端用能部门在快速电气化的同时，提高需求响应能力，进一步提升电力系统的灵活性。

实现双碳目标的边际减排成本

根据2050年边际减排成本曲线（依据现有技术条件绘制），能源领域的二氧化碳排放量要从100亿吨减到0，在未来四十年间减排前20亿吨的成本为负，即减排不但不花钱，反而可以挣钱。提高能效（大约能够削减30亿~40亿吨二氧化碳，占减排量的1/3）就是需要着力推进的无悔行动，如传统产业的数字化融合及产业组织的优化，这与供给侧结构性改革和已有产业升级的战略是一致的。在钢铁、电解铝、水泥建材、化工与石油化工等高耗能、高排放传统行业，中小企业的主要发展方向应当是给大型的先进企业做好备品备件生产服务，形成产业链和良性产业生态，而不是和大企业竞争主业市场。

从20亿吨到35亿吨的边际减排成本基本为零，其中涉及的可再生能源技术包括光伏、陆上风电和海上风电等。加速能源系统脱碳，在满足新增电力需求的同时还要退出煤电，前提就是加速建设非化石能源。双碳目标背景下，在未来十年中需要投资每年1亿~1.5亿千瓦甚至更多的风光装机。高比例非化石能源电力体系所需的基本技术都已存在，但需通过电力体制改革扩大市场

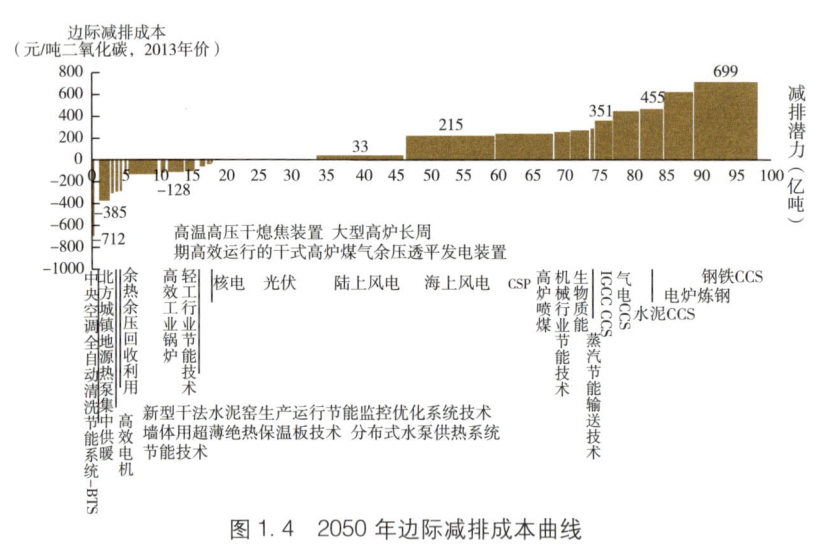

图 1.4　2050 年边际减排成本曲线

注：CCS，碳捕获与封存；IGCC，整体煤气化联合循环发电系统；CSP，聚光太阳能发电。

资料来源：能源基金会。

规模，开启降低成本、提高可靠性的迭代过程。西部地区风光水煤互补，光热发电、抽水蓄能、空气储能、绿电制氢取代煤制氢等技术都已经有了现实存在的工程示范，需要有政策引导、激励，由龙头企业迅速部署迭代。以 2020 年 7.5 万亿度电中 30% 来自非化石能源为基数，再考虑到在西部地区的分布，初步估算有 1.8 万亿度电的非化石能源来自西部，按照 0.5 元一度电计算，总电价大约为 9 000 亿元，相当于西部地区 GDP 的 10%。把西部的风光水以及戈壁、沙漠和荒漠等空间资源盘活开发，形成东西部的能源经济大循环，将实实在在地为西部大开发做出贡献，也为东部负荷中心提供绿电保障，支持东部地区实现双碳目标。但这需要开展以可再生能源为主体的"源、网、荷、储、用"一体化能源系统的试点与应用推广，建立各得其所的发电、输配电和用电的投资、电价、保供机制和政策。在东部地区，海上风电的迭代过程已经启动，一切取决于规模大小。发挥海上风电输电距离短、输电成本低的优势，可以缓解东部地区用能负荷中心能耗双控的紧张局面。

从35亿吨到50亿吨的边际减排成本大约为33元/吨，低于当前碳市场50~60元/吨的价格，或者说现在对这些技术的减排投资是存在盈利空间的。也就是说，在前50亿吨，中国有信心用五年、十年把这些技术利用起来，进入减排的下行通道，这在经济上是可行的。只要碳价高于这些技术成本，中间差即是减排投资者的盈利空间，能够对其形成有效激励，吸引投资和技术创新。

推动绿色投资、低碳消费和低碳产品贸易，为中国经济增长注入新动能

绿色低碳投资

这里依然从支撑增长的三驾马车——投资、消费和净出口来考察。为支撑必要的经济增长率，投资依然是不可或缺的驱动力，且依据中国体制优势可快速见效。当下的问题在于投向哪里，回报几何。碳中和的相关投资将在"十四五"期间与今后三四十年里为经济增长提供可观的投资推动力，可以将增长与碳中和转型有机地结合起来。能源基金会的分析表明，"十四五"期间，在传统产业的数字化升级和绿色改造领域、绿色低碳城镇化和现代化城市建设领域、绿色低碳消费领域，以及可再生能源友好的能源和电力系统建设等领域，总投资潜力可达44.6万亿元，平均每年约为8.9万亿元，约占2021年社会总投资的1/6（见表1.1）。到2050年，面向碳中和的直接投资可达至少140万亿元。分行业来看，电力、交通运输、建筑的绿色投资需求量最大（见图1.5）。

表 1.1　绿色刺激措施和"十四五"规划重点（累计 44.6 万亿元投资）

类别	优先领域	投资规模 (2021—2025 年)	资料来源、途径
信息基础设施	5G 基站	2.5 万亿元	基于公共 + 市场债务与贷款
	人工智能和大数据中心	2 万亿元	基于市场债务、贷款和股票
	工业互联网	8 000 亿元	
可再生能源友好的能源和电力系统建设	集中式/分布式可再生能源、电力系统灵活性和智能电网等	4.7 万亿元	基于公共 + 市场债务与贷款
绿色低碳城镇化和现代化城市建设	城市群高速铁路及城际交通、电动汽车充电桩、清洁供热制冷、低碳建筑、公共服务设施等	7.8 万亿元	基于市场债务、贷款和股票
传统产业的数字化升级和绿色改造	特定场景的数字化应用 特定部门和过程的电气化 针对特定地区、城市群的中小企业的集成供应链重组 环境质量改善和生态修复（考虑碳排放）	16.5 万亿元	基于市场债务、贷款和股票
绿色低碳消费	绿色低碳产品消费：高能效电器和电动汽车 智慧城市的低碳生活方式：医疗、养老、运动、教育/培训、娱乐	5.5 万亿元	基于公共 + 市场债务、补贴和贷款
创新基础设施	重大科技基础设施、科教基础设施、产业技术创新基础设施	3 000 亿元	基于公共 + 市场债务与贷款

资料来源：能源基金会，《从绿色刺激措施和"十四五"规划到中国现代化：围绕自然资本谱写新的增长故事》，2020。

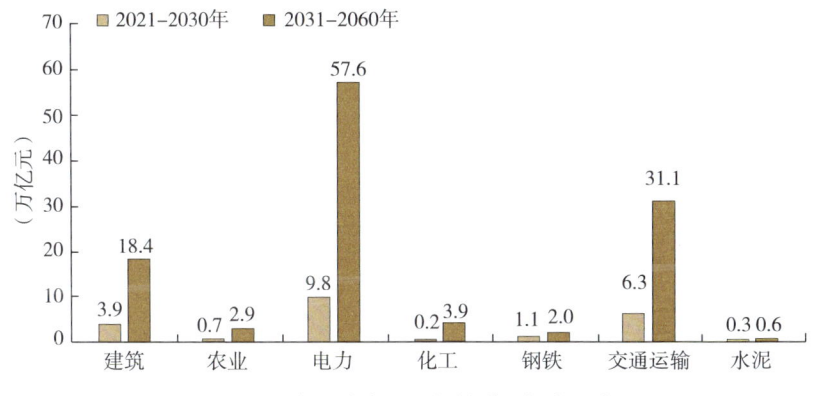

图1.5　实现碳中和目标的增量投资需求

资料来源：中金研究部、中金研究院，《碳中和经济学：新约束下的宏观与行业趋势》，中信出版集团，2021。

低碳消费

从消费需求角度看，虽然中国现在有大约不到30%的人口步入中等收入行列，但这个比例将日益提高，这部分人口的消费是中国消费市场的主力增长点。中等收入群体的重要消费诉求就是生命的健康安全和享受舒适清洁的环境，他们在建筑、交通、旅行及度假、电器等方面的消费需求会增加。这些需求在一定制度安排下完全可以形成市场上有支付意愿和支付能力的有效需求，成为经济增长的新驱动因素。能源基金会测算表明，2021年中国在购买电动汽车与高能效电器等低碳生活品方面的消费可达到1.1万亿元人民币。中国消费市场未来的增长空间巨大，与之相应的建筑、交通能耗和排放的压力将上升并取代制造业成为长期控排的新重点。如果通过政策引导更多的低碳消费，未来将会促进更大的经济增长，同时提升能源安全和减少温室气体排放。

房地产和低碳建筑

长期以来，房地产业都是支撑中国经济增长的支柱，根据清华大学江亿院士的测算，中国现有各类建筑的建筑面积大约为640亿平方米，未来还有大约160亿平方米的增量建筑潜力，其中大多位于乡村、县城和都市圈地区，而且还有可观的旧房旧城改造潜力。传统上房地产业的发展会带动钢铁、水泥建材和化工产品等高碳产业的发展，并带来大量的碳排放，但是当将屋顶和立面光伏（特别是光储直柔集成技术系统）等新能源技术与未来的新建筑面积相结合时，房地产开发一方面有望继续支撑经济增长，另一方面将助推清洁能源系统的建设，也是一举多得。房子继续盖，但碳含义已经完全变化。

2011年以来我国建筑业快速发展，平均每年新增建筑面积约25亿平方米，总存量增加17%，每三到四年新增的建筑面积相当于日本的总建筑面积。[①] 建筑业的繁荣源于在改革开放的40多年里，房地产开发被视为经济增长的主要驱动力之一。建筑面积的增长带动了建筑部门能耗的增加，一方面，大规模的建筑活动消耗大量建材，这些建材的生产、运输等过程产生了大量的能耗与排放；另一方面，随着居民生活水平的不断提升，采暖、空调、生活热水、家用电器等运行能耗和产生的碳排放也不断上升。2020年中国民用建筑建造相关的碳排放为15亿吨二氧化碳，建筑运行产生的碳排放为21.8亿吨二氧化碳。[②]

未来10年，中国城镇化率增长空间仍在6%左右，这将带动

[①] 能源基金会，《中国碳中和综合报告2020》。
[②] 清华大学建筑节能研究中心，《碳中和背景下我国建筑部门2035年、2060年低碳发展战略及路径分析》，2022。

全国建筑面积持续增长。预测到 2025 年，城镇居住建筑、公共建筑面积的增量分别在 50 亿平方米和 22 亿平方米。新需求也催生新的市场空间，"十四五"期间，建筑节能低碳与绿色建筑市场有望带来 2.2 万亿元增量。[①] 为实现建筑低碳化（到 2050 年，碳排放比 2015 年减少约 90%），首先，在建造和维修方面，应合理控制建筑总量规模，减少过量建设，避免大拆大建，由大规模建设转向对既有建筑的维护与功能提升，发展新型建材和相应的新型结构体系。其次，要推动建筑运行的零碳化，除北方建筑以工业生产排放的余热和其他余热作为热源外，其他建筑用能全部电气化。发挥建筑在零碳的新型电力系统中"产、消、蓄、调"的新角色，加强新型城镇建筑配电系统和智能有序电动车充电桩的建设。推动新型农村建筑由能源消费者转为能源生产者，在满足自身用能的基础上实现对外的能源净输出。

电动汽车

在新增长的框架下，发展电动汽车产业能够达到四个相互关联又相互制约的政策目标，这也是走向高质量发展和创新发展路径的一个重要杠杆。第一是增长的目标，电动汽车从投资和消费两端强力支撑增长。2022 年 1—5 月在传统汽车产销同比分别下降 9.6% 和 12.2% 的情况下，新能源汽车产销同比均增长 1.1 倍，展现出对产业发展的强大拉动力。[②]

第二是能源安全的目标，发展电动汽车对减少中国对石油和天然气的依赖具有重要的战略意义。2021 年中国原油对外依存度

---

① "中国建筑节能协会会长武涌：推动建筑从消费者变成能源'产消者'"，https://news.bjx.com.cn/html/20220623/1235685.shtml。
② "5 月新能源汽车销量同比增长 1.1 倍 市场呈现加速恢复态势"，https://finance.sina.com.cn/tech/2022-06-10/doc-imizmscu6154811.shtml。

达到72.05%，突破了《能源发展"十二五"规划》中61%的红线，对中国的能源安全构成隐患。如果把中国电力系统深度低碳化和交通终端用能电气化相结合，将能够实现巨大的石油替代潜力，减少对石油和天然气的依赖。以2021年的情况为例，通过对现有可再生能源装机发电，和对电动车的保有量、行驶里程及其耗电量进行核算，每年可节省石油燃料7 200万桶，相当于2021年中国石油进口的2%；到2030年，如果实现可再生能源目标及既定的电动汽车目标，保守估计可节省约13%的石油进口量，价值约510亿美元。如果可再生能源和电动汽车发展的步伐再快些，中国彼时对石油进口的依存度还可以进一步下降。

三是电动汽车能大力助推空气质量、人体健康和气候变化目标的实现。在人口密集、暴露度高的大中城市，机动车对空气污染的贡献率约为40%~50%，因此机动车的电动化可作为改善空气质量的重要利器。中国目前交通行业的排放在整个碳排放中的占比大约为10%，如果不发展电动汽车，还是将燃油车作为主流交通工具，那么未来由于需求量的上升，交通碳排放的占比有可能走上欧美国家的"老路"（现在欧美国家交通行业的二氧化碳排放量占比平均为30%左右），也会影响中国双碳目标的达成。

在设定交通工具电动化目标时，要充分考虑欧美国家碳中和目标的超前性和交通行业减排力度大于中国的情况，即可能要求设置更高的机动车电动化目标。这将导致欧美车企电动化的步伐快于中国已经弯道超车且当下具有竞争优势的车企，进而使我国车企在近中期失去已有的竞争优势。因此设置与欧美交通行业电动化目标大致同步甚至更高的目标，将有利于同时助推经济增长、产业竞争力、能源安全、空气质量和应对气候变化等不同政策目标的实现。

低碳电器

购买低碳电器已成为家用电器消费的新态势,在空调、冰箱、洗衣机、电视、微波炉等家电品类中,一级、二级能耗的商品成交额占比逐年提高。2021年,仅卖出的一级能效空调、冰箱、电视三大类家电,每年可节约近200万吨的碳排放。应利用中国家用电器行业巨大的产能和市场优势(中国是全球最大的家用空调市场。2021年中国家用空调产量为1.54亿台,在全球占比为83.2%[①],整体市场规模接近1000亿元),不断提升电器能效水平,鼓励地方实施绿色智能家电下乡和以旧换新等措施,在低碳节能的基础上促进新型消费。

低碳贸易

在低碳贸易方面中国也有着巨大潜力,具有比较优势的主要包括可再生能源设备零件、电动汽车及低碳电器、高能效制冷等设备的生产。如果能打破贸易壁垒并避免出于各国博弈的制裁,低碳产品的贸易可以给经济增长带来很强的支持,也能以物美价廉的技术装备为全球落实1.5℃的目标做出具体的贡献。中国在绿色低碳装备制造方面具有比较优势,可为全球市场提供具有价格竞争力的产品,在全球范围内降低能源转型成本。例如在全球排名前十位的风电和光伏组件厂商当中,分别有6个和8个来自中国,2021年中国光伏组件的产量共182GW(吉瓦),超一半向海外出口。2022年1—5月中国汽车出口108万辆,位居世界第二,

---

① "2021年全球家用空调增长7%,中国制造地位持续强化",https://finance.sina.com.cn/tech/2021-10-14/doc-iktzqtyu1143361.shtml。

其中17.4万辆为新能源汽车，同比增长141.5%。[①] 2022年第一季度中国新能源乘用车销量在全球的市场份额达到59%。[②] 欧美地区发达国家具有核心技术、应用技术、商业模式、市场拓展等方面的优势，与中国在技术、标准、产业等方面有很强的互补性。可通过健康公平的市场竞争与合作，推动全球技术发展和效率提升。可在WTO框架下建立工作组机制，就关税政策和知识产权管理等政策，以及设备的标准协调等方面开展对话与合作。还需要关注绿氢的国际贸易（绿氢在许多国家的净零排放承诺中是重要的助力，且在当下天然气价格飙升的背景下，绿氢价格在欧洲已经可以承受），未来绿氢有可能改变能源贸易的地理格局。

建立激励相容的环境经济激励政策机制

加快中国碳定价、碳市场和碳金融机制建设

自然资本中的碳排放额度资源是现代经济里国民财富日益增长的组成部分，需要保值和增值。碳市场作为市场体系的组成部分，以市场机制为主来配置碳排放额度。碳市场上的排放权交易价格受到三个主要因素影响，即减排总量目标（配额数量）变化趋势、流入碳市场的资金量及减排成本变化趋势。当减排成本低于碳价时，减排行为就变得有利可图，排放源就会选择在减排行为上进行投资，也就是说减排成本和碳价之间的差额就是利润。

[①] "中国汽车出口量猛增，谁卖的？卖给谁？"，http：//auto.cyol.com/gb/articles/2022-06-20/content_x5vMAigyK.html。

[②] "2022年第一季度中国占世界新能源车份额59%"，https：//finance.sina.com.cn/tech/2022-05-01/doc-imcwiwst5096729.shtml。

对于碳市场功能的预期在于向市场主体提供减排投资和创新研发经济激励,为政府和企业筹集减排资金,同时助力新的增长动能。

与中国双碳目标的关键时间节点相对应,碳市场的发展可以2030年为节点分为两个阶段。[①] 2021—2030年是中国碳排放达峰的关键期,2031—2050年是中国低碳发展的创新突破期。第一阶段也是低碳发展转型的攻坚期,碳市场的政策目标重在控制排放总量的增长,并利用市场机制以最小的成本实现达峰目标。碳市场的覆盖范围要从当前的电力部门扩展到诸多工业部门中较大规模的排放源。碳市场自下而上实施总量管理,以重点排放行业的总量或减量控制带动全国碳排放达峰目标的实现。

为打通将绿水青山变成金山银山的体制机制通道,应夯实碳市场建设的政治、法律、政策和管理机制基础,加快中国碳定价、碳市场和碳金融机制建设。一是作为实现国家双碳目标在资源配置机制上的支撑,需确立碳容量资源的生产要素地位,将碳市场作为生产要素市场的组成部分予以建设、改革和培育。建立并完善碳市场的法律基础,包括与现有生产要素市场的管理法规相衔接,也包括专门立法。深化碳配额产权化的改革,稳步推进实现产权权益的实操便利化和产权分配市场化。二是明确分阶段改革目标,如设立五年和十年目标,并且将其纳入分行业的减排总量目标。例如,可考虑将纳入的45亿吨电力行业排放量作为起点,设定一个每年减排的步幅(1%~2%),10年就能减排5亿~10亿吨,引导电力行业向非化石能源投资和转型。三是以现代科技手段发展监测、报告和核查(MRV)体系,例如普遍应用大数据

---

① 《碳市场顶层设计路线图》,2019,邹骥等,http://www.climatechange.cn/article/2019/1673-1719/1673-1719-15-3-217.shtml。

技术、区块链技术，注重发展相关专业化的第三方服务行业。四是逐步增加有偿拍卖配额的比例，优先将可再生能源尽早引入目前以电力行业为主的全国碳排放权交易体系，并逐步将其纳入钢铁、电解铝、水泥、化工和石油化工等其他重点排放行业。根据控制交易成本的原则制定混合式碳定价体系。将排放集中度较高的企业纳入碳交易体系，而将排放集中度较低的企业纳入碳税体系。如果碳定价体系发展比较缓慢，就需要考虑使用其他"价值转移"的方式，如给减碳投资者特许经营激励和横向混合经营许可（例如允许能源企业经营金融、房地产、水业等盈利业务），形成足够的投资回报激励。五是启动发展碳金融工具的试点，明确发展二级市场的路径，打通金融市场和碳市场的通道。通过发展碳金融，以允许碳资产用作质押、发展碳期货等方式，建立碳市场与金融市场的连接，保证碳市场有足够的资金畅通流入，通过融资购买排放配额的资金支持碳价保持在一定水平之上，并形成碳价上升预期，加强低碳转型刺激、促进减排投资和技术创新。六是加速立法、执法、守法和相应能力的建设，充分动员和利用现有的气候、环境、市场管理等法律法规基础和政府管理职能。七是推动中长期碳市场的国际合作，包括将在"一带一路"国家开展的清洁发展机制投资项目纳入中国碳市场，并且推动全球低碳要素自由流通、减少绿色贸易壁垒的主要机制。

推动绿色财税改革，加快金融改革和创新，推动绿色金融政策和产业政策、气候政策的协调融合

建立能够充分反映自然资源稀缺性的自然资本核算体系以及相应的财政激励措施和监管模式，针对与气候环境相关的财政公共预算和补贴建立专门的财政绩效评估机制，增加绿色领域的公共资金投入，动员和激励更多社会资本投入高科技、高效益和低排放产业，同时更有效地抑制高投入、高排放、不可持续的投资。在税收方面，研究在环境税中将二氧化碳纳入征税范围，去除低效的化石能源补贴。

推动绿色金融，对接国际绿色金融标准和绿色产业分级分类引导，加强金融行业的环境及气候风险评估，尤其是煤炭、重工业、火电等高耗能行业的气候风险。推进金融机构气候相关信息的强制披露，建立海外投融资绿色标准和金融机构的合规问责机制，推动绿色金融政策和产业政策、气候政策的协调融合。

第二章 双碳目标下中国能源转型问题的若干思考

李俊峰 刘玲娜[①]

要点透视

> 双碳目标的实现意味着能源系统由以化石能源为主向以非化石能源为主的过渡,建成清洁、低碳、安全、高效的能源体系。但是能源转型当前仍然困难重重,并非一蹴而就,必须坚定不移地推进。

> 能源转型必须多管齐下,坚持"不断优化能源结构、减少煤炭消费、增加清洁能源供应"的总方针,做到四个不动摇:坚持控制能源消费总量和能源消费强度不动摇,坚持严控煤炭、逐步减少煤炭消费不动摇,努力增加非化石能源供应不动摇,坚持化石能源的可靠供应和托底作用不动摇。

> 实现双碳目标,走低排放发展道路,是一场从资源依赖走向技术依赖的发展转型。实现双碳目标推动能源转型,不是别人要我们做,而是我们自己必须做。世界各国对能源

[①] 李俊峰,中国能源研究会研究员;刘玲娜,中国地质大学(北京)经济管理学院博士后。

转型的目标大致相同，困难和挑战的难度相差不大。在能源转型方面，我国仍任重道远。能源转型成功的关键在于建成稳定、安全可靠的以新能源为主体的新型电力系统。

➢ 加快推动中国能源转型，需要制定循序渐进的转型策略，坚持和完善总量控制制度，确保能源转型过程中的能源供应安全，形成公平、公正、合理的非化石能源总量目标管理制度，建立能源、环境、气候协同治理的机制，构建实现双碳目标的经济机制。

1992年《联合国气候变化框架公约》提出，到21世纪末全球平均气温上升与工业化初期相比较，控制在2℃以内的目标。2015年通过的《巴黎协定》在此基础上增加了"并为控制在1.5℃以内而努力"的要求。按照联合国政府间气候变化专门委员会（IPCC）第六次评估报告的结论：如果要将全球变暖控制在不超过工业化前2℃以内，需要大约在21世纪70年代初实现全球二氧化碳净零排放，即"碳中和"；如果要将全球变暖控制在不超过工业化前1.5℃以内，则需要在21世纪50年代初实现全球二氧化碳净零排放。IPCC提出将二氧化碳净零排放作为实现碳中和目标的重要标志，主要是由于全球范围内二氧化碳排放约占全部温室气体排放的73%以上，能源生产和消费过程中二氧化碳的排放约占全部二氧化碳排放的90%。

　　上述背景下，世界各国加快推动能源转型，完成能源系统由化石能源为主体，向非化石能源为主体的革命性转变。虽然世界各国对能源转型的要求有许多差异，但总体上都将构建以新能源为主体的新型电力系统，并将实现终端用能的高比例电气化作为能源转型的核心任务。作为《联合国气候变化框架公约》的缔约方，中国政府于2021年10月28日向联合国正式提交《中国本世纪中叶长期温室气体低排放发展战略》，确立了以"二氧化碳排放力争于2030年前达到峰值，努力争取2060年前实现碳中和"为目标的国家低排放发展战略。在此之前中共中央国务院印发了《关于完整准确全面贯彻新发展理念做好碳达峰碳中和工作的意见》，明确提出"到 2060 年，绿色低碳循环发展的经济体系和清洁低碳安全高效的能源体系全面建立，能源利用效率达到国际先进水平，非化石能源消费比重达到 80% 以上"的国家能源转型的具体目标。如何实现上述目标，需要从以下几个方面进行思考。

能源转型必须坚定不移地推进

实施低排放发展战略，如期实现碳达峰、碳中和的目标，是中国政府对国际社会的庄严承诺，事关中华民族伟大复兴、永续发展和构建人类命运共同体，是我国高质量发展的内在要求。双碳目标的实现意味着能源系统由化石能源为主向非化石能源为主的过渡，建成清洁、低碳、安全、高效的能源体系。但是能源转型并非一蹴而就，当前仍然困难重重。

一是中国的能源消费具有总量大、增长快的特点。2021 年，能源消费总量已经高达 52.4 亿吨标煤，占全球能源消费量的 26.7%。自英国石油公司（BP）有统计资料以来，中国之外的其他国家年均能源消费增速在 2% 左右，中国则高达 5.3%，约是全球平均增速的 2.7 倍。《巴黎协定》生效之后的 5 年间，全球能源消费增速不到 1%，而中国能源消费的增速高达 3.6%，约是全球平均增速的 3.6 倍。二是能源消费结构偏重以煤为主，虽然中国煤炭在一次能源消费中的占比从 10 年前的 70% 以上，下降到 2021 年的 56%，但仍是全球平均水平的 4 倍左右（见图 2.1 和图 2.2）。

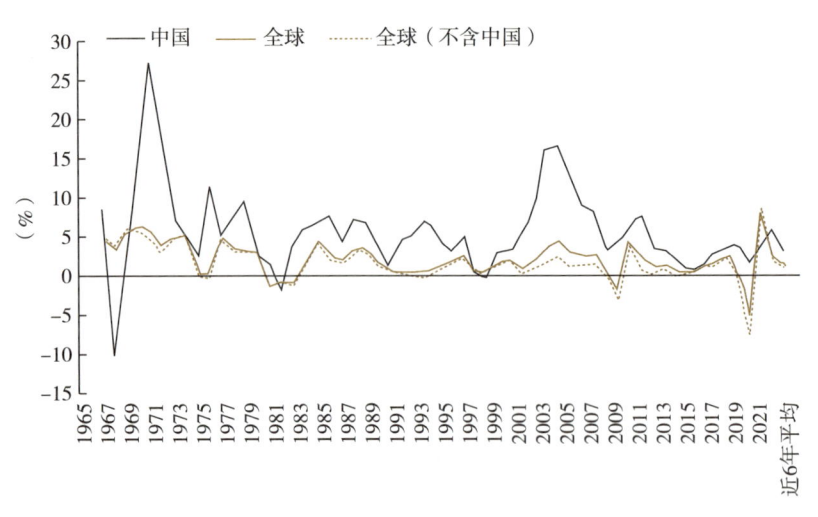

图2.1 能源消费增长速度的国际比较

资料来源：《BP世界能源统计年鉴》（2022）。

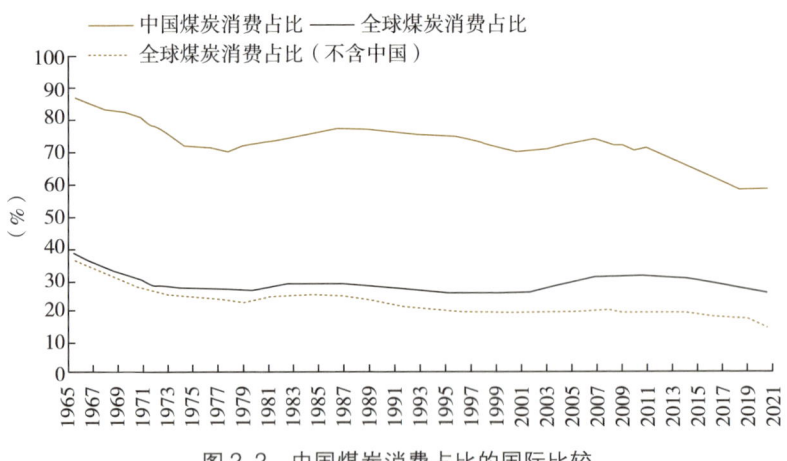

图2.2 中国煤炭消费占比的国际比较

资料来源：《BP世界能源统计年鉴》（2022）。

48　　双碳目标下的绿色增长

三是能源利用效率较低。2020 年，中国单位 GDP 能耗 3.4 吨标煤/万美元（以 2020 年汇率计算），约是全球平均水平的 1.4 倍，主要发达国家的 2~4 倍；单位 GDP 碳排放量 6.7 吨二氧化碳/万美元，是全球平均水平的 1.8 倍，主要发达国家的 3~6 倍（见图 2.3）。改革开放 40 多年来，中国的 GDP 总量从占全球总量的不到 3%，增加到 2020 年的 18% 左右，增长了 5 倍以上，同期中国二氧化碳排放总量从不到 15 亿吨，增加到 100 亿吨左右，增加值达 80 多亿吨，同样增加 5 倍以上。实现碳中和的目标，需要中国在今后不到 40 年的时间里，把过去 40 多年增长的二氧化碳排放量减回去，这是一个严峻且不得不接受的挑战。

综上，为实现双碳目标与高质量发展，中国必须坚定不移地推进能源转型。

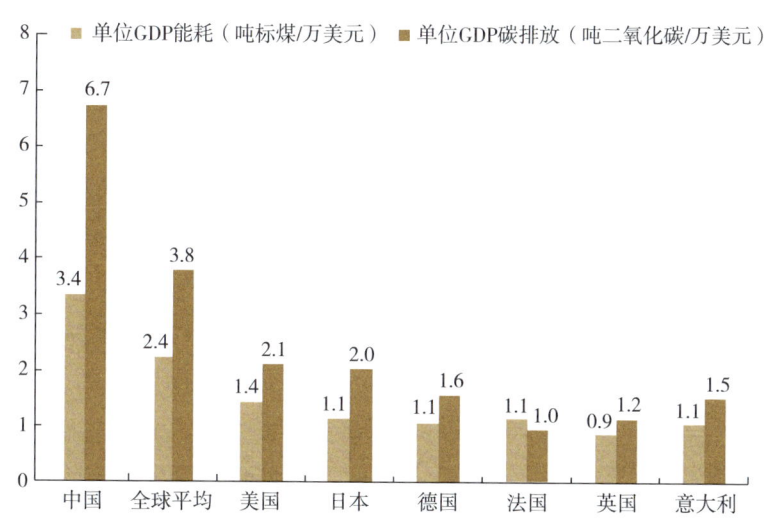

图 2.3　2020 年主要国家单位 GDP 能耗和单位 GDP 二氧化碳排放量
资料来源：中国工程院，《我国碳达峰碳中和战略及路径》，2022。

第二章　双碳目标下中国能源转型问题的若干思考

能源转型必须多管齐下

中国能源消费的特点也是中国能源转型的挑战所在。因此，能源转型必须从接受挑战开始，坚持节约优先，大幅提高能源效率，全面解决中国能源消费总量大、增速快的问题；坚持"不断优化能源结构、减少煤炭消费、增加清洁能源供应"的总方针不动摇，努力加快清洁能源发展步伐，改变能源以煤为主的被动局面；推动化石能源消费，特别是煤炭消费的升级换代，实现绿色低碳利用。具体而言需要做好以下几点。

一是坚持控制能源消费总量和能源消费强度不动摇。尽管当前国家已经提出积极创造条件由能源"双控"向碳排放"双控"转变的要求，但能源消费总量和能源消费强度控制，即能源"双控"也不应该有丝毫的动摇。应充分汲取历史的经验和教训：在改革开放后的1980—2000年，由于能源供应短缺，国家不得不采取"一番保两番"的积极措施，即用能源消费量翻一番，实现GDP翻两番。然而在第十个五年计划期间（2001—2005年），国家对能源消费采取了相对宽松的防治政策，实行"有水快流"的方针，5年间能源消费量几乎翻了一番。国家从"十一五"开始，实行能源"双控"，在此后的两个五年规划期间，能源消费增量分别比"十五"期间减少了3亿吨和5亿吨标煤。从"十三五"开始，能源消费总量持续快速增加，五年期间能源消费的增量，几乎与"十二五"持平，没有实现"十三五"提出的由"高速度向高质量发展转型"的目标。2021年，能源消费总量突破52亿吨标煤，虽然非化石能源占比不断提高，但是非化石能源的增量仍无法满足能源消费快速增长的需要。例如，2021年虽然中国非化石能源发电量增量创历史新高，年增量达到3 200亿千瓦时，超过了"十三五"

期间年均全社会用电增量水平，但是全社会用电增加了 7 500 亿千瓦时，因此不得不增加煤电发电量以解燃眉之急（见图 2.4）。

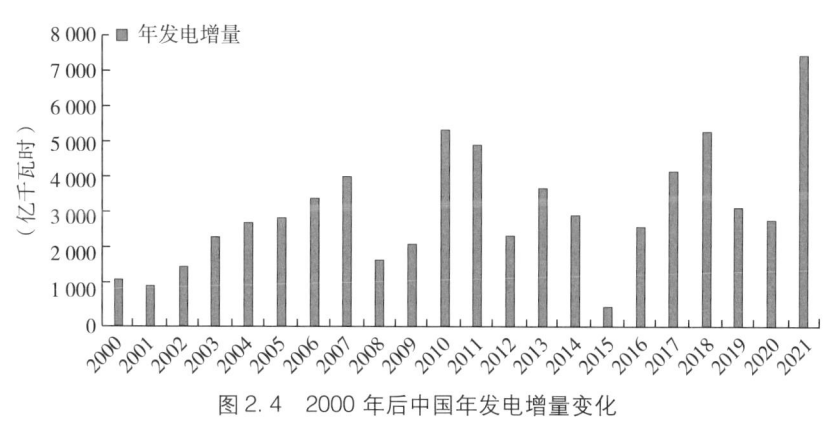

图 2.4　2000 年后中国年发电增量变化
资料来源：中国电力企业联合会历年统计数据，《BP 世界能源统计年鉴》（2022）。

2021 年，中国人均能源消费量相当于欧盟的 70% 左右。其中，全社会用电量已达 8.4 万亿千瓦时，人均用电量接近 6 000 千瓦时，相当于欧盟人均用电量水平，高于丹麦、英国的人均用电量水平。在实现双碳目标的过程中，如不对能源和电力消费总量严格控制，那么建成清洁、低碳、安全、高效的能源体系困难极大。因此，需要继续坚持能源"双控"，控制增速和增量，对于避免二氧化碳排放攀高峰和提高非化石能源占比尤为重要。

二是坚持严控煤炭，逐步减少煤炭消费不动摇。由于中国化石能源资源禀赋的"富煤贫油少气"的基本特征，煤炭一直是中国能源消费的主体能源。2013 年煤炭消费达到 42.4 亿吨的峰值，同年，国家打响蓝天保卫战。2014 年，国家做出了 2030 年左右二氧化碳排放达峰并争取尽早达峰的国际承诺，采取了严格限制煤炭消费的能源政策，此后几年煤炭消费不断下降，2016 年降低到 38.5 亿吨的低位。2017 年开始，对煤炭的消费管制放松，之后的几年煤炭消费一直不断反弹，特别是2021年的快速反弹，煤炭消费量又接近42亿吨的高位，如果"十四五"期间不严格控制煤炭消费，中国煤炭消费有可能出现新的峰值，不仅为2025年和2030年非化石能源占比的提高增加难度，也为"十五五"末期实现二氧化碳排放达峰且稳中有降增加难度（见图2.5）。

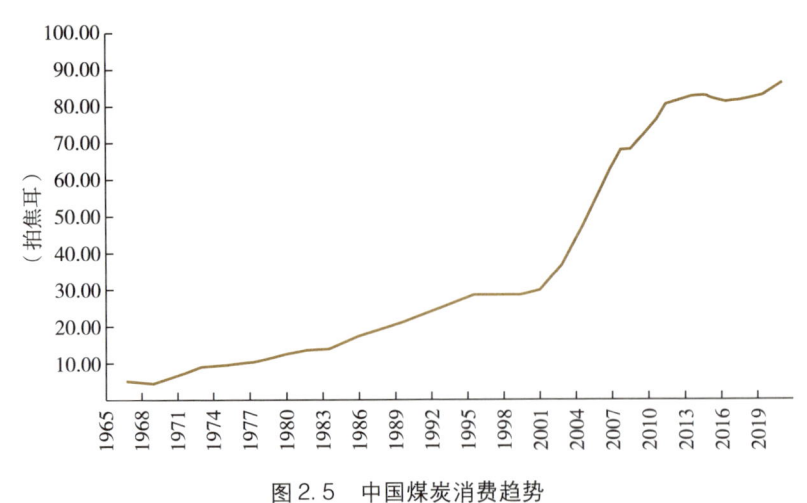

图2.5 中国煤炭消费趋势
资料来源：《BP世界能源统计年鉴》（2022）。

严控煤炭的同时，必须严控煤电。"十三五"期间，为了打赢蓝天保卫战，治理散煤污染，大部分散煤消费转向发电，导致燃煤发电持续增加。"十四五""十五五"期间，若不严控煤电发展，"十五五"实现煤炭减量的目标很可能落空，也无法为非化石能源发电的发展留出空间，同时还会造成煤电投资沉没成本的增加。因此严控煤炭、严控煤电的发展，是能源转型各项任务的重中之重。按照相关机构的预测，以能源峰值60亿吨计算，留给煤炭发展的空间非常之小。如果整个"十四五"期间，每年的煤炭消费增量与2021年持平，那么煤炭消费将总共增加近8亿吨，约占2021—2030年能源消费增量的70%以上，严重挤占非化石能源和清洁能源供应增加的空间。

三是努力增加非化石能源供应不动摇。中国的可再生能源，特别是以风光为主体的新能源发展迅速，实现了从无到有，再到举足轻重的变化。同时，核电快速发展，在"十二五"末期基本实现了新增能源消费主要由非化石能源满足的基础条件。因此，"十三五"能源发展规划纲要编制说明曾明确要求，今后新增能源供应主要由非化石能源满足，政府也明确要求"不断优化能源结构，减少煤炭消费，增加清洁能源供应"，使中国非化石能源供应增量占能源消费增量的比例不断提高。2021年，中国非化石能源占比在煤炭、煤电快速增长的情况下仍达到16.6%的历史新高，仅发电量的增量就超过3 200亿千瓦时，相当于1亿吨标煤。如果中国能源消费总量控制在60亿吨以内，今后9年，新增能源基本上可以由非化石能源来满足，2030年后每年可以替代1亿吨左右的化石能源。总体来看，到2060年能源消费总量将控制在60亿吨标煤以内，非化石能源占比在80%以上，届时非化石能源消费总量将在48亿吨以上。2021年，中国非化石能源供应折合8.7亿吨标煤，只要今后每年努力增加1亿吨标煤的非化石能源供应，2030年、2035年、2050年、2060年非化石能源的消费量就可分别达到18亿吨、23亿吨、38亿吨、48亿吨左右。同期，非化石能源占比可以分别达到30%、40%、65%、80%左右，实现能源转型的目标并非遥不可及。

四是坚持化石能源的可靠供应和托底作用不动摇。必须明确化石能源在整个能源转型过程中的地位。虽然中央文件和各种研究机构都用了"化石能源逐步退出"的提法，但实际上，双碳目标下的化石能源只是逐步减少，而不是退出，甚至实现碳中和目标之后，还需要一定数量（20%左右）的化石能源。因此，化石能源在能源转型过程中的作用分三个阶段，即二氧化碳排放达峰阶段、二氧化碳排放下降阶段和碳中和阶段。在达峰阶段，化石能源的消费仍将持续增长，这一阶段确保化石能源供应的安全是第一要务。对化石能源采取的措施应该是适度投资，扩大生产能力，严控消费量的增加，优先控制单位热值排放量较高的煤炭石油，适当增加天然气的供应，按照市场需要合理调整化石能源的产量和供应量，确保化石能源的供应弹性和韧性。在下降阶段，化石能源的责任是将非化石能源"扶上马再送一程"，确保能源供应安全的主体作用逐步过渡到系统安全托底的支撑作用。总的方针是：化石能源消费的逐步减少要与非化石能源的稳定可靠供应增加相适应。按照中国的实际情况，2030年以后，能源消费峰值在60亿吨左右，非化石能源占比在25%左右，此后能源消费总量不再增加，只要确保非化石能源供应量在1亿吨标煤以上，2035年和2050年非化石能源占比即可达到35%和60%左右。在碳中和阶段，已经建成了清洁、低碳、安全、高效的能源体系和以新能源为主体的新型电力系统，化石能源的历史使命也没有完结，其占比虽然只有20%左右，但仍将继续发挥安全托底的支撑作用。在能源转型的长期过程中，化石能源的地位一直十分重要，确保化石能源供应安全和绿色消费应该贯穿能源转型的全部过程之中。

能源转型要坚持实事求是

坚持实事求是是做好一切工作都要坚持的基本原则。做好能源转型也要实事求是，客观地分析问题和挑战，正确研判发展趋势，既要认清挑战，又要接受挑战，更要直面挑战。总体来看，需要坚持以下几点。

一是实现双碳目标,走低排放发展道路,这是一场从资源依赖走向技术依赖的发展转型。自1972年罗马俱乐部发布报告《增长的极限》和斯德哥尔摩联合国第一次人类环境会议以来,人类随着社会发展逐步认识到,工业化进程中资源依赖型发展模式的不可持续性,必须告别资源依赖,走向技术依赖。因为在资源依赖型发展模式下,随着发展不断进行,资源会不断消耗,资源供应成本不断增加,加之资源的不可再生性,长此以往,资源就会变得稀缺和昂贵,使发展难以持续。同时资源存在有无之分,不可改变,因此资源的竞争就有零和博弈的特点,这一点在化石能源的资源特征中尤其明显。因此,才有了"谁掌握了石油,谁就控制了所有国家"的观点。而技术依赖型的发展模式,依赖技术的不断进步,且技术的进步既可积累,又可叠加,技术永远不会退步。随着技术的不断创新和进步,技术成本可以不断下降,且技术没有有无之分,只有先进和落后之分。先进的技术不更新,就会成为落后的技术;落后的技术不断努力和创新,就会发展成为先进的技术。因此,技术依赖型的发展模式是可以学习、复制并且可持续的。可再生能源都是典型的技术依赖型,因此由化石能源向非化石能源的发展转型,就是从资源依赖走向技术依赖,这种转型既避免了资源依赖的成本不断增加,也避免了资源依赖型零和博弈的矛盾,使能源供应的可持续性大幅提高。

二是实现双碳目标推动能源转型,不是别人要我们做,而是我们自己必须做。从应对气候变化问题的提出,到碳中和目标的形成,"阴谋论"的观点不绝于耳,一开始许多人认为这是发达国家强加给发展中国家的阴谋,是其实现了现代化的目标之后,用对温室气体排放的控制,抑制发展中国家的发展。其实,从30

多年的进程来看，应对气候变化的本质是推动全球的低排放发展转型，代表人类绿色低碳转型的大方向，是全球绿色低碳发展转型的竞赛，世界各国都在为此努力。从 2021 年 11 月，世界各国向联合国递交的"国家低排放发展战略"来看，发达国家几乎一致地预计在 2050 年实现碳中和，大部分发展中国家也预计 2050 年实现碳中和，中国和俄罗斯预计 2060 年实现碳中和，印度预计 2070 年实现碳中和。早一点实现碳达峰，就会有更宽裕的时间实现碳中和，早一点实现碳中和，就会距离全球先进发展水平更近。按照现在能源转型的路线，2060 年非化石能源占比将提高到 80% 以上，对中国来讲，除了实现碳中和之外，还解决了三个难题：

第一是解决了国家能源供应安全的难题。自 1993 年中国成为石油净进口国开始，石油对外依存度一路攀升，2021 年已高达 75% 左右，导致中国能源自给率由 2007 年的 95%，下降到 2021 年的 80% 以下。如果 2060 年非化石能源占比提高到 80% 以上，届时石油消费量可以控制在 2 亿吨以下，石油对外依存度可以降低到 5%~10%，国家能源自给能力可以恢复到 90% 以上的历史高位，完全实现能源供应的自主可控。

第二是解决了大气环境污染的难题。到 2060 年，中国化石能源的消费总量可以控制在 12 亿吨以内，煤炭消费量可以控制在 10 亿吨以内，各类大气污染物的排放量可以减少 80% 以上，人民的"心肺之患"可从根本上消除。

第三是解决了能源成本过高对经济发展的制约难题。按照当前实际成本推算，可再生能源的年均发电加储能的成本短期内可以控制在 1 元/千瓦时左右，2030 年可以控制在 0.6 元/千瓦时，2060 年可以达到 0.5 元/千瓦时以下，按中国碳中和时全部发电量 16 万亿千瓦时计算，80% 的非化石能源的稳定可靠供应的成本在

8万亿人民币左右，相应的能源成本约占当时中国GDP总量的2%，大约是现有水平20%，并且这个能源成本是可以预期的，不受石油价格波动的影响。因此，能源转型有利于中国的高质量发展和高水平保护，也有利于全球应对气候变化目标的实现，是国际国内双赢的重大战略选择。

　　三是世界各国对能源转型问题的目标大致相同，困难和挑战的难度相差不大。按照2019年《BP世界能源统计年鉴》的数据，2019年全球化石能源在全部能源消费中的占比大约是84%，其中OECD国家的平均水平为80%，美国和日本分别是83%和87%，欧盟达到74%（见图2.6）。发展中国家的平均水平为87%，中国和印度分别是83%和91%。按照OECD国家在2050年实现碳中和测算，非化石能源占比将提高到80%以上，那么从现在起，全球需要每年提高2个百分点，中国和印度则都需要每年提高1.4个百分点。

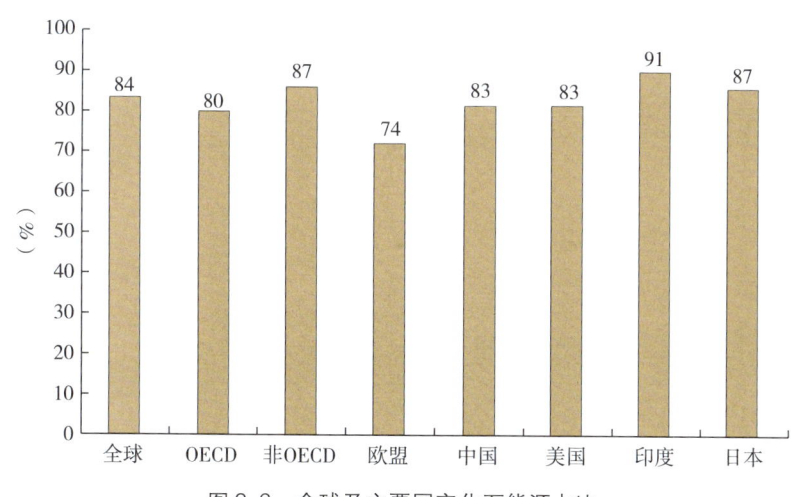

图2.6　全球及主要国家化石能源占比

资料来源：《BP世界能源统计年鉴》(2019)。

在推动能源转型问题上，世界各国都以电力发展转型为核心，美国和欧盟都是在 2035 年建成近零排放的电力系统，并且大部分国家的非化石能源（可再生能源）发电占比在 90% 以上。中国提出的目标是构建以新能源为主体的新型电力系统。如果电力系统的近零排放需要适度超前，那么中国则需要在 2045 年左右实现这一目标。从 2019 年全球非化石能源发电的占比看，全球平均水平在 37% 左右，其中 OECD 国家和非 OECD 国家占比分别是 46% 和 31%，欧盟、美国和日本分别是 62%、37% 和 29%，中国和印度分别是 34% 和 22%（见图 2.7）。发达国家实现电力系统近零排放，需要在 15 年内将非化石能源的占比从 46% 提高至 90%，需要提高 44 个百分点，发达国家平均每年需要提高 3 个百分点，美国则需要每年提高 3.5 个百分点。欧盟、中国和印度则需要每年提高 2 个百分点。总体来看，不论是发达国家，还是发展中国家，

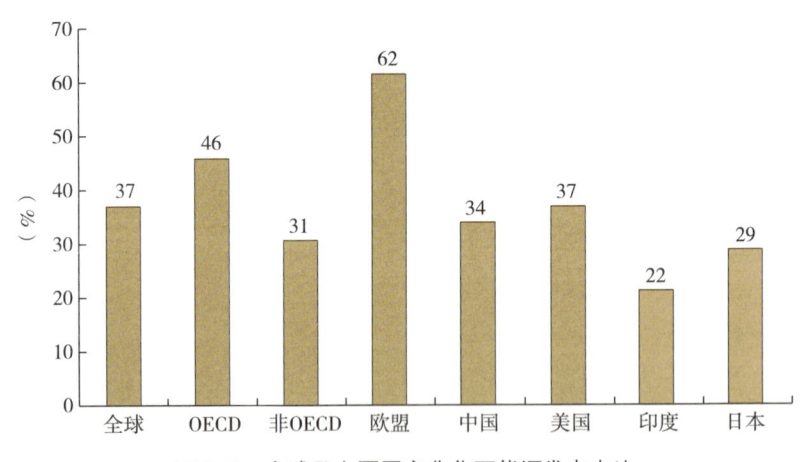

图 2.7 全球及主要国家非化石能源发电占比

资料来源：《BP 世界能源统计年鉴》（2022）。

在能源转型问题方面都面临巨大挑战。发达国家的困难不一定比发展中国家小。尤其是一些资源丰富、能源消费总量比较小的发展中国家，能源转型的速度也许比欧盟、美国、日本和中国更快。

四是在能源转型方面，我国仍任重道远。2021年全球风光发电量在全部发电量中的占比首次超过10%，其中有50个国家迈过了这个门槛，有3个国家风光发电量占比超过40%。增长最快的国家是荷兰、澳大利亚和越南。2019—2021年，荷兰风能和太阳能占比从14%提高到25%，化石燃料占比从78%下降到63%；澳大利亚风光发电量占比从13%提升到22%，化石能源占比从79%下降到70%；越南风光发电量占比从3%提升到11%，化石燃料占比从71%下降到63%。中国累计风光发电量和新增装机容量都居世界第一位，但是风光发电量占比仅有11.2%，勉强超过全球平均水平。同时，中国在燃煤发电问题上面临的挑战更大一些。过去20年全球燃煤发电增加了42 768亿千瓦时，其中中国增加了42 316亿千瓦，美国和欧盟分别净减少了11 570亿千瓦时和5 107亿千瓦时。《巴黎协定》达成之后全球燃煤发电增加了9 605亿千瓦时，其中中国增加了13 146亿千瓦时，美国和欧盟净减少了5 683亿千瓦和3 611亿千瓦时。其实能源转型是低排放发展转型的主战场，风光发展又是主要战略方向，中国的产业基础、资源条件和基本需求，需要做得更好一点。

五是能源转型成功的关键在于建成稳定、安全可靠的以新能源为主体的新型电力系统。国际可再生能源署和国际能源署也分别于2021年3月和5月提出了碳中和背景下的能源转型路线图，不约而同地提出了实现碳中和，可再生能源发电量占比将提高到90%以上，其中风光发电占比将高达64%~70%。这些数据还不能说明问题，问题的关键在于在极端条件下保障电力供应的安全。

风光发电虽然有各种优势，但是具有分散性、季节性、间接性等问题。现在风光发电比例较高的国家的经济规模都比较小，3个占比超过40%的国家分别是丹麦、乌拉圭和卢森堡。3国中人口最多的是丹麦，人口数量不到600万。而在中国这样有十几亿人口的大国，动辄几百万乃至上千万人口的大都市比比皆是，如何用分布式的风光发电满足都市群的用电需求，还是未知数。以风光为主体的新型电力系统的安全调节能力如何保证，尤其是周调节、旬调节，乃至月调节和季度调节，也是未知数。在以化石能源为主体的电力系统中，解决问题的办法是能源储备，比如国际能源署要求其成员国的石油储备需满足至少6个月的石油消费量，天然气储备不少于90天。中国则要求燃煤电厂的存煤量不少于2周。除了大力发展储能技术之外，还要用好10%的化石能源发电的托底保障作用。按照多数研究机构的通常估计，碳中和时化石能源发电量至少还需要1.6万亿千瓦时，按照每年运行1000小时计算，尚需16亿千瓦时的火力发电。因此，人们大可不必担心现有煤电产能的闲置和提前退役的问题。

推动中国能源转型的几点建议

一是制定循序渐进的转型策略。中国是一个能源消费总量超过50亿吨标煤的大国，任何变革都必须循序渐进，不可能一蹴而就。我们既需要坚定构建清洁、低碳、安全、高效能源体系的信念，又要下定能源转型的决心，树立循序渐进、不断改变的恒心；需要做到非化石能源占比不断提高，由非化石能源来满足"十四五"期间新增电力、"十五五"开始新增能源的要求。2030年在实现二氧化碳排放达峰之后，开始非化石能源对化石能源的总量替代。在整个转型过程中,要把握传统能源的逐步退出节奏,与新能源供应的不断增加相适应。

二是坚持和完善总量控制制度。建立与碳中和转型相适应的能源消费总量控制制度,即能源双控与碳排放双控相结合。逐步建立起与国际接轨的以碳标识为基础的技术、企业管理机制。同时,不放松对 GDP 的能源强度控制,把能源强度控制继续作为提升国家、企业和技术竞争力的重要抓手,继续坚持节约优先的能源工作总方针,大力减少能源总需求。总之要用控制温室气体排放和能源效率的不断提高,倒逼中国经济的高质量发展和环境的高水平保护。

三是确保能源转型过程中的能源供应安全。坚持不破不立、先立后破、破立并举。首先要提出形成清洁、低碳、安全、高效的新型能源体系和以新能源为主体的新型电力系统的时间表和路线图。其次要有先立后破的施工图,在"十四五"期间逐步形成新增能源和非化石能源发电的能源发展新态势,"十五五"开始逐步形成对化石能源,特别是煤炭消费的存量替代。最重要的是坚持破立并举的技术实践,在构建以新能源为主体的新型电力系统的过程中,发挥传统火力发电的托底和调峰作用,同时积极稳步发展规模化的新型储能技术,非化石能源发电占比要与稳健的电力供应安全相适应。

四是形成公平、公正、合理的非化石能源总量目标管理制度。中国自 2009 年提出非化石能源占比的要求以来,尚无合理的制度安排以实现不同地区之间的公平公正、责任共担。2020 年中国非化石能源的占比约为 16%,占比较高的地区高达 50% 左右,占比较低的地区不到 5%。建议坚持参照《联合国气候变化框架公约》共同但有区别的责任原则、各自能力原则,建立和完善公平、公正、合理的总量目标制度,给发达地区更多的责任和压力,推动中东部与西部地区实行长期战略合作制度,强化西部地区可再生能源的资源优势,使其成为经济优势,实现区域之间的均衡发展,同时对于化石能源的逐步退出,也需要建立相应的退出机制予以保障。

五是建立能源、环境、气候协同治理的机制。化石能源的生产和消费是产生各类环境污染物和二氧化碳等温室气体的基本过程。欧盟国家,特别是北欧国家经过长期的实践,对能源、环境和气候分头治理,逐步建立起协同治理的方式,成立气候能源机构,统一协调能源、环境和气候问题。建议总结国际和我国珠三角地区能源结构优化与环境治理的低碳发展经验,扩大协同治理的理念和范围。从"十四五"开始,对能源、环境、气候进行协同治理,切实实现减污降碳,协同增效。

六是构建实现双碳目标的经济机制。发挥微观激励机制、政府补贴机制以及市场机制在未来能源转型中的资源配置作用。承认能源转型的绿色溢价,构建新的电价形成市场机制。鼓励消费者为消费绿色电力付出一定的成本。同时短期内通过改变消费者的能源偏好、社会规范以及建立基于电力消费绿色程度的适当补偿机制来抑制绿色电力价格上涨带来的替代效应。在长期内,通过技术手段降低绿色电力的长期价格,实现消费者从高碳电力向低碳电力的自然转变。

参考文献

BP. BP 世界能源统计年鉴 [R]. 2022.
IPCC. IPCC 第六次评估报告 [R]. 2022.
Dave Jones. Global Electricity Review 2022. http: ember – climate. org/insight/research/ global – electricity review – 2022/.

第三章　新发展理念下碳中和的风险防范[1]

张永生[2]

要点透视

➤ 认识和防范碳中和过程中的风险，关键在于能否"完整准确全面"地理解和贯彻新发展理念，而区分新旧发展理念的重要标准，就是如何看待"环境与发展"之间的关系。旧发展理念更多的是在冲突关系下如何扩大折中空间，新发展理念则是从"相互促进"的思路和路径来寻求解决问题的方式。

➤ 能源转型不仅可以实现中国的可持续发展，还可以降低能源安全风险，具体包括新能源特性带来的供给不稳定性风险、新能源时代依赖关键金属矿物引发的风险、能源转型速度过快带来的风险以及能源价格机制引发的风险。

➤ 实现碳中和的过程中需要关注绿色产业链和供应链的

---

[1] 本章为中国环境与发展国际合作委员会（简称国合会）2022 年"新发展理念下碳中和的风险防范"专题政策研究的前期研究成果。作者感谢国合会的支持及课题组成员的讨论。文中可能的错误由作者承担。
[2] 张永生，中国社会科学院生态文明研究所所长、研究员。

安全风险。一方面，需要关注大国竞争和疫情给国际供应链带来的冲击和风险。另一方面，需要关注能源系统全面转换带来的供应链风险。随着化石能源转向关键金属矿物密集的新能源体系，对关键矿物的需求会大幅飙升，相应的供应链风险也会大幅增加。

➢ 双碳目标下实现粮食安全需要新思路，需要对粮食安全概念进行重新定义，重新思考农业、饮食、健康、环境等基本问题，将"饮食结构—健康—农业结构—环境"的恶性循环转变为良性循环。

➢ 双碳目标下应着力减轻对居民生活的影响。双碳的根本目的是增进人们的福祉。双碳不仅需要生产方式的深刻转变，也需要生活方式的深刻转变。在这个转型的过程中，群众的正常生活应不断得到改善。但是，这个发展范式的转变过程，可能会在特定阶段对特定人群的生产与生活产生不同的影响。

➢ 实现碳中和需要重点防范七大风险，一是对碳中和的认识误区，这是最大的战略风险；二是碳中和不纳入生态文明建设整体布局的风险；三是碳中和对重点煤炭地区的冲击；四是碳中和对重点工业行业的冲击；五是碳中和带来的资产重新定价；六是克服绿色结构跳跃的风险；七是适应气候变化的风险。

自2020年9月22日习近平主席在第75届联合国大会宣布双碳目标以来，全国上下积极贯彻落实。经过一年多的试错、纠偏，以2021年10月陆续出台《关于完整准确全面贯彻新发展理念做好碳达峰碳中和工作的意见》（以下简称《意见》）等"1+N"系列政策为标志，中国双碳目标进入起飞阶段。《意见》强调，做好碳达峰、碳中和工作，防范风险是重中之重，要"处理好减污降碳和能源安全、产业链供应链安全、粮食安全、群众正常生活的关系，有效应对绿色低碳转型可能伴随的经济、金融、社会风险，防止过度反应，确保安全降碳"。

　　如何认识和防范碳中和过程中的风险，关键在于能否"完整准确全面"地理解和贯彻新发展理念。目前碳中和面临的突出问题，就是在落实碳中和的过程中，容易不自觉地陷入旧发展理念。由此带来的后果，就是缺乏对风险问题的准确理解和防范。对有些风险往往高估，对有些风险则会低估，对有些甚至完全缺乏意识。因此，新发展理念是准确认识和防范风险的重要前提。

　　从生态文明视角看，是否"完整准确全面"贯彻新发展理念，其标准就是如何认识"环境与发展"之间的关系。传统工业化模式是建立在"环境与发展"相互冲突的基础之上，即"先污染后治理"模式。如果认识到"环境与发展"之间可以形成相互促进的关系，即"越保护、越发展"，就是新发展理念；反之就仍然是传统发展理念，即无法理解碳中和在中国的战略机遇和形成机制。

理解碳中和的重大历史机遇与挑战

正确认识和防范碳中和的风险,首先要从历史高度认识碳中和的重大历史机遇与挑战。双碳目标是中央深思熟虑后做出的重大战略决策,是中华民族伟大复兴和永续发展的需要。双碳目标是生产生活方式的自我革命,其实质是工业革命以来发展范式的深刻转变。它既是前所未有的挑战,更是中国发展的重大战略机遇。讨论绿色转型风险时,不能简单地就风险论风险,而是要跳出传统工业时代的思维方式和狭隘的时空局限,在宏大历史背景下理解碳中和的战略深意及其重大意义。这样才能识别:(1)转型的机遇(收益)在哪里、机遇有多大;(2)风险在哪里、风险有多大。在此基础上,才能通过政策降低风险、提高收益,根据风险收益分析(risk-benefit analysis)进行客观分析。

碳中和不是关于"要不要做"的选择题,而是关于"如何实现"的应用题。讨论碳中和的机遇与风险时需要明确,不是因为碳中和的机遇大于风险,我们才要进行碳中和,而是因为现有发展模式不可持续,所以碳中和是一个别无选择的目标。我们面临的问题,是在实现碳中和的过程中如何抓住机遇、降低风险,以更有效地实现碳中和。

全球碳中和共识与行动标志着绿色发展时代的开启

全球范围的碳中和共识与行动,是工业革命以来发展范式的革命性改变。第一,目前约有 132 个国家、1 165 个地区、235 个城市和 69 701 个企业提出了净零排放的气候承诺。这些国家碳排放量和经济总量均占全球的 90%,人口占 85% 左右。第二,这些国家有七成左右都属于发展中国家。按照过去发达国家的发展路径，碳排放要先到达一个高峰然后才能下降，整体呈"倒 U 形"曲线。现在这么多发展中国家承诺碳中和，通过低碳模式实现经济起飞，是对传统发展模式和发展理论的颠覆性改变，是一个划时代的转变。

碳中和背景下的发展范式转变，不同于过去讨论的发展方式的转变。过去更多的是强调效率提升、产业升级，以及"微笑曲线"。诚然，一个国家可以升级到产业链的顶端，通过将高排放产业转移到其他发展中国家或地区来减少本国生产端的碳排放；但是，其消费端的碳排放，由于大量进口高碳产品而不会减少。对全球减排和应对气候变化而言，单个国家的这种产业升级就没有太大的实质意义。生态文明视角下的绿色转型，则是指从发展内容到发展方式的全面转型。

开启全面建设社会主义现代化新征程与全球碳中和进程正好吻合

2020 年，中国进入第二个百年目标，开启全面建设社会主义现代化建设的新征程。第二个百年目标，不是第一个百年目标的简单延伸，也不是简单地追赶发达国家的现代化，而是对工业革命以来建立的现代化概念的重新定义。

目前全球广为接受的现代化概念是在工业革命后形成的，且主要是以少数发达工业化国家为标准的现代化。这种建立在传统工业文明基础上的现代化，虽然极大地推动了人类文明进程，且中国亦是这种现代化概念的最大受益者之一，但这种基于传统工业化模式的现代化有其内在局限：一是不可避免地导致生态环境不可持续；二是导致发展目的与手段的背离，难以最终实现全面增进人的福祉这一发展的根本目的；三是无法以此实现地球上所有人口共同繁荣的现代化，更遑论以此建立人类命运共同体。因此，仅仅思考"如何实现现代化"已远远不够，更应该对"什么是现代化"进行深刻反思和重新定义，建立面向未来和全球普适的中国现代化新论述。

对现有现代化模式存在的问题，人们也一直在试图进行修正。但是，这些思维更多的是在传统绿色工业文明的思路下寻求问题的解决方式，未能从根本上揭示这些危机的实质乃是现代化范式的危机，因而也就无法真正克服这些危机。中国式现代化的一个重要特征，是"人与自然和谐共生"的现代化。这是对现代化概念的重新定义，跳出了狭隘的经济视野和传统工业文明价值观，从"人与自然"的更宏大视野和生态文明价值观出发，建立面向未来且具有全球普适性的中国现代化新论述。

全球疫情加快绿色转型

全球碳中和是对工业革命后建立的传统发展模式的校正，而某种程度上，全球新冠肺炎疫情的暴发也是对传统发展模式的校正，以及对绿色发展前景的大测试。工业革命后形成的发展模式不可持续，其根本原因是这种模式破坏了人与自然的关系。也正是人与自然关系的破坏，才导致像新冠肺炎疫情这样的危机出现。人与自然关系破坏带来的危机，其表现形式可能是全球变暖、极端天气，也可能是自然界的病毒传播给人类。

新冠肺炎疫情对传统工业化模式弊端的校正，表现在两个方面。一是发展观念和内容的转变。疫情在很大程度上重塑了传统工业时代被商业力量塑造的"美好生活"概念。二是发展方式的改变。由于疫情的阻隔，很多经济活动和交易都是在网上远程进行。新冠肺炎疫情不仅昭示了绿色发展的方向，也是对绿色发展可行性的一次大测试。我们反思疫情的时候，一定要从根本上反思工业革命后形成的传统发展模式的弊端，从生态文明中找到根本的解决出路。

因此，碳中和不只是简单的节能减排和技术创新的问题，而是工业革命以来最全面深刻的发展范式的转变。只有从这种大的历史背景下理解碳中和，才能清醒地认识到碳中和代表的历史大势，才能在面对各种碳中和转型风险时保持战略定力，从容应对。

对碳中和风险的总体研判

不同的发展理念决定着对风险的不同认识和不同的应对思路。从新发展理念的视角看，过去传统发展理念下对风险的认识，导致有些风险可能被高估，有些风险可能被低估，有些风险甚至未被意识到。在应对风险时，新旧发展理念的解决思路，亦有很大不同。总体而言，旧发展理念是在"环境与发展"相互冲突的认识前提下处理风险问题，解决思路是在冲突关系下如何扩大折中空间，而新发展理念则从"环境与发展"相互促进的不同思路和路径上寻求解决方式。

关于转型风险研究及其存在的问题

目前，对碳中和风险的认识有两种基本观点。一种是悲观论，认为中国的现代化和工业化还没有完成，从2030年碳达峰到2060年碳中和只有30年时间，相比很多发达国家70年左右的时间，我们面临的挑战和风险都特别大。另一种是乐观论，认为碳中和将带来超过 200 万亿元的投资，这会刺激中国经济增长。① 这两种观点均有其合理性，但对碳中和的理解均存在一定偏颇。总体而言，目前关于碳中和风险问题的研究，存在着以下特点。

第一，在对风险的认识上，由于传统发展理念是基于"环境与发展"相互冲突的认知，往往低估转型的好处、高估转型的风险。尤其是，在经济增长面临困难时，就开始动摇双碳的决心，重点讨论所谓如何平衡双碳和增长之间的关系。这种讨论的前提是，假定双碳阻碍经济增长。以气候变化为例。在标准的气候变化分析中，减排的好处被定义为避免气候变化的损失（Nordhaus，2009）。成本则是减排的投入。实际上，减排的好处不只是避免气候变化的损失，更有可能使经济跃升到一个更有竞争力的平台，从而使收益远远大于"避免气候变化的损失"。根据联合国政府间气候变化专门委员会（IPCC，2021）的第六次评估报告（AR6），即使各国现有承诺的减排目标都能实现，到 2100 年全球温升也将达到 2.4℃，距实现《巴黎协定》的全球减排目标仍有很大差距。

第二，在处理风险时，往往是在传统的"环境与发展相互冲突"的旧思维框架下思考问题，往往看不到绿色转型的重大新机遇，更多地讨论如何让减排成本可承受（Nordhaus，2009）。在此基础上，进一步讨论如何减少对特定行业、地区和群体的冲击。思考问题的思路，更多的是在讨论变革过程中如何实现对弱势群体的保护，而不是在整体经济帕累托改进的框架下讨论对受损部门的补偿（Kaldor-Hicks improvement）。

---

① 不同的机构有不同的预测。比如，中国投资协会发布的《零碳中国·绿色投资蓝皮书》测算，碳中和相关的投资规模约 70 万亿元；清华大学气候变化与可持续发展研究院估算为 127.2 万亿~174.4 万亿元；国家发展和改革委员会价格监测中心研究人员估算超过 139 万亿元；北京大学光华管理学院的估算为 250 万亿元。

第三，对一些特定部门面临的风险有高估的倾向。由于实现双碳目标的前提是去化石能源，在讨论碳中和的风险时，人们更多关注化石能源退出引发的失业、亏损、资产状况恶化等冲击，并倾向于夸大转型对化石能源行业的冲击。根据中国政府的规划，2030年新能源占比达到25%，2060年达到80%。双碳目标提出后，人们对化石能源的预期发生改变，化石能源在很多人心目中"一夜之间"成为不良资产。但是，化石能源被新能源替代并不意味着化石能源从此就成为不良资产。相反，在去化石能源的过程中，化石能源行业只要在其存续期间，都可能保持合理的盈利水平。

第四，普遍低估碳中和对产业冲击的深度和广度。碳中和和碳达峰是两个不同的概念。碳达峰在传统发展模式下也能实现，但碳中和则需要发展范式的转变，是一个"创造性破坏"的过程，意味着很多产业会推倒重来。比如，汽车产业从传统燃油车转向电动汽车，不只是简单地用电动机替代内燃机，也不只是简单地用自动驾驶替代司机，而是对汽车概念的重新定义，是产业链条的重塑。正如当初单一通话功能的手机在转变为智能手机后的功能大幅拓展，且相应的产业生态链发生巨大转变一样，以汽车业为代表的很多产业及其产业生态系统，也会出现颠覆性转变。如果对此缺乏充分的认识和估计，就会对不期而至的风险措手不及。

第五，在风险问题上，全球层面和国家层面关注的重点各不相同。在全球层面，经济学界对气候变化的主流分析，往往是在讨论转型引发的不确定性风险（Weitzman，2009），即温室气体达到一定阈值后引发的加速气候变化的风险。在本地层面或国家层面，则更多关注转型对特定行业、地区和群体的冲击。

绿色转型面临风险的总体研判

《意见》指出，在碳达峰、碳中和工作中，防范风险要"处理好减污降碳和能源安全、产业链供应链安全、粮食安全、群众正常生活的关系，有效应对绿色低碳转型可能伴随的经济、金融、社会风险，防止过度反应，确保安全降碳"。下面，我们从几方面对绿色转型的风险进行总体研判。

关于减污降碳与能源安全

在化石能源时代，除了化石能源碳排放带来的不可持续风险外，石油、天然气高度依赖进口，也隐含重大安全风险。目前，中国化石能源占85%左右，且"富煤贫油少气"的能源结构使中国对石油、天然气的对外依存度分别高达70%和40%左右。从这个角度讲，能源转型不仅可以实现中国发展的可持续，还可以降低能源安全风险。从化石能源转向新能源，潜在的主要风险包括以下几个方面。

一是新能源特性带来的供给不稳定性风险。降低风险不仅取决于技术进步（储能技术、电网技术等），也取决于新商业模式（比如分散储能系统）、电价改革引导用能时点分布、新能源与火电组合。目前，以可再生能源为主体的电网如何维持稳定，在技术上仍然是一个很大的挑战。

二是新能源时代依赖关键金属矿物引发的风险。从碳排放密集的化石能源转型到金属密集的能源体系，对关键金属矿物的需求会飙升，由此引发供应链风险和地缘政治风险。

三是能源转型速度过快带来的风险。能源转型不是简单地填补"总能源需求与新能源供给之间的缺口"，这背后更是基于传统化石能源的庞大产业体系转型的问题。转型速度过慢固然会引发风险，转型速度过快，类似"休克疗法"，同样可能引发风险。

四是能源价格机制引发的风险。2020年大范围的"拉闸限电"，与缺乏灵活的电力价格机制等相关，与"双控"目标缺乏灵活的实现机制亦有关，而与双碳工作本身其实并没有太直接的关系。

五是未来中国能源需求总量的增长路径，也决定着能源风险的量级。如果按照西方生活方式不加限制地扩张能源需求，则中国面临的能源风险就会放大。应始终坚持"节约优先"和能源"双控"的原则，不能简单遵循发达国家能源总量需求增长路径。即使今后新能源极其廉价，也必须坚持能源节约的原则。比如，中国的家庭用电、人均汽车拥有量增长曲线等，不能再走欧美发达国家的老路。

现有的对能源的需求预测和转型路径设计，更多地从过去的发展经验以及发达国家经济增长与能源需求之间的关系出发（林伯强，2022）。但是，当传统工业化模式由于不可持续而必须转变时，生产内容和生产方式均会发生转变，与之相应的能源需求也必须主动进行调整。在未来绿色发展方向下，中国的经济结构、消费结构、城镇化模式、交通模式等，都会同发达国家有较大区别。比如，中国的千人汽车拥有量不到200辆，美国为800多辆；美国家庭部门的人均用电量是中国的6倍左右。显然，美国的生活方式如果复制到全球，则全球发展一定不可能持续。中国不能复制美国高度依赖私人汽车的消费模式和生活方式。这样一来，未来对能源的需求情境，就会发生深刻变化。

关于碳中和与绿色产业链供应链安全的风险

由于中国在新能源、新能源汽车等绿色产业上具有全球竞争力，全球碳中和为中国产业发展提供了一个"换道超车"的历史机遇，但也因此带来了新的全球供应链风险。在新能源方面，中国光伏产业为全球市场供应了60%以上的硅料、90%以上的硅片、89%左右的电池片、70%以上的组件。同时，我国也是世界上最大的风机制造国，产量占全球的一半。在全球前十五大风机厂商的市场占有率排名中，中国占10家。2021年中国可再生能源的投资占全球的35%，约为全球前十大投资国投资总和的一半。在新能源汽车方面，中国同样有较大优势。2020年和2021年，中国新能源汽车占全球销量分别为41%和53%。在全球二十大新能源汽车厂家中，中国有12家，德国有3家，美国有2家。2021年中国新能源汽车出口达到31万辆，同比增长304.6%。

首先，大国竞争带来国际供应链风险。在过去，全球产业分工产生的风险是靠稳定的市场契约机制及多边贸易合作机制（WTO）来控制。近几年，由于个别大国以"公平贸易"之名引发的贸易摩擦、以安全名义发起的"卡脖子"断供、以人权问题发起的制裁等非市场化行为，这两个机制均不再像过去那样有效。与此同时，全球新冠肺炎疫情暴发，导致供应链受到很大冲击。在这种新的条件下，如何建立起有效的风险防范机制，就成为一个新的挑战。

其次，能源系统全面转换带来供应链风险。随着化石能源转向关键金属矿物密集的新能源体系，对关键矿物的需求会大幅飙升，相应的供应链风险也会大幅增加。根据国际能源署的预测，光伏发电对金属资源的需求是燃气发电的5倍；海上风电对金属资源的需求是燃气发电的13倍；电动车对金属矿物的需求是燃油车的6倍。未来20年，总的金属矿物需求将提高6倍。其中，锂的需求将增加42倍，石墨的需求将增加25倍，钴的需求将增加21倍，镍的需求将增加19倍，稀土的需求将增加7

倍（IEA，2021）。

目前看来，中国在关键金属矿物上面临的风险，总体处于可控状态，但风险在持续增加。由于中国较早就开始强调充分利用"两个市场"和"走出去"战略，因此，中国在全球关键矿物上已有较好的布局。目前，中国在关键矿物的供给上相对主动，供应总体稳定。但是，由于全球碳中和以及技术进步的速度大大超过预期，全球对关键矿物的需求会大幅增加，相应的供应风险和不确定性也随之加大。尤其是，随着中国新能源和电动汽车市场在全球快速扩张，目前很多尚不需要依赖进口的关键矿物，将会成为高度依赖进口且相互竞争的关键矿物。

中国对关键矿物的需求，不只是为了满足国内产品需求，也是为了满足全球产品需求。目前，中国是全球最大的可再生能源市场和设备制造国，也是世界上最大的风机制造国，产量超过全球的一半，同时还是世界上最大的智能电动汽车生产国。中国正从传统意义上的世界工厂，转型升级为全球绿色智能制造工厂。由于中国有庞大的国内市场的支持和绿色发展战略，绿色产业体系的扩张具有独特优势，预期今后"中国绿色制造"的很多产品，将会在世界上居于支配地位。

国内和国外需求的叠加，会带来中国对关键矿物需求的快速增长，进而一些矿物会由自给变为依赖进口。以铬为例，2000年之后，随着中国在不锈钢全球市场份额的快速扩大，中国对铬的需求大幅上升。中国新能源和电动汽车等高科技相关的很多关键矿物需求，应该都会遵循这个路径快速扩张。因此，中国必须未雨绸缪，做好应对关键矿物需求大幅增加后依赖进口的准备（王鹏等，2021）。

双碳目标与粮食安全需要新思路

所谓粮食安全，就是粮食供给保证满足粮食的需求。① 但是，对粮食需求有两个不同的标准，一是商业需求的标准，二是健康营养需求的标准。长期以来，尤其在基本的温饱问题解决后，粮食安全更多的是根据商业需求进行定义。发达国家过去的粮食需求增长路径，就成为估测本国粮食需求的主要依据。但是，由于发达国家的饮食结构和农业结构是在商业力量驱动下形成的，这种基于商业力量的粮食总量需求和结构需求标准，带来了大量的健康、环境资源等问题。粮食供给和需求之间长期处于随时可能失衡的状态。目前的粮食安全风险，很大程度上就内置于这种粮食需求的概念之中。

这种基于商业需求定义粮食安全概念的逻辑，同背后的传统工业化逻辑一脉相承。农业"现代化"的过程，就是一个被工业化逻辑改造的过程。如果从生产内容（what）和生产方式（how）两个维度考察，则在农业"现代化"的过程中，农业的生产内容就从过去的以植物性产出为主转向以动物性产出为主，生产方式则由过去的生态农业转变成工业化农业、石油农业和单一农业。传统工业化模式不可持续，而在工业化逻辑下形成的农业发展模式，同样不可持续。

以世界卫生组织的健康营养需求标准看，全球粮食供给实际上远超目前的粮食需求。但是，由商业力量驱动的粮食需求，不仅使粮食需求持续扩张，而且推动农业结构向动物性产品结构转变。在这个过程中，农业结构和饮食结构相互促进，不断偏离健

---

① According to the United Nations' Committee on World Food Security, food security is, specifically, defined as meaning that all people, at all times, have physical, social, and economic access to sufficient, safe, and nutritious food that meets their food preferences and dietary needs for an active and healthy life.

康营养的需求结构，最终形成"饮食结构—健康—农业结构—环境"的恶性循环。以动物性产品为主的"现代"饮食结构，带来大量健康风险（所谓"富贵病"）和医疗支出，而这种现代饮食结构，又对应动物性农业供给结构。由于动物性产品的资源环境代价远远大于植物性产品，这种特定的饮食结构和农业结构，就对应着严重的生态环境破坏、资源消耗、气候变化等问题。比如，全球77%的农业土地直接或间接用于动物性产品的生产，一半左右的粮食用于动物饲料。①

这些问题的背后，均是传统工业化逻辑和商业力量在驱动。"现代"农业本质上是高碳"石油农业"，农业成为生态环境破坏的主要因素。在气候变化方面，农业温室气体排放不仅成为气候变化的驱动因素（碳源），农业自身也成为气候变化的受害者。根据IPCC第六次评估报告，农业、林业和其他土地利用排放占23%。由于"现代"农业建立在工业化逻辑基础之上，其投入、生产、加工、销售等环节，均高度依赖全球分工贸易，从而本地农业也就同全球市场风险直接相关。

如果比较一下中国、美国和印度的粮食产量和健康状况，就可以对"饮食结构—健康—农业结构—环境"的恶性循环有直观了解。② 中国和印度的人口相当，印度的粮食产量只有不到中国的一半（见图3.1），但印度是粮食出口大国，大米出口占全球出口总量的1/4。从2004年开始，中国从农产品净出口国成为净进口国。根据海关总署的数据，2021年中国进口粮食1.65亿吨，占中国粮食总产量的24.1%，粮食对外依存度为19.4%。其中，大豆进口

---

① https://ourworldindata.org/land-use.
② https://ourworldindata.org/agricultural-production.

9 651.8 万吨，进口依存度为 85.5%。与此同时，虽然中国总体癌症发生率低于美国，但是高于印度且呈明显上升趋势（见图 3.2）。

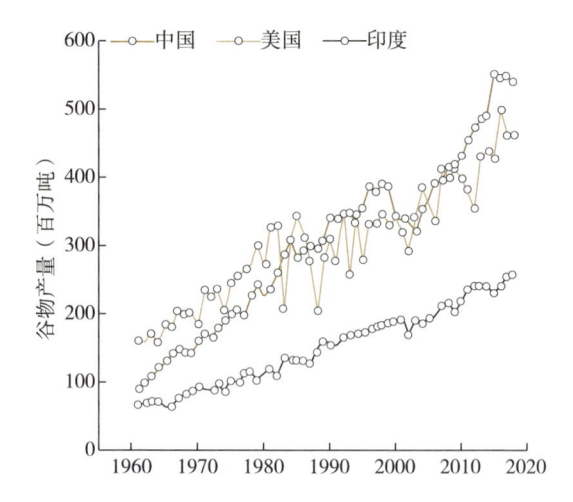

图 3.1　中国、美国、印度谷物产量比较

资料来源：UN Food and Agriculture Organization（FAO），Our World in Data。

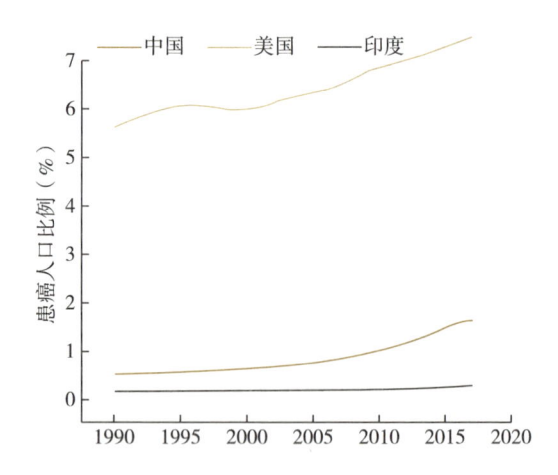

图 3.2　中国、美国、印度癌症发生率比较

资料来源：Global Burden of Disease（IHME），Data from Our World in Data。

因此，解决粮食安全问题，就需要重新定义粮食安全概念，重新思考农业、饮食、健康、环境等基本问题，将"饮食结构—健康—农业结构—环境"的恶性循环转变为良性循环。在这个良性循环下，粮食的需求回归正常的健康需求，人们的健康状况明显改进，资源环境问题得到改善。同时，农业发展方式从石油农业转向生态农业，现代农业就有望从碳源转变为碳汇。

双碳目标与群众正常生活

双碳的根本目的，是让发展回归初心，即增进人们的福祉。双碳不仅需要生产方式的深刻转变，也需要生活方式的深刻转变。在这个转型的过程中，群众的正常生活应不断得到改善。但是，这个发展范式的转变过程，可能会在特定阶段对特定人群的生产与生活产生不同的影响。

第一，双碳目标的直接内容是能源体系的转变，随着新能源成本大幅降低，长期来看会带动总的能源成本不断降低，从而改善人们的生活品质。

第二，由于碳中和是一个减少化石能源比重的过程，部分化石能源密集的地区、行业、群体会受到冲击。但是，化石能源比重降低，不一定意味着化石能源就此成为夕阳行业或不良资产。在去化石能源的过程中，由于能源供给总量可控，在"3060"路线图下，可以维持化石能源企业的合理盈利水平，以此促进新能源的发展。这意味着，碳中和对一些特定人群的冲击，可以通过有效的政策和机制设计进行对冲。

第三，关于双碳影响群众生活的说法。一些人将2021年部分地区出现的"拉闸限电"的原因归于双碳的相关政策，但实际上"拉闸限电"主要是煤电价格不合理、化解煤炭过剩产能、出口拉动、地方上"两高"项目、气候问题，以及缺乏"双控"目标的灵活实现机制等原因共同引起的，同双碳工作基本上没有直接关系。

第四，一些地方在实施双碳工作的过程中，采取简单粗暴、"一刀切"的做法，比如随意关闭工厂等，的确影响了部分群众的生活。这些是未能"完整准确全面"理解和贯彻新发展理念引起的，也正是中央在《意见》中要纠偏的做法。

碳中和与重点风险防范

对碳中和的认识误区是最大的战略风险

全球碳中和是基于科学共识的结果，也是中国的重大战略机遇。认识和抓住这个机遇的关键，是"完整准确全面"理解和贯彻新发展理念。新发展理念的实质，是建立起"环境与发展相互促进"的认识和机制；传统工业时代的旧发展理念，则是将"环境和发展"视为对立关系，是一种"先污染、后治理"的发展理念和发展模式。如果不深刻理解碳中和问题的实质，就会将碳中和视为发展的负担，或将碳中和简化为一个技术问题、能源问题，或"为减碳而减碳"等，由此带来战略风险。

不纳入生态文明建设整体布局的风险

减碳既有有利于生态环境保护和资源节约的一面，也有不利于生态环境保护和资源节约的一面。比如，减少化石能源可以减少空气污染，有利于人们的健康，但新能源会大幅增加对关键金属矿物的需求，其采掘、冶炼、加工、制造、运输、安装、维护、报废处理等全生命周期，均会产生大量污染。如果为减碳而减碳，不考虑其他维度的风险，则单一的减排行为可能会加剧生态系统的破坏。因此，必须将双碳纳入生态文明建设整体布局，实现减碳与生态环保相互促进（张永生，2021）。

碳中和对重点煤炭地区的冲击

此类冲击具体包括对经济、就业、财政等的冲击。这些煤炭富集地区的发展模式有两个典型特点。一是过去一直依靠传统工业化道路，即"挖煤、开矿、办工厂"。二是不仅严重依赖资源禀赋优势，而且经济处于传统工业化模式产业链中的高碳、低附加值环节。这些地方不只面临能源转型的问题，更是面临能源禀赋的整个产业基础（包括制造、服务）、财政基础、就业结构等的系统转型问题。以内蒙古为例，其超过80%的工业是能源和原材料，六大高耗能工业约占其工业的90%，单位GDP能耗是全国平均水平的3倍，单位GDP碳排放和人均碳排放是全国平均水平的4倍。与此同时，其风光等新能源资源和生态文化等资源也异常丰富，却没有得到充分开发（包思勤，2021）。

碳中和对重点工业行业的冲击

过去40多年，制造业一直是中国经济高速增长的最重要引擎，也是中国环境问题的一个主要原因。工业碳排放总量仍占全社会碳排放总量的70%以上（其中约40个百分点为工业电力排放），能源消费占全社会能源消费总量的60%以上。作为世界工厂，中国大约20%~30%的碳排放存在于出口产品中。碳中和首要的是化石能源行业。工业中最为突出的是电力、钢铁、建材、有色金属、石油和化工六大高耗能行业，其碳排放占工业二氧化碳排放总量的80%左右。考虑到工业碳排放中电力碳排放约占40个百分点，加之这些行业的产量已达到或接近峰值，2030年前实现工业碳达峰并非难题，但最大的挑战是实现碳中和的目标。碳中和是一个"创造性破坏"过程，意味着经济的彻底重塑。很多产业面临着转型甚至淘汰的问题。这又会带来大量的转型公正问题，包括再就业、地方税收等。

碳中和带来资产重新定价

由于双碳目标深刻改变市场预期，在新的约束条件和发展理念下，成本、收益、最优化行为等概念发生深刻变化，引发了市场对特定行业尤其是化石能源及其相关行业资产的重新定价。这会带来资本市场、股票市场、企业、居民和国家的资产负债表的重大变化，对经济产生系统性冲击（朱民，2021）。这个过程尤其需要谨慎处理，管控风险。但是，我们需要区分两个不同概念，即夕阳行业和不良资产。诚然，碳中和意味着去化石能源的过程，但这不意味着化石能源就会成为不良资产。在"3060"的路线图下，化石能源比重会不断下降，但市场中的化石能源（及能源总体价格）可能会维持在相对较高的水平。这样不仅可以加快新能源的发展，也可以减少国家对化石能源行业的转型扶持负担。

克服绿色结构跳跃的风险

绿色转型是从一种结构跳到另外一种结构。比如，从传统汽车跳到电动汽车，从传统出租车模式跳到网络平台共享租车模式，从化学农业跳到互联网生态农业。虽然新结构下的收益会更高，但由于这个跳跃过程可能会失败，故如果没有相应的风险规避机制，转型就会很困难，经济就会锁定在传统经济结构之中。因此，需要建立一种"绿色保险"机制，以促进这种"从0到1"的结构跳跃。这种机制，可以是类似农业保险、政府兜底补贴、新型资本创投等的机制。

适应气候变化的风险

应对气候变化包括减缓和适应两个方面。农业科学家通常根据作物模型模拟气候变化对农业产量的影响，经济学家则引入"精明的农民"（smart farmer）概念，揭示农民会改变种植模式以适应气候变化（MNS，1994）。但是，由于市场中复杂的价格反馈机制，改变种植模式并不一定会增加收入，不改变种植模式不一定会减少收入。因此，在很多情形下，分散的市场机制才是最有效的气候风险规避机制。

重点煤炭地区绿色转型的挑战与风险

双碳目标是中国发展的重大历史机遇，但也会对一些特定地区、特定行业、特定群体产生相应的冲击。内蒙古与山西是中国的能源大省，煤炭产量均超过 10 亿吨，分别占全国煤炭产量的 30.71% 和 35.27%。长期以来，两地形成了基于煤炭资源禀赋的经济结构、就业结构、财税收入等。但与此同时，这两个地区都有丰富的新能源资源、生态资源和文化资源，有独特的绿色发展优势。根据中国煤炭工业协会《2021 年煤炭行业企业社会责任报告》，2020 年煤炭全行业从业人员接近 285 万人，其中大型煤企从业人员 210 万人，占比为 74%。我们以内蒙古和山西这两个典型地区为例，对绿色转型面临的挑战进行总体研判，简要揭示其在"立"和"破"方面面临的主要风险。

总体情况

内蒙古

由于煤炭资源禀赋优势，内蒙古过去在很大程度上走的是不可持续的传统资源型发展道路，在实现经济发展的同时，也带来了大量生态环境问题。内蒙古用全国7.2%的碳排放量生产全国1.7%的经济总量，能源消耗占比为5.2%，是全国平均水平的3倍，人均碳排放水平是全国平均水平的近4倍。目前，内蒙古的能源和原材料工业占规模以上工业增加值比重仍达到82%，电力、化工、钢铁、有色、石化、建材等传统高耗能行业占规模以上工业增加值的比重仍然占89%。内蒙古煤炭的外运量保持在5.5亿吨到6亿吨，占全国跨省调煤量的1/3。内蒙古向全国输送煤炭量、煤电装机量均为全国第一。电力外送通道输送电力总量始终是全国第一位，占比将近20%。目前，内蒙古经济发展过度依赖高耗能产业的总体格局尚未得到根本扭转。2020年全区高耗能行业投资仍占制造业投资的64%以上（包思勤，2021）。

与此同时，内蒙古绿色资源也十分突出。其风能、光伏资源、生态资源均十分丰富。作为我国北方生态的安全屏障，内蒙古走"生态优先、绿色发展"的转型之路，具有得天独厚的优势。内蒙古拥有13亿亩草原、3.5亿亩森林、6 000多万亩水面和湿地，草原、森林面积均居全国之首，不仅具有北方面积最大、种类最全的生态系统，而且是众多江河水系之源、北方大陆性季风必经之地，是这个核心区的重要生态安全屏障。此外，内蒙古的文化资源也非常丰富。

山西

山西省煤炭储量达到507.25亿吨，占全国储量的1/3，是中国最大的煤炭省份。相应地,其经济发展也建立在煤炭基础之上。高耗能产业比重占山西能源消耗总量的约70%,能源产品大部分输出省外。2021年山西煤炭的外调量约占本省产量的60%,电力外输量占全省发电量超过30%,焦炭的外调量占全省产量的80%。对于山西以煤炭为主的产业结构现状,尤其需要"先立后破",稳中求进。必须妥善处理去煤对传统产业转型的压力,避免影响全国产业链和供应链,影响山西经济的稳定发展。煤炭相关领域的地方财政收入占30%以上,必须充分考虑财政收入的稳定性。与此同时,山西有丰富的新能源资源和文化资源,绿色发展也有独特的优势。

"破"的挑战

在"破"的方面,这些地方具有的共性挑战主要是煤炭及煤基产业受到冲击,由此引发对就业、产业、地方财政、社会保障、生态环境、资产重新定价等方面的影响。但是,由于目前煤炭还没有真正进入下降通道,现阶段煤炭行业普遍保持盈利状态。煤电的困难则主要是煤电价格机制等因素,以及自身经营的影响。

煤炭及煤基产业(包括煤化工、煤电)由于资本密集程度高,加上历史债务,其负债率偏高。一旦关停或限产,会引发较大的债务风险。同时,由于煤矿、煤电机组服务年限较长,高投入的资产会面临闲置和浪费。但是,由于去煤是一个循序渐进的过程,不是"一夜之间"全行业关闭,因此去煤过程的实际风险释放,也是一个渐进的过程。在去煤的过程中,煤炭价格实际上有可能且有必要维持在一个合理的相对较高的水平。至于煤基产业的高资产负债率,同双碳目标并没有直接的关系。双碳目标只是进一步暴露了企业风险。煤炭产业及煤基产业是内蒙古和山西的主要税收来源，占地方财政收入的 1/3 以上。但是，这种影响也不会立即释放。因此，虽然这些重点煤炭省份在实现双碳过程中面临很大挑战，但只要按照"3060"路线图稳步推进，各种挑战就可以被克服。

"立"的挑战

一是重点煤炭地区在全国"3060"路线图中的梯次。

二是新能源建设和国土空间规划之间尚需进一步协调。

三是清洁能源的输出问题尚待解决。

四是绿色投资还没有形成市场化的途径和投资模式，相应的技术与人才也十分缺乏。

五是内涵排放的补偿机制尚待完善。内蒙古和山西均为煤炭和煤电输出大省。虽然生产端碳排放高，但很大比例是为全国输出能源。如何界定内蒙古和山西这样的内涵排放输出省份的减排责任，并建立碳达峰、碳中和的地区合作机制，就成为一个重要议题。

六是在绿色转型方面，中央和地方的职能如何准确界定，包括公共投资、财政支出责任等，都需要进行界定。

参考文献

习近平．正确认识和把握我国发展重大理论和实践问题（2021 年 12 月 8 日在中央经济工作会议上讲话的部分内容）［J］．求是，2022（10）．

中共中央，国务院．关于完整准确全面贯彻新发展理念 做好碳达峰碳中和工作的实施意见［EB/Z］．2021，http：//www. gov. cn/gongbao/content/2021/content_5649728. htm.

包思勤，双碳背景下内蒙古产业结构战略性调整思路探讨［J］．内蒙古社会科学，2021（05）．

林伯强．碳中和进程中的中国经济高质量增长［J］．经济研究，2022（01）．

汪鹏，王翘楚，韩茹茹等，全球关键金属：低碳能源关联研究综述及其启示［J］．资源科学，2021（04）．

张永生，禹湘．中国碳中和的战略与实现路径［M］//．中国经济形势分析与预测（经济蓝皮书）．北京：社科文献出版社，2021．

张永生．为什么碳中和必须纳入生态文明建设整体布局：理论解释及其政策含义［J］．中国人口资源与环境，2021（09）．

朱民．碳中和将引发资产重新定价［EB/OL］．2021，https://www.yicai.com/news/101246964.html.

IEA, The Role of Critical Minerals in Clean Energy Transitions, 2021, https://www.iea.org/reports/the-role-of-critical-minerals-in-clean-energy-transitions.

IPCC, The science of temperature overshoots Impacts, uncertainties and implications for near-term emissions reductions, 2021, https://www.ipcc.ch/site/assets/uploads/sites/2/2019/06/SR15_Full_Report_High_Res.pdf.

Mendelsohn, R., Nordhaus, W. D., & Shaw, D. The impact of global warming on agriculture: A ricardian analysis. *The American Economic Review*, 1994, 84(4), 753-771.

Nordhaus, W., "Climate Change: The Ultimate Challenge for Economics", *American Economic Review*, 2019, Vol. 109, No. 6, pp. 1991-2014.

Weitzman, M. L., "Fat-Tailed Uncertainty in the Economics of Catastrophic Climate Change", *Review of Environmental Economics and Policy*, 2011, volume 5, issue 2, pp. 275-292.

第四章 工业碳达峰前景展望

禹湘[①]

要点透视

➤ 工业是中国碳达峰、碳中和的关键领域，双碳目标下中国工业面临碳排放总量和碳强度的双重约束，工业结构偏重且能源结构偏煤的局面在短期内难以改变，工业低碳、零碳、负碳减排技术仍需创新发展，同时也面临带动发展一批战略性新兴产业、为传统制造业注入新活力、推动形成绿色低碳发展方式三大机遇。

➤ 工业碳达峰的六大重点任务：深度调整产业结构，深入推进节能降碳，积极推行绿色制造，大力发展循环经济，推进工业领域数字化转型，加快工业绿色低碳技术变革。

➤ 工业碳达峰的四大政策建议：积极构建以低碳为特征的工业体系，加快研发并推广突破性低碳技术，构建低碳协同发展的绿色制造体系，充分发挥绿色投融资的重要作用。

---

① 禹湘，中国社会科学院生态文明研究所副研究员。

工业碳达峰碳中和的实现背景

碳中和导向的全球气候变化治理新格局

气候变化威胁生态安全与人类福祉

气候变化正成为威胁全球生态安全与人类福祉的严峻挑战。2021 年,联合国政府间气候变化专门委员会(IPCC)发布第六次评估报告并发出警示,"全球减缓气候变化和适应的行动刻不容缓,任何延迟都将关上机会之窗,让人们的未来变得不再宜居,不再具有可持续性"。报告指出,1970 年以来的 50 年是过去 2000 多年以来最暖的 50 年,2011 年至 2020 年全球地表温度比工业革命时期上升了 1.09℃,其中约 1.07℃的增温是人类活动造成的(见图 4.1)。

与此同时,气候变化带来的负面影响正在全球逐渐显现,造成了经济与生命健康等方面的重大损失。近年来,全球多地频频遭遇罕见的极端天气。中国也是受全球气候变化影响最大的国家之一。2021 年,中国呈现气温偏高、降水偏多的气候特征,暖湿特征明显,涝重于旱,极端天气事件多发、强发、广发、并发;全国年平均气温创历史新高,相较于常年平均偏高 1.0℃,是 1951 年以来最暖的年份;汛期暴雨极端性强,河南等地暴雨灾害严重。

《巴黎协定》需要更具雄心的减排行动

2015 年,近 200 个缔约方一致同意通过《巴黎协定》,确立了将全球温升控制在 2℃以内,并努力实现 1.5℃的目标。同时要

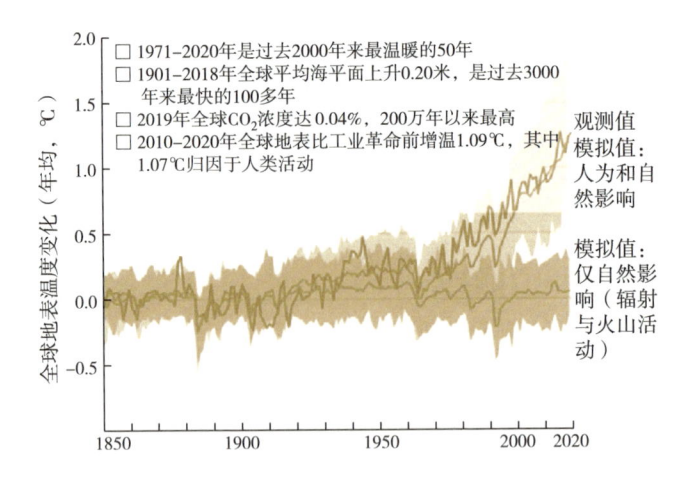

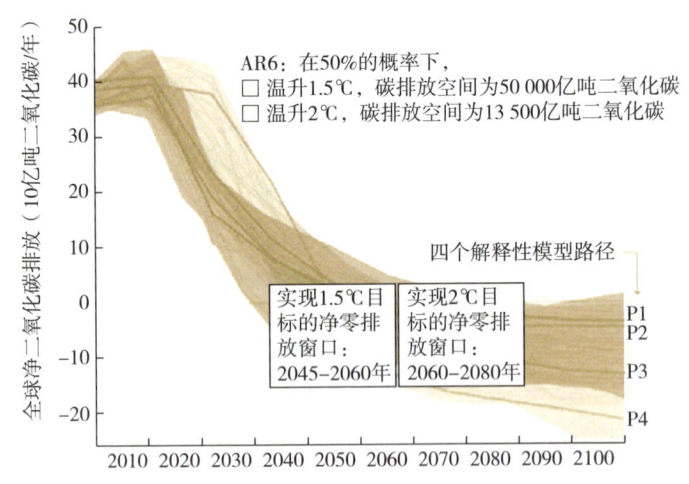

图 4.1　1850 年以来全球温升趋势（上）与《巴黎协定》
目标下的排放轨迹（下）

资料来源：第六次气候变化评估报告第一工作组报告《气候变化 2021：自然科学基础》（上）；IPCC 全球升温 1.5℃ 特别报告（下）。

求各国制定、通报并保持其"国家自主贡献"。然而《巴黎协定》下国家自主贡献目标力度还需加大，联合国环境署于 2018 年发布的《排放差距报告》显示，即使能实现当时已有的各国国家自主贡献承诺，《巴黎协定》的 1.5°C 的目标仍然无法实现，且到 2030 年的碳排放量仍将比实现该目标的要求高 38%。IPCC 第六次评估报告也表明，要将升温限制在 2°C 左右，仍需要全球温室气体排放最迟在 2025 年达峰，并在 2030 年前减少四分之一。

目前，全球已经有 50 余个国家实现碳达峰。在 2020 年碳排放总量排名前 15 位的国家中，已经有 10 个国家实现了碳达峰，除中国外，墨西哥和新加坡等国家也承诺将在 2030 年以前实现碳达峰。除此以外，欧洲大部分国家早已在 2000 年以前就实现碳达峰，而美国则直到 2007 年才实现碳达峰（见图 4.2）。

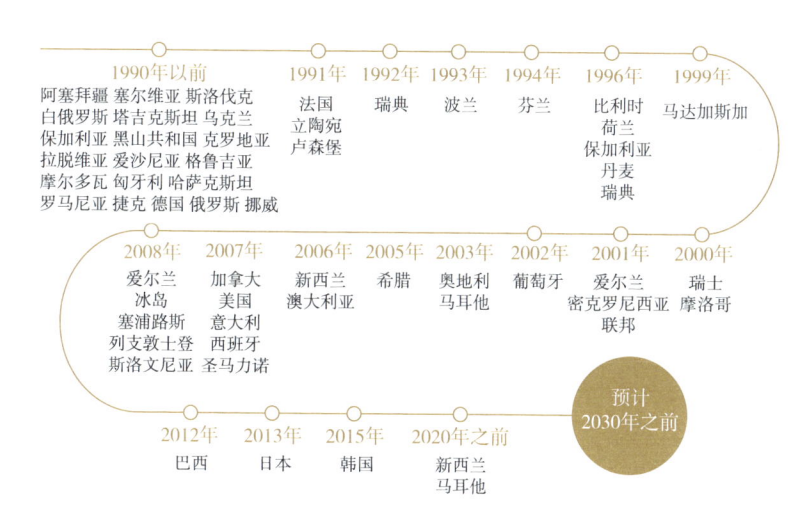

1990年以前	1991年	1992年	1993年	1994年	1996年	1999年
阿塞拜疆 塞尔维亚 斯洛伐克 白俄罗斯 塔吉克斯坦 乌克兰 保加利亚 黑山共和国 克罗地亚 拉脱维亚 爱沙尼亚 格鲁吉亚 摩尔多瓦 匈牙利 哈萨克斯坦 罗马尼亚 捷克 德国 俄罗斯 挪威	法国 立陶宛 卢森堡	瑞典	波兰	芬兰	比利时 荷兰 保加利亚 丹麦 瑞典	马达加斯加

2008年	2007年	2006年	2005年	2003年	2002年	2001年	2000年
爱尔兰 冰岛 塞浦路斯 列支敦士登 斯洛文尼亚	加拿大 美国 意大利 西班牙 圣马力诺	新西兰 澳大利亚	希腊	奥地利 马耳他	葡萄牙	爱尔兰 密克罗尼西亚联邦	瑞士 摩洛哥

2012年	2013年	2015年	2020年之前	预计2030年之前
巴西	日本	韩国	新西兰 马耳他	

图 4.2　世界主要国家碳达峰情况

实现碳中和正成为全球共识

目前，全球只有不丹、苏里南等少部分国家已经实现了碳中和。而全球承诺实现碳中和的国家和地区已经达到 128 个。据统计，这些国家和地区碳排放总量约占全球的 88%，人口约占全球的 85%，经济规模约占全球经济的 90%（见图 4.3）。这说明碳

全球净零碳排放目标覆盖范围

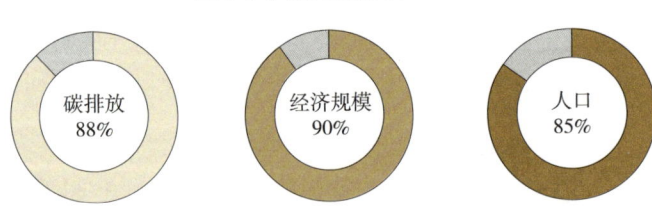

碳排放 88%　　经济规模 90%　　人口 85%

净零碳排放覆盖数目

国家 **128**/198　　地区 **116**/713　　城市 **234**/1177　　公司 **699**/2 000

图 4.3　已承诺净零碳排放的国家、地区、城市和公司统计

中和已成为全球共识；发展中国家占已承诺碳中和国家的 70%，表明发展中国家看到了碳中和带来的发展机遇，不再沿用传统经济发展模式的"倒 U 形"曲线①，而是致力于通过绿色低碳发展实现经济起飞。

中国碳达峰碳中和目标的提出与顶层设计

中国双碳目标的提出

2020 年 9 月 22 日，习近平主席在第 75 届联合国大会上宣布，中国将提高国家自主贡献力度，采取更加有力的政策和措施，二氧化碳排放力争于 2030 年前达到峰值，努力争取 2060 年前实现碳中和。

2021 年 12 月，工业和信息化部印发的《"十四五"工业绿色发展规划》（以下简称《规划》）指出，工业将以碳达峰碳中和目标为引领，统筹发展与绿色低碳转型。《规划》提出到 2025 年，实现工业产业结构、生产方式绿色低碳转型取得显著成效，为

---

① 环境库兹涅茨"倒 U 形"曲线是指环境恶化程度先随经济的增长而加剧；当经济发展到一定水平后，环境污染又由高趋低，污染程度逐渐减缓，环境质量逐渐得到改善的"先污染，后治理"的发展路线。

2030年工业领域碳达峰奠定坚实基础。同时，要加强工业领域碳达峰顶层设计，提出工业整体和重点行业碳达峰路线图、时间表，明确实施路径，推进各行业落实碳达峰目标任务、实行梯次达峰。

中国双碳目标的顶层设计

中国碳达峰碳中和"1+N"的政策体系顶层设计正在逐渐形成。2021年10月24日，中共中央、国务院印发了《关于完整准确全面贯彻新发展理念做好碳达峰碳中和工作的意见》（以下简称《意见》），《意见》作为碳达峰碳中和"1+N"政策体系的"1"，从顶层设计上明确了做好碳达峰碳中和工作的主要目标、减碳路径措施及相关配套措施。

"1+N"政策体系的"N"则包括《2030年前碳达峰行动方案》以及各重点领域和行业的政策措施和行动。国务院于2021年10月24日印发《2030年前碳达峰行动方案》（以下简称《方案》），设定了中国实现碳达峰的总体目标：到2025年，非化石能源消费比重达到20%左右，单位国内生产总值能源消耗较2020年下降13.5%，单位国内生产总值二氧化碳排放较2020年下降18%，为实现碳达峰奠定坚实基础；到2030年，非化石能源消费比重达到25%左右，单位国内生产总值二氧化碳排放较2005年下降65%以上，顺利实现2030年前碳达峰目标。《方案》将"工业领域碳达峰行动"列为"碳达峰十大行动"之一，明确了工业领域碳达峰的重点行业、主要环节和关键问题。

工业仍是中国碳达峰碳中和的关键领域

工业是中国碳排放的主要来源

工业是中国能源消耗和二氧化碳排放的最主要领域之一。"十三五"期间，工业能源消耗占全社会能源消耗的60%以上，制造业碳排放总量占全社会碳排放总量的40%以上。① 其中，以钢铁、建材、石化化工、有色金属为代表的重点工业行业是实现工业碳减排的主要领域，上述重点高耗能行业占工业能源消耗的80%左右（见图4.4）。

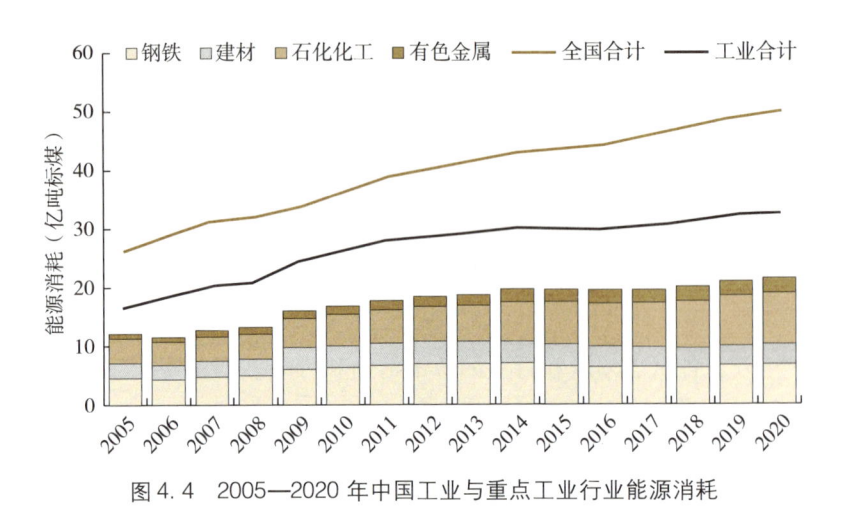

图4.4 2005—2020年中国工业与重点工业行业能源消耗

中国正致力于实现工业高质量发展

工业是中国经济发展的重要支柱，"十三五"期间占全国GDP的比重为39%，中国制造业增加值占全球比重近30%，已连续11年保持世界第一制造大国的地位（见图4.5）。中国也是全世界唯一拥有联合国产业分类中所列全部工业门类的国家。工业凭借着强劲的产业带动性、就业吸纳力和技术创新溢出性等优势，成为中国立国之本与现代化强国之基。尤其在新冠肺炎疫情暴发后，国际局势出现较大变化的背景下，工业更成为保障国民经济可持续发展的重要基石。

---

① 根据能源消耗与工业产品产量数据对中国制造业化石能源消耗与工业过程二氧化碳排放估算。

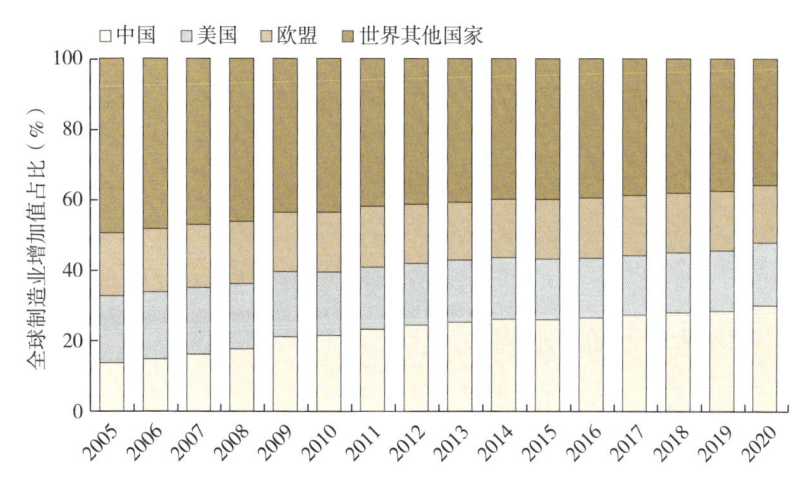

图 4.5　全球制造业增加值占比发展趋势

工业是中国技术创新的排头兵。一方面，工业是研发投入和成果产出的主要阵地，连续在航空、航天、载人、探月、高铁、高性能计算、5G 等领域的技术创新上取得重大突破；另一方面，工业技术创新成果广泛应用于各行各业，人工智能、物联网、机器人等大量创新性技术的广泛应用，带动了社会各行各业的创新发展。

工业仍是各国提升竞争力的重要保障

进入 21 世纪，世界各国虽然经历了金融危机、经济衰退和新冠肺炎疫情的冲击，但是通过发展绿色低碳的现代工业，提高绿色竞争力始终是欧美发达国家的主要发展目标。美国虽然退出了《巴黎协定》，但仍在实施以先进制造业为核心的"再工业化"，将信息科技与绿色产业高度融合作为发展重点；欧盟于 2019 年 12 月发布了《欧洲绿色协议》，明确提出制定新的工业发展战略，以推动绿色化、数字化发展进程；2020 年 6 月，德国政府宣布为期两年的 1 300 亿欧元的经济复苏计划，包括提升能源效率、发展绿色交通、开发氢燃料等举措；英国于 2019 年将原本制定的 2050 年前减排 80% 的目标修改为减排 100%，并为此实施了一系列工业减排政策及项目。可见，欧美主要发达国家均加大了对新能源、数字经济、清洁生产的投资，这无疑对中国工业化绿色低碳发展提出了更高的要求。

工业碳达峰面临的挑战与机遇

双碳目标下中国工业面临的挑战

工业面临碳排放总量和碳强度的双重约束

工业是我国落实碳达峰碳中和部署的重要领域之一，统筹处理好工业发展和减排的关系，协同好工业绿色转型及其高质量发展，是实现工业以及全国碳达峰、碳中和目标的重要基石。

2030 年前碳达峰目标的实现，对制造业碳排放增幅空间划定了红线。根据《中华人民共和国国民经济和社会发展第十四个五年规划和 2035 年远景目标纲要》的设定，2035 年人均国内生产总值要达到中等发达国家水平，保持制造业比重基本稳定，这对未来中国制造业的碳排放强度下降提出了硬性约束。中国亟须从新发展阶段、新发展理念和新发展格局的高度来推动制造业实现绿色低碳转型。

工业结构偏重且能源结构偏煤的短期局面难以改变

中国碳排放主要来源于煤炭等化石能源，相同的能源消费量下，中国碳排放量为美国的 1.6 倍和欧盟的 1.8 倍，以煤为主的能源消费结构是中国碳排放总量较大的重要原因。

工业是我国碳排放的主要领域，其中重点高耗能行业占工业能耗的 80% 左右。未来，随着工业化、城镇化进程的继续推进，高耗能行业仍呈现一定的增长趋势。在能源结构仍保持以煤炭和石油等化石能源为主的基本国情下,中国工业领域今后要大幅降低煤炭消费将面临挑战。

工业低碳、零碳、负碳减排技术仍需创新发展

依赖传统节能技术的碳减排空间正在逐渐缩小。据测算,在钢铁、水泥等重点工业行业,节能技术的推广能带来约10%~20%的碳排放下降,因此突破性低碳、零碳、负碳技术革新将是未来大幅降低碳排放的关键。例如,利用氢能源、氢冶炼全面代替高炉焦炭还原等低排放工艺,使用CCUS(碳捕获、利用与封存)技术对二氧化碳排放进行捕获封存。过去,中国一直积极推动节能技术,取得了显著成效。未来,要实现碳达峰、碳中和的目标,改变脱碳、零碳、负碳技术将面临的供给不足等问题,需要低碳技术的大力创新。

双碳目标下中国工业的发展机遇

双碳目标将带动发展一批战略性新兴产业

随着碳中和理念逐渐成为全球共识,新能源、新材料、高端装备、工业互联网、人工智能、大数据等战略性新兴产业将面临绿色增长新契机,在许多赛道将出现"换道超车"的难得机遇。这些战略性新兴产业不仅本身将成为支撑绿色经济发展的重要支柱,还能够作为关键产业节点,通过绿色产业链带动上下游行业发展,产生强大的"乘数"效应,进而带动区域与全球产业链格局的调整,加快全球新兴产业集群的布局与重塑。

双碳目标将为传统制造业注入新活力

传统制造业实现双碳目标的关键在于研发并推广创新生产技术,不断提高产品附加值以打造传统行业发展新动能。优化产业结构、加大淘汰落后产能的力度仍是中国实现碳达峰与碳中和的重要途径。坚决遏制"两高"项目盲目发展，通过减量替代、产能置换、提高准入以及对标先进等多种政策措施组合，在限制产能无序扩张中提升行业的发展质量。要充分发挥新兴行业带动传统行业协同减排的潜力，鼓励人工智能、5G、物联网和云计算等高新技术服务积极对接相关产业，提升数字经济对相关产业的赋能作用，提高生产过程中的能源效率，稳步降低传统行业的能耗与排放。

工业是推动形成绿色低碳发展方式的主战场

工业通过发展绿色低碳产业、生产绿色低碳产品，将有助于全社会实现碳达峰。2020年中国太阳能电池组件占全球市场份额超过70%，新增光伏装机量占全球总量比重达到37%；新能源汽车推广量居全球第一，占全球新能源汽车的50%左右，为全球降低碳排放提供了重要的绿色产品支撑。"十四五"和"十五五"期间，工业部门将进一步发挥绿色低碳产品、装备在碳达峰与碳中和中的支撑作用。一方面，充分发挥新兴行业带动传统行业协同减排的潜力，另一方面，通过绿色低碳产品供给带动跨行业、跨领域、跨部门的绿色良性循环，助力全社会实现碳达峰。

工业碳达峰的展望

工业碳达峰的主要政策措施

深度调整产业结构

大力优化产业结构，加大淘汰落后产能的力度，在遏制"两高"产业的同时，大力发展战略性新兴产业。产业结构优化还需要与产业布局优化及产业链协同发展有机结合。例如，推进产业转移或布局至有气候容量且新能源富集的地区，推动产业链的循环链接，加速形成以碳中和为导向的工业产业空间布局。在参与全球国际分工时，应加强绿色低碳产业合作，以国内大循环为主体，通过国内国际双循环相互促进，打造以服务于中国碳中和需求为导向的全球产业链布局。

深入推进节能降碳

调整优化清洁能源与化石能源用能结构，加强清洁能源全链条发展，在化石能源领域逐步实施减量替代，实现能源稳步转型；在重点行业内推广电锅炉、电窑炉、电加热、高温热泵、大功率电热储能锅炉等电能替代技术；加快工业绿色微电网建设，通过智慧能源管控，实现"源、网、荷、储"协调互动，能源系统优化和梯级利用，形成园区集中供热、能源供应中枢新业态。强化节能监督管理，全面实施节能诊断和能源审计，鼓励合同能源管理、能源托管等模式，健全省市县三级节能监察体系，开展跨区域交叉执法、跨级联动执法。

积极推行绿色制造

绿色制造体系建设是实现工业绿色、低碳、循环发展的重要举措。"十三五"期间，中国已经建成 2 121 家绿色工厂、2 170 项绿色设计产品、171 家绿色园区、189 家绿色供应链管理示范企业。为进一步推进绿色制造体系示范工作的开展，未来碳排放水平将作为核心要素纳入绿色制造标准体系中，从而推进依托绿色制造来打造绿色、低碳的工业体系。此外，应进一步推广典型绿色发展的模式案例，强化对工业绿色发展的引领和带动作用等。

大力发展循环经济

在推动低碳原料替代方面，应大力发展包括工业固废等非碳酸盐原料制水泥技术，高固废掺量的低碳水泥生产技术，水泥窑协同处置垃圾，使用可再生能源制氢，优化煤化工、合成氨、甲醇等原料结构，生物质化工，依法依规进口再生原料等。规范管理废钢铁、废有色金属、废纸、废塑料、废旧轮胎等再生资源的循环利用，推进机电产品再制造与工业固废综合利用，争取大宗工业固废利用率在 2025 年达到 57%，2030 年达到 62%。

推进工业领域数字化转型

围绕碳达峰、碳中和目标，推动传统产业数字化、网络化、智能化发展，对重点行业进行工艺流程和设备的升级改造。提升两化融合建设能力，充分利用新一代信息技术实现对工业全过程能源消费及碳排放的精准监测与科学分析，构建生产全过程的碳排放同步监测、控制、协调与优化自动决策式管理体系，以资源高效配置驱动生产过程减排。

加快工业绿色低碳技术变革

加大专项资金和金融支持力度，加快低碳技术的研究开发、示范与推广。大力推进"低碳+互联网"，充分利用新一代信息技术。在传统高耗能行业，继续推广焦炉煤气制甲醇、转炉煤气制甲酸、新型干法水泥技术、水泥窑协同处置废弃物等高效绿色低碳技术。加强对 CCUS 技术的探索，研发二氧化碳制备高附加值化学品技术、二氧化碳化学利用过程的低氢耗技术，实现资源化利用。

工业碳达峰的主要政策建议

积极构建以低碳为特征的工业体系

综合考虑不同工业行业发展现状、减排特点、行业需求和产业安全等因素，针对工业碳减排的重点领域、主要环节和关键问题，制定相应策略：对于高耗能传统行业可推动传统产业高端化、智能化、绿色化转型；对于能耗增长较快的战略性新兴产业可鼓励其利用新技术、新工艺、新设备、新材料来压减碳排放需求；对于涉及产业链安全和重大生产力布局的产业则需预留一定的碳排放空间。在保障工业经济平稳运行的同时形成行业梯次达峰，有序带动工业整体达峰的新格局；对接国家重大发展战略，形成经济提质增效与工业低碳发展协同共进的新局面。

加快研发并推广突破性低碳技术

将新兴行业绿色优势融入全球产业链中，首先，需聚焦新能源装备制造的"卡脖子"问题，扩大产业投资，激发绿色投融资对新兴行业的支持作用，加快核心技术部件研发，推进战略型绿色新兴产业集群发展。其次，要充分发挥新兴行业与传统行业协同减排的潜力，鼓励人工智能、5G、物联网和云计算等高新技术服务积极对接相关产业，提升数字经济对相关产业的赋能作用，快速准确地传递市场需求，提高生产过程能源效率，稳步降低能耗与碳排放。

构建低碳协同发展的绿色制造体系

工业碳达峰不仅需要工业自身绿色转型，还需要多部门的联动。增强5G、新基建、数字化等为工业绿色低碳转型带来的新动力；以数字经济引导绿色生产和绿色消费，助力碳减排；推进电力的进一步清洁化，以及多部门大力发展综合集成的能源系统，推动风、光、水电和生物质能一体化发展，实现工业整体减排。同时，能够通过绿色低碳产品供给有效带动跨行业、跨领域、跨部门的绿色低碳转型发展，助力全社会碳达峰。例如，积极打造新能源汽车等低碳交通装备，推动低碳交通；加强智能光伏等关键技术创新，为构建以新能源为主体的新型电力系统提供装备基础等。

充分发挥绿色投融资的重要作用

推动工业碳达峰,需进一步依托碳市场等市场机制建设,充分发挥碳交易、碳金融等市场化手段的调节功能,提升市场手段尤其是绿色金融手段的驱动作用,通过建立完善的绿色产品认证体系以及借助包括绿色债券等方式,激发市场主体内在的碳减排积极性和创造性,从而建立从政策、产业、金融等宏观层面到企业、机构与团体等微观主体的上下融合的主动减碳机制,充分激发市场主体的积极性与主动性,全方位、全领域、多维度推进重点工业行业逐步实现高质量碳达峰。

参考文献

Climate Change Committee. CCC Insights Briefing: The UK Climate Change Act. https://www.theccc.org.uk/wp-content/uploads/2020/10/CCC-Insights-Briefing-1-The-UK-Climate-Change-Act.pdf.

ECIU. Energy & Climate Intelligence Unit Map. Energy & Climate Intelligence Unit. https://zerotracker.net/.

Euler Hermes. US ready for long-term manufacturing rebirth. https://www.eulerhermes.com/en_global/news-insights/news/us-ready-for-long-term-manufacturing-rebirth.html.

Euronews. Germany announces 130 billion stimulus package as unemployment rises in Europe. https://www.euronews.com/2020/06/04/germany-announces-130-billion-stimulus-package-as-unemployment-rises-in-europe.

European Commission. European Green Deal. https://ec.europa.eu/clima/eu-action/european-green-deal_en.

IEA. Data and Statistics. https://www.iea.org/data-and-statistics/data-browser?country=WORLD&fuel=CO2%20emissions&indicator=FECI.

UNFCCC. 巴黎协定[EB/R]. https://unfccc.int/sites/default/files/chinese_

paris_ agreement. pdf.

World Resources Institute. Climate Watch-Historical GHG Emissions. https://www. climatewatchdata. org/ghg – emissions?end_year = 2018&start_year = 1990.

工业和信息化部．"十四五"工业绿色发展规划［EB/Z］．http：//www. gov. cn/zhengce/zhengceku/2021 – 12/03/content_5655701. htm.

国家统计局．中国统计年鉴2021［M］．北京：中国统计出版社，2021．

国家统计局能源统计司．中国能源统计年鉴2020［M］．北京：中国统计出版社，2020．

国务院．2030年前碳达峰行动方案［EB/Z］．http：//www. gov. cn/zhengce/content/ 2021 – 10/26/content_5644984. htm.

世界银行．世界银行数据［EB/R］．https：//data. worldbank. org. cn/indicator/NV. IND. MANF. KD.

新华社．我国是全世界唯一拥有全部工业门类的国家［EB/OL］．http：//www. gov. cn/xinwen/2019 – 09/20/content_5431714. htm.

新华社．我国制造业增加值连续11年位居世界第一［EB/OL］．http：//www. gov. cn/xinwen/2021 – 09/13/content_5637023. htm.

禹湘，潘家华．以碳达峰为契机 加速构建中国工业绿色低碳发展新模式［EB/OL］．https：//www. ndrc. gov. cn/xxgk/jd/jd/202111/t20211104 _1302999 _ext. html.

政府间气候变化专门委员会（IPCC）第六次评估报告第一工作组报告．气候变化2021：自然科学基础［EB/R］．https：//www. ipcc. ch/report/sixth – assessment – report – working – group – i/.

政府间气候变化专门委员会（IPCC）第六次评估报告第三工作组报告．气候变化2022：减缓气候变化［EB/R］．https：//www. ipcc. ch/report/sixth – assessment – report – working – group – 3/.

中国气象局．2021年中国气候公报［EB/R］．http：//zwgk. cma. gov. cn/zfxxgk/gknr/qxbg/202203/t20220308_4568477. html.

宏 观

第五章 2022年经济形势分析和十年增长展望

宏观经济和长期增长研究课题组[①]

要点透视

➢ 2021年,中国经济在多重挑战和不确定性中继续恢复、韧而前行。前两个季度经济的恢复和增长基本符合预期,第三季度经济增长明显回落,基建、房地产带动的投资异乎寻常地减速是主要因素,出口、存货增加、政府消费等变量起到了一定的对冲作用,避免了宏观经济更大幅度的下滑。

➢ 腾景数研预测模型显示,2022年受疫情和地缘政治冲突等超预期冲击,经济增速整体呈现中间低两边高的趋势,通胀上升在一定程度上阻碍了经济恢复速度,全年经济增长水平保持在4%左右。

➢ 根据课题组测算,未来十年我国平均潜在增长率为

---

① 宏观经济和长期增长研究课题组负责人:刘世锦;成员:王子豪、崔煜、张振、郑旭扬、郭徽、赵建翔。

4.6%,"十四五"期间平均在5.2%左右,"十五五"期间平均在4.3%左右,2031年或将跌至4%附近。在基准预测情形下,人民币兑美元汇率将在2031年升值至4.9左右,届时我国按美元计价的人均水平接近美国的40%。

2021年回顾：投资大幅下滑带动2021年第三季度后增长减速

2021年，中国经济在多重挑战和不确定性中继续恢复、韧而前行。前两个季度经济恢复和增长基本符合预期。第三季度增长明显回落，增速为4.9%，第四季度进一步降至4%，延续了低迷态势。全年实现8.1%的增长，两年平均增速达到5.1%，实属不易。然而，人们仍然担忧增长的低迷状态是否会影响2022年和以后的增长。中央经济工作会议并未回避经济运行面临的问题和挑战，明确提出经济增长面临需求收缩、供给冲击、预期转弱的三重压力。

如何更好地观察分析经济运行状态，全面、及时、准确的数据至关重要。在投入产出体系动态化、实时化改造的基础上，按照国民经济核算完整口径形成的腾景全口径数据库，填补了已有数据体系难以提供但对经济运行分析非常重要的大量"信息空缺"。例如，在消费方面，能够提供月度全口径居民商品消费、服务消费和政府消费及其构成的数据，突破了社会消费品零售总额等指标的局限；在投资方面，能够提供月度全口径固定资本按产业部门、产品部门和构成核算的数据，同时提供存货增加及其构成的数据；在进出口方面，能够提供月度全口径货物和服务出口、进口、净出口数据；在产业方面，能够提供月度包括规模以上和规模以下企业在内的全口径工业增长值数据，尤其是能够提供月度各个服务行业的增加值数据。这些数据按照现价和不变价、当月同比和累计同比等分类，更为完整地描绘了经济运行的框架和状态，为分析此次经济下行提供了重要线索。

2021年，第三季度固定资本投资下降幅度最大。按不变价当月同比口径，固定资本投资增速在7月就出现了负增长，最大降幅超过7%。这是除了2020年第一季度受疫情冲击外，很长时期以来从未有过的现象。最终消费虽有回落，但幅度不大（见图5.1）。

2021年，在全部消费中，居民消费回落幅度较大，低至3%左右，而政府消费在第三季度有一定幅度的上升，与居民消费形成对冲（见图5.2）。而在居民消费中，商品消费降幅大于服务消费。尽管疫情反复对服务消费冲击更大，但服务消费快于商品消费的动能似乎表现出更强韧性（见图5.3）。

图5.1 固定资本投资与最终消费

资料来源：腾景AI经济预测全口径数据库。

图 5.2 政府消费与居民消费

资料来源：腾景 AI 经济预测全口径数据库。

图 5.3 居民消费（商品）与居民消费（服务）

资料来源：腾景 AI 经济预测全口径数据库。

2019—2021 年，在全部投资中，建安工程降幅较大，设备工器具购置有一定波动，与建安工程呈较强相关性（见图 5.4）。值得关注的是，研发投入在 2021 年出现较大幅度下降。

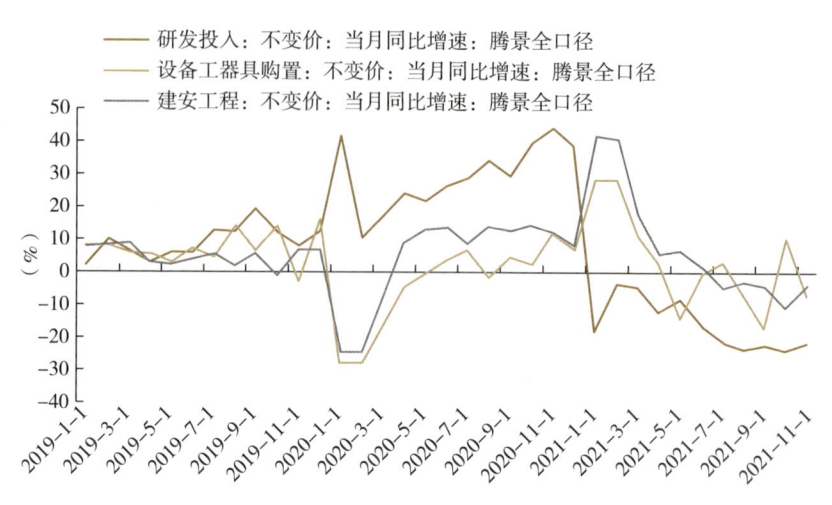

图 5.4　研发投入、设备工器具购置与建安工程
资料来源：腾景 AI 经济预测全口径数据库。

从投资的行业结构看，基建投资和房地产投资分别在 2021 年 5 月和 8 月进入负增长，最大降幅也都超过 10%，这是以往很少见的（见图 5.5）。制造业投资呈现波动态势，有的月份也出现负增长。值得一提的是，不包括基建在内的服务业投资，在全部投资中的比重达到 15% 左右，已经接近房地产投资比重，虽有所回落，但尚属平稳（见图 5.6）。

2021 年，净出口在波动中保持抬升走势，对第三季度的增速下滑起到一定的抑制作用。而存货增加在 9 月后上扬，是对需求收缩后的应对性反映。从图 5.7 中也可看出，存货增加与净出口之间存在着明显的对冲效应。

概括而言，2021 年上半年，经济呈现较强的恢复增长势头，消费特别是服务消费回升和出口超常表现是两个亮点。第三季度开始的增速下滑，基建、房地产带动的投资异乎寻常的减速是主要因素，出口、存货增加、政府消费等变量起到一定的对冲作用，避免了宏观经济更大幅度的回落。

图5.5 房地产投资与基建投资

资料来源：腾景AI经济预测全口径数据库。

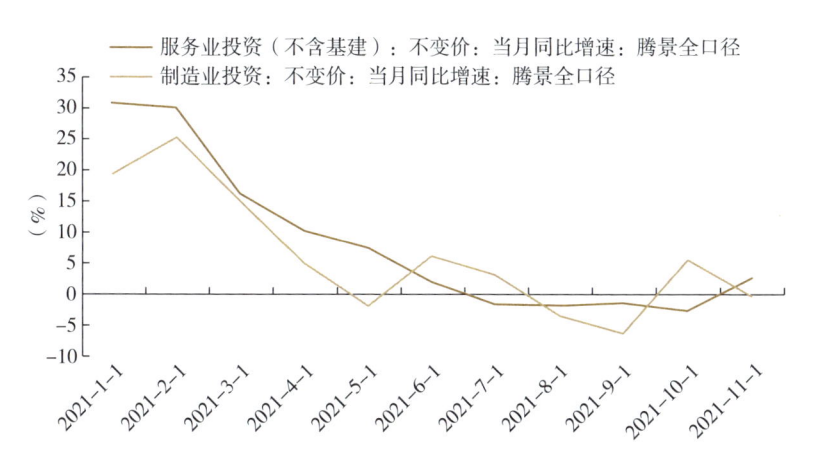

图5.6 服务业投资（不含基建）与制造业投资

资料来源：腾景AI经济预测全口径数据库。

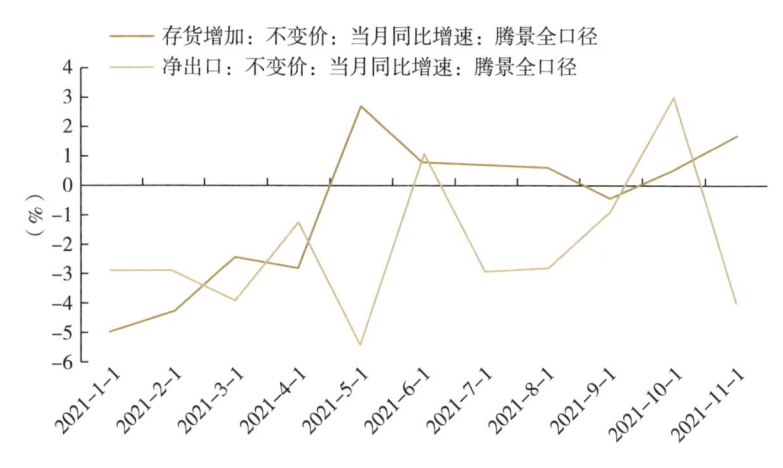

图 5.7　净出口与存货增加

资料来源：腾景 AI 经济预测全口径数据库。

2022 年要稳增长，短期内重点是要稳投资，而投资的重点是防止基建、房地产的超常滑落，促使其回到正常增长轨道，同时应关注与房地产投资占比相近、增长潜能较大的不含基建在内的服务业投资。这些都构成了我们预测分析 2022 年经济走势的起点。

2022 年展望：经济增长呈现中间低两边高的态势，中速增长平台重心再下台阶

GDP 增速自 4 月低点开始回升，8—9 月见顶回落，全年增速预计为 4.1%

2008 年以来的经济增速水平，大致可分为 4 个阶段（见图 5.8）：一是 2008 年和 2009 年，国际金融危机之后，我国经济增速回落至 10% 以下；二是 2010 年到 2012 年，由于 4 万亿投资计划的刺激，经济快速回升，增速一度超过 10%；三是 2013 年至 2019 年，经济增长进入增速换挡期，增速由 8% 左右回落至 6% 左

右;四是疫情出现后的 2020 年和 2021 年,经济增长经历了先下行、后回补的大幅波动,两年平均增速略高于 5%。

图 5.8　生产法 GDP 及 GDP 历史平台
资料来源:腾景 AI 经济预测全口径数据库。

腾景预测数据显示(见表 5.1 和图 5.9),受地缘政治冲突和疫情散发复发影响,2022 年全年 GDP 呈中间低两边高态势,低点在 4 月左右,此后经济开始爬升,高点出现在 8—9 月,第四季度又有所回落,全年增速约为 4.1%。规模以上工业增加值上半年有所收缩,下半年整体呈恢复态势,第四季度有所减速(见图 5.10)。服务业是前低后高走势,对第三季度 GDP 走高起到重要的拉动作用(见图 5.11)。

表 5.1　2022 年宏观经济分季度预测结果　　　　　　(单位:%)

指标	2022 第一季度	2022 第二季度	2022 第三季度	2022 第四季度	2022 全年
GDP	4.8	1.6	5.1	5.0	4.1
服务业生产指数	1.7	−2.5	4.3	5.4	2.2
工业增加值	6.6	1.1	7.0	5.5	5.0

资料来源:腾景 AI 经济预测宏观高频模拟和预测数据库。

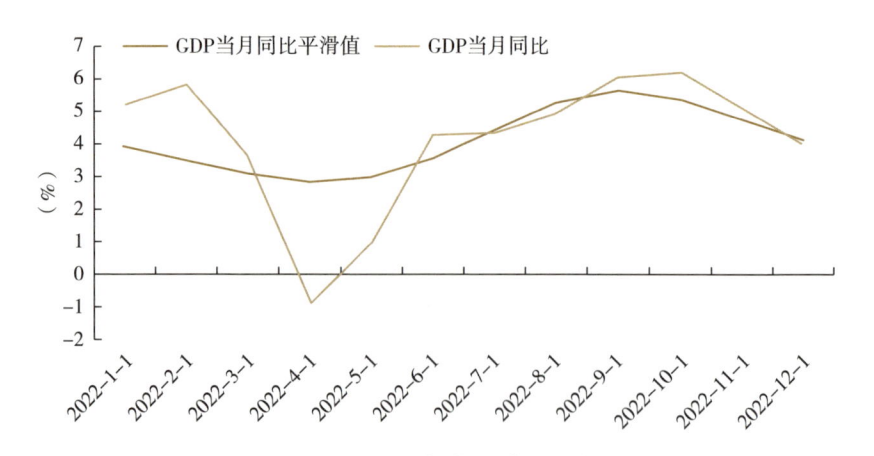

图 5.9　2022 年 GDP 当月同比

资料来源：腾景 AI 经济预测宏观高频模拟和预测数据库。

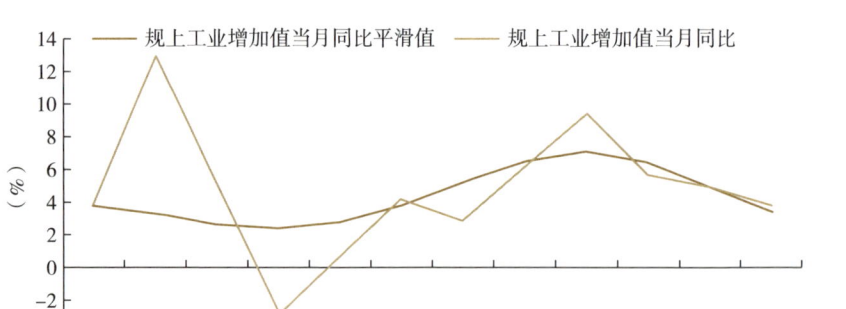

图 5.10　2022 年规上工业增加值当月同比

资料来源：腾景 AI 经济预测宏观高频模拟和预测数据库。

由此看到，2020 年和 2021 年两年 GDP 的平均增速为 5.1%，2022 年增速很可能在 5% 以下，其中有短期因素的冲击，同时也有中国经济长期增长态势的影响。一种较大的可能性是，与疫情前相比，中国经济中速增长平台重心有1个百分点左右的下移。疫情前，人们还在争论是否要"保6"，而近三年和此后一个适当长的时期内，中国经济将会处在5%~5.5%的增长平台上。如果这一判断能够成立，将会为理解和分析中国经济走势提供新的重要背景性框架。

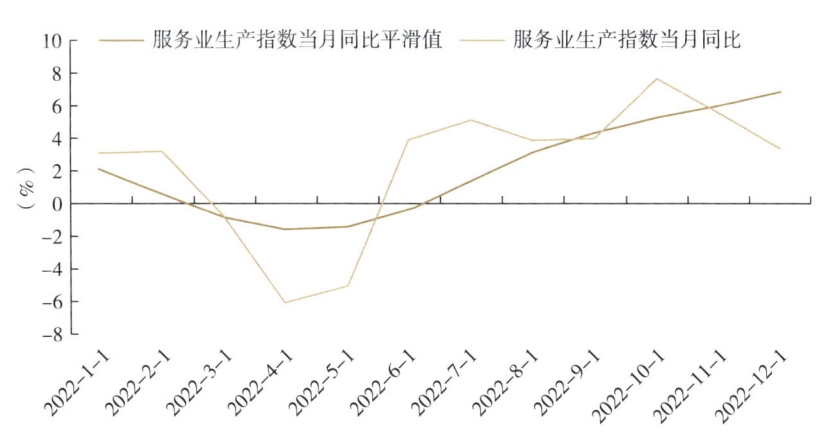

图5.11　2022年服务业生产指数当月同比

资料来源：腾景AI经济预测宏观高频模拟和预测数据库。

需求侧消费恢复支撑宏观增长力度加大，基建和房地产投资回稳但重心下移，进出口趋于常态

在过去两年的经济运行中，消费恢复偏慢，2021年低于GDP增速，两年平均增速仍低于之前水平。腾景预测数据显示（见图5.12），这一状况将在2022年第二季度后逐步改观。年初消费受疫情影响仍将偏弱，第二季度以后消费增速将有所恢复。当然，疫情变化仍会给消费恢复带来较大不确定性。

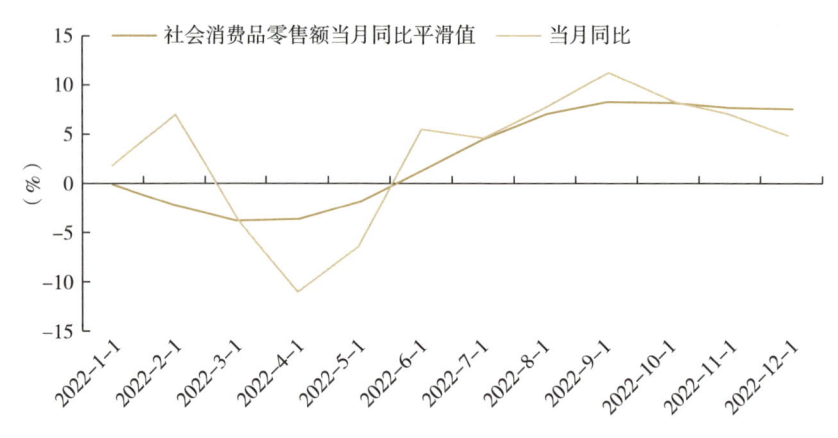

图 5.12 社会消费品零售额当月同比
资料来源：腾景 AI 经济预测宏观高频模拟和预测数据库。

投资的明显回稳将出现在 2022 年第三季度。图 5.13 显示，房地产投资在经历低迷后将会有所反弹，但力度有限。基建投资受支持性政策驱动在年中左右回升发力，由于上年基数较低，预计累计增速可达到 9% 以上。制造业投资全年增速预计达 14%，绿色经济、数字经济的快速发展为制造业投资提供重要动能。

对于投资走势，既要关注短期冲击和政策等变量的影响，也要考虑长期规律性因素的制约。我们的研究团队进行的一项关于中国与 OECD 国家终端需求结构的比较研究显示，在按购买力平价计算的相同人均收入水平下，中国的基建投资比重较 OECD 国家高出一倍以上，房地产投资比重也高出 30% 以上。换句话说，我们在这些领域的投资前些年可能已经出现潜能透支的问题（见图 5.14）。2021 年第三季度后投资大幅减速，与部分政策的收缩效用直接相关，中长期投资潜能下降也是不能回避的问题。

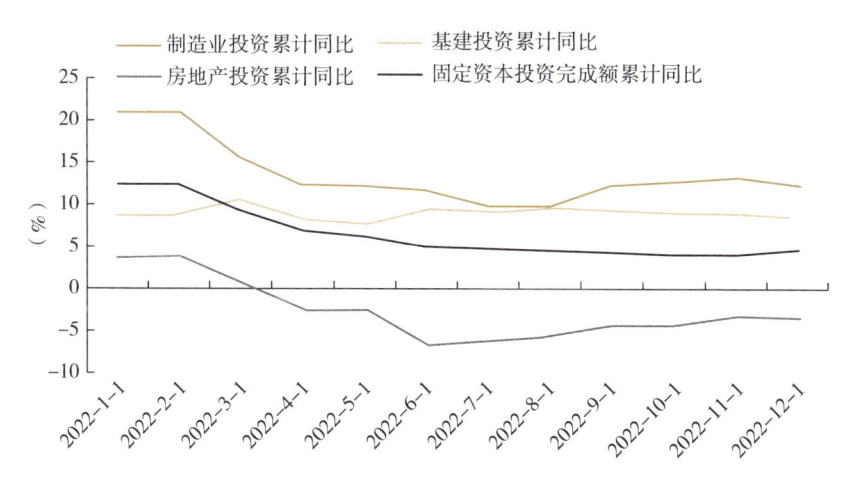

图 5.13　固定资产投资及其分项累计同比

资料来源：腾景 AI 经济预测宏观高频模拟和预测数据库。

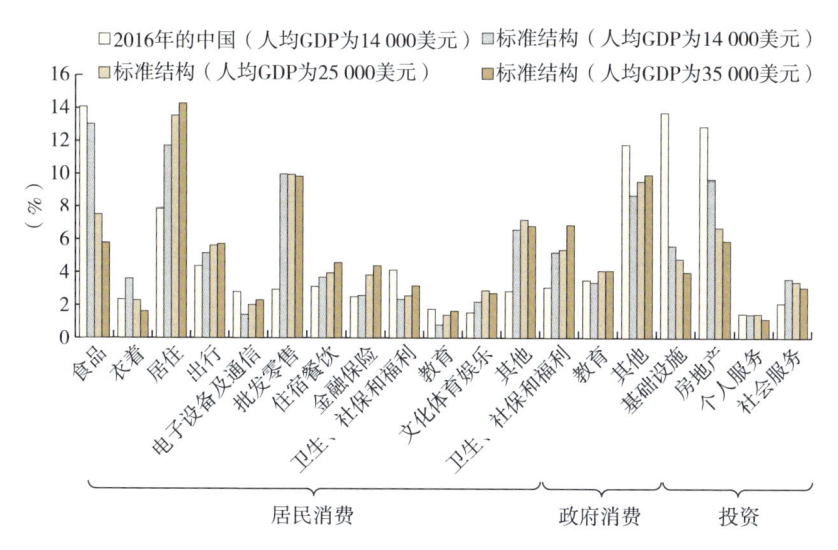

图 5.14　我国 GDP 结构与标准结构的对比

资料来源：腾景 AI 经济预测宏观高频模拟和预测数据库。

第五章　2022 年经济形势分析和十年增长展望　　119

基建投资是以往长时间内各级政府稳增长的重要抓手。2021年基建低迷，根据地方政府的反映，一是缺资金，这背后的一个重要原因是地方债务特别是隐形债务负担加重；二是缺项目，有效益、有现金流的项目储备严重不足。这种情况表明，基建领域的有效投资空间已经明显收窄。房地产投资的韧性在过去两年是超预期的，对稳增长起到了重要作用。但从长期来看，中国房地产投资的历史需求峰值前些年已经出现，近年来的房地产投资实际上是"结构性景气"，主要由都市圈、城市群聚集效应产生的需求所拉动，而这种需求看起来也接近或已经触及高点。制造业投资占全部投资的40%左右，是投资的大头。从国际经验看，进入中速增长期后，制造业投资通常保持3%~5%的增速水平，而且高度依赖创新驱动的技术进步速度。

总体来看，当前稳投资首先要稳预期，防止基建和房地产投资的跌落式下滑，实现软着陆，同时也不能期待投资增速回升到疫情前的水平，可能要有一定幅度的下调，逐步稳定在一个具有可持续性的平台之上。

在经历了过去两年的超预期高增速后，进出口将会逐步向常态回归。近期出口的较高增速很大部分是基于价格因素。腾景预测数据显示（见图5.15），在去除基期影响后，2022年出口同比增速明显下降，第二季度出口增速将回落至个位数。年中发达经济体普遍加息后，出口增速将进一步回落，考虑到前两年第三四季度的出口数量均高于往年，如果出口量价齐跌，不排除出口同比增速在第三四季度出现负增长的可能性。就进口而言（见图5.16），第一季度将维持在15%左右的增速，此后有所放缓，由于受内需筑底恢复和国际大宗商品价格高位波动的影响，进口景气度将维持在低位。进出口增速的差异，将导致我国贸易顺差在第二季度以后双向波动，增加汇率走势的不确定性。

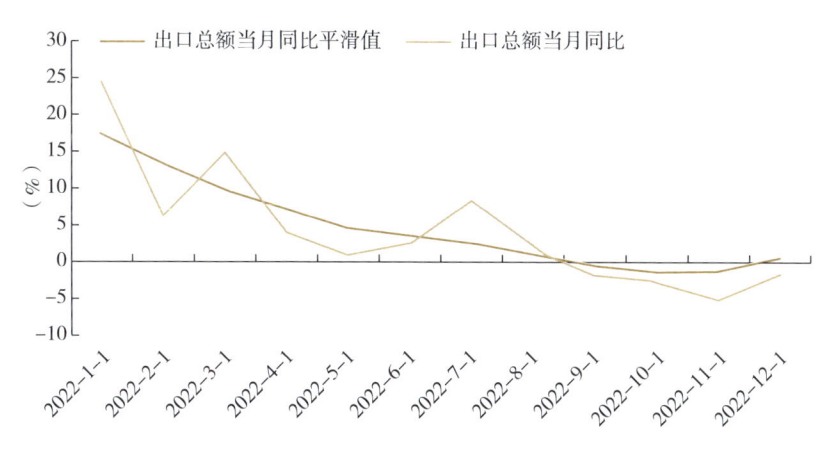

图 5.15　2022 年出口总额当月同比

资料来源：腾景数研。

图 5.16　2022 年进口总额当月同比

资料来源：腾景 AI 经济预测宏观高频模拟和预测数据库。

价格剪刀差反转，社融与 M2 同经济名义增长率相协调，汇率稳中有贬

2021 年，PPI（生产价格指数）大幅上行，与 CPI（消费者物价指数）形成较大剪刀差，2022 年这一格局将会反转。腾景预测数据显示（见图 5.17），2022 年 CPI 将呈现逐月走高态势，年末升至 2% 左右。尤其是第二季度猪周期启动后，食品价格驱动 CPI 上涨动能增强。国际能源价格居高不下也对我国通胀产生一定影响。除去能源、食品价格后，核心 CPI 的涨幅保持在 1% 左右，基本稳定。由于消费需求回升空间受限，加之上游涨价对消费品生产领域传导依然受阻，CPI 涨幅仍会处在可控范围之内。

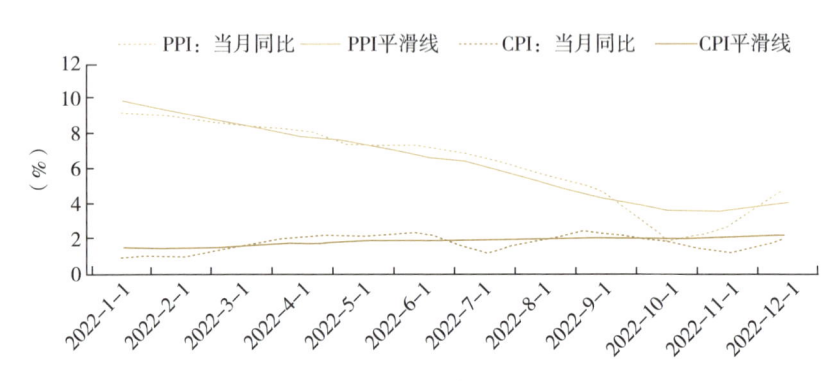

图 5.17　2022 年价格指标当月同比
资料来源：腾景 AI 经济预测宏观高频模拟和预测数据库。

PPI 在第一季度达到高点后回落，到年底将下跌至 3.5% 附近，也就是说 2022 年年底的工业品价格将略高于 2021 年。PPI 仍有较高增速在很大程度上是一个统计现象。可将 PPI 增长分解为翘尾因素和新涨价因素，很大一部分涨价要由翘尾因素解释。第三、四季度工业品价格涨幅将回落至 4% 以内，此后还可能出

现价格的负增长,由上游价格大幅上升带来的供给冲击将会明显缓解。

在货币金融方面,腾景预测数据显示(见图5.18),2022年社融存量同比增速在第一、二季度较低,而第三、四季度较高,全年在10.5%左右波动。M2同比增速第一、二季度增速较低,第三、四季度增速快速回稳。社会融资和M2同比增速与同期GDP名义增速大体适应。

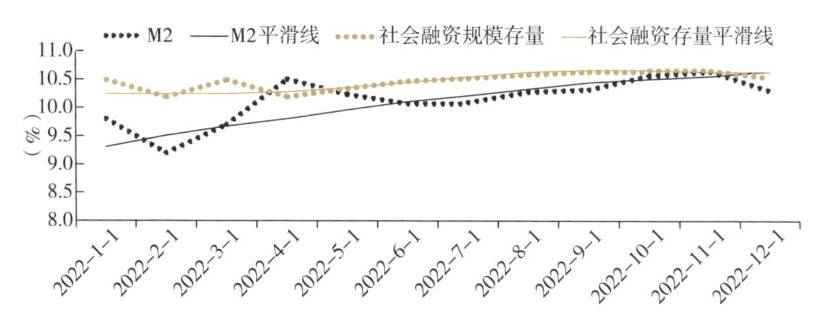

图5.18 2022年货币市场指标当月同比

资料来源:腾景AI经济预测宏观高频模拟和预测数据库。

经济增速与社会融资之间的同步关系较好,资金价格水平也与经济增速变动相匹配。短端利率和1年期国债收益率在第一季度末、第二季度初或出现高点(见图5.19和图5.20),10年期国债收益率在第二季度后呈现缓慢下行态势,企业借贷成本有望降低从而利好经济增长。

人民币汇率在2022年全年将延续双向波动格局。腾景预测数据显示,人民币汇率在第一季度维持震荡,第二、三季度走弱,第四季度再度走强。从中长期看,人民币逐步进入升值轨道,但短期内受到美联储加息、顺差减少等因素影响,稳中有贬是全年汇率变动的基本态势。

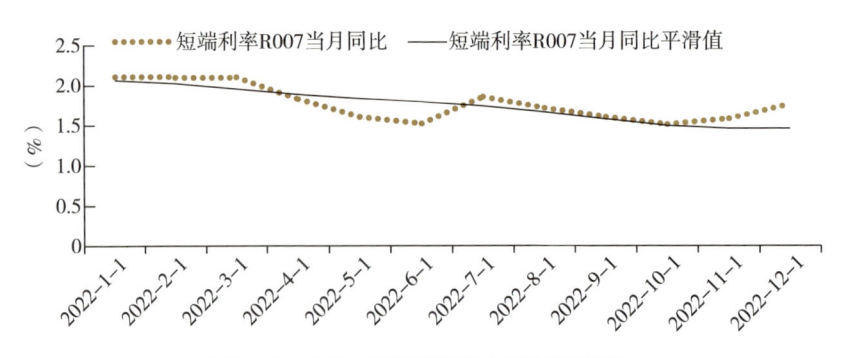

图 5.19　2022 年短端利率 R007 当月同比

资料来源：腾景 AI 经济预测宏观高频模拟和预测数据库。

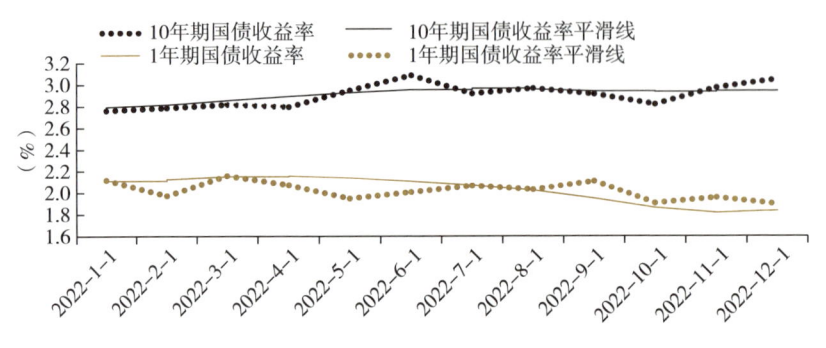

图 5.20　2022 年 10 年期国债收益率当月同比

资料来源：腾景 AI 经济预测宏观高频模拟和预测数据库。

未来十年中国经济增长展望

未来十年我国全要素生产率和潜在增长率预测

预测方法和数据说明

本章采取国际比较与计量建模相结合的方法，对未来十年我国劳动力、资本存量和全要素生产率（TFP）的潜在增速进行趋势预测，并利用生产函数法测算出潜在增长率（测算方法详见《新倍增战略》一书的第二章）。一方面，我们利用经典的 HP（Hodrick-Prescott）滤波法，对模型中的相关变量进行处理，提取反映其核心变化的趋势项，以更好地进行国际比较，寻找典型性、趋势性的发展规律。

另一方面，我们选取二战后经历高速增长期并迈入高收入阶段的"后发成功追赶型经济体"作为预测的重要参照目标。根据最新一版的宾夕法尼亚大学世界表（PWT10.0，国际数据更新至 2019 年），我们重新计算了各经济体按购买力平价（PPP）核算的不变价人均 GDP。结果显示，德国在 20 世纪 60 年代中期、日本在 70 年代早期、中国台湾在 80 年代早期、韩国在 90 年代早期达到与我国当前相似的发展阶段，人均收入大致在 13 000 国际元的水平。在进行国际经验对比分析时，需要注意每个经济体都有各自的发展特色和时代背景，中国在历史文化背景、政治经济制度、国土纵深和区域格局等方面都具有特殊性，重要的是概括和理解典型的发展规律，而非简单地"复制"某个经济体的历史发展路径。

最后，我们通过国际比较法分析真实汇率的变动趋势，结合对 PPP 转换系数的判断，预测未来十年的名义汇率，并在不同名义汇率假设下测算了我国未来十年按美元计价的 GDP 总量和人均 GDP，并进行国际比较分析。

资本存量预测

本章通过对比上述四个目标经济体不变价资本存量增速数据发现，在使用 HP 滤波法得到其长期变化趋势后，各经济体资本存量增速呈现明显的变化特征（见图 5.21）。通过平移对齐各经济体的顶部拐点（见图 5.22），可以看到在相似经济发展阶段存在明显的一致性变化趋势，均表现出先升后降、降幅稳定的特点。我国的资本存量增速变化趋势也与上述经济体基本一致，在2005年达到峰值后持续下降。

四个目标经济体的潜在资本存量增速均在达到顶部高点开始下降，之后进入一个相对稳定的增长平台，持续若干时间后继续

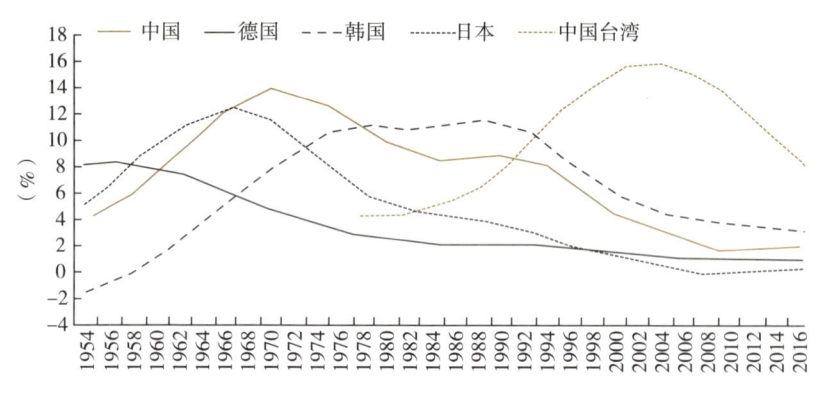

图 5.21 各经济体资本存量历史增速（HP 滤波后）
资料来源：PWT10.0，课题组测算。

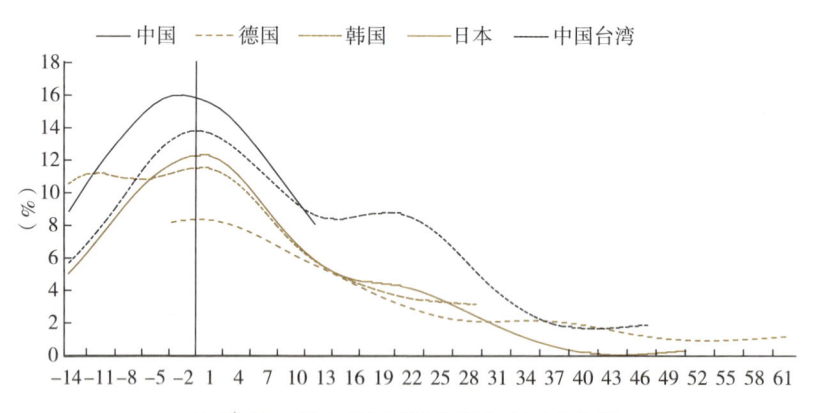

图 5.22 资本存量增速顶部拐点对齐比较
资料来源：PWT10.0，课题组测算。

下降，但整体来看降幅放缓。由于各经济体发展程度和所处背景不尽相同，潜在资本存量增速水平值的可借鉴性有限，但变化趋势呈现趋同性，且其潜在资本存量增速的相对变化幅度存在一定规律。

根据我们的估算，2021年中国资本存量的潜在增速约为8.0%。如图5.23所示，除中国台湾绝对增速水平偏高以外（但趋势仍存在相似性），德国、韩国和日本在达到与当前中国相似发展阶段后的走势较为一致。参照目标经济体相应的变化趋势和相对变化幅度，可以预测未来十年我国资本存量增速将逐步放缓，从2021年的8.0%下降至2031年的5.4%，十年平均增速为6.3%。

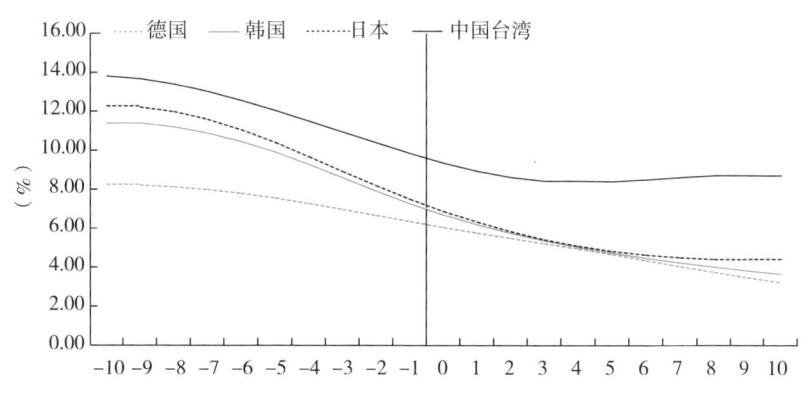

图5.23　各经济体达到中国相似发展阶段后潜在资本存量增速的变化
资料来源：PWT10.0，课题组测算。

劳动力预测

根据第七次全国人口普查等官方历史数据，本章通过建立人口年龄连续更替模型和计量方法对未来十年我国就业人口增长率进行预测，估算出2021—2031年中每年的劳动年龄（16~59岁）

总人数。

但是劳动年龄总人数不等于就业总人数，还需要测算劳动年龄总人数的就业率。图 5.24 展示了自 2010 年以来我国就业人数占劳动年龄人数的比重，该比重呈现相对稳定的增长态势，但近年来波动有所放大。假定 2021—2031 年劳动年龄人口就业率按照线性回归趋势稳定提升，我国就业人数将由 2021 年的 7.47 亿人降至 2031 年的 7.14 亿人，累计下降 4.3%，年平均降幅为 0.43%。

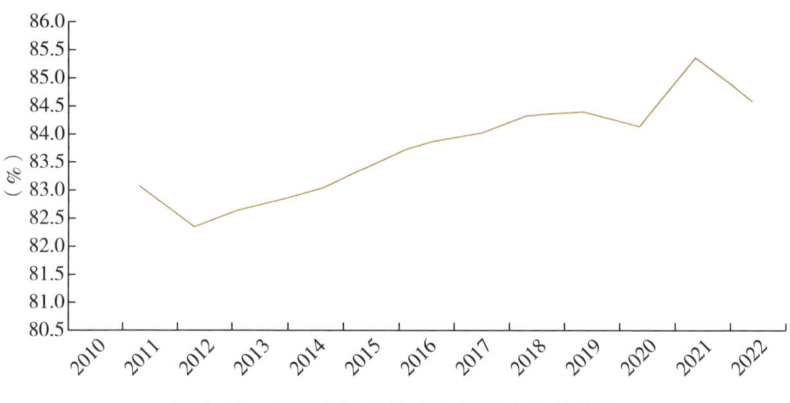

图 5.24 就业人数占劳动年龄总人数的比重

资料来源：国家统计局，课题组测算。

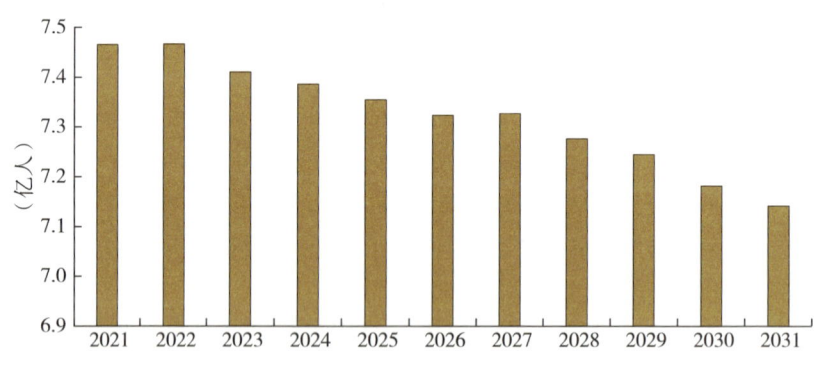

图 5.25 2021—2031 年我国就业人数变化

资料来源：课题组测算。

全要素生产率预测

从发展阶段看，随着人均 GDP（PPP）的提升，目标经济体的 TFP 潜在增速存在"收敛—发散"交替出现的现象。图 5.26 展示了 TFP 潜在增速与经济体发展水平之间的关系。图中出现三个关键的"收敛点"，即人均 GDP（PPP）分别达到 12 000 国际元、20 000 国际元和 40 000 国际元左右。中国、日本、韩国和德国的 TFP 潜在增速均在人均 GDP（PPP）为 12 000 国际元时交汇，随后除了中国未来数据缺失以外，其余三个目标经济体的 TFP 潜在增速均出现下降，并在 20 000 国际元时重新交汇。此后，三个目标经济体的 TFP 潜在增速均呈现先升后降态势，于 40 000 国际元左右再次交汇。经过测算，目标经济体从第一个收敛点（12 000 国际元）到第二个收敛点（20 000 国际元）平均历时 12 年左右。同时，进入高速发展时期越晚的经济体，也就是越后发的经济体 TFP 潜在增速降幅越小，如日本和德国降幅更大，韩国则较为平

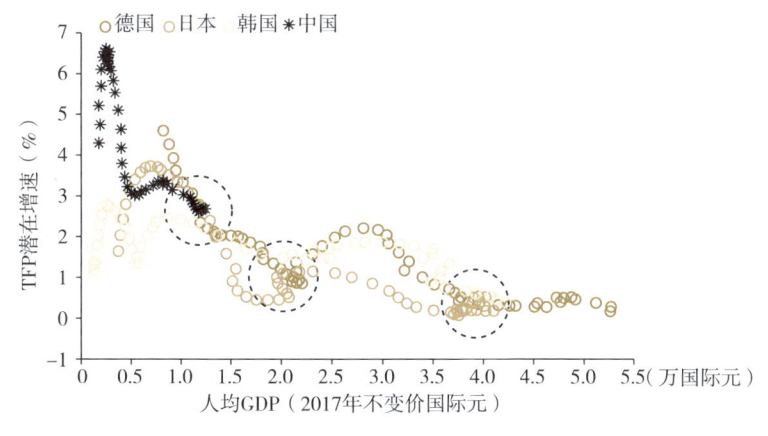

图 5.26 TFP 增速与人均 GDP（PPP）

资料来源：PWT10.0，课题组测算。

稳。我国TFP潜在增速降幅可能与韩国较为相似，甚至更为平缓。综合各种因素考虑，本章预测中国TFP未来在相同发展区间内也下降约0.8个百分点，要历时12年左右实现，由2019年的2.7%逐步下降至2031年前后的1.96%。

潜在增长率预测

本章运用生产函数法，综合劳动产出弹性、资本存量潜在增速、劳动力潜在增速和全要素生产率潜在增速的预测结果，测算出未来十年我国的潜在增长率。由于PWT10.0表中劳动产出弹性近年变化趋缓，2016—2019年甚至完全不变，本章设定"十四五"期间劳动产出弹性同样保持不变。从全社会角度看，要素投入份额在未来发生大幅变化的可能性较小。此外，保持要素投入份额不变有助于我们更加聚焦其他关键变量对中国经济潜在增速的影响。

测算结果显示（见表5.2），不考虑疫情影响的基数效应，2021年我国潜在增长率为5.5%，2031年降至3.9%。"十四五"期间平均潜在增长率在5.18%左右，"十五五"期间平均潜在增长率在4.27%左右；2022—2031年十年间平均增速为4.6%。

表5.2 2021—2031年我国潜在增长率预测结果

年份	劳动分配系数	资本分配系数	劳动增速	资本存量增速	全要素生产率增速	GDP增速	GDP增速（5年平均）
2021	58.63	41.37	−0.55%	7.99%	2.57%	5.5%	
2022	58.63	41.37	0.02%	7.53%	2.50%	5.6%	
2023	58.63	41.37	−0.75%	7.15%	2.43%	4.9%	
2024	58.63	41.37	−0.32%	6.82%	2.37%	5.0%	

（续表）

年份	劳动分配系数	资本分配系数	劳动增速	资本存量增速	全要素生产率增速	GDP增速	GDP增速（5年平均）
2025	58.63	41.37	-0.42%	6.55%	2.30%	4.8%	5.18%（"十四五"）
2026	58.63	41.37	-0.43%	6.31%	2.23%	4.6%	
2027	58.63	41.37	0.05%	6.10%	2.16%	4.7%	
2028	58.63	41.37	-0.70%	5.91%	2.10%	4.1%	
2029	58.63	41.37	-0.43%	5.72%	2.03%	4.1%	
2030	58.63	41.37	-0.86%	5.54%	1.96%	3.7%	4.27%（"十五五"）
2031	58.63	41.37	-0.56%	5.35%	1.96%	3.9%	

资料来源：课题组测算。

未来十年按美元计价的中美GDP增长对比分析

人民币汇率预测

在长期，由于 $E = e \dfrac{P}{P^{US}}$，以变化率表示为 $\dfrac{\Delta E}{E} = \dfrac{\Delta e}{e} + \left(\dfrac{\Delta P}{P} + \dfrac{\Delta P^{US}}{P^{US}} \right)$，即名义汇率的变化取决于实际汇率的变化与通货膨胀率的差额，因此可以通过预测实际汇率和通货膨胀率来预测名义汇率，将本币计价的GDP转化为美元计价的GDP，使各经济体的数据具备可比性。

通过分析目标经济体实际汇率的历史变化规律，并考虑到不同经济体所处时代背景的差异和特殊事件造成的异常影响，我们选取经济腾飞较早、发展水平较高并且经历了完整的实际汇率变化周期的日本和德国作为重点预测参考。比照日本、德国与我国处于相同发展阶段后十年的变化趋势，预计今后十年我国实际汇率将较2020年升值50%左右，由2020年的0.65升至2031年的0.98。

根据历史上中美两国的通胀数据，假设未来十年我国CPI同比平均增长2.5%左右，美国CPI同比平均增长2%左右，由此可以预测出中美两国的通胀之比，并结合根据PWT10.0数据库计算的中美购买力平价转换系数基数，得到今后十年的购买力平价转换系数（P/P^{US}）。由此可以算出，2031年人民币兑美元汇率将升值至4.9左右。

按美元计价的中美GDP增长对比

考虑到国际经济环境和汇率长期变化存在不确定性，本章同时设定了我国实际汇率较当前水平大幅升高和实际汇率保持在当前水平不变的"高""低"两种情景，而基准预测结果则作为"中"情景（见表5.3）。按照基准预测，2025年前后，我国按美元计价的GDP总量有望超过美国，成为全球最大的经济体。但在人均层面与美国相比仍有较大差距，按现价美元计价的人均GDP仅为美国的1/4。未来十年，人民币兑美元汇率有望升至4.9，按美元计价的我国人均GDP将接近美国的40%。

在"高"情景假设下，如果我国实际汇率出现了与德国、日本在1964年、1970年后类似的大幅升值的情况，预计我国实际汇率将在未来十年升值100%，到2031年人民币名义汇率升至3.7，美元计价的人均GDP将达到美国的52%。在"低"情景假设下，如果我国实际汇率在未来十年不发生变化，我国GDP总量将在2030年前后超过美国，按美元计价的人均GDP为美国人均GDP的1/4左右。

表5.3 未来十年我国总产出与人均GDP同美国对比

年份	课题组预测（中）				人民币实际汇率大幅升值（高）				人民币实际汇率保持不变（低）			
	真实汇率	名义汇率	中美现价美元GDP之比	中美现价美元人均GDP之比	真实汇率	名义汇率	中美现价美元GDP之比	中美现价美元人均GDP之比	真实汇率	名义汇率	中美现价美元GDP之比	中美现价美元人均GDP之比
2022	0.71	6.4	82%	19%	0.74	6.2	85%	20%	0.65	7.0	75%	18%
2023	0.74	6.2	89%	21%	0.80	5.7	96%	23%	0.65	7.0	78%	19%
2024	0.77	6.0	97%	23%	0.86	5.4	108%	26%	0.65	7.1	827%	19%
2025	0.80	5.8	105%	25%	0.91	5.1	120%	29%	0.65	7.1	85%	20%
2026	0.83	5.6	113%	27%	0.97	4.8	133%	32%	0.65	7.1	89%	21%
2027	0.86	5.4	122%	29%	1.03	4.5	147%	35%	0.65	7.2	92%	22%
2028	0.89	5.3	131%	32%	1.09	4.3	161%	39%	0.65	7.2	96%	23%
2029	0.92	5.1	140%	34%	1.15	4.1	175%	43%	0.65	7.3	99%	24%
2030	0.95	5.0	150%	37%	1.21	3.9	190%	46%	0.65	7.3	102%	25%
2031	0.98	4.9	159%	39%	1.30	3.7	212%	52%	0.65	7.3	106%	26%

资料来源：课题组测算。

十九届五中全会提出，到2035年我国人均国内生产总值达到中等发达国家水平。现阶段按现价美元计算，发达国家入门门槛为1.8万美元，中等发达国家人均GDP在3万多或4万美元左右。相关研究认为，在汇率、人口规模等不变的假设条件下，这一时期需要4.7%以上的平均实际增长速度才能实现人均GDP翻一番的目标。从本章的测算结果看，2031年前后我国潜在增长率或将低于4%，十五年间平均实际增速达到4.7%或更高增速的难度很大。从国际经验看，汇率升值或是迈入中等发达国家门槛的关键因素之一。所以，下一步的立足点、注意力应当更多地放在提升增长质量、提高劳动生产率和全要素生产率上，而非过度追求难以企及的高增长速度。提高生产率基础上的合理汇率升值，才更有可能实现人均国内生产总值达到中等发达国家水平的目标。

政策建议：结构性潜能重于宏观政策

尽管我国中长期潜在增速合乎规律地有所回落，但在各大经济体中仍属较高增速；由于经济基数大，每年经济的新增量仍居世界前列。在充分发掘增长潜能，实现整体经济的中速高质量可持续发展的过程中，仍要面对诸多挑战。2022年，宏观政策要发挥防滑托底的重要作用。货币政策在前期降准、引导降息的基础上，在结构性导向上要继续支持中小微企业，同时为房地产软着陆和中长期平稳发展提供必要的流动性，重点支持城市化和结构转型升级过程中住房建设的资金需求，如支持城市农民工安居工程建设。一方面，财政政策要利用上一年的增收空间，支持一批有回报、有长期潜能的基建项目，如重点支持都市圈、城市群发展中的交通通信项目。另一方面，重心逐步转向完善基本公共服务，加强人力资本建设。简单地说，短期内货币政策的重点是稳中小微企业和房地产，财政政策的重点是稳基建和基本公共服务。

更重要的是，稳增长、扩内需的立足点要转到发掘释放中速增长期的结构性潜能上。所谓结构性潜能，就是中国作为后发经济体，在消费结构、技术结构、产业结构升级和城市化进程中具有的增长潜能，也可以说，是人均收入从1万美元到3万~4万美元的潜能。需要纠正把中国的经济增长主要寄托于宽松的宏观政策而忽略结构性潜能的倾向。如果一定要排个顺序，结构性潜能是第一位的，宏观政策是第二或第三位的。在房地产、基建、出口等高速增长期的主要结构性潜能逐步减弱或消退后，在"十四五"乃至更长的一个时期内，就要着力通过深化改革开放来发掘与中速增长期相配套的结构性潜能。近期应推出一批具有扩张性的深化改革开放、促进创新的政策举措。

第一，以城乡土地、人员、资金、技术等要素双向流动，协同推进都市圈、城市群建设和乡村振兴。在都市圈特别是一线城市都市圈的核心城市区之外放开外来人口落户限制；鼓励都市圈范围内的农村集体建设用地入市，探索宅基地向集体组织外部流转，将收益优先用于完善相关转让者的社保体系，建立高透明度的转让流程；在入市交易和流转的土地上探索建立养老社区，向城市居民开放；实施进城农民工的安居工程，配套提供教育、医疗、社保等基本公共服务；加快都市圈城市群轨道交通等重大基础设施建设。

第二，推动数字技术与实体经济深度融合。鼓励拓展数字技术（如5G、人工智能）与实体经济相融合的垂直系统场景；在反垄断、维护公平竞争秩序的基础上，积极鼓励数字技术创新，重视并改变创新领先企业数量下降的局面；促进数据产权的保护和利用，推广使用隐私计算的新技术开放数据资源，加快数据的流通和优化配置。

第三，以绿色创新拉动投资和增长。提出并动态更新绿色重大技术清单，通过市场机制和政策激励加以推广；尽快实现能耗"双控"（能耗总量和强度）向碳排放"双控"（碳减排总量和强度）转变；对高碳行业实行区别化政策，不搞一刀切，放开、鼓励、支持绿色技术的创新、生产和投资，限制或稳住非绿色生产和投资。

第四，实施双轮驱动的扩大消费战略。基本公共服务保基本，市场化高质量供给上水平，推动商品消费和服务消费转型升级；实施中等收入群体倍增战略，重点通过提升人力资本、促进机会均等，推动更多的低收入人群进入中等收入群体，形成扩大内需的长期动能。

参考文献

郭庆旺，贾俊雪．中国潜在产出与产出缺口的估算［J］．经济研究，2004（05）．

刘世锦，等．陷阱还是高墙？中国经济面临的真实挑战和战略选择［M］．北京：中信出版社，2011．

刘世锦主编．新倍增战略［M］．北京：中信出版集团，2021．

刘世锦，刘培林，何建武．我国未来生产率提升潜力与经济增长前景［J］．管理世界，2015（03）．

陆明涛，袁富华，张平．经济增长的结构性冲击与增长效率：国际比较的启示［J］．世界经济，2016（01）．

陆旸，蔡昉．人口结构变化对潜在增长率的影响：中国和日本的比较［J］．世界经济，2014（01）．

王维，陈杰，毛盛勇．基于十大分类的中国资本存量重估：1978—2016年［J］．数量经济技术经济研究，2017（10）．

Chow, G. C. , 1993, Capital Formation and Economic Growth in China, Quarterly Journal of Economics, 3(108), 809–842.

International Monetary Fund, 2022, World Economic Outlook Update.

OECD, 2012, Looking to 2060: Long–term Global Growth Prospects, OECD Economic Policy Papers.

Solow, R. M. , 1957, Technical Change and the aggregate Production Function, Review of Economics and Statistics, pp. 312–320.

Wu, Y. , 2008, Productivity, Efficiency and Economic Growth in China, Springer.

第六章　人口集聚、结构性潜能与潜在增长率

"人口集聚和结构性潜能研究"课题组[1]

要点透视

➢ 针对要素集聚的研究，课题组创新性地提出了"密度、频度、浓度"的"三度"分析框架，本课题重点基于"密度"分析框架对我国人口集聚水平进行深入探索。

➢ 本章清晰地呈现了我国300余个城市近20年人口集聚水平的变迁，发现伴随人口流动与人口集聚水平提升，整体上城市间的人均GDP差距收窄，分布均衡度提高。

➢ 基于对人口集聚水平与产出效率的关系的探索，研究结果显示人口密度、就业密度与产出效率存在较为明显的正相关关系。

➢ 创新性地构建了"人口稠密率"指标，作为对城镇化率指标的重要补充。在此基础上，本章将"人口稠密率"纳入经济增长预测模型，对2022—2030年的不变价GDP增速进行预测。结果显示，2022—2030年我国GDP年均复合增速在5.03%左右。

---

[1] 课题负责人：刘世锦；课题组成员：蔡颖、陈晨、王子豪。

研究背景

自2010年起,我国经济从年均10%左右的高速增长期逐步下移至6%~7%的中高速增长平台,近两年已转入中速增长阶段。根据刘世锦等(2021)对我国经济前景的研究测算,"十四五"期间平均潜在增长率将进一步放缓至5.40%左右。

未来我国经济发展的着眼点和立足点,应更加侧重对增速平台转换后结构性潜能的再挖掘。所谓结构性潜能,是指中国作为一个后发经济体,在技术进步、结构转型升级、城市化等方面具有的增长潜能。通俗地说,就是发达经济体已经做过,而中国正在做或有条件做的事情所带来的增长动能。

都市圈和城市群发展是现阶段结构性潜能的重要组成部分。国际经验表明,城市化会产生明显的集聚效应,从而带来更多的就业机会、更大经济扩散效应、更高规模收益。我国2020年常住人口城镇化率为63.9%,户籍人口城镇化率为45.4%,与大多数发达经济体75%以上的城镇化水平相比,还有相当大的提升空间,意味着还有可观的结构性潜能尚未被释放。创新与技术进步同样是现阶段结构性潜能的重要组成部分。在促进创新、推动技术进步的过程中,需要促进创新要素流动集聚,特别是信息、知识的流动集聚,形成更多的区域性创新中心和创新型城市。释放上述两项结构性潜能都离不开一个重要驱动因素——集聚效应。

集聚效应

集聚经济的形成机制

集聚经济是指各种产业和经济活动在空间上集中产生的经济效果以及吸引经济活动向一定地区靠近的向心力,是导致城市形成和不断扩大的基本因素。对于集聚经济的研究,较早的可追溯到古典农业区位论,其中最具代表性的屠能学说阐释了市场距离对农业经营类型和生产集约程度的影响。但其基于"孤立国"假设的线性单调结论,很难解释现实中的经济集聚现象。

马歇尔(1890)在《经济学原理》中提出了"外部经济"的概念,认为经济集聚源于三个方面的正外部性。第一,劳动力市场共享,提高了劳动力要素供需匹配的稳定性。第二,中间投入品共享,促进分工深化、专业化投入和服务的发展,更大的市场带来的业务量增加使得分摊到每件产品上的固定成本下降。第三,知识外溢驱动产业创新,空间集聚降低了知识的传播成本,提高了知识的传播速度,而知识的溢出效应具有外部性。马歇尔在一定程度上解释了集聚的优势,但尚未清楚阐释外部性的微观形成机制,即集聚为什么发生在特定区位。吉尔和卡拉斯(2007)对集聚经济的正外部性进行了补充:更大的生产要素池意味着市场中的各类主体都拥有更多选择空间,生产要素的供给和需求能更精准、更合适地匹配。

胡佛(Hoover,1930)提出"产业集聚最佳规模论",根据产业区位结构的不同,将规模经济区划分为区位单位(如工厂和商店等)、公司和产业集聚体三个层次,且产业集聚体存在最佳规模,规模过大或过小都发挥不出最佳集聚效应。新经济地理学奠基人克鲁格曼（Krugman，1991）综合考虑规模报酬、劳动力流动、运输成本等因素，基于"D-S 模型"构建了"中心—外围模型"，解释了制造业为何在经济发达地区集聚。他还借用萨缪尔森（Samuelson，1950）的"冰山运输成本"理论揭示了本地市场效应，即企业倾向于向大市场集聚。

集聚程度对劳动生产率的影响

随着集聚经济的研究趋于成熟，经济学家开始关注产业、区域经济集聚效应的量化研究。其中，人口和产业集聚被视为影响区域劳动生产率的重要因素。国外学者开展此类研究的时间较早，主要以人口规模和就业密度作为集聚现象的衡量指标，探究劳动生产率与集聚的关系。近年来，国内学者从区域对比和空间统计学视角对集聚效应的影响进行了一些实证探索。

从国外研究成果来看，谢菲尔（Shefer，1973）用城市人口规模代表集聚程度，发现劳动生产率对集聚程度的弹性系数在14%~27%。福格蒂和加罗法洛（Fogarty 和 Garofalo，1978）测算了集聚经济对地区生产率的影响，基于 1957—1977 年 13 个大都市的制造业部门数据，发现人口规模每扩大一倍，劳动生产率提高约 10%。有学者（Ciccone 和 Hall，1996）基于地理外部性和中间服务多样性建立了两个模型，假定总回报与经济活动空间密度呈正相关关系，利用美国县级数据，引出的实证结论是就业密度每翻一倍会使平均劳动生产率提高 6%。

从国内研究成果来看，相关研究可划分为两类。第一类着眼于宏观层面的集聚效应。范剑勇（2006）发现中国非农劳动生产率对非农就业密度的弹性系数为 8.6%~8.9%，省际劳动生产率水平存在较大差异。陈良文（2008）基于北京微观普查数据发现，经济密度与劳动生产率之间存在显著的正相关性，且劳动生产率对产出密度和就业密度的弹性系数分别为11.8%和16.2%，明显高于欧美4%~5%的水平。第二类侧重于研究微观行业或产业层面的集聚效应。柯善咨和姚德龙（2008）通过构建空间计量联立方程，发现工业集聚与劳动生产率互为因果、互相强化，邻接城市间存在显著的黏滞性。童馨乐（2009）使用服务业增加值占比、集中系数和区位熵值衡量服务业集聚程度，发现服务业集聚可以促进服务业劳动生产率提升。

人口密度的空间格局

城市是人口聚集的地方。城市化进程同时是人口集聚水平提升的过程，主要通过集聚效应促进经济效率提升。过去对于人口集聚水平的研究大多从城市人口规模入手，一个城市容纳的人口越多，一般认为其人口集聚水平越高。但一方面，不同城市的自然资源、地理条件和区域面积不同，其人口承载规模有别，单看人口规模指标难以在不同城市间进行比较。另一方面，人口集聚的意义更多在于要素丰富性、用户多样性和信息传播便利性，即在一定邻近空间内人群的密集程度和信息扩散的速率，而人口规模指标难以体现这一点。

因此，针对集聚效应的研究，我们提出"密度、频度、浓度"的"三度"框架。"密度"指单位面积土地上人口数量的多少；"频度"指在单位时间内，单位面积土地上人口或信息流动的频率，例如车流次数、电话通信次数、互联网收发信息字节数等；"浓度"指单位面积土地上质量加权的要素密度，例如以受教育程度加权的劳动力密度等。与仅考虑城市人口规模的研究相比，"三度"框架通过引入单位土地面积的衡量标准和多维度要素的度量方法，不仅能更好地体现集聚效应对空间邻近性的要求，使禀赋不同的城市间更具可比性，还可以更为全面地分析要素集聚对于经济增长的驱动作用。

本章主要从"密度"框架出发研究人口集聚与生产效率的关系。基于2010—2020年255个地级及以上城市的人口数据和城镇化率数据，我们发现相较于人口规模指标，人口密度指标和城镇化率呈现更强的相关性（见图6.1），说明城市人口规模的扩张并不一定意味着城市化水平提高，而人口集聚水平与城市化进程的关联更加紧密：对数形式的城市常住人口密度与常住人口城镇化率的皮尔森（Pearson）相关性为45%，而对数形式的城市常住人口数量与常住人口城镇化率的皮尔森相关性仅为13%。

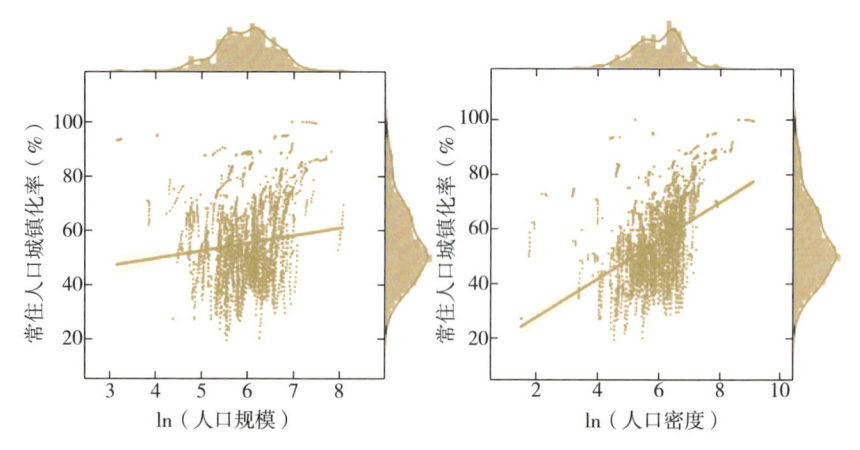

图6.1 人口规模、人口密度与常住人口城镇化率的相关性

注：人口密度＝常住人口数/全市行政区域土地面积。

资料来源：《中国城市统计年鉴》，Wind，第六次全国人口普查，第七次全国人口普查，课题组测算。

人口集聚水平变迁

为了观测人口集聚水平的演变轨迹，我们利用第六次全国人口普查（2010 年）和第七次全国人口普查（2020 年）数据，计算全国 337 个城市①的人口密度②数据。

从 2020 年我国人口密度分布数据可以看出以下几个趋势：我国人口密度整体呈现从沿海向内陆递减的趋势，且不同人口密度城市所占土地面积呈现明显的金字塔型分布（见图 6.2）。超过 400 万平方千米的国土面积上平均人口密度不超过 20 人/平方千米（主要是西北、西南地区以及华北、东北的部分地区）。约 60% 的国土面积上平均人口密度不超过 100 人/平方千米。

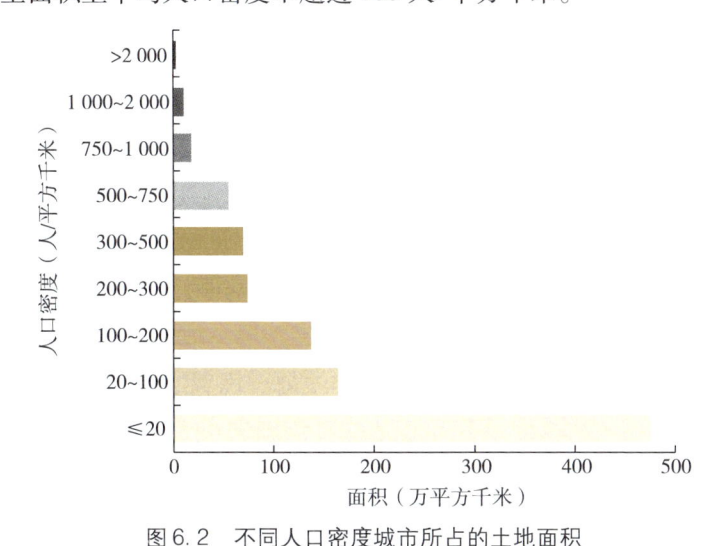

图 6.2 不同人口密度城市所占的土地面积

资料来源：第六次全国人口普查，第七次全国人口普查，课题组测算。

---

① 337 个城市中包括直辖市、地级市、地级市同等级别行政区域（如自治州、盟等），香港、澳门和台湾地区未包含在内。
② 按照如下公式进行计算：人口密度 = 普查人口数（人）/全市行政区域土地面积（平方千米）。

中高人口密度（超过500人/平方千米）城市主要分布在从渤海湾到广东沿海一带和中原地区。中原地区呈现较高人口密度可能受城市行政区域面积偏小的影响较大。人口空间集聚格局呈现多中心化，京津冀、长三角、珠三角、山东半岛、中原、成渝等城市群是主要的人口集聚热点区域。

人口密度最高的三个城市分别是深圳（8 793人/平方千米）、东莞（4 255人/平方千米）和上海（3 922人/平方千米）。

对比2020年和2010年的全国人口密度分布数据以及人口密度增减变动，可以发现： 2010—2020年，人口密度提升主要出现在两类地区，一是2010年人口密度最低的地区，主要位于胡焕庸线以西，人口密度多在100人/平方千米以下；二是人口密度较高（一般为750人/平方千米以上）的地区，体现了人口集聚过程中的正反馈效应。

对于2010年人口密度在100～300人/平方千米的地区而言，其人口密度在2020年大多出现了下降，但广西是例外。

内陆地区的"单中心"效应明显。在大部分内陆省份，省会城市一般是人口密度最高和人口密度提升最多的中心点，如成都、西安、贵阳、长沙、武汉、郑州、太原、南昌、沈阳、长春等，且省会城市人口密度上升往往伴随其周围城市人口密度下降，体现为内陆地区人口就近流动的特点。

与大多数内陆省份的"单中心"效应不同，山东半岛、中原、京津冀、长三角、珠三角等城市群的人口密度则更多呈现"整片提升"态势。

从2010年到2020年，人口密度增加最多的三个城市分别是深圳（增加3 593人/平方千米）、东莞（增加913人/平方千米）和广州（增加804人/平方千米）。

人口密度下降的地区主要是东北地区、关中平原、长江中游和西南山区。2010—2020年人口密度下滑最多的三个城市分别是淮南（减少355人/平方千米）、马鞍山（减少277人/平方千米）和铜陵（减少212人/平方千米）。

本章研究发现，人口集聚存在一定的正反馈和自我强化效应。经测算，2010年人口密度与十年后人口密度增减为正相关关系，相关系数为0.32；从多项式拟合曲线（见图6.3）来看，当城市在2010年人口密度超过231人/平方千米后，其基年人口密度越高，十年后人口密度提升越大。

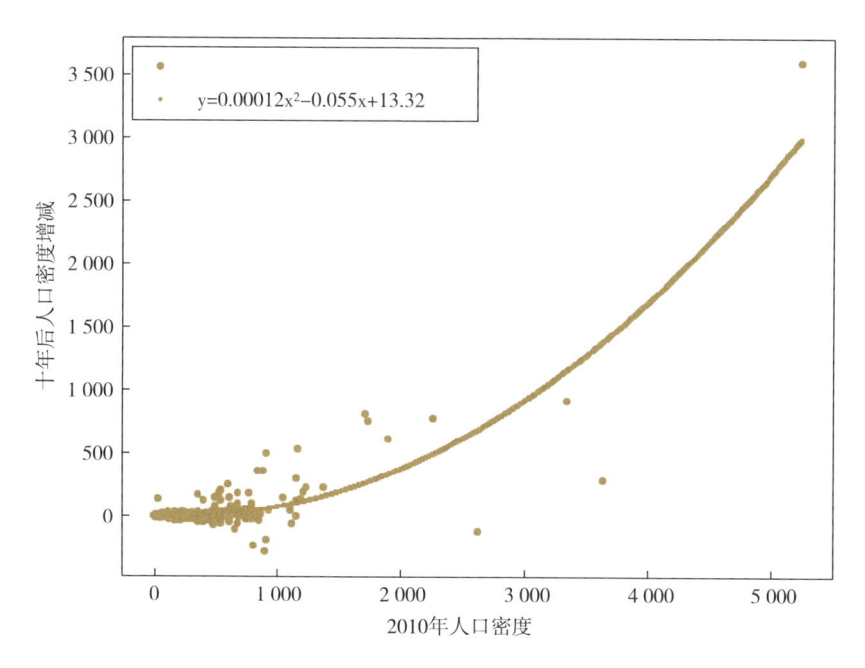

图6.3　人口密度的自我强化效应（二次项回归）

资料来源：第六次全国人口普查，第七次全国人口普查，课题组测算。

伴随着人口集聚水平的提升，我们发现整体上城市间的人均

GDP差距收窄，分布均衡度提升。借鉴衡量收入不平等水平的洛伦兹曲线，我们绘制了2010年和2020年的各城市常住人口累积占比和GDP累积占比（见图6.4）。

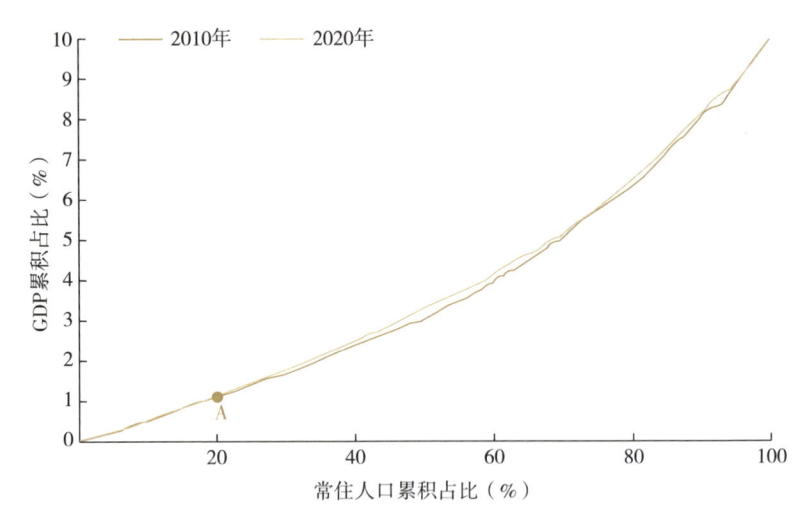

图6.4 城市常住人口与GDP体量的洛伦兹曲线

资料来源：国家统计局，第六次全国人口普查，第七次全国人口普查，课题组测算。

洛伦兹曲线将一个国家或地区的人群按照收入由低到高排序，计算收入前$X\%$的人群收入累积占社会总收入的百分比，并将这一对应关系绘制在二维坐标轴上。横轴表示人口（按收入由低到高分组）的累积百分比，纵轴表示GDP的累积百分比。洛伦兹曲线反映了分配的不平等程度，弯曲程度越大，离45度线距离越远，分配越不平等。

这里我们采用类似的方法，将各城市的常住人口累积占比和GDP累积占比对应。例如图中的A点意味着，2010年GDP体量最小的一批城市，以20%的人口贡献了约10%的GDP。从图中可以看出，2020年城市人口与GDP的洛伦兹曲线较2010年更接近45度线，弯曲程度更缓，表明伴随着十年间人口集聚水平的提升，2020年人均GDP在城市层面上的分布比2010年更加均衡，各城市所占的经济份额与人口份额的匹配度更高。

拆解图6.4中五个分位点，编制表6.1，从表中可以看出，整体上城市间人均GDP分布均衡度上升，GDP体量位于前60%分位的城市人口经济贡献占比在提升，其中位于40%~60%分位的城市人口贡献提升最大。GDP体量最高的一批城市人口的贡献占比则在下滑，这并不能说明经济最发达的这批城市人均GDP增速在下滑，其反映的是其他城市的人均GDP增速提升相对更快。

表6.1 洛伦兹曲线上各分位点对应的人口份额与经济份额

人口占比	2010年GDP占比	2020年GDP占比	GDP占比增减
前0%~20%	11.25%（108）	11.35%（117）	0.10%
前20%~40%	12.78%（64）	13.67%（64）	0.89%
前40%~60%	15.64%（50）	16.71%（49）	1.07%
前60%~80%	24.3%（40）	23.97%（36）	-0.33%
前80%~100%	36.03%（23）	34.3%（19）	-1.73%

注：括号内为对应的城市个数。
资料来源：国家统计局，第六次全国人口普查，第七次全国人口普查，课题组测算。

人口密度的不同等级

以人口密度为衡量标准，我们将337个城市样本划分为四个层级（见表6.2）：高密度、中高密度、中低密度和低密度。

表6.2 人口密度层级划分表

层级	人口密度	2010年城市数	2020年城市数
高密度	2 000人/平方千米以上	深圳（5 200）、上海（3 631）、东莞（3 342）、汕头（2 611）和厦门（2 245）5个城市	深圳（8 793）、东莞（4 255）、上海（3 922）、厦门（3 036）、广州（2 512）、汕头（2 502）、佛山（2 501）和中山（2 476）8个城市
中高密度	500~2000人/平方千米	中山、临沂等94个城市	临沂、嘉兴等94个城市
中低密度	100~500人/平方千米	上饶、九江等164个城市	上饶、九江等162个城市
低密度	100人/平方千米以下	乌兰察布、佳木斯等74个城市	乌兰察布、佳木斯等73个城市

注：括号内为城市对应的人口密度，单位为人/平方千米。

资料来源：《中国城市统计年鉴》，课题组测算，人口普查数据。

对比2010年和2020年两个时间节点，整体上我国人口集聚水平在持续提升，低密度和中低密度的城市个数在减少，高密度城市个数在增加。人口密度超过2 000人/平方千米的高密度城市数量由5个增加到8个，除汕头外其余7个高密度城市的人口密度仍在大幅提升。其中深圳由2010年的5 200人/平方千米增加到8 793人/平方千米，提升近70%。

为了观察城市人口密度在更长时段中的变化，我们引入第五次人口普查数据以及年度频率的常住人口数据。为了保证数据的可比性，在337个城市样本中，我们舍弃了19个在2000—2020年人口密度数据缺失严重的城市。我们采取线性插值法对剩余318个城市中的少量缺失值进行填充，以保证每年的城市样本范围不会因为缺失值而变动。

纵观2000—2020年城市平均人口密度的变化（见图6.5），我们发现：

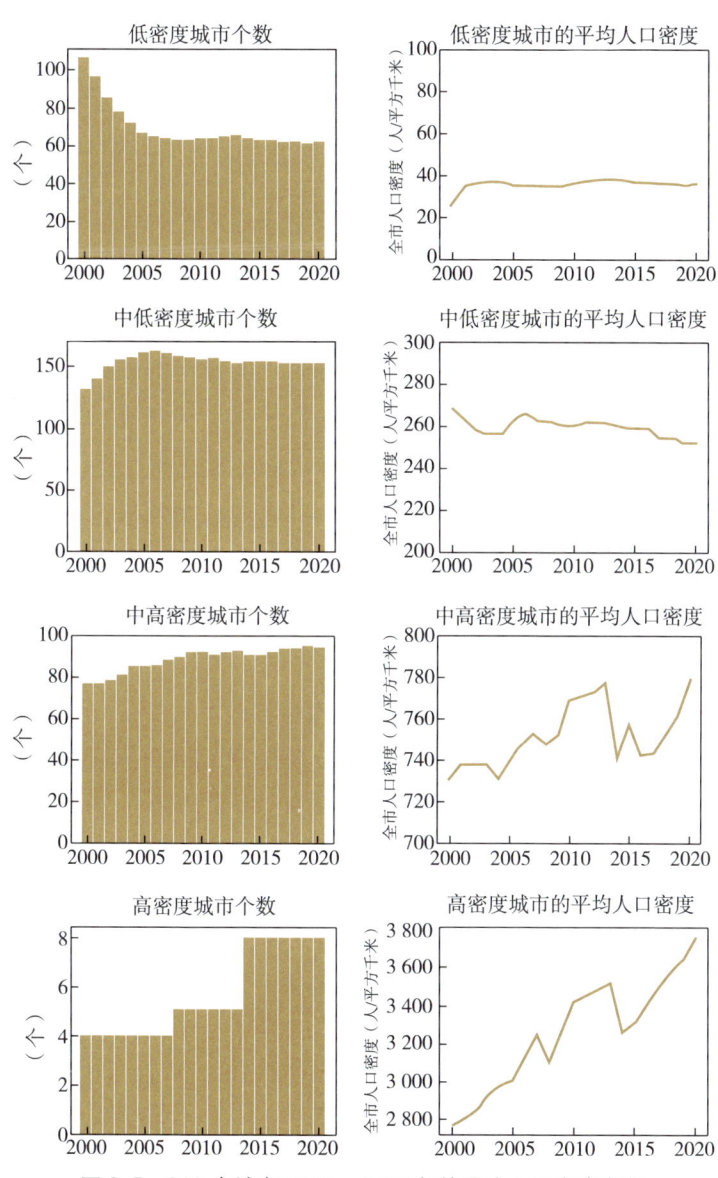

图 6.5 318 个城市 2000—2020 年的平均人口密度变化
资料来源：《中国城市统计年鉴》，人口普查数据，课题组测算。

第一，中高密度与高密度城市的数量保持增长态势，而低密度城市数量则在快速下降后趋于稳定。特别是在2000—2005年，低密度城市数量从110多个快速降至60个左右，此后一直维持在这个水平。

第二，城市人口密度向上跃迁主导了各层次城市数量的变化。中低、中高密度城市数量增加，主要由于低密度和中低密度城市人口密度提升，而中高密度城市滑落至中低密度城市的情形则很少见。

第三，在四组城市分类中，只有高密度城市的平均人口密度保持增长态势，表明人口仍在持续向高密度城市集聚。高密度城市平均人口密度在2008年和2014年出现两次下降，是因为有新的中高密度城市升级为高密度城市，高密度城市的平均人口密度被新升级的城市拉低。

第四，高密度城市的平均人口密度提升幅度较大，从2000年的2 767人/平方千米提升到2020年的3 759人/平方千米，增加了992人/平方千米。其他组别城市平均人口密度变化幅度相对稳定，中高密度城市平均人口密度缓慢提升，2000—2020年提升约48人/平方千米；中低密度城市平均人口密度稳中有降，2000—2020年下滑约15人/平方千米；低密度城市平均人口密度在2001年后稳定在35~40人/平方千米。

人口密度与经济增长

人口密度和人均产出效率

为了研究城市人口密度与人均产出效率的关系，我们提取了337个城市的GDP和人均GDP数据，并剔除了2010—2020年数据缺失的城市，以保障统计样本的稳定性。通过测算剩余281个城市10年间人口密度的增减和对应GDP变化（见图6.6），我们发现以下两个特点。

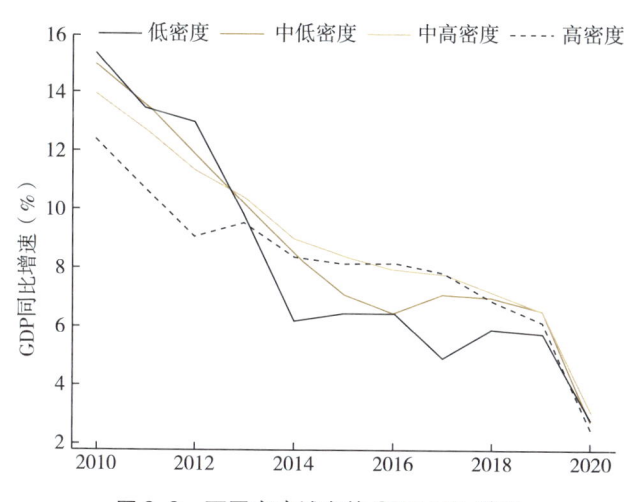

图6.6 不同密度城市的GDP同比增速

资料来源：国家统计局，人口普查数据，《中国城市统计年鉴》，课题组测算。

第一，从不同人口密度城市GDP增速水平来看，四个组别城市均呈下降趋势。2013年之前，中高密度及以上城市GDP增速平均水平低于中低密度及以下城市，而2014—2018年则呈现相反态势，中高密度及以上城市GDP增速更高。在GDP增速下行过程中，除低密度城市收敛至更低水平外，其余三组城市GDP增速均向同一水平收敛。2020年在疫情冲击下所有组别城市GDP增速均出现下滑，高密度城市受疫情冲击最为严重。

第二，从不同人口密度城市GDP增速变动斜率来看，2010—2014年不同密度组别的城市降幅相近。2014—2017年，中低密度城市和低密度城市GDP增速降幅大于中高密度及以上城市。2017—

2019年，低密度城市在较低增速水平上出现了小幅反弹。整体来看，中高密度及以上组别的城市GDP增速波动相对更平稳。

从人均GDP来看（见图6.7），除低密度城市以外，其他三组城市人均GDP始终处于增长态势，且增长斜率在2013年以后逐渐出现分化：人口密度越大的城市，其人均GDP的增长斜率也相对更陡峭；低密度城市的人均GDP在2014—2017年出现了短暂的停滞甚至略微倒退。从人均GDP增速来看（见图6.8），中高密度和高密度城市人均GDP增速波动更小，下降更缓慢。值得注意的是，所有组别城市人均GDP增速都向同一水平收敛。

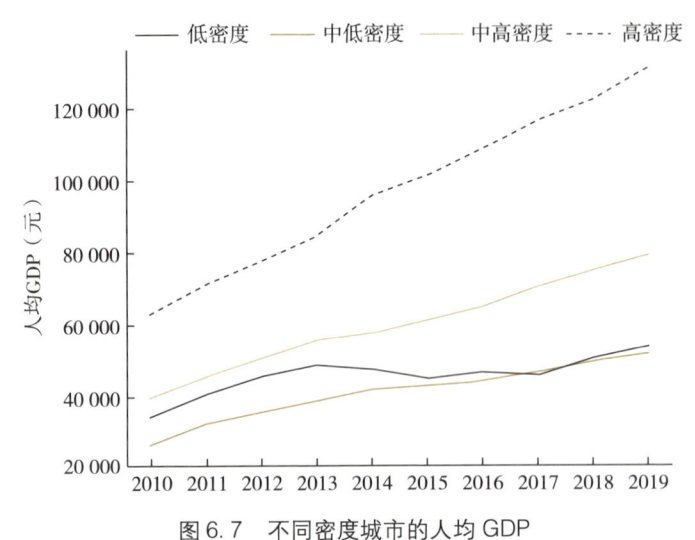

图6.7　不同密度城市的人均GDP

资料来源：国家统计局，人口普查数据，《中国城市统计年鉴》，课题组测算。

从拟合直线看（见图6.9），人口密度与人均GDP呈现对数线性相关。从拟合结果看，城市的人口密度每提高1%，对应全市人均GDP水平提高0.19%。随着单位面积上人口数量的增加，人与人之间距离拉近，人均产出效率呈现上升态势。

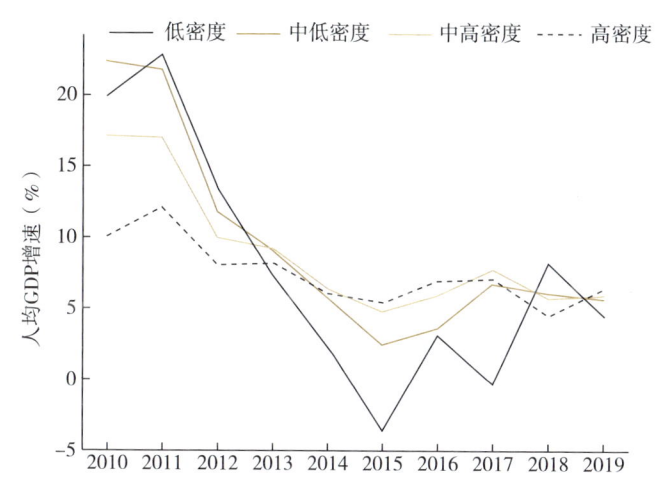

图6.8 不同密度城市的人均 GDP 增速

资料来源：国家统计局，人口普查数据，《中国城市统计年鉴》，课题组测算。

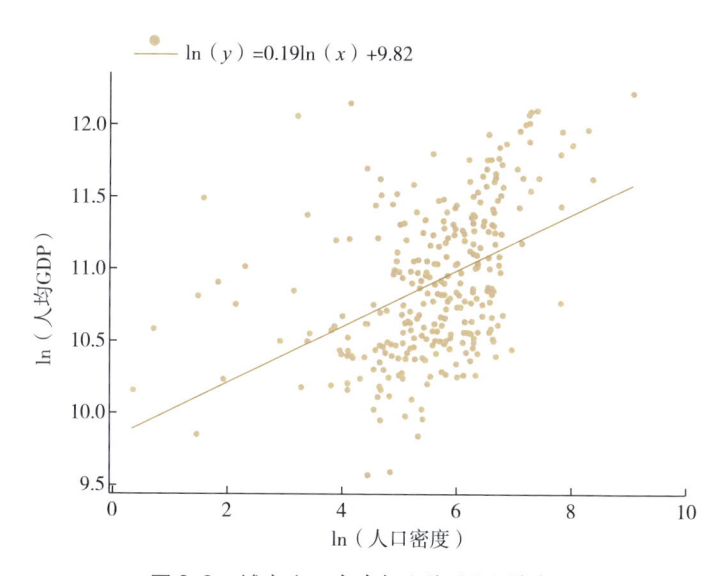

$\ln(y) = 0.19\ln(x) + 9.82$

图6.9 城市人口密度与人均 GDP 散点图

资料来源：国家统计局，人口普查数据，《中国城市统计年鉴》，课题组测算。

人口密度与地均产出效率

考虑到行政区划意义上的城市范围通常囊括大量未经开发、人口密度低的土地，人口在城市内部往往并非均匀分布，大多数人口聚集在城市中已经完成开发建设、商业活动频繁的区域。因此，以全市行政区域土地面积作为分母的人口密度，可能难以较好地表征城市主要经济活动区域的人口集聚情况，不同城市主要经济活动区域占全市面积的比例也存在一定差异。

为了弥补该缺陷，我们以城市市辖区的第二、三产业就业人数作为分子，以城市市辖区建成区面积作为分母，计算出建成区第二、三产业的就业密度。该指标能够更好地衡量各城市核心人口聚集区的人口密度，也可作为观察城市人口集聚水平的一个补充视角。考虑到绝大多数第二、三产业集中分布于建成区，该算法误差整体在可控范围内。

以北京为例，北京全市行政区域土地面积为 16 410 平方千米，远大于北京实际的人口聚集区范围。从 2018 年中国联通的手机信令数据来看（王蓓等，2020），无论是居住人口还是就业人口，北京市绝大多数人群的活动范围都集中在城市中心的一小块区域，该区域面积占全市总面积比重不到 10%，就业人口分布的密集程度较居住人口更甚。因此，以全市行政区域土地面积计算的人口密度指标，势必会低估像北京这类拥有大量郊区土地的城市的实际人口集聚水平。

从常住人口/全市行政区域土地面积计算的简单人口密度看，2018 年北京人口密度为 1 336 人/平方千米，仅属于中高密度城市，与深圳（8 343 人/平方千米）、上海（3 903 人/平方千米）等高密度城市的同年数值差距较大。但若以建成区面积计算，

2018年北京建成区第二、三产业就业密度高达10 651人/平方千米，与同年的深圳（11 297人/平方千米）和上海（10 910人/平方千米）处于同一水平。常州、杭州、莆田等城市也存在类似情形，其建成区第二、三产业就业密度排名远高于人口密度排名。

从就业和人口密度数据可以看出，2018年城市建成区第二、三产业就业密度分布与人口密度的分布类似，同样呈现沿海高于内陆的整体趋势。不同的是，建成区第二、三产业就业密度的南北差异更为明显，整体呈现南密北疏的情形。从热点区域看，第二、三产业就业密度更加分散，主要分布在东南沿海省份，在其他区域更多呈点状零星分布，而在人口密度的热点区域通常成片出现。

以第二、三产业就业密度衡量，中原地区不再是较高人口集聚水平的代表，反映出这一地区城市主要经济活动区的就业密度实际并不高，其人口密度呈现较高水平主要是由于城市行政区域面积较小。

基于相同的方法，我们使用城市市辖区的第二产业和第三产业GDP以及市辖区建成区面积，计算2018年地均第二、三产业GDP，以衡量各城市主要经济活动区的土地产出效率。考虑到数据可得性，我们选择以2018年作为最接近现状的代表，其分布特点与建成区第二、三产业就业密度分布非常接近，热点区域也基本一致，体现了人口密度与地均产出效率的强相关性。

从散点图看（见图6.10），建成区地均第二、三产业GDP和第二、三产业就业密度之间存在较为明显的对数线性正相关关系。拟合直线显示，建成区第二、三产业就业密度每提高1%，对应建成区单位面积上的第二、三产业GDP提高0.85%。这一趋势很好理解，人是价值创造的来源，单位面积上承载的劳动人口越多，其创造的产出应当也越多，单位面积土地的利用效率自然也越高。

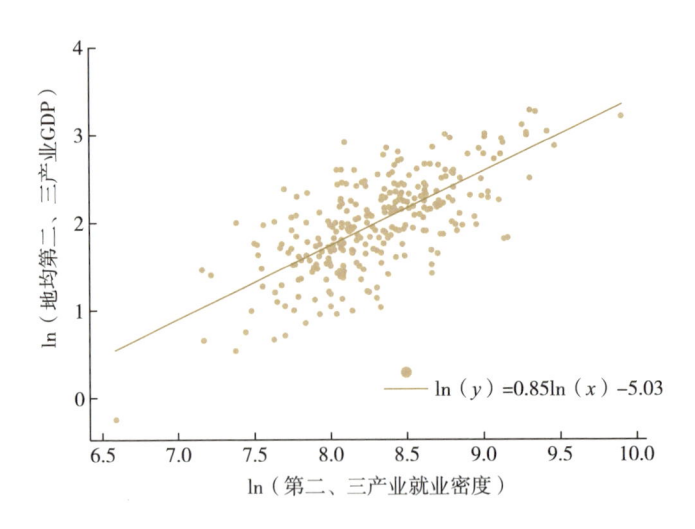

图 6.10　建成区地均第二、三产业 GDP 和第二、三产业就业密度呈明显对数线性相关关系

资料来源：全国人口普查数据，《中国城市统计年鉴》，Wind，课题组测算。

从散点图（见图 6.11）来看，当我们将全市人口密度替换为能更精准地衡量城市核心区人口集聚水平的第二、三产业就业密度指标时，就业密度与人均 GDP 仍然呈现对数线性相关，且系数值高于使用全市人口密度指标时的水平。拟合直线显示，建成区第二、三产业就业密度每提高 1%，对应人均 GDP 提高 0.49%，而全市人口密度每提高 1%，对应全市人均 GDP 水平提高 0.19%。

人口密度、人均收入和人均消费

回顾 2018 年我国各城市人均可支配收入的分布数据，我们发现： 人均可支配收入在 60 000 元以上的城市仅有北京、杭州、苏州、上海、宁波 5 个。人均可支配收入在 40 000 元以上的城市主要为各省省会、京津冀、呼包鄂、长三角和珠三角城市群的城市，其中除长三角地区人均可支配收入在 40 000 元以上的城市呈现明

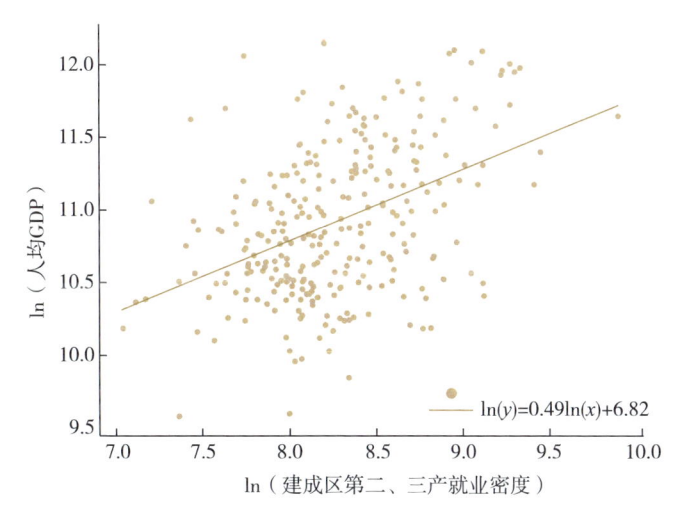

图6.11　人均GDP和第二、三产业就业密度呈对数线性相关关系
资料来源：全国人口普查数据，《中国城市统计年鉴》，Wind，课题组测算。

显连片外，其余地区基本呈点状分布。

人均可支配收入在 30 000～35 000 元的城市数量最多，40 000 元以上和 25 000 元以下的城市数量较少，呈现一定的纺锤形分布。

人均可支配收入在 40 000 元以上的城市呈现点状集中分布，人均可支配收入在 40 000 元以下的城市则呈现连片分布，占据全国大部分区域。

从 2010—2019 年不同密度城市人均可支配收入走势看（见图 6.12），所有组别城市均处于持续增长状态。

高密度城市的人均可支配收入在 2013—2014 年的短暂下降主要是因为高密度城市组别扩容。在 2014 年之前仅有深圳、上海、东莞、汕头和厦门 5 个高密度城市，广州、佛山和中山在 2014 年迈入高密度城市行列，拉低了之前的平均水平。实际上从广州、

第六章　人口集聚、结构性潜能与潜在增长率

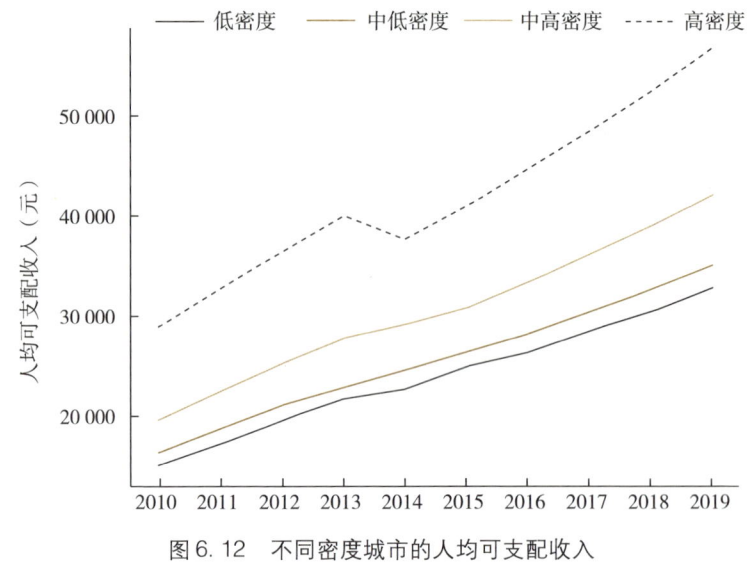

图 6.12　不同密度城市的人均可支配收入

资料来源：全国人口普查数据，《中国城市统计年鉴》，Wind，课题组测算。

佛山和中山的自身趋势来看，其 2010—2019 年的人均可支配收入均是持续增长的。其他组别城市因样本数量较多，少数几个城市的升级降级并不影响整体趋势。

城市人均可支配收入平均水平与其人口密度水平呈现严格的对应关系，人口密度越高的城市，其人均可支配收入的数值水平越高。而且自 2016 年后，高密度和中高密度城市人均可支配收入平均水平的增长速度也与低密度和中低密度城市出现了分化，高密度和中高密度城市的增长斜率更为陡峭。

不同密度组别城市的人均社会消费品零售额（见图 6.13）呈现与人均可支配收入类似的趋势。人口密度越高的城市，其人均社会消费品零售额的数值水平也越高。

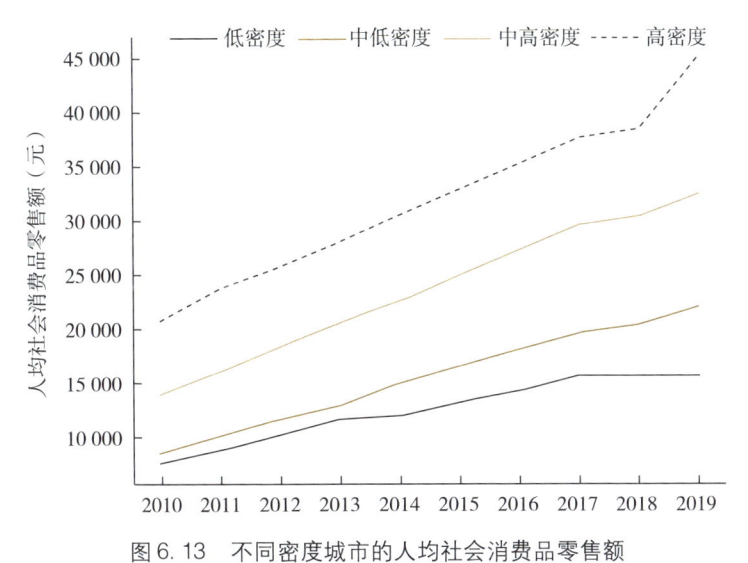

图 6.13　不同密度城市的人均社会消费品零售额

资料来源：全国人口普查数据，《中国城市统计年鉴》，Wind，课题组测算。

人口集聚与潜在增长率

在城市层面上，我们使用人口密度和就业密度衡量和对比城市间的人口集聚水平；在全国层面上，我们引入人口稠密率的概念，相较于使用全国总人口/全国土地面积的人口密度，该指标可以更有效地反映全国层面的人口集聚水平。

人口稠密率指标的定义如下：将人口密度高于 500 人/平方千米的城市定义为稠密城市，将这些城市的常住人口的加总称为稠密人数，稠密人数代表所有参与较高密度生产生活活动的人口数，人口稠密率等于稠密人数占全国总人口的比重，可以作为全国整体人口有效集聚水平的一个表征。

选择以 500 人/平方千米的人口密度作为稠密城市门槛的原因

如下：第一，从当前情形看，500 人/平方千米是城市人口密度一个较明显的分界点，图 6.14 显示，以 500 人/平方千米为分界线，两侧相邻区间内的城市数量有明显落差，表明这一门槛值的区分效应较好。第二，人口密度高于 500 人/平方千米的城市分布存在较明显的共性，基本为沿海省份、中原地区的城市以及各省会城市。

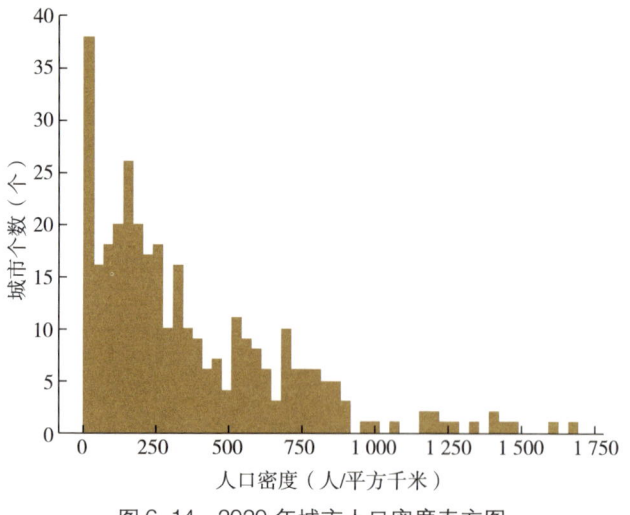

图 6.14　2020 年城市人口密度直方图

从图 6.15 可以看出，从 2000—2020 年，伴随着总人口增长和城镇化进程，我国的稠密人数由 4.4 亿人持续增加到 7.1 亿人，人口稠密率也从 34.70% 增长至 50.27%，这意味着到 2020 年全国约有一半人口参与到相对高密度的生产生活活动中。同时我们也看到，2000—2020 年，城镇化率的提升速度快于人口稠密率的提升速度，说明一部分城镇化是在人口密度水平相对较低的区域完成的，未来不仅城镇化率有较大提升空间，对部分已完成城镇化的地区而言，其人口集聚水平也仍有继续提升的潜力。

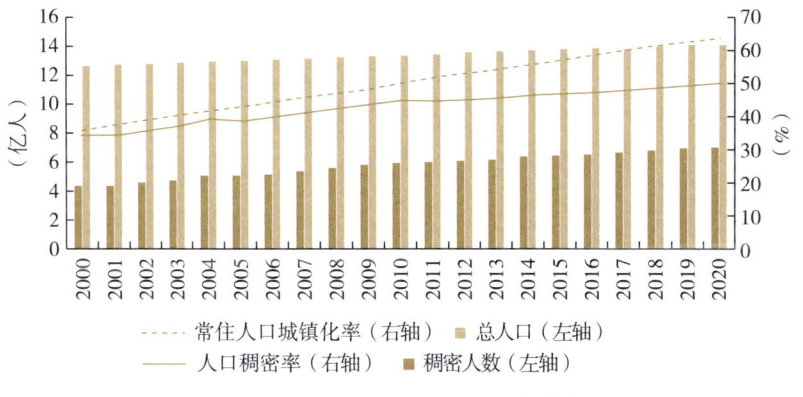

图 6.15　2000—2020 年人口稠密率

资料来源：全国人口普查数据，《中国城市统计年鉴》，Wind，课题组测算。

为了进一步探究人口集聚水平和经济增长的关系，我们参考经典的索洛模型以及王小鲁、樊纲、刘鹏（2009）对中国经济增长模型的设定，提出一个包含人口稠密率变量的计量模型：

$$Y = AK^{\alpha_1} L^{\alpha_2} e^{f(x)} \tag{1}$$

其中：

$$f(x) = \alpha_3 \times d + \alpha_4 \times g + \alpha_5 \times i + \alpha_6 \times m + \alpha_7 \times t \tag{2}$$

将式（1）两边同时取对数，得到：

$$\ln(Y) = \alpha_1 \times \ln(K) + \alpha_2 \times \ln(L) + f(x) + \ln(A) \tag{3}$$

其中，Y 是以不变价价格计算的 GDP，A 是代表生产率水平的常数项，K 为资本存量，L 为就业人数，d 为宏观杠杆率，g 为行政管理成本，i 为外贸依存度，m 为人口稠密率，t 为时间变量。

估计模型参数所用到的数据范围如下：Y 使用国家统计局以 1978 年价格计算的不变价 GDP。K 资本存量根据课题组测算的

2005—2020年资本存量年增长率以及王维（2017）对1978—2016年资本存量（1978年价格）的估算进行推算。L就业人数使用国家统计局公布的就业人数。d宏观杠杆率使用中国社会科学院国家资产负债表研究中心发布的实体经济部门杠杆率。g行政管理成本使用国家统计局公布的公共财政支出中的一般公共服务支出占当年GDP的比重，由于2007年之前的数据缺失，使用行政管理费占当年GDP比重进行填补。i外贸依存度使用进出口总额与当年GDP之比。m使用前文计算得到的人口稠密率。t为当年年份减去2000。所有数据的时间跨度均为2000—2020年。

为校正自相关带来的偏差，我们使用Prais-Winsten AR（1）的回归方法对模型进行估计。回归结果见表6.3。

表6.3 回归结果

变量名称	系数	标准误	t值	Pr（>|t|）
资本存量（对数）	0.56299	0.0782	7.199	6.96E-06
就业人数（对数）	0.28103	0.40865	0.688	0.50372
宏观杠杆率	-0.25289	0.03334	-7.586	3.98E-06
行政管理费比例	-3.79448	1.34334	-2.825	0.01434
外贸依存度	-0.149	0.04447	-3.351	0.00521
人口稠密率	0.81794	0.47961	1.705	0.11188
时间变量	0.022	0.00821	2.679	0.01893
常数项	1.48888	4.01793	0.371	0.71693
调整后R平方	0.996			

注：E-06代表10的负六次方。

资料来源：国家统计局，中国社会科学院国家资产负债表研究中心，课题组测算，《基于十大分类的中国资本存量重估：1978—2016年》（王维，2017）。

在回归估计结果中，除L就业人数外，其余变量系数的估计值均存在较好的显著水平，模型整体调整后R平方达到0.996，表明该模型具有很强的解释力。从变量系数的估计值来看，除了代表债务负担的宏观杠杆率、代表行政管理成本的行政管理费比例与外贸依存度为负外，其余变量系数均为正。其中人口稠密率的估计系数约为0.82，表明在其他条件保持不变的情况下，人口稠密率每提升1个百分点对应的不变价GDP约增长0.82%。

为了验证人口稠密率这一变量设定标准的稳健性，我们测试了将稠密城市的人口密度阈值设定为300人/平方千米和1 000人/平方千米的情形（见表6.4）。表6.5中模型1的人口稠密率以300人/平方千米的标准计算；模型2为原模型，即人口稠密率以500人/平方千米的标准计算；模型3的人口稠密率以1 000人/平方千米的标准计算。三个模型中其余变量均保持不变。每个单元格内为变量估计系数，括号内为估计系数的显著水平。不同阈值的测试结果显示，人口稠密率变量的设定具有一定稳健性，当稠密城市的人口密度阈值变动时，人口稠密率变量对模型的影响变化不大，在模型1和模型3中系数和系数显著水平均与原模型接近，且随着稠密城市的人口密度阈值提升，对应人口稠密率估计系数也越高。当人口密度阈值为300人/平方千米时，人口稠密率的估计系数为0.63，当人口密度阈值为1 000人/平方千米时，人口稠密率的估计系数为1.03。

表6.4　2000—2020年不同阈值设定下的人口稠密率

年份	300人/平方千米以上	500人/平方千米以上	1 000人/平方千米以上
2000	61.98%	34.70%	14.62%
2001	62.37%	34.70%	14.65%
2002	63.75%	35.82%	14.94%
2003	65.80%	36.97%	15.55%

（续表）

年份	300人/平方千米以上	500人/平方千米以上	1 000人/平方千米以上
2004	68.14%	39.19%	15.64%
2005	71.08%	39.09%	16.49%
2006	72.98%	39.77%	17.43%
2007	74.23%	41.02%	18.90%
2008	75.56%	42.38%	19.33%
2009	76.34%	43.67%	19.97%
2010	77.46%	44.86%	22.44%
2011	77.55%	44.74%	22.04%
2012	77.56%	45.22%	22.71%
2013	77.60%	45.50%	22.79%
2014	78.97%	46.39%	23.06%
2015	79.10%	46.70%	23.41%
2016	78.96%	47.39%	23.29%
2017	79.07%	48.17%	23.47%
2018	79.24%	48.81%	23.37%
2019	79.73%	49.46%	24.89%
2020	79.57%	50.27%	27.43%

资料来源：国家统计局，中国社会科学院国家资产负债表研究中心，课题组测算，《基于十大分类的中国资本存量重估：1978—2016年》（王维，2017）。

表6.5　不同人口稠密率设定下的模型

变量名称	模型1	模型2	模型3
资本存量（对数）	0.503185 (0.000112)	0.56299 (0.00000696)	0.46136 (0.001089)
就业人数（对数）	0.244519 (0.527691)	0.28103 (0.50372)	1.16122 (0.113291)
宏观杠杆率	-0.21793 (0.0000968)	-0.25289 (0.00000398)	-0.21208 (0.000144)

（续表）

变量名称	模型1	模型2	模型3
行政管理费比例	-3.16495 (0.026375)	-3.79448 (0.01434)	-2.36874 (0.124846)
外贸依存度	-0.195854 (0.000598)	-0.149 (0.00521)	-0.11657 (0.027557)
人口稠密率	0.632662 (0.080794)	0.81794 (0.11188)	1.03082 (0.062985)
时间变量	0.027864 (0.006095)	0.022 (0.01893)	0.03041 (0.009135)
常数项	2.363373 (0.530264)	1.48888 (0.71693)	-7.27721 (0.297892)
调整后R平方	0.999	0.996	0.996

资料来源：国家统计局，中国社会科学院国家资产负债表研究中心，课题组测算，《基于十大分类的中国资本存量重估：1978—2016年》（王维，2017）。

我们使用原模型预测2022—2030年的经济增长速度。根据课题组对我国资本存量和劳动力的测算分析，预计资本存量潜在增速未来将逐步放缓，从2022年的7.53%逐渐下降到2030年的5.54%，年均复合增速约6.4%；预计2022—2030年我国劳动力年均复合增速为-0.16%；人口稠密率在2014—2019年每年平均提高0.6个百分点，假设2022—2030年继续保持这一提升速度，尽管我国未来总人口增速可能继续下滑甚至转负，但人口稠密率主要衡量的是人口分布的空间结构，即人口集聚程度，受总人口规模变化的影响不大。图6.18显示2000—2020年我国人口增速曾出现多次波动下滑，但人口稠密率的提升仍较平稳。加之目前我国人口稠密率绝对水平并不高，仍有较充裕的提升空间，因而判断2022—2030年仍有可能维持每年0.6个百分点的提升速度。2010—2019年，宏观杠杆率呈现先升后稳态势，2017年以后每年平均提高约2.1个百分点，上升势

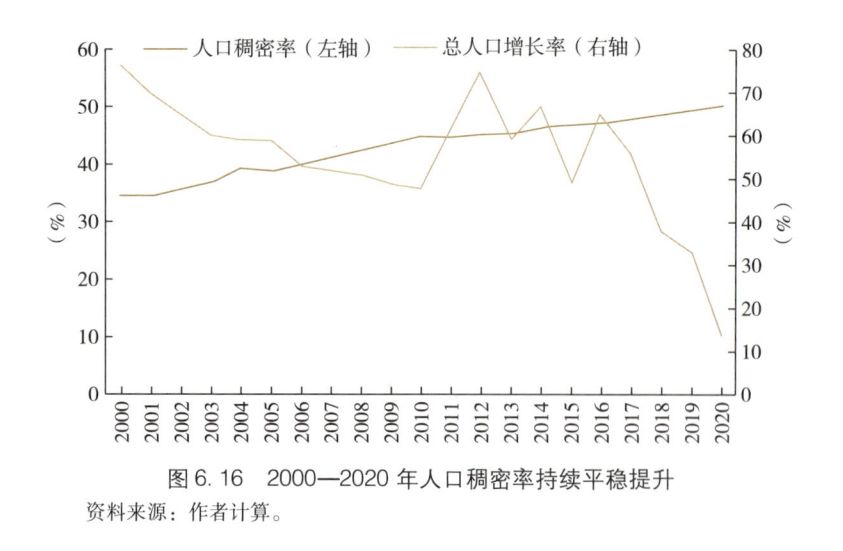

图 6.16　2000—2020 年人口稠密率持续平稳提升
资料来源：作者计算。

头明显放缓，假设在稳杠杆大背景下宏观杠杆率继续保持这一温和上升速度，其余变量保持不变。根据上述设定测算，2022—2030 年经济的潜在年均增长率为 5.03%。

结论与政策含义

本章得出的基本结论是，随着结构转型和收入增长，城市化进程虽然持续推进，但内涵已经发生了重要变化。农村人口大规模进城的阶段基本已经过去，人口流动更多出现在城市之间，带动城市人口密度的提高，而以人口密度表征的人口和经济集聚效应，成为新阶段城市资源配置和利用效率改进的重要基础。城市较高的人口密度，对应着较高的人均产出效率、收入水平和消费水平，进而形成了城市结构转型升级的激励机制。从空间分布上深度挖掘人口集聚红利，协同驱动城市发展和乡村振兴，是新发展格局下实现高质量发展的重要着力点。由此也可以引出一些重要的政策含义。

把提高城市人口密度和集聚效应作为新阶段城市发展战略的重要维度。这方面长期以来存在着不少似是而非的观念和说法，需要拨乱反正，形成新的共识。例如，不少城市对人口密度提升持有疑虑，或明或暗地对包括农民工在内的外来人口采取抵制、排斥态度；土地扩张速度超过人口扩张速度，使大量稀缺的土地资源处在闲置和浪费状态。又如，有些地方把城乡、区域平衡发展，理解为每个地方"平均发展"，不理解或抵制人口和其他生产要素的自由流动。事实上，在市场经济条件下，各个地方应从各自实际出发，扬长避短，形成专业化分工，同时鼓励人口流动，通过提高人口密度的方式增加产出，加强基本公共服务的均等化，实现人均收入水平的大体平衡，这才是城乡和区域协调发展的正确含义，也应是提高人口密度和集聚效应的政策目标。

建立全国统一大市场，通过高水平的生产要素流动来增强人口集聚效应。城市人口密度和集聚效应的提高，需要科学的战略和规划，但基础仍然是市场化选择，尤其是人口自主流动过程中的市场化选择。政府更应该起到的作用，一方面是培育生产要素市场，提供基本公共服务，促进人口等生产要素流动到最具发展潜力的地方。另一方面是推动配套的要素市场化改革，如农村集体土地入市，宅基地向外部流转；加快补上农民工等外来人口在住房、教育、医疗、社保等基本公共服务方面的短板；扩大就业培训，提高外来务工者的人力资本、流动性和市场竞争力等。

加强与人口密度和聚集效应相适应的产业发展与城市管理能力建设。人口密度与就业密度直接相关，正如本章所述，就业密度往往高于人口密度。某些产业的效率提升、创新能力增强等，是以就业和人口密度提高为条件的。强调密度的重要性，并不意味着密度越高越好，而是应在一个合适的区间。密度过高会导致拥堵、污染、生活成本高企等问题，但经验同样证明，在同样密度甚至更高密度的情况下，有的地方乱象丛生，有的地方则井井有条，区别就在于产业和城市结构布局尤其是管理能力的差异。现阶段的城市化进程，不仅要提升城市人口比重，同时也要通过提升人口密度拓展产业和经济社会的发展空间。顺应这一要求持续增强城市管理能力，是城市进入高质量可持续发展轨道的重要标志。

参考文献

刘世锦主编．新倍增战略［M］．北京：中信出版集团，2021．

许国强，等．城市地理学（第二版）［M］．北京：高等教育出版社，2009．

约翰·冯·杜能．孤立国同农业和国民经济的关系［M］．北京：商务印书馆，1986．

埃德加·M·胡佛．区位理论与靴鞋和皮革工业［M］．北京：商务印书馆，1937．

范剑勇．产业集聚与地区间劳动生产率差异［J］．经济研究，2006（11）．

陈良文，等．经济集聚密度与劳动生产率差异——基于北京市微观数据的实证研究［J］．经济学（季刊），2008（8）．

柯善咨，姚德龙．工业集聚与城市劳动生产率的因果关系和决定因素——中国城市的空间计量经济联立方程分析［J］．数量经济技术经济研究，2008（12）．

童馨乐，杨向阳，陈媛．中国服务业集聚的经济效应分析：基于劳动生产率视角［J］．产业经济研究，2009（6）．

王蓓，等．基于手机信令数据的北京市职住空间分布格局及匹配特征［J］．地理科学进展，2020（12）．

王小鲁，樊纲，刘鹏．中国经济增长方式转换和增长可持续性［J］．经济研究，2009（1）．

王维，陈杰，毛盛勇．基于十大分类的中国资本存量重估：1978—2016年［J］．数量经济技术经济研究，2017（10）．

陆铭．空间的力量：地理、政治与城市发展［M］．上海：格致出版社，2013．

Alfred Marshall. Principles of Economics［M］. London：Macmillan, 1890.

Paul Krugman. Scale Economies, Product Differentiation, and the Pattern of Trade［J］. American Economic Review, 1980, Vol. 70, No. 5.

Gill, Indermit and Homi Kharas. An East Asian Renaissance：Ideas for Economic Growth［M］. Washington D. C.：The World Bank, 2007.

Shefer D. Localization Economies in SMSAs：a Production Function Analysis［J］. Journal of Regional Science, 1973, 13, 55 – 64.

Fogarty M. S., Garofalo G. A. Urban spatial structure and productivity growth in the manufacturing sector of cities［J］. Journal of Urban Economics, 1978, 23, 60 – 70.

Ciccone A., Hall R. E. Productivity and the Density of Economic Activity［J］. American Economic Review, 1996, 86, 57 – 70.

第七章 居民消费：疫情冲击下的减缓、韧性与复苏

蔡颖 陈晨

要点透视

➢ 2021年全口径居民消费增长略显乏力，终端需求较为疲软。腾景数研最新数据显示，2021年全口径居民消费同比增长13.0%，两年平均复合增长6.5%。

➢ 2021年商品消费韧性整体强于服务消费，但下半年商品消费支撑渐弱，服务消费温和修复。2021年全口径商品消费、服务消费两年平均增速分别为6.8%、6.2%。

➢ 从居民消费十一大类统计口径来看，2021年可选消费增速放缓带来生存类消费占比提升，防疫需求推动医疗类消费占比提升，居民贷款需求增加和相对宽松的信用政策支撑了银行中介服务消费的增长。

➢ 区域消费恢复进程呈现南北差异。从2020—2021年区域社会消费品零售总额（以下简称"社零"）平均增速来看，东北、西北、华北地区消费恢复进程缓慢，华东、华南、华中、西南地区消费水平增势良好。

➢ 2022年上半年疫情反复，消费恢复进程再次被阻断，

若下半年疫情冲击减退,防控政策更加精准灵活,民生保障与消费扶持政策有效落实,下半年居民消费仍有复苏可能。我们推测,若下半年疫情扰动减弱,全年社零增速将在3.6%左右。

2021 年居民消费情况回顾：全口径视角下的居民消费

目前官方公布的 2021 年消费数据主要有三个。一是社零，主要涉及实物商品消费以及国家统计局每月公布的服务消费中的餐饮消费，还有很多服务消费未被纳入。此外，社零的统计是从卖方视角出发，实物商品的消费者不易区分，不仅包括个人还包括社会团体。二是季度公布的城乡一体化住户调查数据，包括大部分类别的商品消费和服务消费，是从买方视角统计的居民消费支出水平。三是年度公布的支出法核算 GDP 下的最终消费支出中的居民消费支出，口径最全但频度较低。腾景全口径数据与年度公布的居民消费数据的口径大致一致，涉及 149 个行业，较好地弥补了社零口径较窄以及住户调查数据和居民消费数据公布频度低的问题。

疫情仍是影响居民消费的关键因素

在 2021 年 2 月、8 月、12 月三次疫情暴发的节点下，居民消费增速同步埋下三个坑点，意味着居民消费对疫情形势及防疫政策的变动较为敏感。纵观全年，全口径居民消费两年平均增速于 1—8 月和 9—12 月先后呈现两轮先增后降的"倒 U 形"走势，与疫情新增态势反向契合，清晰显示了疫情对居民消费的冲击（见图 7.1）。

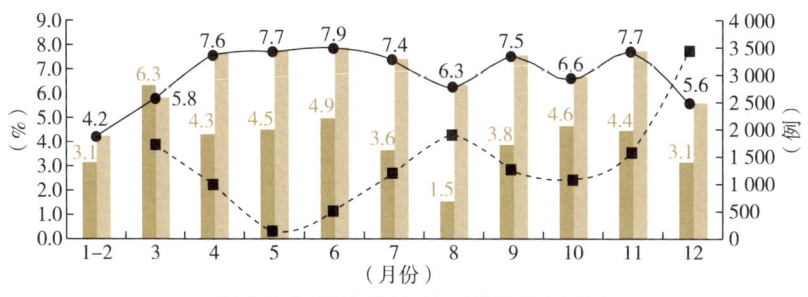

图 7.1　2021 年全口径消费两年平均增速与新冠肺炎病例呈负相关
资料来源：国家统计局，腾景数研。

居民消费增长略显乏力，复苏节奏趋缓

2021 年，在市场预期不稳、青年人口失业率抬升、收入增速放缓等背景下，居民消费增长略显乏力，复苏节奏趋缓。腾景数研最新数据显示，2021 年全口径居民消费现价总额为 437 650.8 亿元，同比增长 13.0%，两年平均增长 6.5%。扣除价格因素，不变价同比增长 11.9%，两年平均增长 4.8%。分季度看，居民消费 2021 年第一至四季度的两年平均增速分别为 4.7%、7.7%、7.1%、6.6%。第一季度，"就地过年"政策在一定程度上抑制了消费需求；第二季度，疫情防控形势好转，消费需求得到较好释放，增速见顶；第三季度，受局部地区疫情反复和汛情冲击影响，线下消费场景受限，消费需求有所回落；第四季度，全球奥密克戎变异毒株肆虐，拖累消费者信心恢复。

2021 年商品消费韧性整体强于服务消费

腾景数据显示，2020—2021 年全口径商品消费两年平均增长

6.8%，较2019年小幅下跌0.6个百分点；服务消费两年平均增长6.2%，较2019年下滑4.3个百分点（见图7.2）。新冠毒株多次变异的背景下，疫情防控难以放松，以接触性消费为主的服务消费对外在环境敏感，复苏阻碍较大。从2021年月度两年平均增速来看，商品消费增速上半年持续走高，于6月见顶，下半年有所回落；服务消费增速在4月见顶后持续低迷（见图7.3）。从贡

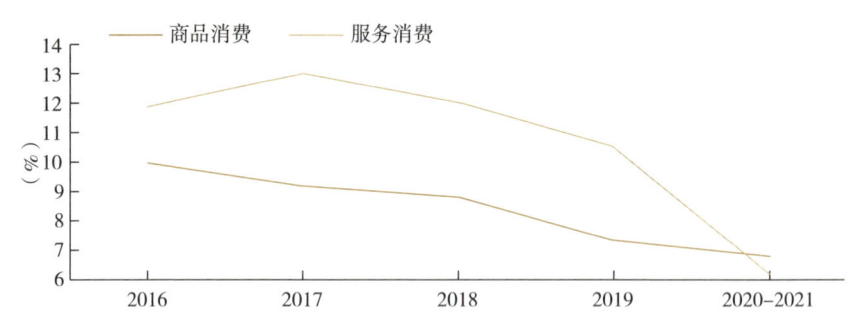

图7.2 2016—2021年全口径商品消费、服务消费增速
资料来源：腾景数研。

图7.3 2021年商品消费、服务消费月度两年平均增速
资料来源：腾景数研。

双碳目标下的绿色增长

献率视角来看，2021年服务消费对居民消费贡献率为52.6%，与2018年和2019年的57.8%、59.4%有较大差距（见图7.4）。总体来看，下半年商品消费支撑渐弱，服务消费温和修复。

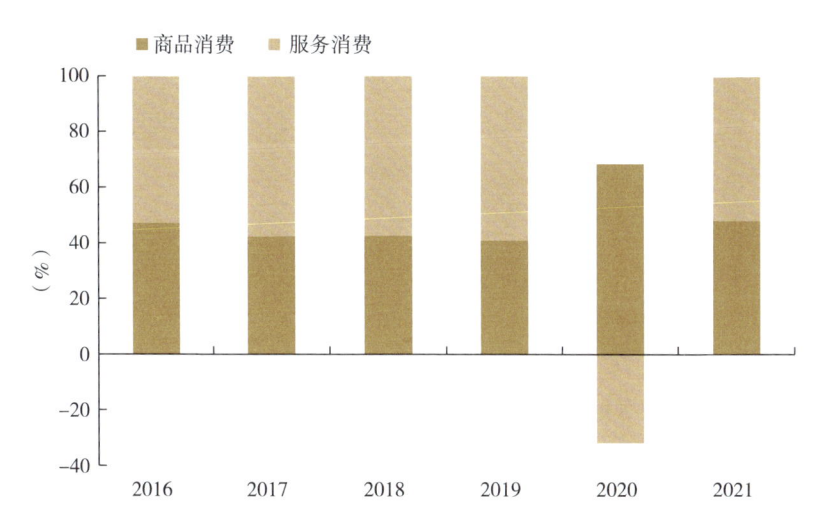

图7.4 2016—2021年商品消费、服务消费贡献率
资料来源：腾景数研。

线上消费保持较快增长

2021年，网上商品和服务零售额为130 883.5亿元，同比增长11.3%，较2020年扩大0.7个百分点；占社会消费品零售总额的29.7%，基本与2020年的30.0%持平，较2019年高4个百分点左右，维持高位。其中，实物商品网上零售的贡献率明显提升，占社零比重由2019年的20.7%提升至2021年的24.5%。从网上商品零售用途看，2021年吃、穿、用类消费分别同比增长17.8%、8.3%、12.5%，两年平均增长分别为24.0%、7.0%、14.3%，穿类消费受影响最大。星图数据显示，2021年，"618"

和"双十一"期间综合电商GMV（网站成交金额）分别为5 785亿元和9 523亿元，同比增长26.5%和13.4%，直播带货为在线消费注入新增长动能。

可选消费增速放缓，生存类消费占比提升

从十一大类居民消费占比看，近两年占比均提升的有生存类消费（食品烟酒、居住）、医疗类消费（医疗保健和公共医疗）、银行中介服务消费。可选消费增速放缓主导了生存类消费占比提升，防疫需求推动医疗类消费占比提升，居民贷款需求增加和相对宽松的信用政策支撑了银行中介服务费的增长。2020年、2021年年底住户贷款余额同比分别增加14.2%、12.5%。出行方式、娱乐购物场所受限以及教育"双减"政策对交通通信，衣着，教育、文化和娱乐类消费造成一定冲击。保险服务消费占比于2020年提升，而后在2021年回落（见图7.5）。

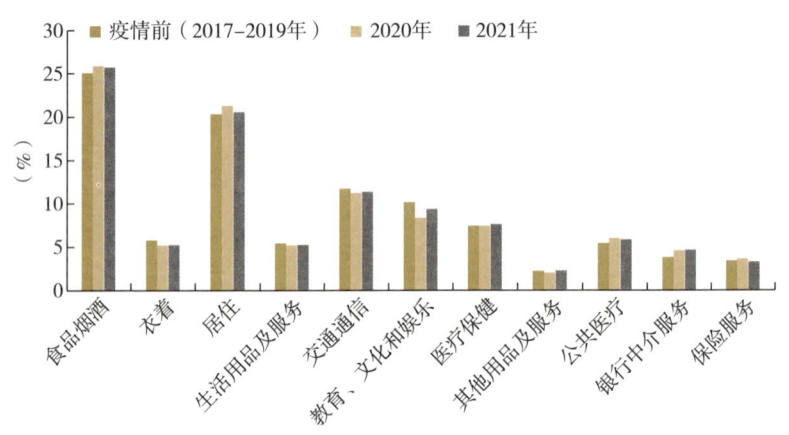

图7.5 需求侧十一大类居民消费占比

资料来源：腾景数研。

从行业结构看商品消费、服务消费

从行业结构看，腾景数据显示，2021年商品消费中，农副食品加工业、农林牧渔业、食品制造业占比位居前三（分别为20.2%、16.3%、8.9%），均较2020年有所回落。占商品消费比重明显上升的行业有纺织服装、鞋、帽制造业，医药制造业，计算机、通信和其他电子设备制造业（见图7.6）。

从服务消费看，2021年比重最高的房地产业占比较上年下降1.0个百分点。从企业端来看，一方面受到"三道红线"的压力，房地产企业扩张速度下降；另一方面受上半年上海、深圳、杭州、重庆等地房价涨幅过快的影响，"房住不炒"政策加大对各地开发商杠杆拿地的打击力度。从居民端来看，一方面对消费者去杠杆，贷款比例下降冲击购房需求；另一方面房地产税推行的可能减弱购房意愿。2021年，在基数效应的影响下，教育消费明显回暖，保险消费有所回落（见图7.7）。

图7.6 2020—2021年商品消费前十位行业（按2021年数据排序）
资料来源：腾景数研。

■ 2021年 ■ 2020年 ■ 2019年

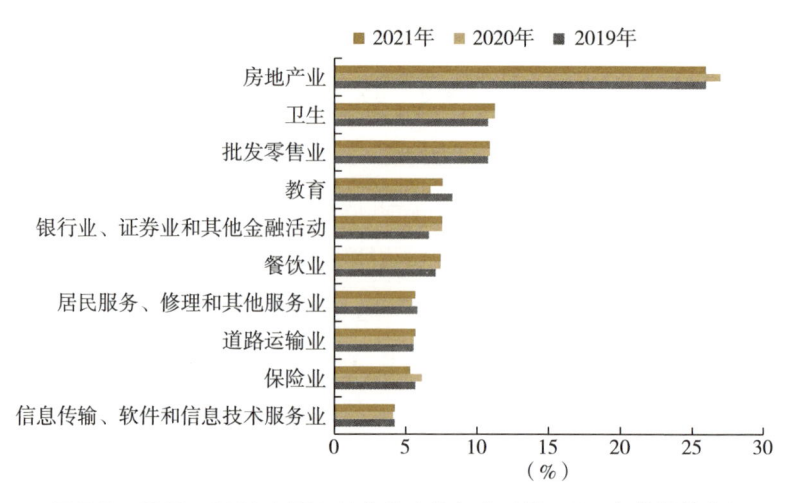

图7.7 2020—2021年服务消费前十位行业（按2021年数据排序）
资料来源：腾景数研。

区域消费恢复进程南北分化

从各区域2020—2021年社零两年平均增速来看，东北、西北、

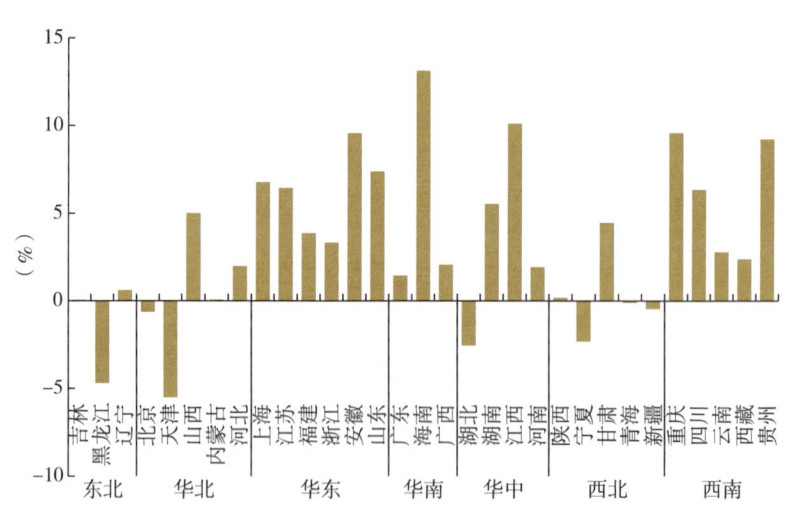

图7.8 区域社会消费品零售总额两年平均增速
资料来源：国家统计局，腾景数研。

双碳目标下的绿色增长

华北地区消费恢复进程缓慢，华东、华南、华中、西南地区消费水平增势良好。消费水平明显下降的有天津、黑龙江、湖北、宁夏，跌幅分别为 5.5%、4.7%、2.6%、2.3%，除湖北外大多位于北方地区。消费增速较高的区域集中在长三角城市群、长江中游城市群和成渝城市群，排名前五位的省份有海南、江西、安徽、重庆、贵州，涨幅分别为 13.1%、10.1%、9.6%、9.6%、9.2%（见图 7.8）。

2022 年居民消费展望

居民消费的影响因素

精准科学防疫举措不断落实，居民生产生活恢复正常化是关键

2021 年我国工业经济率先恢复，产业链供应链韧性明显提高。生产端较好恢复和外部环境向好为 2022 年 1—2 月居民消费奠定了良好的基础。然而随着奥密克戎新冠毒株的出现和快速传播，3—5 月本轮疫情全面暴发，多地拉响防疫警报。以"国际金融中心""对外贸易枢纽"著称的上海此轮静默对我国经济恢复造成了一定的冲击，在物流、供应链、生产制造方面影响尤为显著。从物流数据来看，2021 年 3 月初全国、上海和吉林整车货运流量指数分别为 102.1、98.5、90.7，截至 2022 年 4 月 30 日，分别降至 93.1、16.6、37.7（见图 7.9）。随着本轮疫情冲击的逐渐消退及精准有效防疫政策的落实，居民消费有望在逐步正常化中回暖。

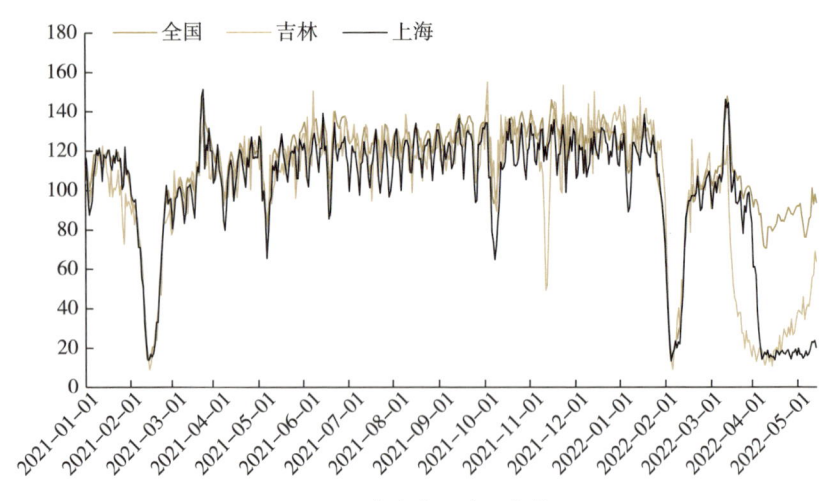

图 7.9　整车货运流量指数

资料来源：Wind，腾景数研。

收入提高是消费增长的重要引擎

从总量来看，2021 年全国居民人均可支配收入实际同比增速为 8.1%，与不变价 GDP 同比增速持平，两年平均增速为 5.1%，仍低于 2019 年 0.7 个百分点。从结构来看，全国居民人均可支配收入名义中位数同比增长 8.8%，低于名义平均增速 9.1%，意味着中低收入人群收入增速相对较低。从 2019—2021 年名义收入两年平均增速来看，农村人均可支配收入增速高于城镇，城镇经营性收入受冲击较大，近两年年均跌幅 1.5%（见图 7.10）。从五等份居民收入水平来看，与 2019 年相比，收入最低的 20% 群体两年平均收入增速断崖式下跌，由 14.6% 降至 6.3%；收入最高的 20% 群体，跌幅为 2.2%（见图 7.11）。一般来说，收入越低，边际消费倾向越高，因此推动中低收入群体可支配收入水平提升是带动消费更快增长的重要手段。2022 年 3—5 月城镇调查失业率分别为 5.8%、6.1%、5.9%，均高于 5.5% 的宏观调控目标。就业形势

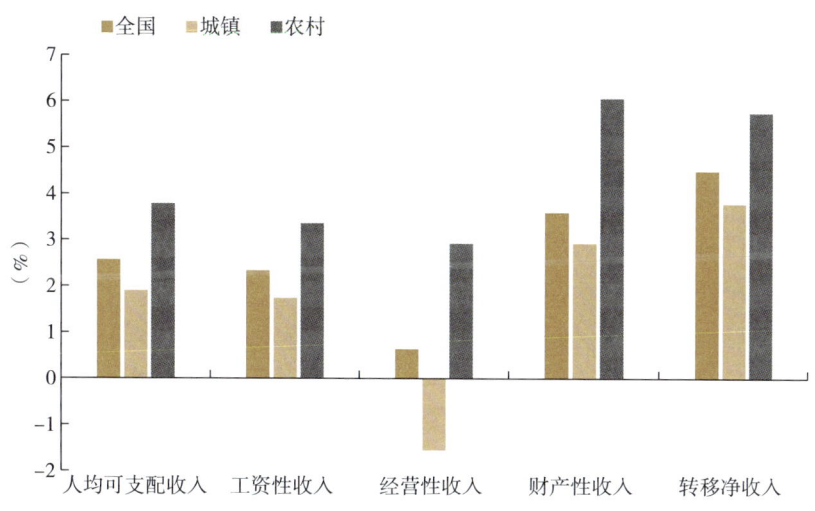

图 7.10 2019—2021 年全国、城镇、农村名义收入两年平均增速
资料来源：国家统计局，腾景数研。

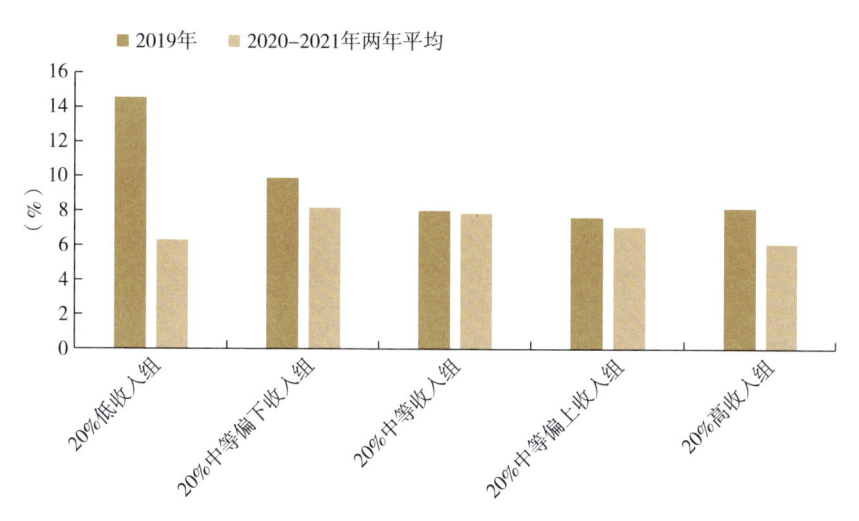

图 7.11 五等份居民收入水平增速
资料来源：国家统计局，腾景数研。

严峻，结构性压力突出，年轻群体、外来务工群体失业率创近年新高。2022年5月，16~24岁就业人员和外来务工人员失业率分别为18.4%、6.6%，较2021年同期上升4.6个和1.6个百分点。2022年5月25日，全国稳住经济大盘会议指出将进一步鼓励中小微企业吸纳就业人员，着力稳市场主体、稳就业，在更多行业实施存量和增量全额留抵退税。在更多稳增长政策的支持下，就业与居民收入形势有望在2022年下半年得到改善。

预期是影响消费者消费倾向的重要因素

消费者信心指标综合考虑了当前经济形势、前景预期、收入水平、收入预期以及消费心理状态等因素，可以较好地反映消费意愿。2021年1月消费者信心指数为122.8，处在高位，年内震荡下行，9月短暂回升，随后散点疫情对第四季度形成一定负面冲击。2022年以来，消费者信心指数与预期指数在疫情冲击下双双于4月筑底，其中消费者信心指数由1月的121.5下降至4月的86.7，5月微弱回升至86.8，消费者预期指数由1月的124.5降至4月的86.8，5月回升至87.7（见图7.12）。随着疫情形势逐步得到控制，消费者信心有望加快回暖。

图7.12 消费者信心指数、消费者预期指数

资料来源：国家统计局，腾景数研。

2022 年上半年消费回顾与展望

2022 年居民消费增速年初开局良好，但 4 月以来疫情反弹冲击居民消费，前 5 个月整体呈现"V"字态势（见图 7.13），其中以上海和吉林的情况最为严峻，全国整体防疫措施趋严，居民生产消费活动受限。2022 年 1—5 月，全口径居民消费同比增长 1.7%。其中，商品消费同比增长 0.1%，在银行中介服务、公共医疗、保险服务消费带动下，服务消费同比增长 3.2%。随着疫情对居民消费的冲击加大，政府消费的支撑和兜底作用增强，尤其在基建和民生方面发力显著，1—5 月，全口径政府消费同比增长 4.0%。

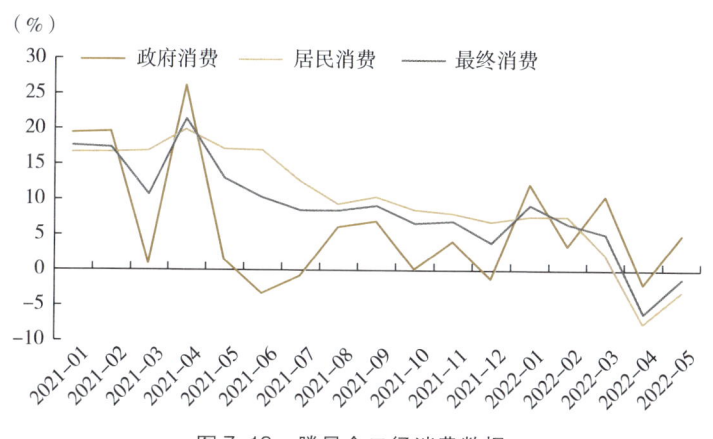

图 7.13　腾景全口径消费数据

资料来源：腾景数研。

年初：春运情况好转，旅游和电影消费较为低迷

2022 年春节返乡政策有所放宽，人口流动情况改善。国务院联防联控机制春运工作专班数据显示，除夕至正月初五全国累计发送旅客 10 486 万人次，同比增长 37.3%，春运人数明显回升；

从运输方式来看，铁路、公路、水路和民航分别发送旅客 2 340 万、7 500 万、261 万和 385 万人次，同比分别增长 34.6%、38.4%、15.8% 和 51.7%。民航和公路客运量增长较快，水路增速相对较低。旅游消费总体表现偏弱。文化和旅游部数据显示，2022 年春节假期 7 天，全国国内旅游人次 2.5 亿，总收入 2 892.0 亿元，较 2021 年同期分别减少 2.0%、3.9%，恢复至 2019 年春节同期的 73.9%、56.3%。电影票房收入下滑明显。国家电影局发布的最新统计数据显示，2022 年春节档（除夕至正月初六）期间，全国城市影院电影票房为 60.35 亿元，比上年的 78.42 亿元下滑 23%；观影人次为 1.14 亿，比上年的 1.6 亿减少了 4 000 多万，降幅超过 28%。票房数据下降受多方面因素影响。一方面，多地疫情散发背景下流动人口管控趋严，部分地区要求返乡人员居家隔离，一定程度上导致了票房数据的下滑；另一方面，电影高票价和质量的不匹配，也影响了消费者的观影热情。

疫情再起，防控措施自 3 月以来显著加强，居民出行和消费受到抑制

2022 年奥密克戎暴发高峰为 3 月和 4 月（见图 7.14），以上海、吉林最为严重，奥密克戎输入性影响显现。另外，黑龙江、广东、浙江、北京等地区有反弹迹象，均采取了不同程度的防疫封控措施。疫情严重地区的人员密集型娱乐场所暂停开放，采取停工、停运、停课等静态管理措施。从 2022 年春节后重点城市的地铁客运量数据来看（见图 7.15），上海居民活动从 3 月第二周开始减少，4—5 月地铁基本处于停运状态，6 月逐步开放，7 月初才恢复至正常水平的 75% 左右。广州地铁客运量在 4 月短暂回落，5 月以后恢复正常。北京地铁客运量 5 月大幅回落，7 月初基本恢复。随着各地出行防疫政策趋紧，国内航班数量大幅下降

(见图7.16)。国内疫情反复背景下，居民消费活动再度受到影响，直到6月才明显回暖。

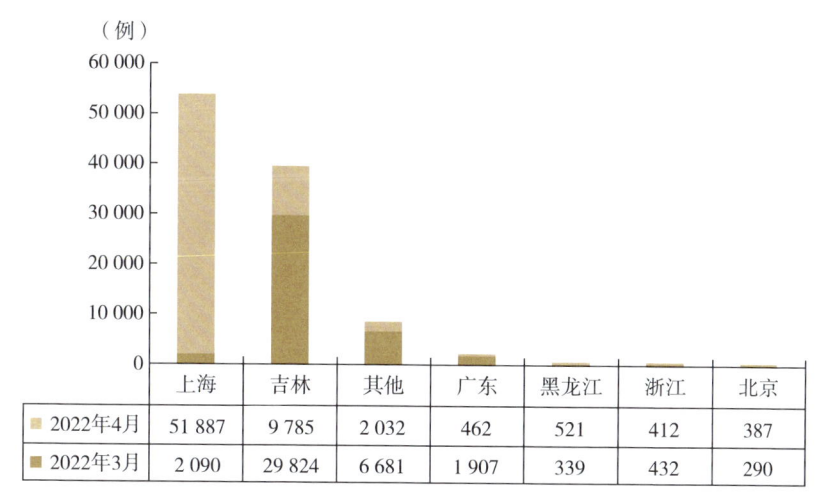

（例）	上海	吉林	其他	广东	黑龙江	浙江	北京
2022年4月	51 887	9 785	2 032	462	521	412	387
2022年3月	2 090	29 824	6 681	1 907	339	432	290

图7.14　2022年3月和4月各地区新冠肺炎新增病例

资料来源：国家卫健委，腾景数研。

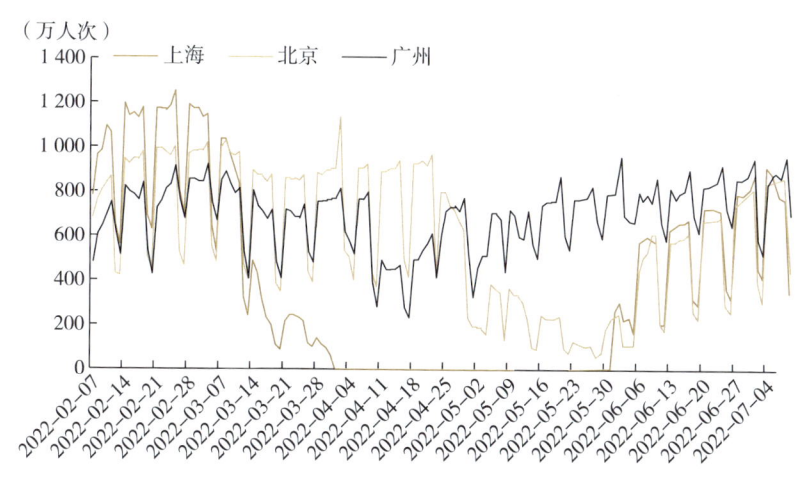

图7.15　重点城市每日地铁客运量

资料来源：Wind，腾景数研。

第七章　居民消费：疫情冲击下的减缓、韧性与复苏

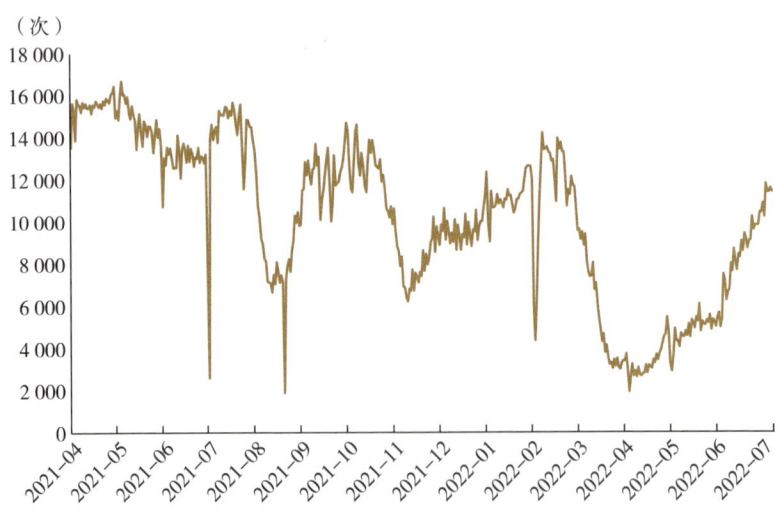

图 7.16　执行航班：中国国内航班（不含港澳台）
资料来源：Wind，腾景数研。

促消费政策逐步发力

2022年5月以来，扎实稳经济一揽子政策助力推动消费复苏，主要形成了以增加汽车、家电等大宗商品消费为主导，带动文旅、住宿、餐饮等线下服务消费为重点，消费券补贴等转移支付为保障的"促消费组合拳"。汽车消费方面，各地陆续发布放宽限购、购置税减免等政策鼓励汽车消费。为响应绿色转型号召，新能源汽车下乡和优惠政策效果更为显著。全国层面出台了减征车辆购置税600亿元、商用车贷款900亿元政策，地方出台了汽车直补15亿元政策，汽车产销两端均强势回升（见图7.17）。6月狭义乘用车和新能源乘用车销量大幅提升，同比增速分别为22.6%、130.8%；汽车产业链复工复产进程良好，有望对后续的汽车消费需求形成支撑。消费券发放主要集中在超市零售、餐饮、文旅、汽车、家电等领域。据不完全统计，目前有30多个城市出台了消

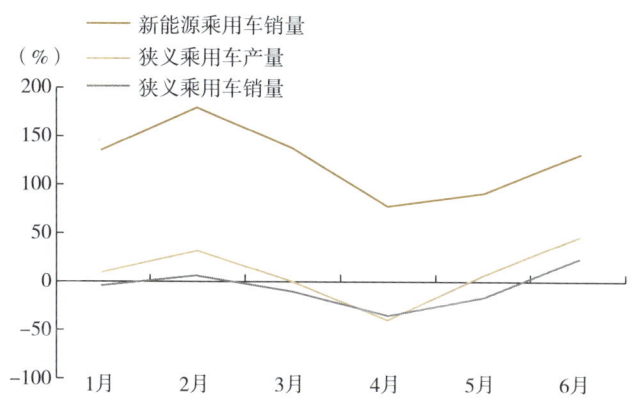

图7.17　2022年狭义乘用车产销量、新能源乘用车销量
资料来源：乘用车市场信息联席会，腾景数研。

费券政策，总补贴量达40多亿元。

2022年上半年，社会消费品零售总额同比为-0.7%。从区域划分来看，城镇消费跌幅大于乡村，城镇、乡村社零累计同比分别为-0.8%、-0.3%。从消费类型来看，严格的管控政策对接触性消费的打击较为严重，商品零售、餐饮收入累计同比分别为0.1%、-7.7%。从消费品种类来看，必选消费品韧性较强，可选消费品下滑较明显。限额以上粮油食品、中西药品类累计同比增长9.9%、9.7%，汽车、家具、服装、化妆品类同比降幅为5.7%、9.0%、6.5%、2.5%。疫情持续反复背景下，全社会层面的就业和收入悲观预期深化，居民储蓄意愿攀升，"需求收缩""预期转弱"惯性尚难转变。第二季度以来，留底退税、一揽子促消费政策在全国各地陆续推出，消费活力有所激发但自发消费意愿仍然不足，第三、四季度消费情况或得以改善，综合考虑2021年低基数影响，增速或分别达7.0%、8.0%的水平。乐观情景下，2022年全年社会消费品零售总额增速或为3.6%左右。总体来看，随着防疫管控政策的科学化、精准化以及政府稳经济政

第七章　居民消费：疫情冲击下的减缓、韧性与复苏

策的不断落实,居民消费水平将温和修复。

未来十年居民消费增长路径展望

从居民消费的公式拆解来看,居民消费 = GDP × 居民消费率 = GDP × 居民消费支出/GDP = GDP × 居民可支配收入/GDP × 居民消费支出/居民可支配收入 = GDP × 居民可支配收入/GDP × 消费倾向,GDP增速、居民在GDP中所占的分配比例以及居民对储蓄和消费的偏好是影响居民消费增长的三大变量。

从GDP增速来看,自2010年起,我国经济从年均10%左右的高速增长期逐步下移至6%~7%的中高速增长平台,近两年已转入中速高质量增长阶段(见图7.18)。根据刘世锦等(2021)对我国经济前景的研究测算,"十四五"期间我国经济平均潜在增长率将进一步放缓至5.40%左右,2022—2030年我国经济复合年均潜在增长率在4.8%左右;根据本书人口集聚课题组的研究,2022—2030年我国经济复合年均潜在增长率在5.0%左右。GDP增速平台的下移同样也会对居民消费增速的中枢形成一定限制。

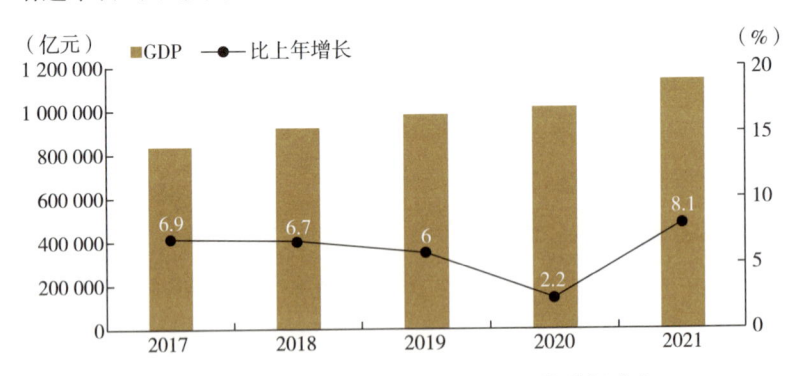

图7.18 2017—2021年我国GDP及其增长速度
资料来源:国家统计局,腾景数研。

从居民收入在 GDP 分配中所占的比例来看，我国居民收入占 GDP 分配的比重与发达国家相比仍有较大提升空间。据国家统计局数据，2021 年我国居民人均可支配收入为 35 128 元，约为人均 GDP 的 43.38%（见图 7.19）；美国 2021 年人均可支配收入约为 3.9 万美元，占人均 GDP 的比重约为 57%；据 Wind 数据，英国 2020 年人均可支配收入占人均 GDP 的比重约为 70%；德国 2021 年人均可支配收入占人均 GDP 的比重约为 53%；据 CEIC 数据，日本 2021 年人均可支配收入占人均 GDP 的比重约为 51%；韩国 2021 年人均可支配收入占人均 GDP 的比重也约为 51%。2022—2030 年，我国人口变化将助推居民在 GDP 分配中所占比例提升。我国劳动年龄人口已达到峰值并转为负增长，每年新增劳动力的减少会造成劳动力供给的相对短缺。在劳动力市场机制作用下，劳动者谈判议价地位有望改善，劳动工资水平有望整体提高，推动劳动者报酬占 GDP 比重提升。

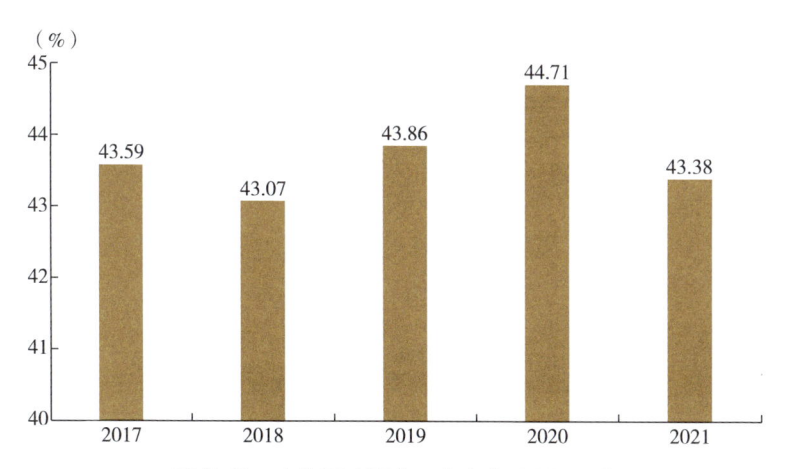

图 7.19　人均可支配收入占人均 GDP 比重

资料来源：国家统计局，腾景数研。

从居民消费倾向来看，城镇化与市民化的大趋势将有助于增强居民整体的消费意愿。伴随城乡转移过程，农民工收入以及消费信心与行为将逐渐向城市居民看齐，同时人口集聚的大趋势将有利于服务消费可触达的人群范围更广，种类更加丰富，共同促进社会整体消费倾向的增强，支撑居民消费的增长。但考虑到我国的人口转折点已至，据国家统计局数据，2021年我国人口自然增长率为0.34%，老龄化率为14.2%，未来人口老龄化或成为居民消费增速的拖累因素之一（见图7.20）。蔡昉（2021）的研究结果显示，由于老年人口往往面临劳动收入下滑，加上他们享受的社会养老保险水平不够高，我国居民的消费能力和边际消费倾向将随着年龄的增长呈现下滑趋势。

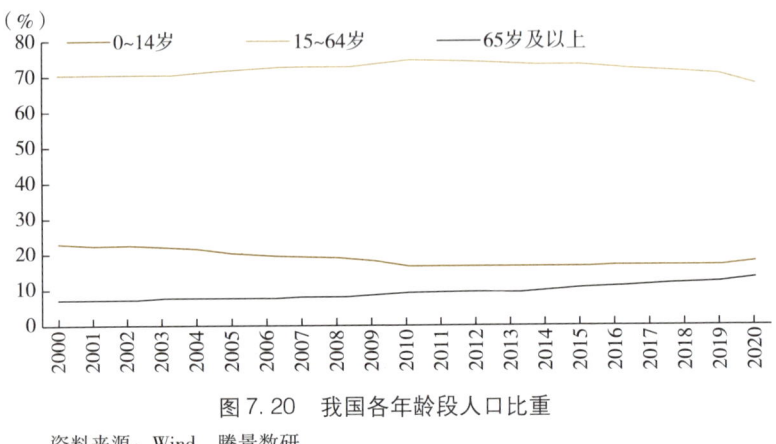

图7.20 我国各年龄段人口比重

资料来源：Wind，腾景数研。

综合来看，随着GDP增长转入5%左右的增速平台，居民收入在GDP分配中所占比重提升，居民消费意愿更多被激发，若能同时实施积极应对人口老龄化的战略，充分挖掘利用老年人力资源，培育好老年人群相关的新消费增长点，未来我国居民消费增长仍有望得到较强支撑，以略高于GDP增速的速度继续增长。

政策建议

高效统筹疫情防控，加快居民生产生活回归正轨，多措并举鼓励居民消费信心恢复。 防疫方面，不断提升分区分级差异化精准防控水平，提高快速有效处置局部疫情的能力。持续开展常态化核酸检测，提高核酸检测效率，加强对病毒变异的研究，尽快普及新冠疫苗接种。民生方面，逐步减少疫情防控对居民消费的影响，科学合理开放消费场所，对封控严重地区发放消费券或现金补贴，针对消费受重创领域定向发放消费券。有序复工达产，稳定产业链、供应链，保障物价稳定。金融方面，适度降低暂时遇困群体房贷、消费贷还款压力，因城施策，支持刚性和改善性住房需求，加大汽车购买和家电下乡补贴力度。

促进人口长期均衡发展，不断释放消费增长潜力。 要以系统性战略积极应对人口老龄化，大力发展养老服务，积极开发与我国人口结构变动相适应的产业、产品和服务，满足老年人消费和养老的需求，充分重视老年群体在消费市场上的地位，挖掘"银发经济"带来的巨大消费潜力。充分开发老龄人力资源，推行弹性退休制度，通过养老保险等制度设计，激励老龄人口延迟退休，增加老龄人口的劳动供给数量。针对性地出台鼓励生育的政策措施，避免陷入"低生育率陷阱"。支持生育自主权回归家庭，加快生育政策与经济社会政策配套衔接。促进教育、医疗等公共服务均等化，推进婴幼儿照护、托育服务、青少年发展服务专业化、规范化、普惠化，减少生育、养育和教育的成本，完善产假与生育保险制度，保障女性就业合法权益，进而提高生育意愿。加快"人口红利"由劳动力数量向劳动力素质的转变，持续提高人口受教育程度，鼓励劳动力自由流动，充分发挥人口集聚对生产率的提升作用。

大力发展绿色消费，加快推进绿色消费制度政策体系。 全面促进重点领域绿色消费转型升级，加快提升食品消费绿色化水平，鼓励推行绿色衣着、居住、交通、用品、文旅消费，进一步激发全社会绿色消费潜力，大力推进公共机构消费绿色转型。统筹兼顾消费与生产、流通、回收、再利用各环节顺畅衔接，强化科技、服务、制度、政策等全方位支撑。推广应用先进绿色低碳技术，引导企业提升绿色创新水平，推动产供销全链条畅通，加快发展绿色物流配送，拓宽闲置资源共享利用和二手交易渠道，构建废旧物资循环利用体系，实现系统化节约减损和节能降碳。逐步健全绿色消费制度保障体系，加快优化法律制度、标准认证体系和统计监测评价体系，推动建立绿色消费信息平台。完善绿色消费激励约束政策，增强财政支持精准性，加大金融支持力度，充分发挥价格机制作用，推广更多市场化激励措施，强化对违法违规等行为的处罚约束。

扩大中等收入群体，防止贫富差距悬殊和两极分化。 由中等收入群体为主构成的超大规模市场，是我国经济健康发展的信心来源，只有中等收入群体不断扩大才能使居民消费成为有效促使经济持续、稳步增长的主要动力源。一要稳存量，提高现有中等收入群体的收入水平，改善收入结构，进一步提升消费能力；二要提增量，瞄准重点人群精准施策，通过技术创新与制度变革促使产业升级与结构优化，创造更多中高收入就业岗位。推动实施就业优先战略和积极就业政策，促进劳动力市场制度和公共就业服务更好结合，帮助重点人群提高劳动参与率。深化收入分配制度改革，继续做大"蛋糕"，瞄准中等收入群体的潜在来源，用心分好"蛋糕"，加大税收调节力度，缩小各类收入差距。破除利益固化的藩篱，加快完善社会保障制度，尽快优化并健全户籍制度、养老保险、医疗保障、社会救助等制度安排，进一步畅通向上流动的通道，扩大社会性流动。

顺应消费升级的新趋势、新要求，打造数字消费强劲引擎。促进网络购物、网络直播、网络视频、网络娱乐、数字文化、在线教育、在线医疗等数字消费新业态发展，引领消费扩容升级。优化完善新型数字基础设施，加快提升5G网络、工业互联网、物联网、云计算等新型基础设施覆盖率，规划建设数字生活服务网点和服务圈，搭建数字消费体验场所和服务平台，提升数字消费便利化水平。积极改造提升数字化现代商贸物流体系，加快城乡商贸流通基础设施数字化升级步伐，提高农村及偏远地区数字消费的可及性。创新数字产品和服务供给，壮大平台经济、共享经济和无接触经济，带动数字农业、智能制造加快发展，构建更加完整的"数字+"产品和服务生态，形成数字消费新亮点。健全数字消费标准管理体系，推动数字消费标准化，健全市场监测、重要产品追溯等相关机制，要强化数字消费领域综合协同治理，持续深化"放管服"改革，放宽市场准入制度，优化营商环境，谋划打造一批数字消费增长极。

加强消费金融供给创新，满足新市民的合理金融服务需求。针对新市民在创业、就业、住房、教育、医疗、养老等重点领域的金融需求，加强产品和服务创新，高质量扩大金融供给，提升金融服务的均等性和便利度。明确新市民范围，加大对吸纳就业较多的区域和行业的金融支持力度，加强对创业的信贷支持，提高创业和就业的保险保障水平。优化住房金融服务，满足新市民的合理购房信贷需求，增加保障性住房供给，支持住房租赁市场健康发展，提升住房公积金服务水平。支持新市民更好获得职业技能培训，优化新市民子女教育金融服务，支持托育和学前教育发展。充分发挥商业健康保险的补充作用，提升商业健康保险覆盖面，助力异地就医直接结算。丰富养老金融服务产品，加大新市民养老保障力度，优化基础金融服务，增强新市民获得感。

参考文献

刘世锦主编．新倍增战略［M］．北京：中信出版集团，2021．

蔡昉．读懂未来中国经济："十四五"到2035［M］．北京：中信出版集团，2021．

国务院．扎实稳住经济的一揽子政策措施［Z］．2022－05－24．

国家发展和改革委员会等部门．促进绿色消费实施方案［Z］．2022－01－18．

中国银保监会，中国人民银行．关于加强新市民金融服务工作的通知［Z］．2022－03－04．

第八章 稳增长新动向：基建、制造业助力投资企稳回升

李云海　徐晓龙

要点透视

➢ 2021年，全国固定资产投资同比增长4.9%，其中，房地产开发投资额累计同比增速为0.21%；基础设施建设完成额累计同比增速为0.21%；制造业投资完成额累计同比增速为13.5%。

➢ 2022年，固定资产投资方面，制造业投资预期将继续保持稳健；基建投资将在稳增长中发挥更重要的作用；随着政策端的持续发力，房地产投资将有望止住下滑趋势；存货方面，新冠肺炎疫情将继续扰动库存周期。

➢ 长期来看，固定资本形成对于GDP增长的贡献率将延续缓慢下降趋势；固定资本形成内部结构将进一步得到优化，新基建有望成为新的增长点；存货变动也将影响资本形成对GDP增长的贡献率。

2021年资本形成发展回顾

2021年，全国固定资产投资（不含农户）544 547亿元，同比增长4.9%，两年复合增长3.9%。分产业看，第一产业投资14 275亿元，比上年增长9.1%；第二产业投资167 395亿元，增长11.3%；第三产业投资362 877亿元，增长2.1%。三大分项中，房地产开发投资额累计同比增速为4.4%，两年复合平均增长率为5.7%；基础设施建设完成额累计同比增速为0.2%，两年复合平均增速为1.8%；制造业投资完成额累计同比增速为13.5%，两年复合平均增速为5.4%。整体来看，在需求收缩、供给冲击、预期转弱的三重压力下，随着基建投资的持续发力以及制造业保持稳定增长，投资有望在2022年下半年企稳回升。

固定资本形成支撑作用进一步凸显

历史数据显示，固定资本形成占GDP的比重在2013年达到峰值，约为44.3%。短期来看，由于总需求收缩，国内疫情反复造成消费修复缓慢，以及净出口贡献有限，固定资本形成占GDP的比重仍未进入显著下行区间。腾景全口径数据显示，在月度层面，2021年前三季度固定资本形成在总需求中占比依然维持在40%左右，进入第四季度，其占比进一步上升至50%左右（见图8.1）。

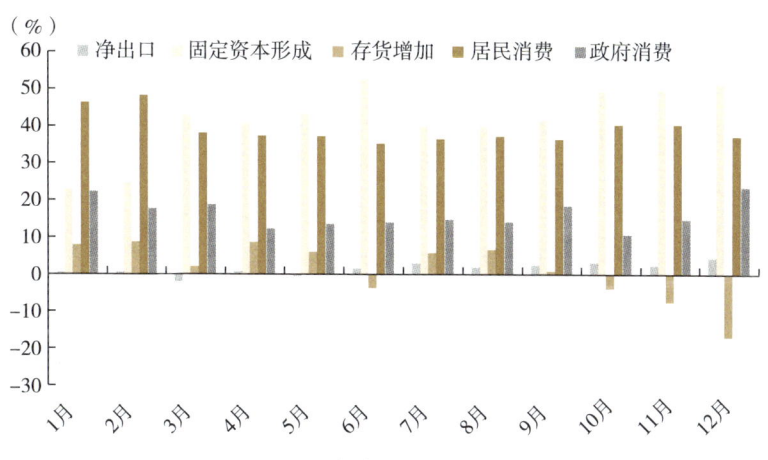

图 8.1　2021 年我国支出法 GDP 构成

资料来源：腾景数研。

固定资产投资结构分化明显

从构成来看，2021 年建筑安装工程、设备工器具购置、其他费用整体上呈现"先上升后下降"的变化趋势。第一季度达到增速峰值，随后开始回落，第三季度触底后趋于平稳（见图 8.2）。值得注意的是，设备工器具购置在第四季度已初现回升迹象，投资有望在 2022 年逐步回升。

房地产投资方面，所谓融资"三道红线"，一是剔除预收款的资产负债率不得大于 70%，二是净负债率不得大于 100%，三是现金短债比不得小于 1。中国银行保险监督管理委员会发布的《关于建立银行业金融机构房地产贷款集中度管理制度的通知》指出，分档设置房地产贷款余额占比和个人住房贷款余额占比"两个上限"，对超过上限的银行业金融机构设置过渡期，并建立区域差别化调节机制。土地供应"两集中"，一是集中发布出让公告，二是集中组织出让活动。管理体系的监管政策落地，房地产企业融资环境收紧，2021年房地产行业明显走弱，竣工面积、销售额同比增速大幅下滑，进入第四季度后投资仍处于"探底"阶段（见图8.3、图8.4）。

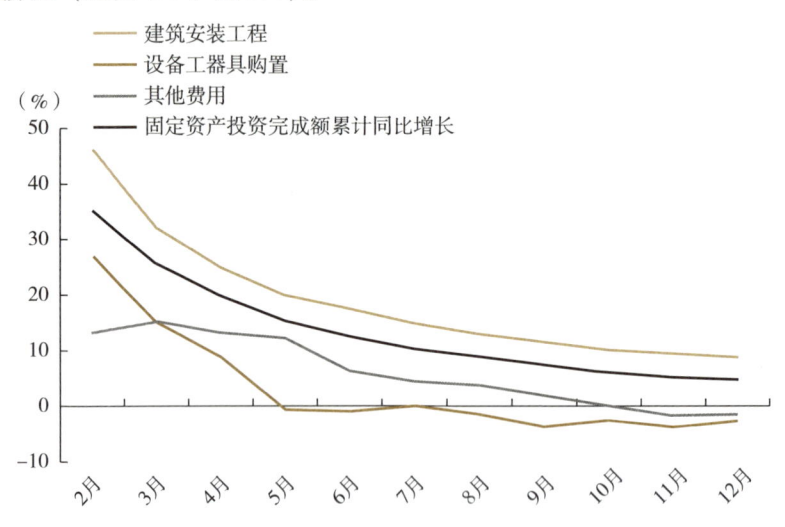

图8.2　2021年我国固定资产投资构成累计同比增长

资料来源：Wind。

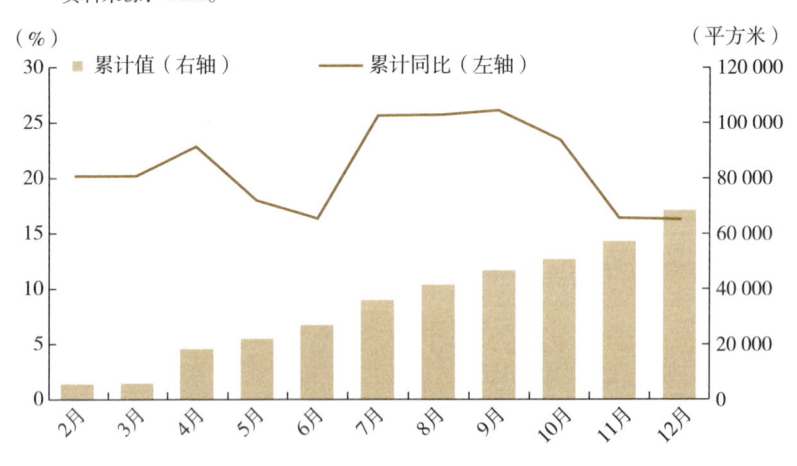

图8.3　2021年房屋竣工面积累计值和累计同比

资料来源：国家统计局。

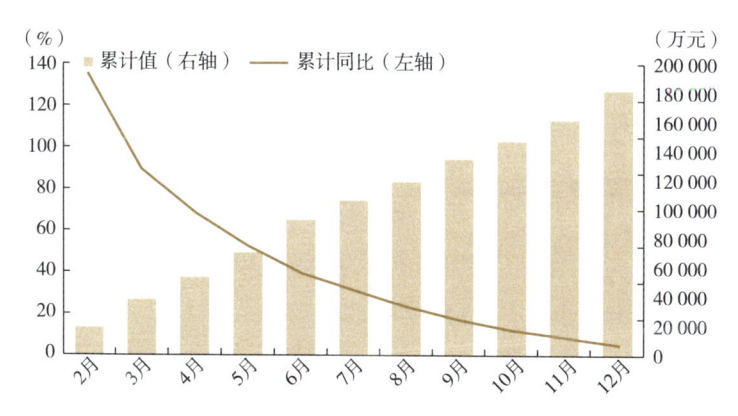

图 8.4　2021 年商品房销售额累计值和累计同比
资料来源：国家统计局。

基建投资方面，由于 2021 年整体资金偏紧，项目缺乏，基建投资持续疲软。月度层面上，基建投资在 2021 年年初经历短暂高速增长后迅速进入下行区间，并在之后一直保持低位运行。从细分行业来看，交通运输、仓储和邮政业，电力、热力、燃气及水的生产和供应业以及水利、环境和公共设施管理业投资增速同步收窄（见图 8.5）。

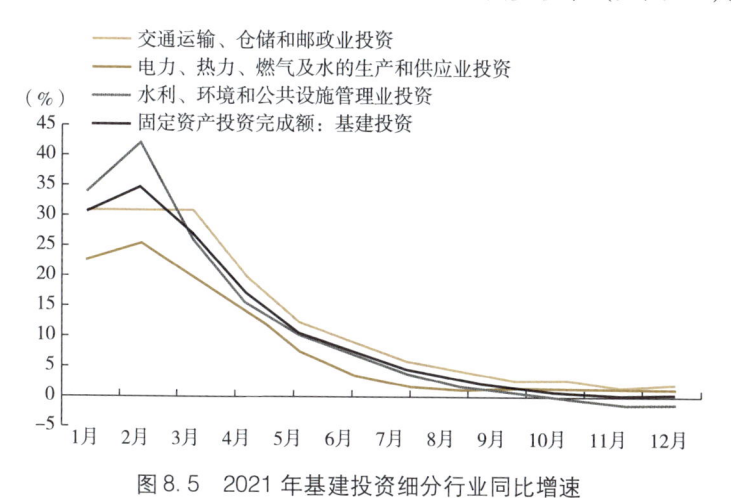

图 8.5　2021 年基建投资细分行业同比增速
资料来源：腾景数研。

第八章　稳增长新动向：基建、制造业助力投资企稳回升　　199

制造业投资方面，受益于利润改善、出口拉动以及较高的产能利用率，2021年制造业投资表现相对稳健，成为固定资产投资增长的主要支撑点。其中，计算机、通信和其他电子设备制造业，专用设备制造业，电气机械及器材制造业增量占比居前三位，汽车制造业、有色金属冶炼及压延加工业成为主要拖累项（见图8.6）。制造业投资的稳健表现，一方面受益于工业经济持续稳定恢复，企业盈利逐步积累，另一方面受益于2021年政府加大对制造业的政策支持力度，例如减税降费、融资、支持企业创新和传统产业改造升级等。另外，第四季度制造业投资、基建投资已经初现回升迹象，有望在2022年第一季度重回正增长区间。

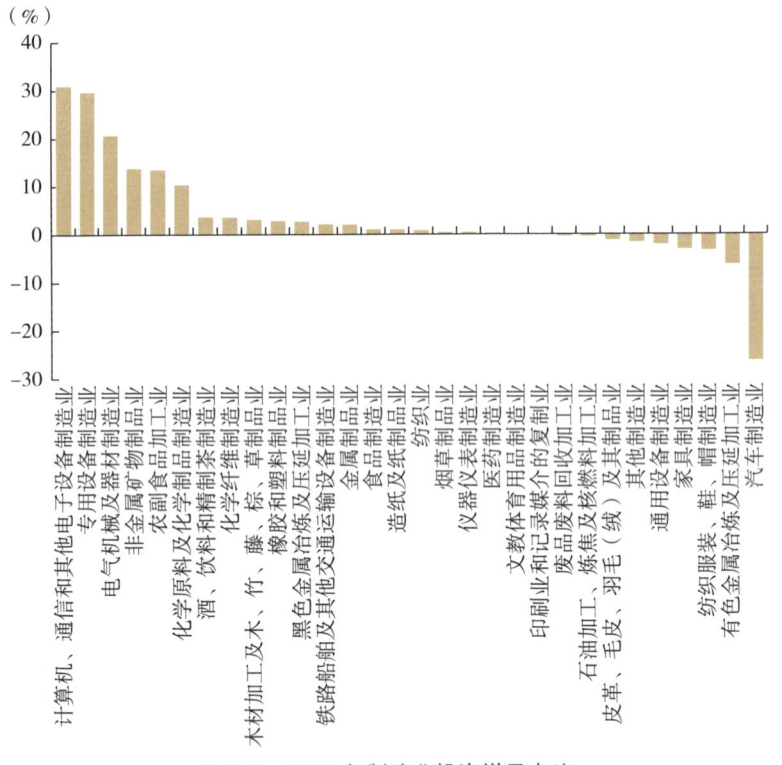

图8.6 2021年制造业投资增量占比

资料来源：腾景数研。

高技术产业投资持续高增长

2021年，高技术产业投资同比增长17.1%，相比全部投资增速高出12.2个百分点，拉动全部投资增长1.2个百分点。其中，高技术制造业投资增长22.2%，比全部投资、制造业投资增速分别高出12.2个、8.7个百分点，依然延续了以往的高增长态势。分行业看，电子及通信设备制造业投资增长25.8%，航空、航天器及设备制造业投资增长24.1%，医疗仪器设备及仪器仪表制造业投资增长22.6%，计算机及办公设备制造业投资增长21.1%。高技术服务业投资增长7.9个百分点，比服务业投资增速高5.8个百分点，拉动服务业投资增长0.3个百分点，其中电子商务服务业、科技成果转化服务业投资分别增长60.3%、16.0%。

中部地区投资潜力巨大

2021年，东部地区投资比上年增长6.4%，中部地区投资增长10.2%，西部地区投资增长3.9%，东北地区投资增长5.7%。月度层面上，受2020年基数效应影响，各地区投资增速年内均处于缓慢回落状态。从历史数据来看，2015年以来，各地区的增速排名相对稳定，中部地区固定资产投资增速最高，显示出较强的投资和发展潜力，东部和西部地区增速基本持平（见图8.7）。

库存周期：被动补库存转向主动补库存

库存周期的分类方法有两种，分别是二分法、四分法。二分法将库存周期分为补库存与去库存，主要以"工业企业产成品存货同比增速"作为分类指标，增速上行对应补库存，增速下行对应去库存。在一轮经济周期内，库存周期的上升与下降则分别

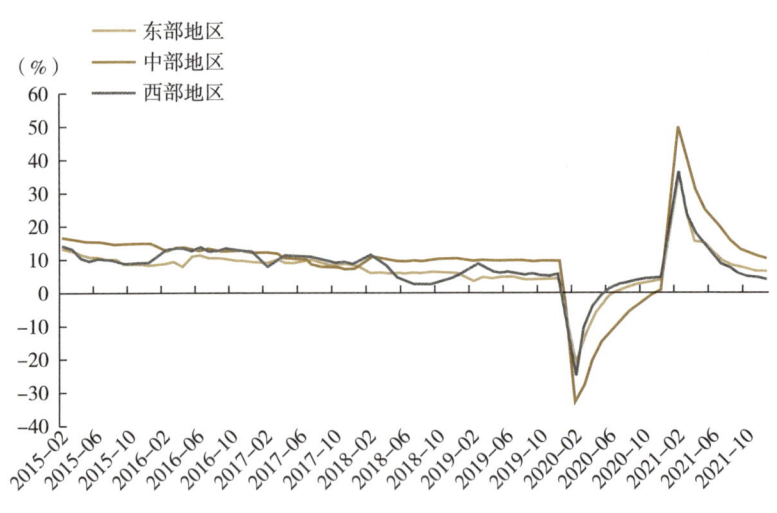

图 8.7　东、中、西部地区固定资产投资完成额累计同比
资料来源：国家统计局。

对应经济的扩张与收缩，如此循环，完成库存周期的更迭。四分法在二分法的基础上，通过区分库存变动是否为企业的主动行为而将补库存、去库存分为主动补库存、被动补库存、主动去库存和被动去库存。在分类指标上，进一步引入"工业企业营业收入同比增速"作为二级分类指标。当营收和库存同时向上升时，视为主动补库存；当营收和库存同时下降时，视为主动去库存；营收下降、库存上升视为被动补库存；营收上升、库存下降视为被动去库存。大多数时间内，库存与营收的变动方向保持一致。例如，经济繁荣时同时上升，经济衰退时同时下降。但当经济处于过渡时期，生产调整往往落后于市场需求的变化，导致被动补库存或被动去库存两种状态的出现。

图 8.8 表明，新冠肺炎疫情暴发之前，产成品存货、GDP 增速以及营业收入均处于缓慢下行区间，此时处于主动去库存阶段。

2020年上半年，产成品存货同比增速有所提高，而GDP增速以及营业收入变化方向相反，此时需求转弱，经济下行，库存周期进入被动补库存阶段。2020年下半年，随着疫情得到控制，营业收入上升，产成品存货下降，此时进入被动去库存阶段。2021年，由于疫情反复、经济下行压力加大，库存周期再次进入补库存阶段。伴随着工业企业营业收入的下降，此阶段主要以被动补库存为主，随着疫情的好转以及需求侧的回暖，库存周期有望在2022年进入主动去库存阶段。

2021年以来，工业企业整体呈现补库存状态，但不同产业增速趋势有所分化。我们将工业企业的不同产业分为上游采矿业、中游加工业、下游制造业、消费制造业四个大类，分别计算其同比增速。结果显示（见图8.9），2021年四个大类产业整体均处于补库存阶段。其中，中游加工业、下游制造业补库存速度居前，上游采矿业补库存速度上升趋势明显，消费制造业补库存增速相对缓和。

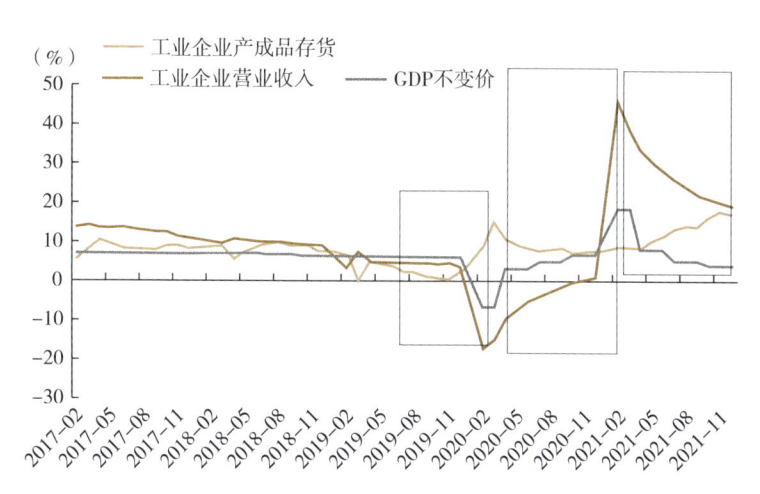

图8.8　工业企业产品存货、营业收入及GDP不变价同比
资料来源：Wind，腾景数研。

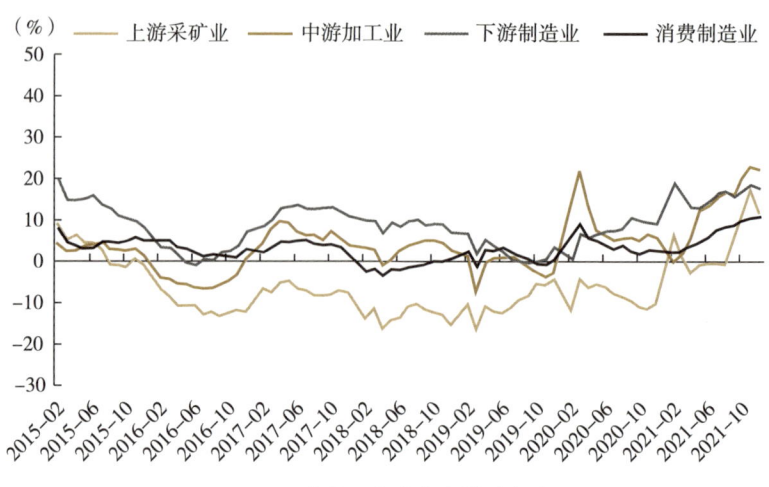

图8.9　我国四大类产业增速变化

资料来源：Wind。

2022年资本形成趋势展望

基建投资有望企稳回升

多项政策助力加快基建投资

2021年9月以来，财政部、发改委、央行等相继就稳增长政策做出相关表态，逐渐形成政策共识。12月6日，央行宣布降准；同日，中央政治局会议强调以"稳字当头、稳中求进"应对需求收缩、供给冲击、预期转弱的三重压力。2021年年底的中央经济工作会议提出，2022年要推动经济实现质的稳步提升和量的合理增长。保持积极的财政政策和稳健的货币政策，保证财政支出强度，加快支出进度，适度超前开展基础设施投资。从政策导向来看，随着财政政策对基建投资支持力度的不断提升，基础设施投资或将成为支撑经济稳健增长的重要动力。

专项债带动基建投资加速反弹

从资金角度来看，2021年财政结转和结余资金加上2022年新发专项债，将对基建投资增速形成较强支撑。2021年财政结余资金主要包括两部分：一是2021年一般公共预算"超少收支"，为财政跨周期支出提供了空间；二是财政部已向各地提前下达了2022年新增专项债务限额1.46万亿元，相比上年同期出现较大改善。另外，由于受到提前额度下达较晚、部分地区专项债项目审核趋严等因素影响，2021年上半年专项债发行节奏整体偏慢，下半年支持地方债加速发行的政策频出。由于专项债发行具有"前置效应"，从专项债发行到实物工作量有时间差，一般需要一至两个季度，这意味着2021年下半年发行的专项债为2022年第一季度形成实物工作量提供了有力支撑，为全年基建投资增速加速打下良好基础。

新老基建共同发力助推基建投资边际回升

从投资方向来看，在"两新一重"政策提出后，2022年基建投资领域有望呈现新老基建同时发力的局面，共同带动全年基建投资实现边际回升。其中，传统基建已告别高速增长时代，大幅增长空间不大，主要以补短板为主，而新基建目前仍处于高增长、低存量阶段，将有较大的成长潜力。在投资方向上，传统基建中的交通运输、水利环保、电力及市政工程、产业园区等行业仍有较大的需求。随着各地区关于综合交通、水利、环保等"十四五"规划的相继出台，众多项目有望在2022年进入集中开工阶段。新基建方面，电源与电网等基础设施投资（可再生能源、特高压和配电网建设、5G基建以及城际高速铁路和城市轨道交通等）将大概率继续保持中高速增长。

基建项目储备充足，进度超上年同期

2022 年，"项目等资金"现象将会有所缓解，政府扩基建、稳投资的意愿全面提升，项目申报、审批开工进度明显加快（见表 8.1）。从资金供给端看，大部分省市的专项债发行进度明显前置；从项目端看，2022 年重大开工项目数量和计划投资规模均大于 2021 年。各地区投资重点主要集中在新基建、能源基建、传统基建以及地产基建四个方向。其中，新基建主要发力点是数字经济领域，5G 相关领域和数字中心建设是受关注的重点，能源基建投资主要集中在绿电和充电基础设施领域，传统基建重点关注交通建设，地产基建则更加关注保障性住房建设。

表 8.1 2022 年各地区重点投资方向及投资计划

类别	投资领域	相关地区计划
新基建	5G 基站、千兆网络、大数据中心、工业互联网、物联网	1. 北京拟新增 5G 基站 6 000 个，推动 5G 网络在重点区域精准覆盖 2. 山东提出要加大对 5G 工业应用的财政资金支持力度，加快"5G+工业互联网"的建设应用 3. 河南将新建 5G 基站 4 万个
能源基建	海上风电、屋顶储能、抽水储能、充电桩、加氢站	上海、山东、江苏、浙江等沿海省份均提出在 2022 年加快海上风电基地建设，其中，浙江明确提出全省海上风电开工 100 万千瓦，并网 60 万千瓦
传统基建	交通网络、水利设施、物流设施	1. 北京更关注城市交通的综合治理，重点是优化和改造，除了继续新建轨道交通，还包括道路维修、公交线路优化、疏堵、信号灯改造等具体措施 2. 四川则计划同重庆一起打造和完善现代交通网络，在"铁公路空"全面发力，重点是新增和新建

(续表)

类别	投资领域	相关地区计划
地产基建	保障性住房建设、老旧小区改造、城市官网更新	1. 七个省市提及保障性租赁住房建设、老旧小区改造等内容 2. 北京、江苏、河南和浙江制定了2022年的具体量化指标，分别为筹建保障性住房15万套、7.3万套、20万套和30万套 3. 山东省则提供保障性住房供地、城市基建配套费上的优惠

制造业投资延续稳健态势

2021年，虽然中国经济下行的风险加剧，但制造业投资的逆势回升成为投资端少有的亮点，尤其是在地产和基建投资缺位的情况下，制造业投资发挥了稳投资的重要作用。进入2022年，尽管"能耗双控"政策会一直压制上游高耗能行业投资，但不断发展的新动能产业以及积极的财政、货币政策支持，使得制造业投资仍有望继续保持稳健增长的态势。

从利润角度看，制造业投资规模取决于资本对未来的预期。当企业利润较好，对未来预期较高时，资本开支会增加。2022年，随着PPI（生产价格指数）周期触顶，煤炭、黑色金属、有色金属、化学、化纤等行业在CPI（消费者物价指数）、PPI上行阶段将面临毛利率和利润增速走弱的压力，叠加中长期的"能耗双控"限制上游高耗能行业投资，中下游通用设备、电热供应、食品饮料、纺织服装等行业的毛利率及投资在CPI、PPI重新转为扩张的过程中将有所改善。从结构上看，2022年上游原材料价格涨势将放缓，需求结构从出口转内销将有利于中下游企业盈利增长，而盈利增长预期有助于增强企业资本投资意愿，进一步提高中下游相关制造业投资增速。

从产能利用率的角度看，2021年制造业产能利用率保持高位运行，第四季度达到77.60%。通常当市场需求上升时，企业会优先提高产能利用率，当现有的产能无法满足高涨的需求时，企业就需要增加投资扩充产能。因此，持续的高产能利用率可以推动制造业投资。同时，观察历史数据可以发现（见图8.10），产能利用率的变化通常领先制造业投资一年左右，从这一点来看，2022年制造业投资有望继续保持平稳增长。

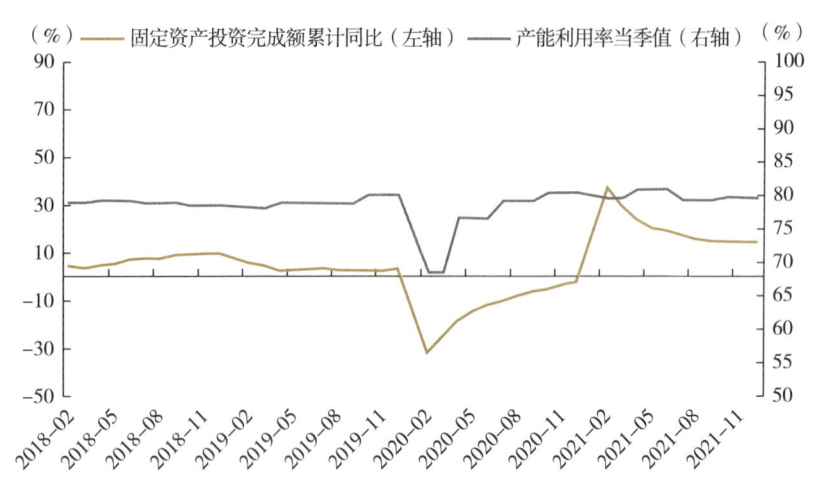

图8.10 制造业固定资产投资完成额累计同比、产能利用率
资料来源：Wind。

从政策上看，中长期"双碳"相关新能源产业链发展、短期"宽财政＋宽信用"的政策组合将为制造业投资和产业结构升级打开增量空间。2021年中央经济会议强调"财政政策和货币政策要协调联动"，财政支出的方向应与"引导金融机构加大对实体经济特别是小微企业、科技创新、绿色发展的支持"形成合力。

同时，央行持续拓宽信用通道，降低企业综合融资成本，配合新的减税降费政策，进一步强化了对中小微企业、个体工商户等的支持力度。

房地产投资增速进一步放缓

从供给端看，随着"三道红线"、房地产贷款"两个上限"、土地供应"两集中"等政策的相继落地，房地产企业的经营行为也在发生变化，主要的特征是经营更趋保守。房企加快施工进度，在销售端加快回笼资金，拿地意愿有所降低，主动投资的意愿也在减弱。由于上述原因，2021年下半年商品房销售下行，办公楼、商业营业住房单月增速转负，同时，房地产企业拿地、开工、竣工等环节运行不畅，造成内需放缓，2022年全年快速恢复的可能不大（见图8.11）。

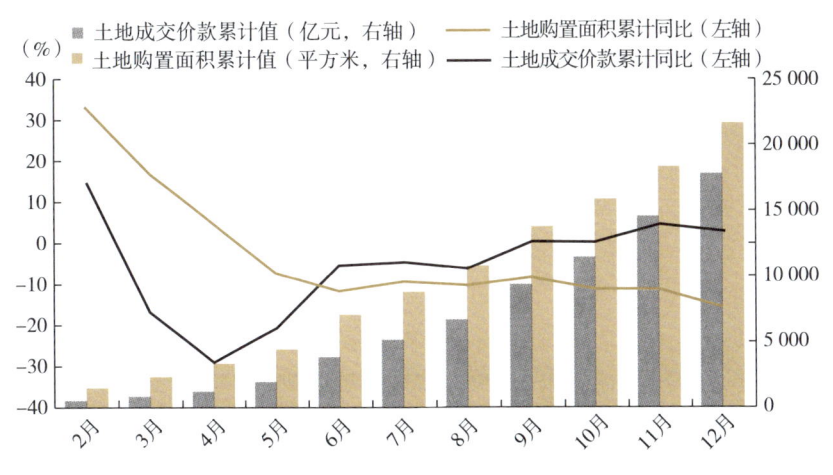

图8.11 2021年土地购置面积、土地成交价款

资料来源：国家统计局。

从需求端看，2021年由于经济下行压力加大，个别房企风险暴露以及房地产政策的调整等原因，房地产行业长期预期较为悲观。在上述因素基础上，叠加"房住不炒"政策、人口流动变化、老龄化加重等因素，使得从购房群体到地产行业从业者，对地产行业的发展预期普遍比较悲观，购房人群对地产价格上涨的预期也发生了转变。70城新建商品住宅价格环比指数在2021年9月之后转为负增长（见图8.12），房地产销售的下滑造成房地产投资的下滑，2022年上半年房地产投资仍难以企稳回升。短期来看，房地产市场的进一步回暖需要更大力度的稳需求政策。

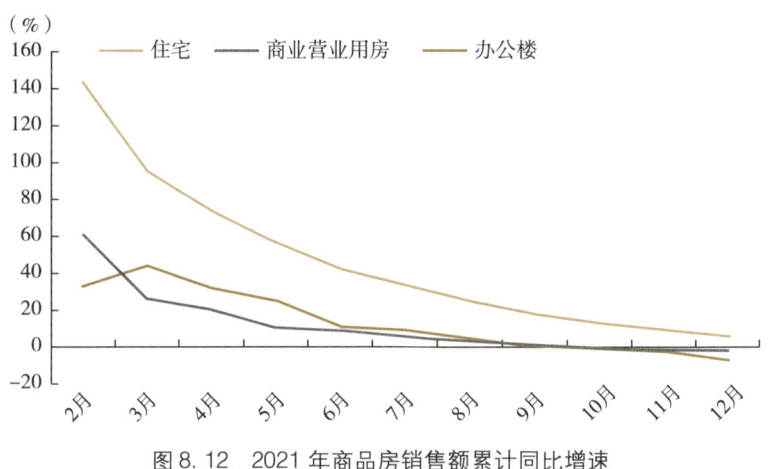

图8.12 2021年商品房销售额累计同比增速
资料来源：国家统计局。

从政策端看，随着"三道红线"、供地"两集中"等机制的推行，房地产行业调控的长效机制已逐步建立，地产行业面临新一轮重构，传统的高杠杆、高周转模式在新的政策框架下已经行不通。"房住不炒、因城施策"等表述再次出现在中央经济工作会议当中，政策面更着眼于维护地产市场的稳定健康，防范债务风险扩散，避免房企正常运作的资金链断裂，因此全面放松的概率依然比较低。

疫情持续扰动库存周期

2022年，在需求修复缓慢以及工业利润持续回落的背景下，短期内仍延续去库存的趋势。结构方面，由于前期受到"能耗双控"政策影响的部分中上游行业产能释放，将形成阶段性主动补库存。但是由于新冠病毒变异具有不确定性，国内疫情短期内仍面临反复风险，可能促使某些月份库存被动提高，扰乱库存周期节奏。下面主要依据工业企业产成品存货累计同比、PPI当月同比以及工业企业利润增速三个指标进行分析。

工业企业产成品存货累计同比是我国库存周期的典型指标。2021年12月工业企业产成品存货累计同比为17.1%，较前值下行0.8个百分点。如果该指标继续上升，则将继续处于被动补库存阶段。如果以此为节点，该指标开始下行，则将大概率进入主动去库存阶段。2022年最新公布的2月份PMI生产、新订单数据分别为50.9、49.3，生产尚处于扩张阶段，而需求仍处在收缩区间。因此，我们认为上半年大概率还将处于被动补库存阶段。

工业企业产成品存货累计同比的另一个领先指标是PPI当月同比，领先时长约为1~9个月。2021年12月PPI当月同比为10.30%，仍处高位。腾景数研预测结果显示，2022年上半年PPI大概率仍处于较高位置，PPI大幅下行可能出现在下半年。因此，我们认为工业企业进入主动去库存的时间约是2022年下半年。

企业利润增速是库存周期拐点的先行指标。当企业预期利润提高时，生产意愿增强，反之则生产意愿减弱。2021年下半年以来，工业企业整体利润增速持续走低，叠加终端需求低迷等因素影响，企业对利润的期望值下降，短期内主动增加库存的概率也随之降低。

未来资本形成的长期展望

本节将主要从两个方面论述固定资本形成的长期趋势：一是固定资本形成本身的变化趋势，二是固定资本形成内部结构的演变特点。

固定资本形成占GDP增速比重长期趋于下降

由于新冠肺炎疫情的暴发，最终消费支出修复缓慢，造成固定资本形成占GDP增速比重快速增长，并且短期内或将延续这种态势。但从长期来看，随着我国经济增速的放缓，以投资拉动经济增长的模式也将发生变化。图8.13显示，固定资本形成对GDP增长贡献率比重的峰值已过，呈现缓慢下降的趋势，相比之下，最终消费支出占比将呈上升趋势。这表明随着我国居民收入水平的提高，中等收入群体扩大，经济动能未来将由投资驱动向消费驱动转换。

进一步对比主要发达国家固定资本形成占GDP比重可以发现（见图8.14），当前英、美、法、德等主要发达国家固定资本形成占GDP比重稳定在20%左右，并且呈现缓慢下降的长期趋势。相比之下，我国目前的固定资本形成占GDP比重远高于世界发达国家平均水平，主要依靠投资拉动经济增长的特征鲜明。但也可以看到，2014年以来固定资本形成占GDP比重已呈现回落态势。

图 8.13　固定资本形成占 GDP 增速比重

资料来源：国家统计局。

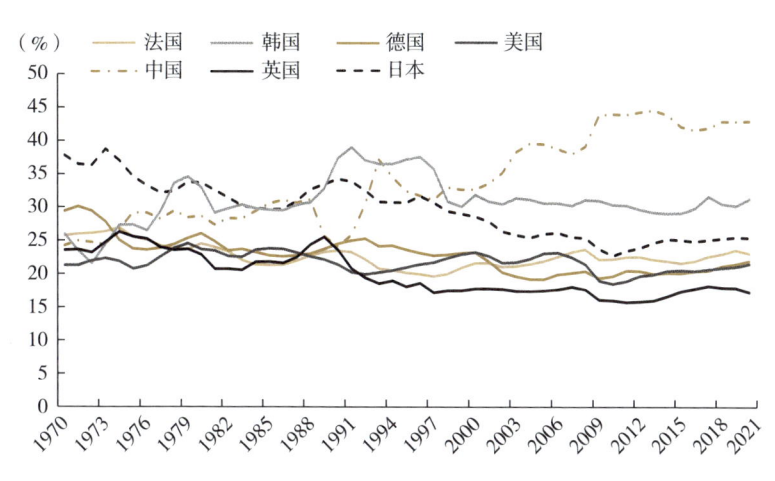

图 8.14　主要发达国家固定资本形成占 GDP 比重

资料来源：国家统计局。

第八章　稳增长新动向：基建、制造业助力投资企稳回升

固定资本形成内部结构不断优化

投资领域更加多元化

2022年，两会提出"适度超前开展基础设施投资"，从各地新开工的项目来看，传统基建托底、新基建发力的格局愈加清晰。发改委表示，要适度超前开展基础设施投资，加快推进"十四五"规划102项重大工程项目。交通、能源、水利、农业、环保、物流等传统基础设施建设，5G、数据中心、工业互联网等新基建以及教育医疗、文化体育等社会民生领域是重要投资方向。在制度安排方面，除了充足的专项债资金之外，民间投资也逐渐被重视，重点方向是新基建领域。与传统基建相比，尽管目前新基建的投资体量仍然较小，但新基建具有产出效益高、产业带动性强的特点，面对经济下行压力，将更多资金投入乘数效应突出的先进制造业、大数据等基础设施短板领域，不仅是扩大有效投资的重要途径，也将是未来基建投资的重要方向。

资金来源更加多元化

图8.15表明，自筹资金仍然是固定资产投资的主要来源，占比维持在60%以上，但是2011年以来，自筹资金占全社会固定资产投资比重呈现缓慢下降的趋势，相比之下，其他资金、国家预算内资金占比逐步提升。这一方面说明固定资产投资资金来源更加多元化，另一方面，国家预算内资金比重的扩大显示未来固定资产投资的资金来源将朝着更加规范化的方向发展。

存货增加进一步扰动固定资本形成的GDP增长贡献率

从支出法角度看，2021年GDP增长8.1%，固定资本形成对GDP增长的拉动为1.11%。在季度层面，固定资本形成在第一至

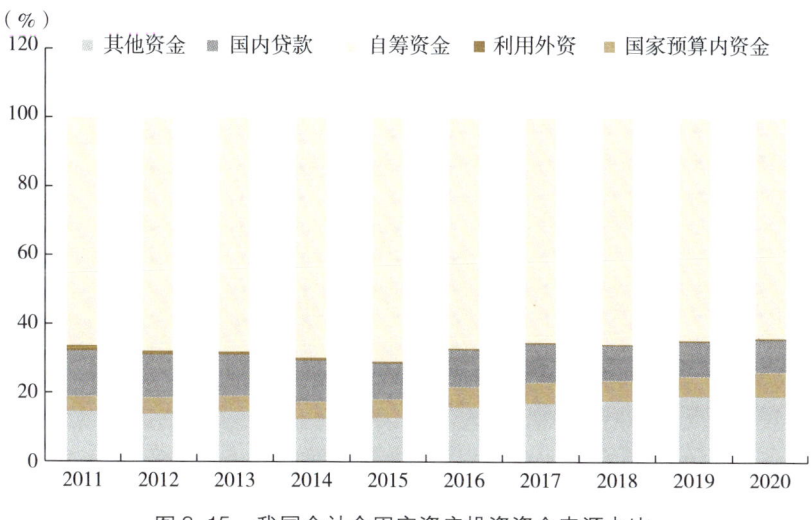

图8.15 我国全社会固定资产投资资金来源占比

资料来源：国家统计局。

第四季度对GDP增长的拉动分别为4.39%、1.01%、0.38%、-0.46%（见图8.16）。其中，第三季度除了基建投资增速有所下降，房地产投资和制造业投资都维持了比第二季度更好的表现。由此不难推断，固定资本形成对GDP贡献的拉动下降在一定程度上受到库存周期扰动的影响。进一步来说，随着我国经济增速放缓，存货增加这类波动性较大的分项在对GDP增速影响方面将扮演更重要的角色。

从存货增加本身而言，随着生产条件的提高、产业链以及相关配套政策的完善，存货增加的波动区间未来有望进一步缩小。首先，技术水平的提高使得产品生产周期进一步缩短，企业能够更快地对市场需求变化做出反应，避免出现产品滞销或短缺的情况。其次，产业链的完善也有助于市场供求信息在上中下游产业间的快速传导，带动存货更快周转。再次，随着国家逐步淘汰过剩产能，存货波动的幅度也将进一步减小。

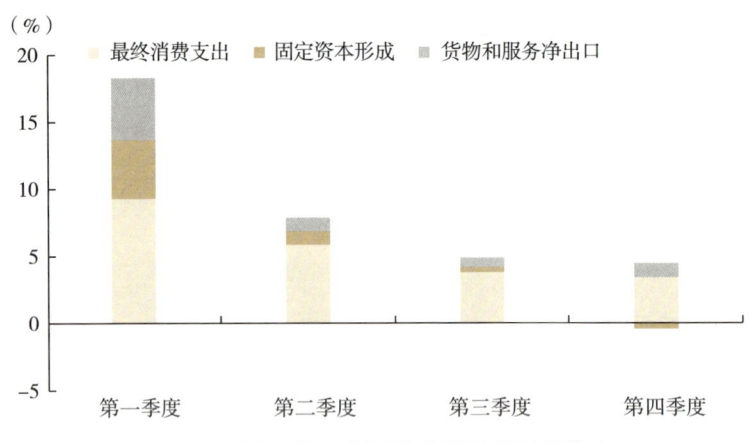

图 8.16　2021 年三大需求对 GDP 增长的拉动
资料来源：国家统计局。

政策建议

一是合理布局基建投资方向。目前我国在基础设施领域补短板仍有较大空间。在投资方向上，传统基建在基建投资领域仍然占有较大比重，要继续推进交通、能源、水利、农业、环保、物流等传统基础设施建设，不断完善基础设施网络，同时加大 5G、数据中心、工业互联网等新型基础设施建设力度，促进传统基础设施数字化改造。

二是将政府专项债券用对地方。地方政府专项债券是地方建设项目的重要资金来源，也是跨周期调节的重要政策工具。要严格落实专项债券投向领域管理制度，确保专项债券用途合规。把项目前期工作作为专项债券工作的重中之重，同时实施过程中要加强监测调度和监督检查，推动加快项目建设和资金使用进度，确保专项债券一经发行就尽快形成实物工作量。

三是着力扩大制造业有效投资。制造业是国家经济命脉所系，稳定制造业投资对于扩大有效投资具有关键意义。要提升制造业核心竞争力，启动一批产业基础再造工程项目。推动重点行业、重大技术成果工程化、产业化，促进先进制造业和高技术产业发展。加大对传统产业向高端化、智能化、绿色化优化升级的支持力度。加快推进工业、建筑、交通等行业节能降碳改造。优化区域产业链布局，强化产业转移能力建设，推动东部地区产业向具有资源、劳动力优势的中西部地区转移。

四是保障房企及居民购房合理的融资需求。一方面要继续坚决实施"房住不炒"的政策，抑制房地产投机行为；另一方面要优化房地产调控举措，避免"一刀切"的政策措施，给正常的房地产业发展创造空间。在房价较高的一、二线城市，加大各类保障性住房的建设，满足不同收入群体的合理居住需求；在房地产库存过多的三、四线城市，着手寻找消化现有房地产存量、化解潜在金融风险的方法。地方政府可考虑用合理价格从开发商手中收购商品房源，将其转化为保障性住房。在金融政策方面，要满足开发商正常合规的融资需求，满足购房者对刚需住房和改善性住房的贷款需求，适当放松对商业银行房地产贷款集中度的管理举措。

五是充分调动社会投资力量。在基建投资的资金来源中，民间投资占全部投资的一半以上，充分调动社会资本力量对于推动和扩大有效投资具有重要的作用。要做到这一点，首先要完善和支持社会资本参与政策，推进投资项目审批制度改革，推行企业投资项目承诺制等创新举措，进一步调动社会投资积极性；其次要建立和完善社会资本投融资合作对接机制，加强企业投资项目与地方政府、金融机构的对接。

参考文献

刘世锦主编. 中国经济增长十年展望（2020—2029）：战疫增长模式［M］. 北京：中信出版集团，2020.

刘世锦主编. 新倍增战略［M］. 北京：中信出版集团，2021.

王小鲁. 中国：增长与发展的路径选择［M］. 北京：中国发展出版社，2018.

韦伯，等. 基础设施投资策略、项目融资与PPP［M］. 北京：机械工业出版社，2016.

许宪春，等. 房地产经济对中国国民经济增长的作用研究［J］. 中国社会科学，2015（1）：18.

许志伟，薛鹤翔，车大为. 中国存货投资的周期性研究——基于采购经理人指数的动态视角［J］. 经济研究，2012（8）：12.

第九章　进出口：外贸规模再创新高

姜淑佳

要点透视

➢ 2021年我国货物贸易再度超出预期，进出口规模创历史新高。服务贸易出口增长势头较好，带动服务逆差连续两年收窄。总体上，贸易顺差进一步扩大，对经济增长贡献显著。

➢ 2021年全球经济进入复苏的快车道，全球贸易高景气、供给替代效应和价格通胀是拉动我国货物贸易增长的主要因素；全球通胀背景下，我国大宗商品进口呈现"量减价增"态势。

➢ 预计2022年货物出口增速在5%左右，较2021年有明显下降，全年出口呈现"V"形增长态势。货物进口景气水平预计弱于出口，货物贸易顺差较上年收窄。

➢ 长期来看，中国进出口增速中枢可能进一步下移，贸易顺差进一步收窄。未来优化商品贸易的结构和提高服务出口竞争力将成为重要方向。

2021年：货物贸易强劲增长，服务贸易逆差收窄

2021年我国货物贸易表现再度超出预期，进出口规模再创历史新高（见图9.1）。2021年全口径出口（货物＋服务）总量约为24.3万亿元（人民币计价，下同），增速为22.2%；全口径进口增速（货物＋服务）总量约为20.1万亿元，增速为18.9%；全年贸易顺差（货物＋服务）超过4万亿元，较2020年明显扩大。

2021年，受益于全球经济复苏，我国货物贸易在高基数基础上继续高速增长，规模创历史新高，全年货物贸易总额为39.1万亿元，较2020年增长21.4%，其中货物出口额和进口额分别增长21.2%和21.5%。服务贸易在上年低基数的影响下同比增速大幅提高，但疫情反复仍对国家间边境开放形成明显约束，规模仍未恢复到疫情前水平，全年服务贸易总额为5.3万亿元，同比增长16.1%，其中服务出口额和进口额分别同比增长31.4%和4.8%。

2021年货物和服务贸易顺差超过4万亿元，创近年来新高，拉动国内生产总值增长1.69个百分点。其中货物贸易顺差4.37万亿元，较2020年扩大7 344亿元，服务贸易逆差收窄约4 800亿元。

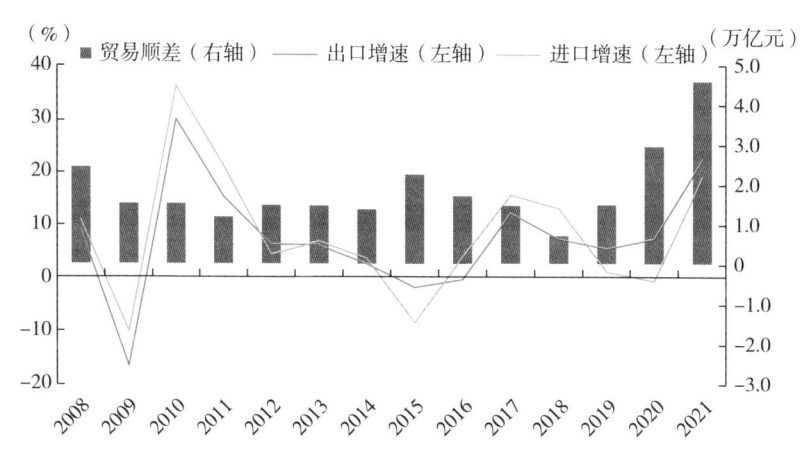

图 9.1　2008—2021 年中国出口、进口增速和贸易差额（现价）
资料来源：腾景数研。

货物出口继续超预期增长

2021 年，全球经济进入复苏快车道，海外极其宽松的刺激政策继续带动需求扩张。随着复工复产的推进，生产侧的修复进程也在加快，但疫情反复拖累了这一进程，工业品价格暴涨、海运物流不畅、部分产品供给短缺等供应链问题成为影响 2021 年全球经济复苏的关键因素。

面对严峻复杂的国际环境，我国依靠国内稳定的抗疫形势、强大的制造能力和市场竞争力，货物进出口总额增速达到 GDP 增速的两倍以上，外贸对经济增长贡献显著。

我国货物出口高速增长，全球偏景气的贸易需求是一大关键推动因素。WTO 数据显示，2021 年前三季度全球货物出口增长 28%（见图 9.2），复苏速度远超全球经济增长率。疫情后全球贸易快速增长，主要得益于海外经济体采取的特殊财政和货币刺激政策，使得终端消费品需求扩张。同时随着疫情冲击边际影响下降，生产环节恢复带动了中间品和资本品的贸易需求。供给替代效应是另一关键推动因素。2021年前三季度中国在全球商品出口中的份额为15.0%，较疫情前2019年的13.3%上升了1.7个百分点，连续两年上升（见图9.3）。疫情反复阻碍海外供应链修复，我国供给替代效应仍在。此外，价格因素的贡献不容忽视，在全球通胀的推动下，2021年我国货物出口价格指数年均同比增长3.3%。

从出口商品来看，中游设备和终端消费品出口均实现较高增长（见图9.4）。随着海外复工复产的推进，2021年，我国出口机电产品12.83万亿元，同比增长20.4%，规模占出口总值的59%，是拉动货物出口的主要动力。海外疫情反复，防疫需求带动我国医疗设备和口罩等纺织品出口继续高速增长，全年同比增长22%；疫情冲击边际影响下降，出行需求增加，服装鞋帽和箱包等传统劳动密集型产品出口同比大幅反弹至35%；海外超宽松的流动性继续推高房地产市场需求，带动我国地产链下游产品出口需求增长，全年家用电器和家具及其配件出口同比增长28%。

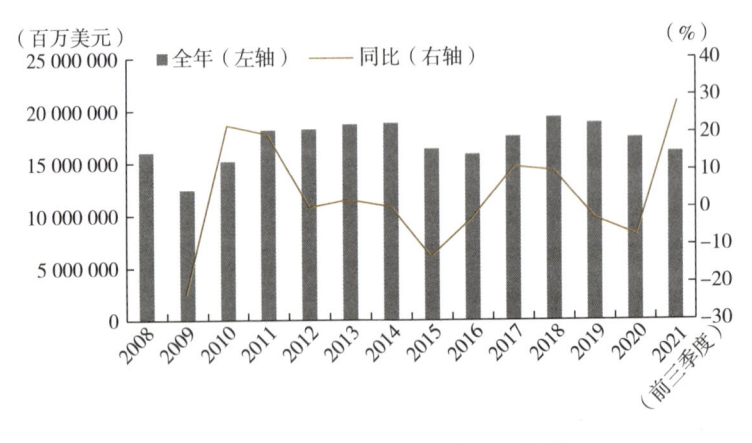

图9.2　2008—2021年全球贸易表现

资料来源：WTO，UNcomtrade。

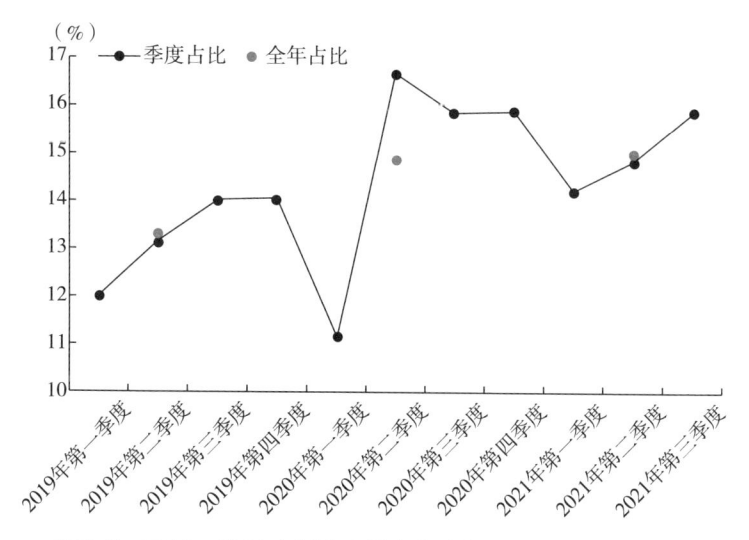

图9.3 2019—2021年以来中国在全球商品出口中份额的变化
资料来源：WTO，UNcomtrade。

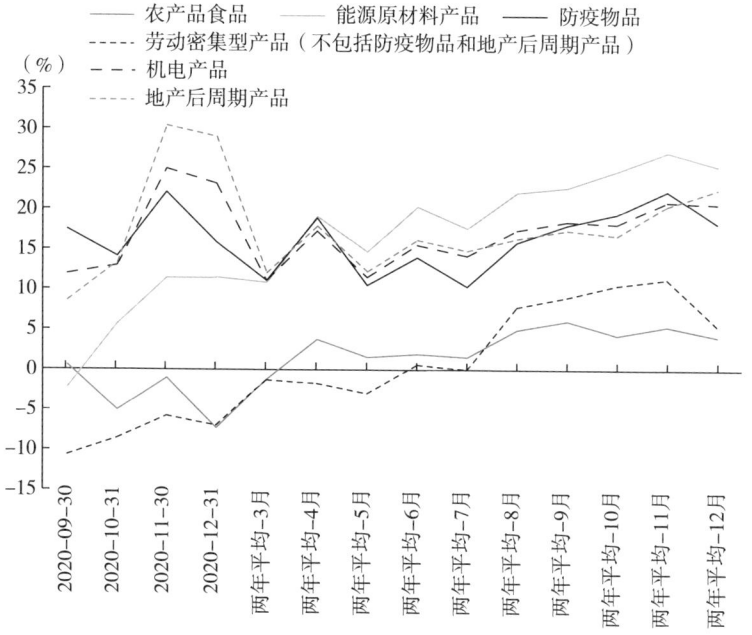

图9.4 2020年9月以来我国各类产品出口增速
资料来源：Wind，腾景数研。

第九章 进出口：外贸规模再创新高

货物进口呈现"量减价增"

2021年我国货物进口同比增长21.5%，除了受同期出口的拉动以外，2020年低基数、国内经济强劲复苏、大宗商品价格上涨等都是支撑进口需求的因素。受全球通胀影响，我国重点商品进口的价格均出现大幅上涨，呈现"量减价增"的态势（见图9.5），我国全年对铁矿砂及精矿、原油和未锻轧铜及铜材的进口数量同比分别变化-3.9%、-5.4%和-17.2%，金额同比增长39.6%、34.4%和12.5%，价格成为主要正贡献因子。第三季度受"能耗双控"政策影响，国内煤炭供给量被压降，无法满足工业用煤用电需求，煤及褐煤的进口数量同比增长6.6%。全球汽车芯片供应能力未恢复，汽车（包括底盘）全年进口数量同比仅增长0.6%，金额同比增长7.6%。

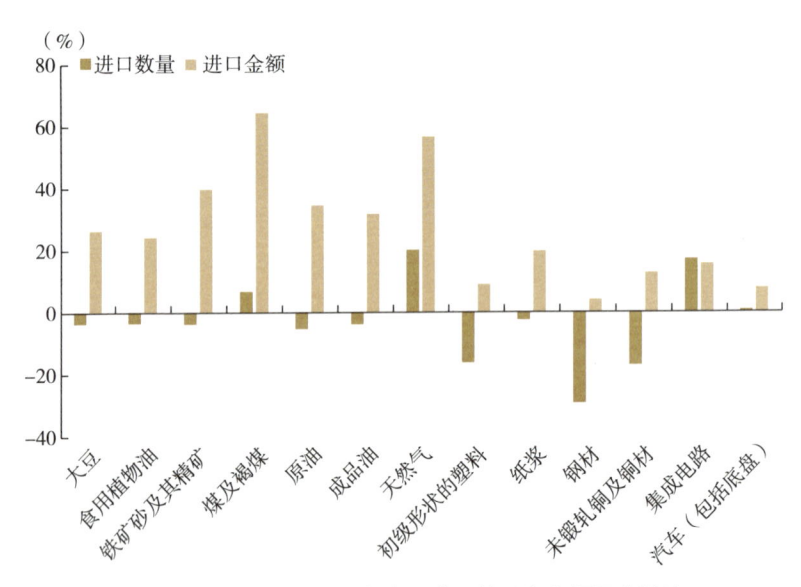

图9.5 2021年我国重点商品进口数量和金额同比增速
资料来源：Wind，腾景数研。

服务贸易结构分化

2021年全球疫情反复，国家间边境开放计划受到明显约束，全球再开放进展缓慢。疫情对我国服务贸易形成较大的冲击（见图9.6），对进口的影响程度远大于出口。2021年服务出口同比增长31.4%，规模较疫情前有大幅上升，服务进口在上年低基数的情况下仅小幅反弹4.8%，服务贸易逆差连续两年大幅收窄。

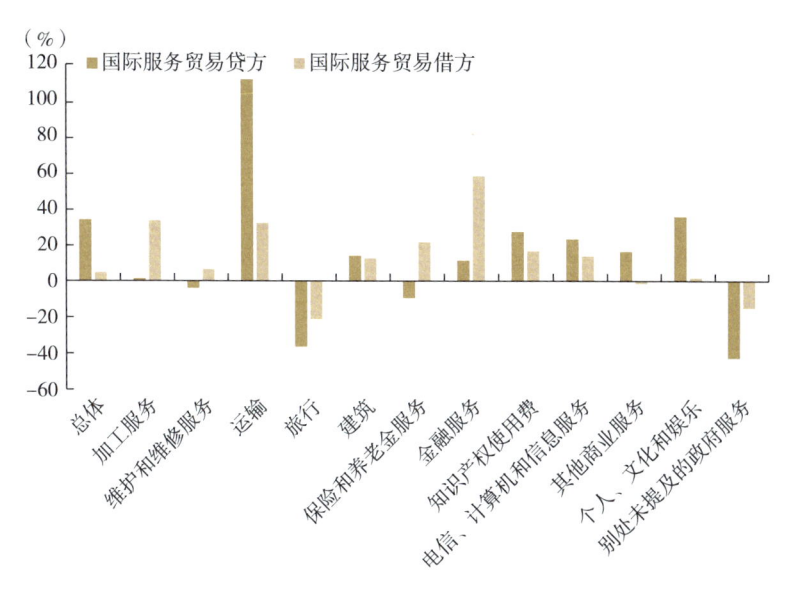

图9.6 2021年中国国际服务贸易贷方、借方各分项同比增速
资料来源：Wind，腾景数研。

服务出口的高速增长，主要受到货物出口高景气和知识密集型新贸易增量的共同拉动，2021年服务出口中，运输，知识产权使用费和电信、计算机和信息服务分项同比分别增长110.7%、27.1%和23.1%。旅行分项是主要拖累因素，同比增速下降36%。

服务进口的弱势表现，主要受到旅行分项的严重拖累，疫情以来我国出境旅游受到较大冲击，相关活动基本处于停滞状态，占服务进口贸易规模近一半的旅行分项在 2020 年和 2021 年同比增速分别为 -47.7%、-20.9%，规模累计下降接近 60%，极大地拖累了服务进口的总体表现。

2022 年：贸易景气度切换的一年

货物贸易增速呈趋势回落

出口是支撑我国疫情暴发以来经济复苏的重要变量，其未来的演变也对我国 2022 年的贸易增长至关重要。

我们预计 2022 年货物出口增速在 5% 左右（以美元计价），较 2021 年有明显下降。从全年节奏来看，出口或呈现"V"形增长态势。2022 年第一季度，全球需求景气短期持续、出口企业订单量充足，出口延续 2021 年的高增长态势。第二季度，国内疫情反弹对出口企业接单、生产和物流等环节形成制约，出口增速将有大幅回落。下半年随着国内疫情形势稳定，国内生产制约减弱，出口增速将有一定修复，但全球货币政策收紧和国外供应链修复等影响逐步显现，出口难回到 2021 年水平。

货物出口的表现，取决于疫情、全球需求、供给约束等因素的变化。首先，根据 WTO 最新预测，2022 年全球商品贸易将增长 4.7%，增速较上年小幅回落，总量会在第二季度以后重回疫情前的增长趋势。其次，考虑到我国 2021 年出口份额上升的主要贡献来自美国和部分欠发达国家，而欧盟、印度、巴西和墨西哥的出口份额已经恢复到疫情前水平。倘若美国疫情得到控制，其复工复产和供应链修复的进程加快，大约到 2022 年下半年，出口对中国经济增长的贡献将有所减弱，我国出口在国际市场的份额将不可避免地出现下滑。最后，随着贸易物流不畅、劳工短缺等全球供应链问题得到缓解，美国补库存阶段的告一段落，我国出口的"长鞭效应"也会逐步消退。

货物进口方面，在国内经济下行压力加大、全球通胀预期不确定和地缘冲突事件的影响下，预计2022年我国货物进口同比增速将回落，景气水平要弱于出口，货物贸易顺差较上年收窄。

影响货物进口的一大关键因素是全球局部地缘冲突爆发，其直接结果是大宗商品价格失序，由于担忧供给减少和避险情绪加重，国际市场的原油、天然气和有色金属等价格出现大幅波动（见图9.7）。我国作为能源和原材料进口国，价格上涨对国内需求会产生一定抑制作用，2021年大宗商品进口量减价增的特征或将持续。俄乌冲突对全球贸易更深层次的影响是导致全球贸易秩序紊乱。贸易、金融、科技等都成为地缘冲突衍生的制裁的重要手段，如果冲突以及后续的制裁持续2022年全年，将对全球供应链安全、贸易秩序和区域贸易关系产生极大的影响，因此我国进口环境并不乐观。

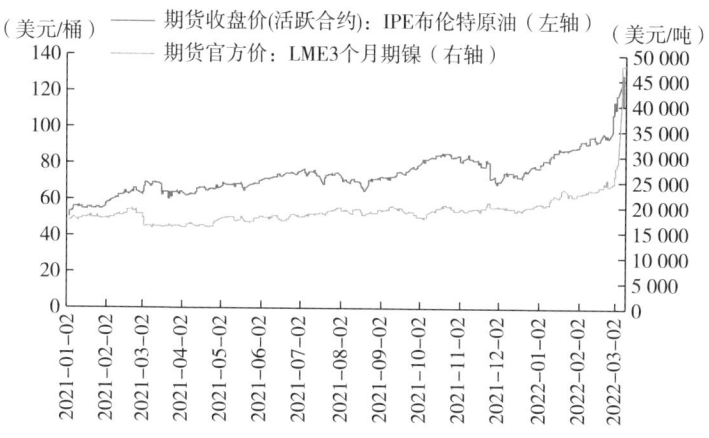

图9.7 2021年以来布伦特原油和LME3个月期镍价格变化
资料来源：Wind，腾景数研。

国内需求疲软是影响货物进口的另一关键因素。2022 年第一季度末国内局部地区疫情反弹，三重压力叠加疫情冲击，国内经济下行压力明显加大。国内需求不足是影响进口增速下滑的主要原因，同时出口走弱也会对原材料进口形成明显制约。

服务贸易内部继续分化

2022 年，全球疫情走势仍是影响我国服务贸易表现的最关键因素，国家间边境完全开放和各国交流限制的完全解除仍需一段时间。预计全年服务贸易在总量上将延续复苏趋势，结构上继续分化，服务出口表现仍将好于进口，贸易逆差收窄。

从分项上来看，受货物贸易景气度回落影响，运输分项高增速或将明显回落，其中运输出口贸易增速下滑幅度或高于进口；旅行等传统服务贸易继续受疫情影响，尤其是旅行进口分项，其规模的恢复仍有待边境开放。知识产权、金融服务、电信计算机和信息服务等知识技术密集型服务出口有望继续保持高速增长态势，拉动服务出口。

未来十年中国进出口展望

贸易增速中枢下移，贸易顺差收窄

从中长期来看，全球经济的景气度、本国产品竞争力和汇率变化共同决定出口增长速度（见图 9.8）。未来十年，我国出口将受到规模瓶颈、成本优势下降和汇率升值等因素制约，增长中枢可能面临长期性下移。

2008 年经济危机后，全球贸易增速持续下滑。未来十年，受疫情可能长期存在和全球潜在增长率下降的影响，预计全球经济和贸易增速仍将保持低位运行的状态。目前我国已成为全球最大货物出口国，随着中国制造的成本优势逐步变弱，出口将难以保持过去的高速增长态势。从增长动能看，出口面临劳动力和原材料等产业链成本不断提高，劳动密集型产业出口的成本优势下降，低附加值产业的出口动能减弱（见图9.9）。而高端制造业出口份额提升仍需较长时间，近年来在高科技行业被"卡脖子"的情况导致中国自主研发和进口高端生产设备和技术受到了一定限制，这意味着未来中国将需要更长的时间突破科学技术瓶颈，出口向高端制造业的转型速度可能放缓。

在中国居民收入水平提高、国内需求侧改革的背景下，中国对于进口商品的需求将长期保持稳定增长。在这样的背景下中国的货物贸易差额将明显收窄。

未来十年，服务进出口规模将继续扩大，数字经济等新型服务出口快速成长有可能弥补当前中国服务贸易的巨额逆差，中国整体贸易甚至有可能变成逆差，给中国国际收支带来压力（见图9.10）。参考美国、日本、德国的经验，在出口增速下行的同时，国内企业将增加在境外的投资，未来中国企业在海外的投资收益将有可能成为弥补贸易顺差收窄、应对贸易摩擦的重要手段。

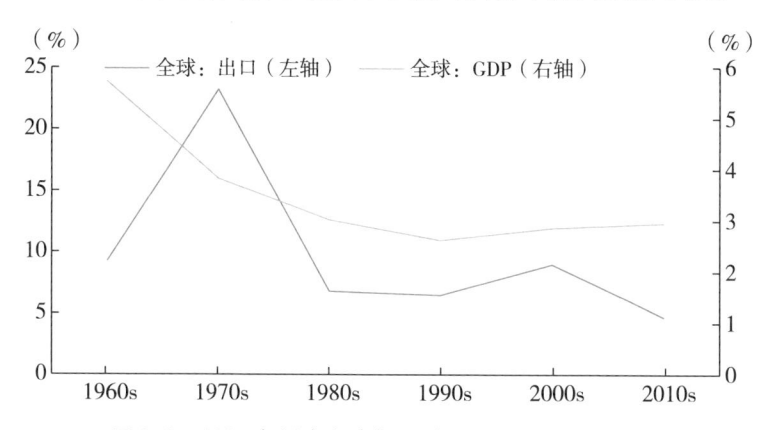

图9.8　1960年以来全球每10年平均出口和GDP增速
资料来源：Wind，腾景数研。

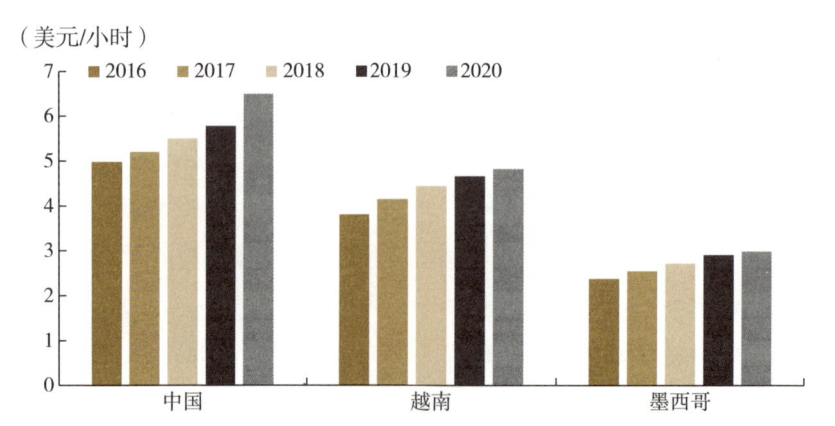

图9.9 2016年以来中国、越南和墨西哥制造业劳动力小时单价

资料来源：statista.com，腾景数研。

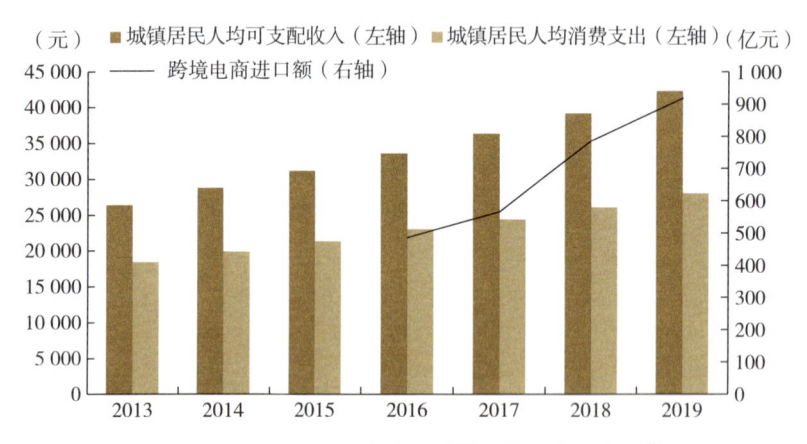

图9.10 2013—2019年中国城镇居民人均可支配收入
及消费支出与跨境电商进口额

资料来源：国家统计局，商务部，海关总署，腾景数研。

出口附加值提升，向全球产业价值链上游移动

从全球价值链地位来看，如图9.11、图9.12所示，中国在低端产业的优势很明显，但在高端产业价值链的位置仍有待提升，这造成当前国内出口产品附加值较低。根据 OECD 编制的微笑曲线（见图 9.13），全球产业链上游和下游的附加值最大，例如上游的研发、设计、采购物流和下游的服务、市场营销及物流，而在全球产业链中游的制造与集成领域的附加值较低。从生产环节来看，当前美国产业链集中在产业链上游的设计领域，中国产业链主要集中在中游的制造与集成领域，因此所获的附加值相对较低。

近年来随着中国产业升级推进，中国有望继续往全球产业链上游移动。以集成电路为例，当前全球半导体产能加速向中国转移，中国在制造与封装测试领域占据了较高的市场份额，同时在国家集成电路产业投资基金的支持下，电子化学品和半导体设备领域与国外的差距逐步缩小。2012 年苹果供应链的中国供应商只有个位数，但是到 2019 年达到 41 家，同时从原来的结构组件为主转向光学、声学、射频等领域全面突破，未来中国供应商有望在屏幕、PCB（印刷电路板）的被动元器件、芯片等领域有更多突破。

未来十年，随着国内研发投入的增加和产业竞争力的提高，我国出口结构将逐渐向全球产业链上游移动，提高国内制造在全球高端产品价值链的地位，增加出口产品的附加值。

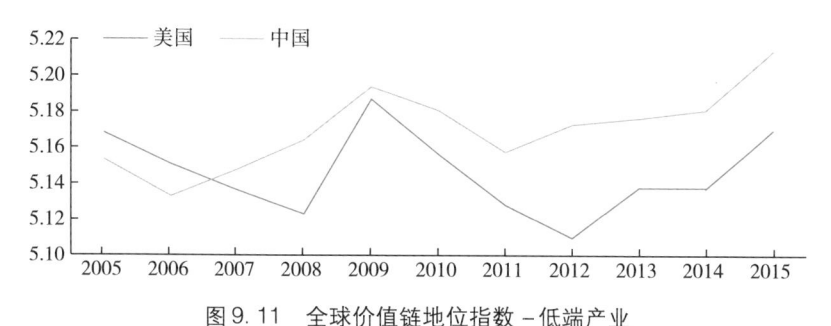

图 9.11　全球价值链地位指数 – 低端产业

资料来源：《全球化与逆全球化研究》，腾景数研。

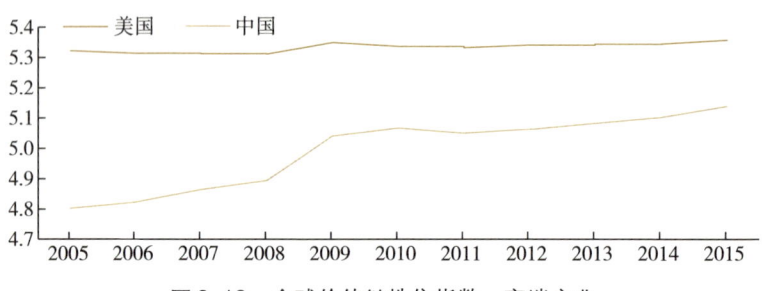

图 9.12　全球价值链地位指数 – 高端产业

资料来源：《全球化与逆全球化研究》，腾景数研。

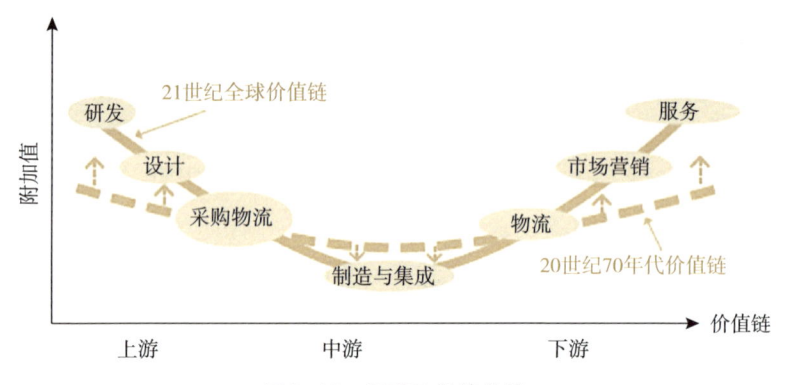

图 9.13　OECD 微笑曲线

资料来源：OECD，腾景数研。

政策建议

稳住国内疫情形势，积极应对出口变化

2022 年，疫情仍是影响经济走势的主导因素，疫情控制的状况决定了经济恢复与增长的可能性和步调。对于中国而言，国内防控形势稳定至关重要，解决好与世界其他国家在抗疫方面携手共进问题。2022 年出口仍能成为经济增长的正能量，但 2022 年同样可能是景气度切换的年份，出口走势可能出现较大的变化。因

此，我国应积极应对出口环境的变化，加快推动发展格局转型，坚定实施"国内国际双循环"的发展战略。

为了稳住外贸基本盘，我国仍要推动外贸稳定增长。继续加强对外贸主体的支持。进一步扩大出口退税、出口信贷等政策覆盖面。优化外贸发展环境，提高企业贸易便利化程度。对出口中小企业在金融端做到相扶相持，降低出口贸易成本与费用，提升就业率并保障企业利润。

推动区域化进程，加强贸易合作伙伴关系

2017年中国全球化指数（KOFGI）超越了世界全球化的平均指数，但是无论是中国还是世界平均指数均小于全球化所能带来的利益最优点，这意味着无论是站在中国视角，还是全球视角，继续推行全球化都将对大部分国家持续产生利益。在这一背景下，中国应该进一步提升国际合作水平，加强与周边各国贸易合作伙伴关系，推动形成全方位、多层次、多元化的开放合作格局，并且坚持多边主义和自由贸易，积极参与全球经济治理体系改革。

促进传统产业升级，力争提高高端产业占比

加入世贸组织以来，以中低端产业为主的劳动密集型产品出口拉动中国经济飞速发展，为高端产业发展奠定了资本和技术基础。新发展格局下，一方面要扩大先进技术、关键设备及零部件的等进口，为我国产业升级提供资源要素支持。另一方面需加强自主研发能力，通过自身力量突破技术壁垒。总体上促进产业分工向微笑曲线两端延伸，提升产品附加值。

提高开放水平，推动外贸新业态的发展

在双循环的新发展格局下，我国需要采取多维政策举措，推进全面开放，加快形成一个要素市场化配置、国内国际双循环相互促进和竞争的有序统一的大市场。推动自贸试验区（港）、服务业扩大开放综合试点等自主开放平台的建设，细化对外开放领域，降低市场准入门槛，缩减外商投资准入负面清单，推动跨境电商等外贸新业态加速发展。

第十章 畅通供应链缓解人民币贬值压力

许伟

要点透视

➢ 受疫情冲击、强势美元等影响，2022年4月以来人民币汇率贬值压力有所加大。但拉长视角看，2021年年初以来人民币有效汇率总体延续升值，对主要货币有升有贬，近期对美元贬值仍属正常波动。

➢ 展望全年，4月经济增速基本见底，后续预计会逐步回升。随着产业链供应链逐步恢复，美元兑人民币汇率预计有望全年在6.6%水平附近波动。

➢ 当前物流不畅的冲击已经从内循环扩散至外循环，同时拖累供需两端恢复。要恢复产业链供应链正常运行，设计出口增量宏观政策，稳住宏观经济大盘。积极发展外汇市场，提高人民币可兑换性。完善跨境资金流动审慎管理，有效缓冲外部冲击。

2021年以来人民币汇率走势总体稳定

2021年年初以来，人民币对主要货币汇率有升有降（见图10.1）。从双边汇率看，2021年年初到2022年5月16日，人民币汇率（如无特别说明，指的是美元兑人民币）保持在6.43附近波动，累计贬值4.9%（按照间接标价法计算，下同）。但同一时期人民币对欧元、日元、英镑和瑞士法郎分别升值11.9%、19.6%、6.3%和9.6%。部分新兴经济体恢复势头较弱，同时面临通胀冲击，人民币对这些经济体的货币升值幅度更为明显，其中对土耳其里拉、匈牙利福林分别升值100.6%、20.4%。参考SDR（特别提款权）篮子综合加权的人民币汇率指数同期升值5%，参考BIS（国际清算银行）篮子综合加权的人民币汇率指数则同期升值7%。从波动幅度看，2021年年初到2020年5月中旬，变异系数衡量的日间波动率仅为1.22%，显著低于2015年8月11日汇率改革以后2.76%的波动水平。

这一时期人民币汇率保持稳定，主要有以下四个方面的支撑。一是我国疫情防控和经济恢复较好。尽管2021年下半年以来，我国经济增长的势头有所放缓，但相对其他经济体而言，2021年我国经济总体保持了稳定扩张，全年增长8.1%，2020年和2021年两年平均增长5.1%，今年一季度增速仍有4.8%。二是国际收支基本盈余。2021年我国经常项目收支顺差与GDP比重为1.79%。

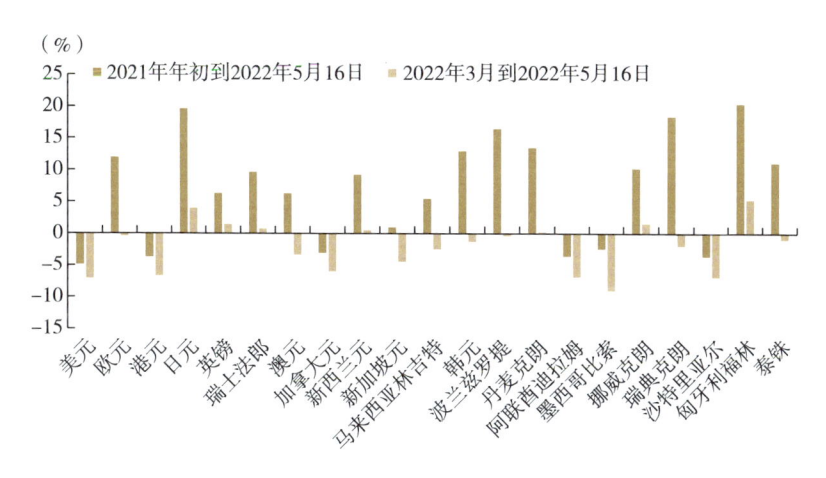

图 10.1　人民币对主要货币汇率的变动幅度

资料来源：Wind，作者计算。

其中，贸易顺差 6 769 亿美元，创下历史新高。2022 年前四个月，贸易顺差规模继续扩大，累计达到 2 129 亿美元，也处于历史最高水平。三是国内通胀水平相对较低。2021 年以来，欧美国家通胀水平屡创新高，其中美国 CPI（消费者物价指数）同比增速已经升至过去四十年来最高水平。土耳其、巴西、印度等主要新兴市场国家也面临物价快速上涨的挑战。相较而言，由于内需疲软，我国 CPI 同比均值仅约 1%。按照 BIS 货币篮子权重计算的人民币有效汇率，实际升值 4.6%，名义升值 8.3%，国内物价相对主要贸易伙伴下降了 3.4 个百分点。四是短期资本总体净流入。2021 年年初到 2021 年 4 月，北上资金（沪股通和深股通合计）一共净买入 4 141 亿元人民币。由于前期美联储缩表和加息步伐相对迟缓，资本外流压力尚未充分显现。短期资本总体呈现净流入态势，有助于短期人民币汇率保持稳定。

受疫情散发冲击、美元加息提速等因素影响，人民币汇率短期将面临一定贬值压力

从边际变化看，2022年一季度以来，人民币贬值压力有所显现。一方面，2022年3月以来，国内疫情多点复发，经济运行面临供需双弱、循环不畅和信心下降等多重挑战。2022年4月，国内规模以上工业增加值和服务业生产指数同比分别下降2.9%、6.1%，按美元计价出口增速降至3.9%。与此同时，美联储加息步伐提速，美元持续强势，3月初到5月16日美元指数升值7.8%。受此影响，短期资本外流和人民币贬值压力上升，人民币汇率从6.31贬值至6.8左右，贬值7.1%。人民币相对其他新兴市场货币也有所贬值，不过幅度较小。综合看，SDR篮子人民币汇率指数贬值2.8%，而范围更大的BIS篮子加权人民币汇率指数贬值2.7%。

展望2022年全年，由于我国经济运行的复杂性、严峻性、不确定性明显上升，稳增长、稳就业、稳物价面临较大挑战，受到内外因素综合作用，人民币汇率仍面临一定的贬值压力。

一是供应链受阻影响从内循环扩散至外循环。 2022年4月以来，供应链受阻的影响从内循环扩散至外循环。受疫情冲击，长三角等经济发达地区的公路和航运明显受阻，珠三角地区跨境陆路运输也受到较大影响，内贸和外贸供应链效率下降。4月对中国香港出口下降15.2%，连续三个月负增长；对越南出口下降0.2%，连续两个月负增长。各地相继出台的"白名单"在保重点企业复工方面取得积极效果，但大多数中小企业尚难被顾及。重点物流平台反映，中小企业和个体车主拥有80%以上的公路重卡，但疫情防控提级以后，这些主体经营恢复明显滞后。与此同时，还要注意海外产业链逐步恢复正常，国内外贸企业订单可能

会进一步外流。例如，2022年前四个月，越南出口增速保持逐月递增的态势，其中4月出口增速达到30.4%。

二是总需求增长势头放缓，国内产出缺口扩大。总需求收缩，产出缺口进一步扩大。本轮疫情冲击大、影响面广，加上既有对冲和纾困政策落地力度不够，三大需求增长势头疲软。消费方面，家庭支出更趋谨慎，尤其是耐用消费品支出更不活跃，2022年4月汽车、通信等耐用消费品零售额同比下降14.2%。投资回升后劲不足。前期制造业投资增长势头较好，但订单减少，成本积压，企业利润下滑，亏损面扩大，增长的可持续性将会有所减弱。此外，全球性的通胀攀升，美联储加息提速，主要经济体增长势头已经有所放缓，加上国内供应链受阻，外需增长并不稳固，产出缺口进一步扩大。5月经济增速基本回正，6、7月经济延续恢复态势。但三重压力并未明显缓解，经济进一步回升动力不足。

三是国内外货币政策周期的不同步。俄乌冲突进一步推高全球大宗商品价格，加剧通胀压力，主要经济体货币政策收紧步伐提速。其中，美国2022年3月失业率降至3.6%，已经接近疫情之前的最低水平，职位空缺数1 154.9万，超过同期离职人数和失业人数的总和，小时工资数同比增速达到5.6%。美联储主席鲍威尔在2022年4月21日国际货币基金组织的会议上，提及5月议息会议上不排除做出加息0.5个百分点的决定。加息提速，加大了新兴市场货币贬值和资本外流的压力。与此同时，我国稳增长压力更为突出，需要出台更大力度的支持政策，货币政策有可能进一步放松。根据利率平价，2022年年初以来，平价偏离程度逐步扩大，截止到4月中旬在1%左右，这意味着人民币汇率面临小幅贬值的压力（见图10.2）。当然，由于汇率调整往往存在一定的超调，短期贬值幅度可能超过1%，之后再升值，实现一个动态的平衡。5月以来，人民币贬值幅度一度有所扩大，利率平价偏离程度一度有所收敛，但5月16日之后，平价偏离程度再度扩大至1.1%，显示人民币继续面临贬值压力。

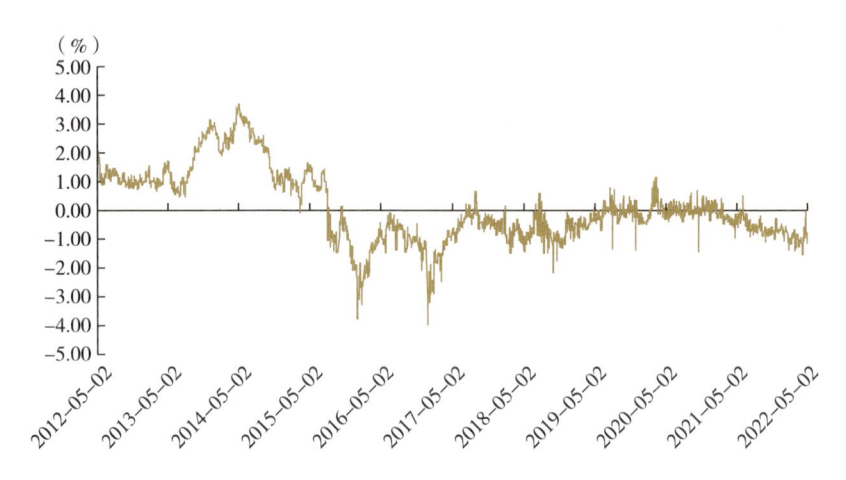

图10.2 利率平价偏离程度

资料来源：Wind，作者计算。

四是疫情反复冲击下市场主体信心走弱。2022年4月到5月上旬，我国实施过或正在实施全域封控的区域超过70个，直接覆盖全国约13%的人口和15%的经济总量。上述全域封控地区及相邻地区的经济运行均出现较大滑坡。考虑到疫情反复已持续超过两年，社会承受力减弱，预期不稳定因素增多。随着我国资本市场开放程度的提高，人民币汇率变化与短期资本流动关系更为紧密（见图10.3）。市场投资者信心不足，资金外流，汇率贬值压力加大。截至2022年第一季度末，境外投资者持有的国债头寸达到2.43万亿元，占我国国债余额的比重达到10.8%。另外，同期陆股通累计买入净额也已经达到1.6万亿元，占比相当于我国A股市值的2%。尽管占比有限，但较2021年年初提高了近0.5个百分点。

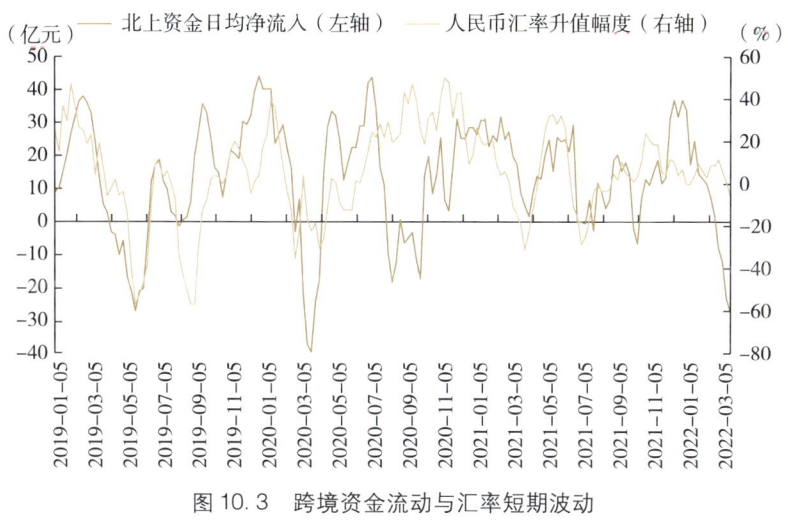

图 10.3　跨境资金流动与汇率短期波动

资料来源：Wind，作者计算。

人民币汇率长期仍有可能小幅升值

从相对长期的视角看，人民币和美元是过去十年相对强势的主要货币。2012—2021 年，59 个主要经济体当中，真实有效的汇率升值幅度位列前十的货币之中，美元和人民币分别累计升值 23.1% 和 22.1%。其中，中国的经常项目顺差占 GDP 比重年均仅为 1.7%，而美国的经常项目还持续为逆差状态，占 GDP 比重年均为 -2.4%（见图 10.4）。为什么中美两国，一个持续小幅顺差，一个持续小幅逆差，货币却都能够保持相对强势呢？根据历史经验，如果一个国家的相对劳动生产率持续增长，则该国货币一般会比较强势。按照现价美元计算，2012—2021 年，全球 GDP 增加了 20.9 万亿美元。其中，中国的 GDP 增加 10.2 万亿美元，美国 GDP 增加 7.4 万亿美元，其他国家合计贡献 3.3 万亿美元的增量。欧元区 GDP 仅增加 0.87 万亿美元，日本 GDP 按现价美元计算反而下降了 1.1 万亿美元，金砖国家中不包括中国的其他国家 GDP 仅增加 0.22 亿美元。这意味着，中美两国贡献了过去十年内全球大约 84%的名义 GDP 增量，为全球经济增长提供了主要动力。中国经济的稳健增长是支撑人民币强势的最大基本面。

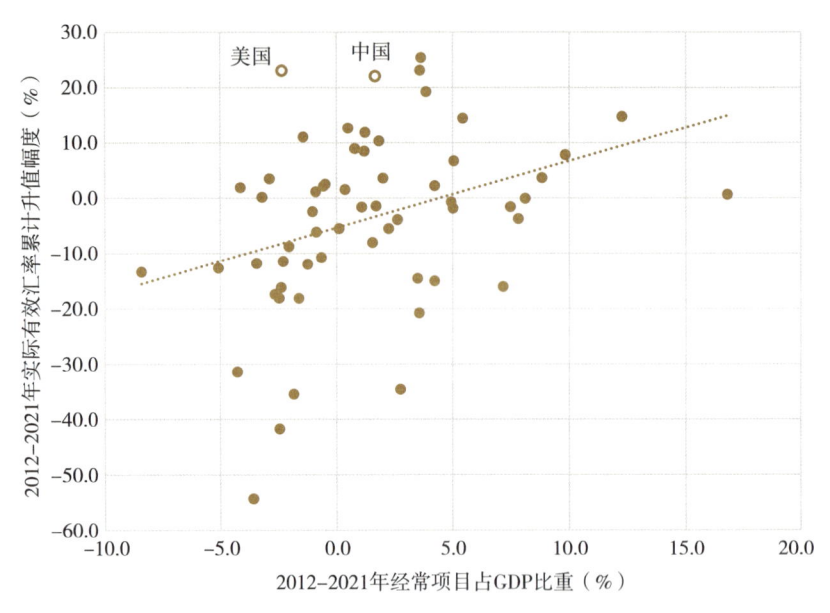

图 10.4 实际有效汇率累计升值幅度与经常项目占 GDP 比重

同时，中国出口商品延续结构升级势头。近年来，我国出口面临关税壁垒、疫情反复等挑战，但商品出口结构持续优化、出口竞争力稳步提升的势头并未改变。把我国出口商品分为资源密集型、劳动密集型、资本技术密集型三类，截止到 2020 年，上述三种类型商品的出口占比分别为 23%、34%和 43%（见图 10.5）。2002—2020 年，出口呈现资本技术密集型商品比重上升，资源密集型和劳动密集型商品占比下降的态势。从全球对比看，上述三种商品占全球同类型出口商品的比重整体呈上升趋势（见图 10.6）。2015 年以前，上述三种类型商品占比上升趋势显著，其中劳动密集型商品比重从 8.8% 增加至 23.1%，上升幅度最大，年均上升 1.1 个百分点；资源密集型则从 3.4% 上升到 7.7%，资本技术密集型从 4.4% 上升至 16.2%。2015—2020 年，全球化遭遇更大逆风，全球贸易低迷，我国商品占全球同类型商品的比重升幅有所放缓。其中，劳动密集型商品占比先下降后上升，到 2020 年回升至 23.4% 附近，与 2015 年的水平基本持平。资本技术密集型商品占比到 2020 年提高大约 1 个百分点，年均上升 0.2 个百分点。资源密集型商品比重也提高了 1.1 个百分点，年均增速与 2002—2015 年基本持平。我国出口商品结构总体上延续了从劳动密集型向资本技术密集型转变的过程，有助于保持和提升我国在全球市场的份额，促进人民币汇率的稳定（见图 10.7）。

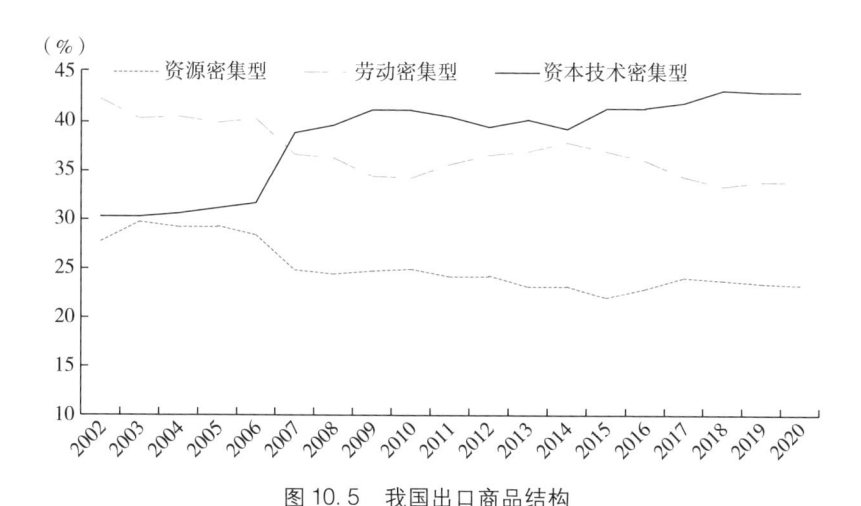

图 10.5　我国出口商品结构

资料来源：Trademap，作者计算。

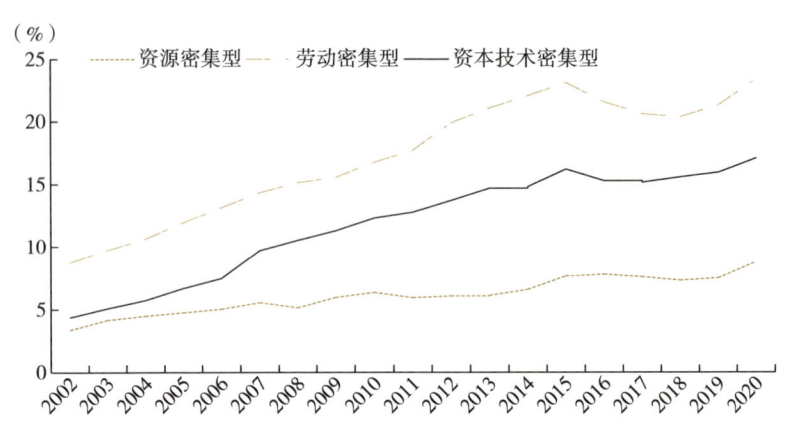

图 10.6　我国出口商品占全球同类型出口商品的比重

资料来源：Trademap，作者计算。

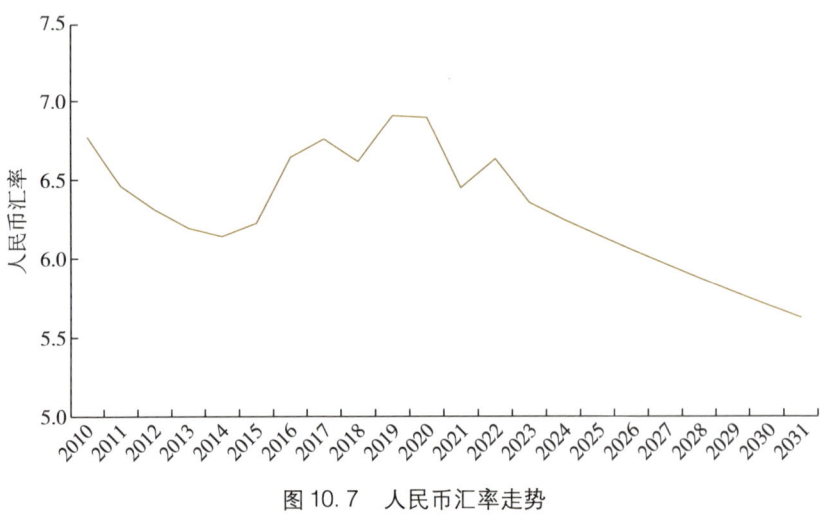

图 10.7　人民币汇率走势

资料来源：Wind，作者计算。

总体看，由于国内疫情冲击，叠加宏观政策周期不同步，市场信心转弱，人民币汇率短期运行承受一定压力，但从中长期看，我国经济发展基础好，市场空间大，回旋余地广阔，产业链更为完整，制造业规模在主要经济体当中较高，人民币汇率具备走稳基础。综合测算，5月以来，国内经济逐步回升，但可能仍低于潜在增长水平。同时，美国加息，美元持续强势，人民币汇率有望维持在6.6%附近波动（见图10.7）。当然，如果疫情影响延续到第三季度甚至年底，人民币汇率可能还会面临贬值压力。

政策建议

畅通物流循环，确保产业链和供应链稳定运行。重点打通公路物流，禁止封闭高速公路路口、变相限制高速公路服务区和加油站使用。封控标准提级前，须在高速公路路口附近设置物流转运衔接和过渡区。充分发挥各大电商和物流平台作用，优化闭环管理，畅通城市内部微循环，妥善解决直面居民的"最后一公里"问题。扩大物流快递企业"白名单"，简化和统一通行证办理手续，充分释放广大中小物流企业运力。着力疏解港口、货运场站、陆路口岸等堵点，加快货物周转。鼓励发展新型物流形态，提高多式联运、甩挂运输等先进运输方式比重，进一步完善海运价格形成机制。

尽快设计出口增量宏观政策，稳住宏观经济大盘。扩大积极财政政策规模，建议发行抗疫特别国债，补充总需求缺口。在汇率弹性更强的背景下，要进一步发挥货币政策自主性，充分运用价格型工具，主动作为。2022年第二季度可适时调降1年期中期借贷便利（MLF）利率和1年期贷款市场报价利率（LPR），同时压低5年期和1年期利率之间的期限利差。加大政策性担保力度，确保金融优惠政策落实到位。

积极发展外汇市场，稳步提高人民币可兑换性。积极发展外汇市场，拓宽实需内涵，丰富交易品种，提高汇率市场的广度和深度，降低交易成本，满足贸易结算、项目融资、资产配置和套期保值等需求。出台优惠政策，鼓励跨境贸易结算和项目投融资活动当中的人民币使用，加强人民币支付清算等基础设施与"一带一路"沿线国家的互联互通。鼓励在石油、铁矿石、粮食等大宗商品进口当中更多使用人民币支付，同时丰富离岸市场以人民币计价的金融产品，完善在岸市场的法律制度保障，畅通人民币回流机制。在中国（上海）自由贸易试验区、海南自由贸易港先行试点人民币资本账户自由兑换，不断丰富人民币数字化应用适用场景。

完善跨境资金流动审慎管理，有效缓冲外部冲击。加强跨境资金监测体系建设，及时对资金进出压力和潜在风险进行评判，更好地平衡跨境资金流动便利和开放风险的有效管控。完善对重点收用汇机构和企业的分类监管，完善逆周期审慎管理，避免跨境资金流动过度波动冲击实体经济和金融稳定。

要 素

第十一章　人力资本：灵活就业成为稳就业的重要途径

赵勇

要点透视

➢ 2021年，企业用工需求在短暂的回升后持续回落到较低水平，前三季度就业市场景气度持续改善，但第四季度出现一定程度的回落。制造业和服务业用工景气度分化明显，农民工就业压力逐渐缓解，高校毕业生、青年群体就业持续承压，就业预期持续回落。

➢ 2022年，就业市场景气度整体偏弱并呈现先下降后略有回升的态势，制造业和服务业就业景气指数"类K形"分化走势仍将大概率持续，中小微企业就业景气度仍将相对低迷，高校毕业生和青年群体就业问题更加突出，灵活就业在"保就业"方面将发挥更加重要的作用。

➢ 平台灵活就业形式可在"保就业"中发挥重要作用，但亟须在规范中健康发展。一方面，需规范用工管理考核体系，建立健全沟通协商机制和惩戒机制，保障平台灵活就业者劳动权益。另一方面，加快完善规章制度和管理办法，明确平台灵活就业新业态的劳动关系及其适用标准。此外，开展平台灵活就业人员职业伤害专项整顿行动，推广工伤保险制度，提高职业伤害保障水平。

2021年我国就业市场景气度总体回升，全年就业形势基本保持稳定。受"三重压力"和"三重冲击"等因素的叠加影响，2022年前三季度就业继续承压，预计随着一系列稳增长、稳就业政策的落地生效，第四季度就业压力会有所减轻。平台新业态下的灵活就业日益成为新的重要就业途径，应在规范中促进其健康发展，充分发挥其在稳就业中的积极作用。

2021年就业市场景气指数不断回升，全年就业形势基本保持稳定

2021年，面对复杂国际环境、新冠肺炎疫情和极端天气等多重挑战，我国加大宏观政策跨周期调节力度和稳就业政策力度，全年就业市场景气度不断回升，就业形势总体稳定。

企业用工景气指数在短暂的回升后持续回落到较低水平

在疫情得到率先控制，并在一系列稳增长、稳就业政策的作用下，2021年第一季度企业用工景气指数达到106.1，是2019年第二季度以来企业用工景气指数的最高点。2021年第一季度之后，企业用工景气指数开始逐步回落，第二、第三季度分别为102.6、98.0，第四季度进一步回落到95.5，与2020年第二季度和第四季度持平（见图11.1）。分地区看，四大板块企业用工景气指数的总体走势，与全国总体走势基本一致，第一季度达到高点后开始逐步回落，特别是东北地区较其他三大板块，企业用工景气指数回落的幅度更加明显（见图11.2）。

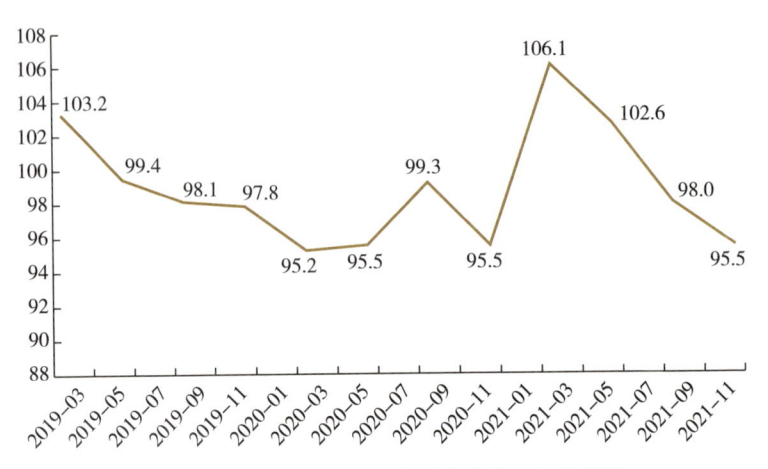

图 11.1　2019—2021 年我国企业用工景气指数

资料来源：Wind。

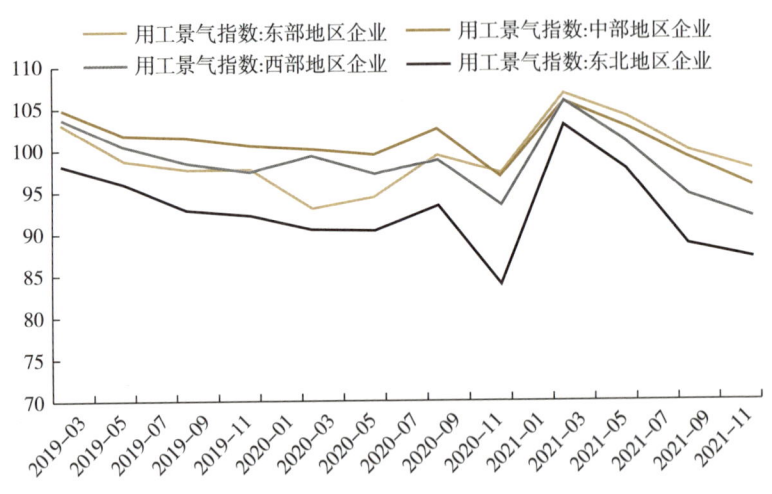

图 11.2　2019—2021 年我国分地区企业用工景气指数

资料来源：Wind。

随着2021年全国范围内企业用工需求相对于2020年的整体回升，城镇新增就业人数也较2020年有所增加。2021年城镇新增就业人数达到1 269万人，较2020年增加83万人，但较2019年减少83万人，仍未恢复到疫情前水平（见图11.3）。

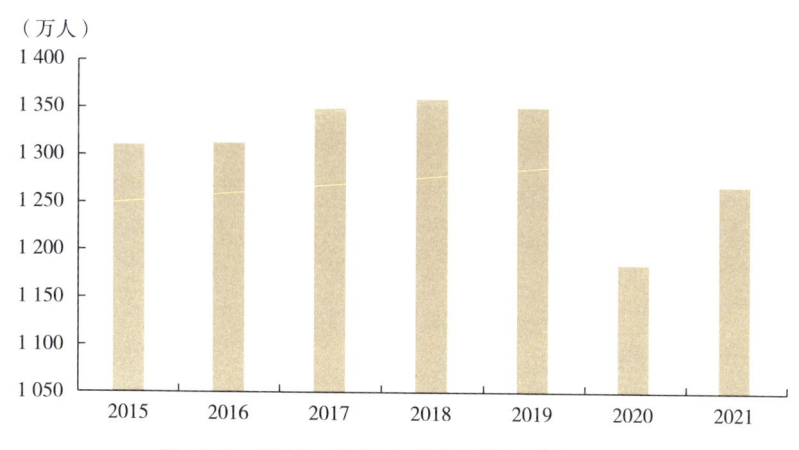

图 11.3　2015—2021年我国城镇新增就业人数

资料来源：2015—2020年资料来自Wind，2021年资料来自人力资源和社会保障部。

前三季度就业市场景气指数持续改善，但第四季度出现一定程度的回落

2021年前三季度，就业压力总体有所缓解，就业市场景气指数持续改善，但是第四季度又出现一定程度的回落。2021年第一季度至第三季度，中国就业市场景气指数由1.66上升到2.15，第四季度回落到1.99，虽仍然好于2020年整体水平，但还未达到2019年第四季度同期最高水平（见图11.4）。

相应地，就业人员平均每周工作时间也呈现先上升后回落的特点。从就业人员平均每周工作时间来看，2021年前三季度该数字持续上升，第四季度出现了一定程度的回落（见图11.5）。

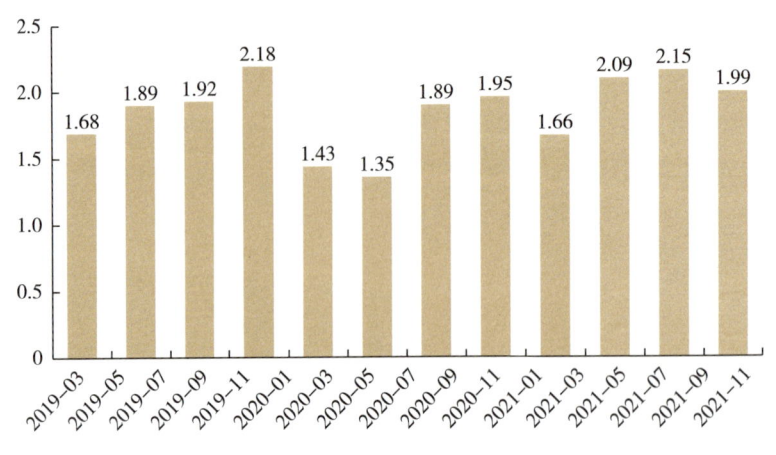

图 11.4 中国就业市场景气指数（CIER）

资料来源：Wind。

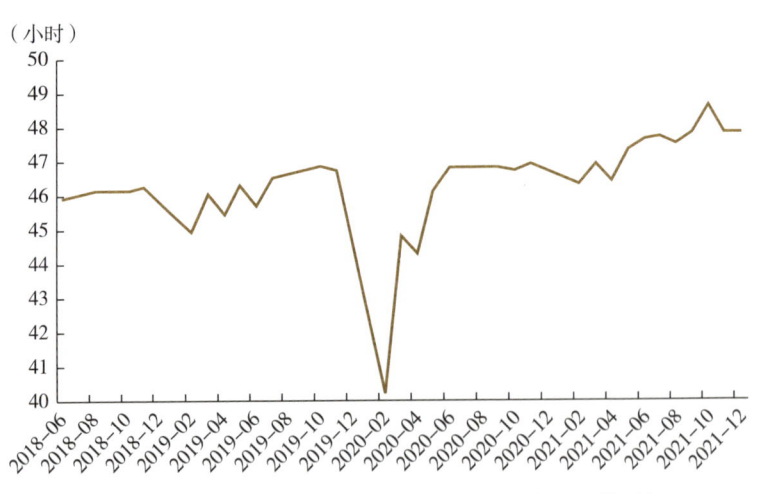

图 11.5 2018—2021 年中国就业人员平均每周工作时间

资料来源：Wind。

进一步来看，从全国城镇调查失业率可以看出，2021年整体就业形势好于上一年。2021年全年城镇调查失业率平均值为5.1%，低于上一年0.5个百分点。分季度来看，第一季度受春节因素和部分地区散发疫情影响，城镇调查失业率水平相对较高；第二季度城镇调查失业率开始回落并保持在相对较低水平；第三季度和第四季度受多重因素影响，城镇调查失业率在波动中略有上升，保持在4.9%~5.1%（见图11.6）。从31个大城市的城镇调查失业率数据来看，第一季度同样出现高点，第二季度逐步回落，第三季度略有增加，第四季度基本持平（见图11.7）。

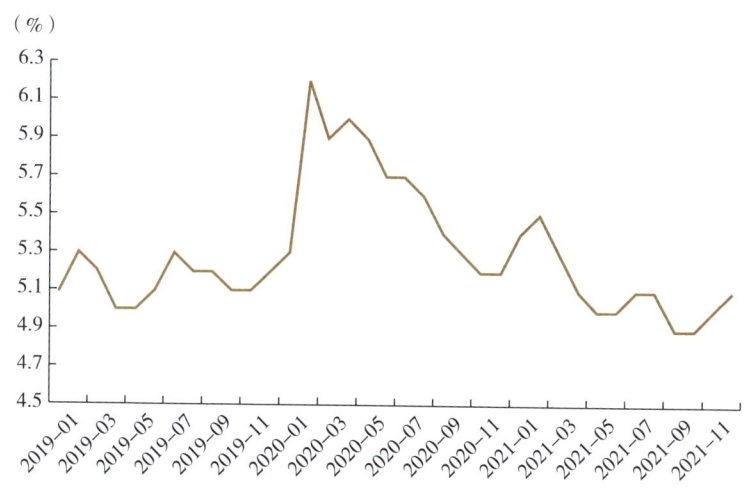

图11.6　2019—2021年全国城镇调查失业率

资料来源：Wind。

从城镇登记失业率来看，2021年全年呈现明显的高位水平先下降后上升的特征。尽管三四季度的城镇登记失业率较上一年度有所回落，但全年各个季度的城镇登记失业率均显著高于2019年各个季度，表明城镇就业压力并没有得到根本性缓解（见图11.8）。

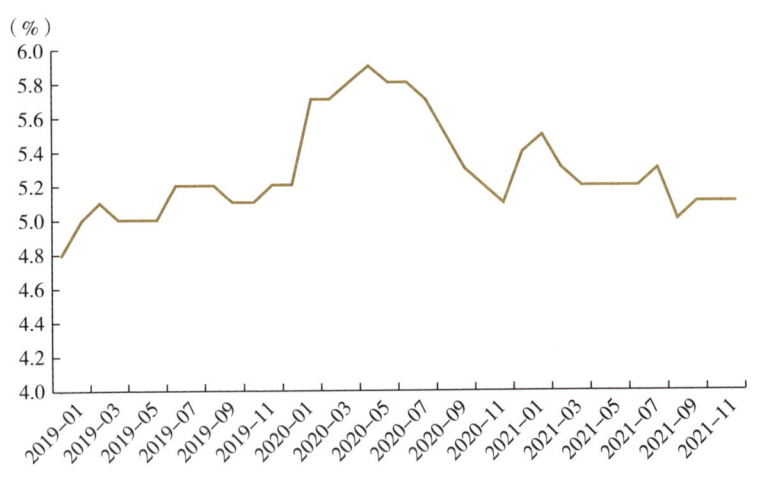

图 11.7 2019—2021 年全国 31 个大城市城镇调查失业率

资料来源：Wind。

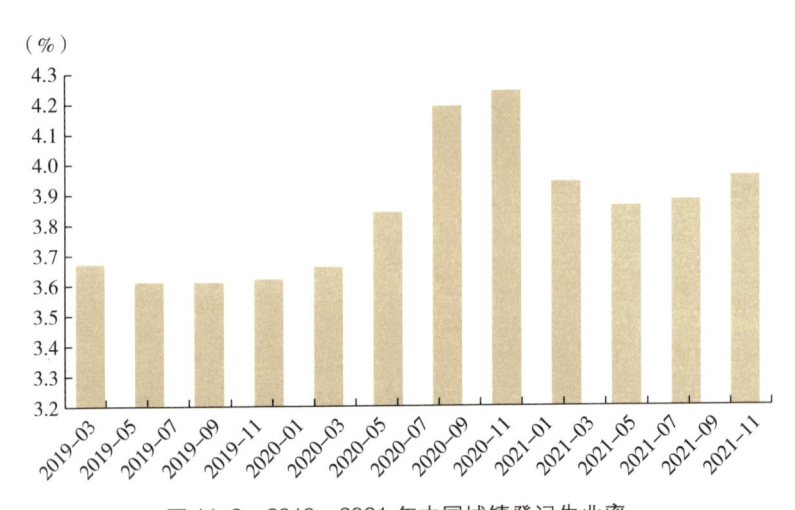

图 11.8 2019—2021 年中国城镇登记失业率

资料来源：Wind。

行业用工景气指数分化明显，服务业就业显著低于制造业

整体看，制造业和服务业用工景气指数均呈现下行态势，但是工业和制造业在第四季度逐渐企稳回升，服务业除个别细分行业外，绝大多数细分行业呈现持续下行的态势。受疫情、房地产监管政策、互联网平台治理以及教培行业整顿等因素的影响，建筑业，房地产业，信息传输、软件和信息技术服务业以及教育业的用工景气指数下降更加明显（见图11.9）。

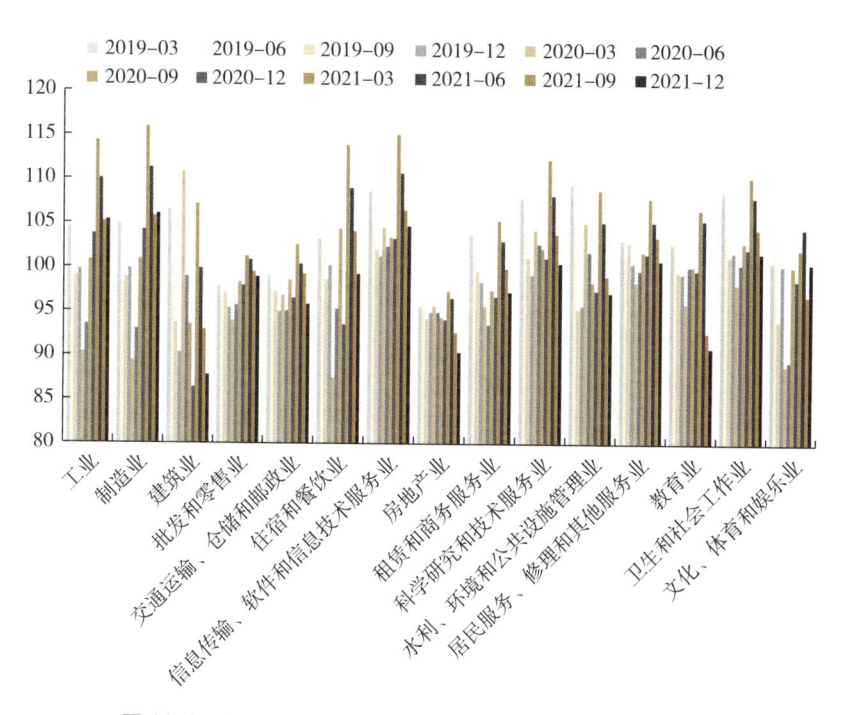

图 11.9 2019—2021 年我国分行业用工景气指数（季度）
资料来源：Wind。

农民工就业压力逐渐缓解，高校毕业生、青年群体就业持续承压

2021年我国农民工就业规模达到2.92亿人，较上一年增加691万人。需要注意的是，外出农民工人数虽然较上一年有增加，但是还没达到2019年的水平，并且比2019年减少253万人。这一数据可能表明部分农民工退出了劳动力市场。相应地，2021年本地农民工数量较上一年增加了478万人，反映出农民工日益趋向本地就业的特征（见图11.10）。

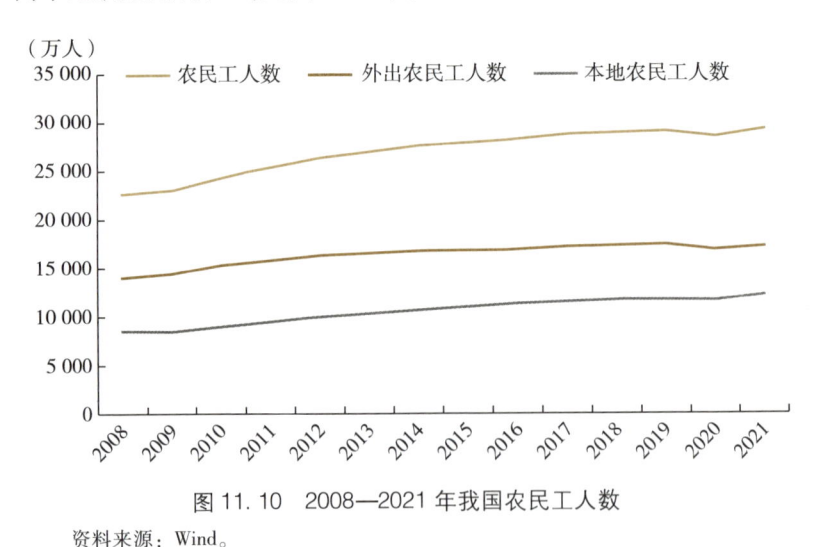

图11.10 2008—2021年我国农民工人数

资料来源：Wind。

高校毕业生面临的就业压力进一步增大，从2021年第三季度开始高校毕业生就业市场景气指数明显回落。根据中国人民大学中国就业研究所和智联招聘联合发布的《2021年第四季度高校毕业生就业市场景气报告》，2021年第四季度，在供需两端下行压力下，高校毕业生就业市场景气指数明显回落，显著低于全国就业市场景气指数。其中，2021年2—6月景气指数高于上一年同期水平，8月和9月与上一年基本持平，但10月和11月则低于上一年同期水平（图11.11）。

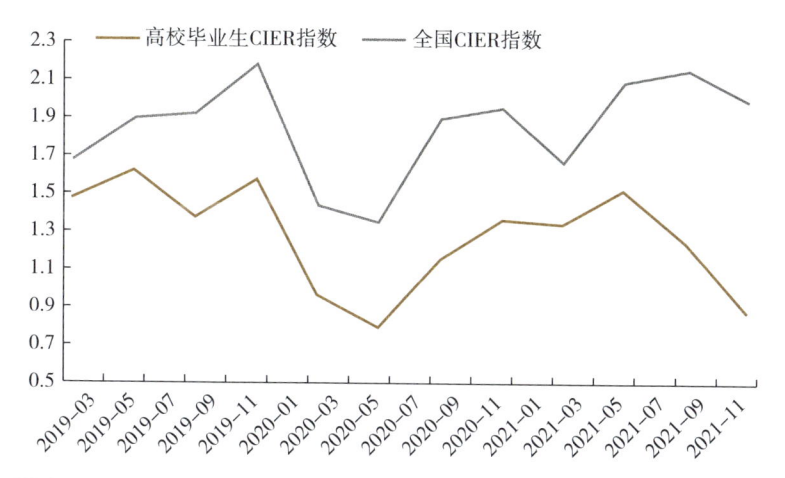

图 11.11 2019—2021 年我国高校毕业生 CIER（中国就业市场景气）指数
资料来源：《2021年第四季度高校毕业生就业市场景气报告》。

同时，城镇失业人员再就业情况有所改善，领取失业保险金的人数略有减少。2021年，城镇失业人员再就业人数为545万人，较上一年增加了34万人，同比增加了6.65%，接近2019年的水平。相应地，2021年城镇失业人员中领取失业保险金的人数较上一年略有减少，但仍然高于疫情前水平（见图11.12）。

就业中较为突出的问题是，青年群体失业率居高不下。2021年，就业人员（16~24岁组）调查失业率整体偏高，各个月度的调查失业率均在12%以上，从逐月变化来看，调查失业率上半年处于不断上升的态势，下半年开始有所回落并在第四季度趋于平稳；就业人员（25~59岁组）调查失业率整体较低，各个月度的调查失业率均在5.0%以下，从逐月变化来看，总体呈现下降的态势，但到第四季度又略有增加（见图11.13）。

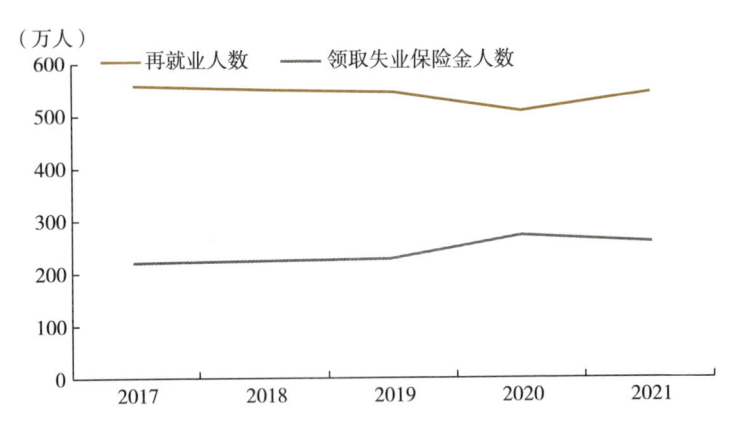

图 11.12　2017—2021 年全国城镇失业人员中再就业人数和领取失业保险金人数

资料来源：Wind。

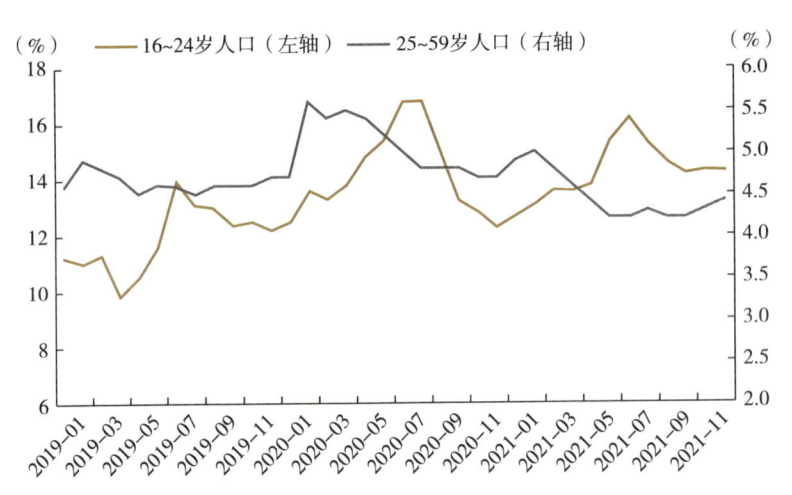

图 11.13　2019—2021 年不同年龄组就业人员调查失业率

资料来源：Wind。

260　　双碳目标下的绿色增长

就业预期持续回落

从最新一轮的央行城镇储户问卷调查来看,居民对于当前就业的感受和未来就业的预期指数明显降温(见图11.14)。进一步从分季度景气调查消费者就业预期指数来看,就业预期悲观程度也在不断加剧,就业预期指数从2021年第一季度的135.40持续下降到第四季度的126.60(见图11.15)。

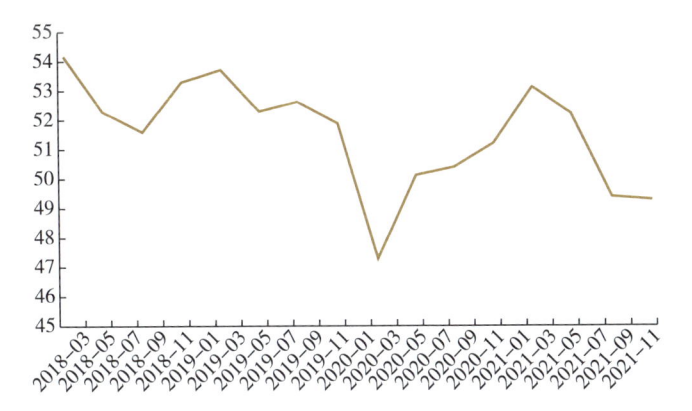

图 11.14　2018—2021 年央行城镇储户问卷调查未来就业预期指数
资料来源:Wind。

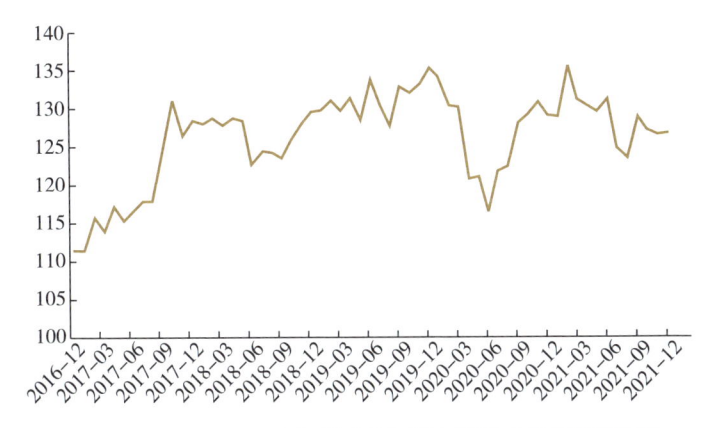

图 11.15　2016—2021 年我国景气调查消费者就业预期指数
资料来源:Wind。

第十一章　人力资本:灵活就业成为稳就业的重要途径　　261

2022年就业压力将进一步增大

2022年受需求收缩、供给冲击、预期转弱"三重压力"的影响，特别是在国际环境动荡、疫情反复扰动和收缩性政策滞后效应的"三重冲击"下，宏观经济和就业市场将继续承压。即使在采取积极的稳增长政策后，就业的滞后性特征，也将使全年整体就业压力明显加大。

第一，就业市场景气度整体偏弱并将先下降后略有回升。 2022年，国内经济发展面临"三重压力"和"三重冲击"的影响。尽管一系列稳增长政策和就业优先政策提质加力，部分抵消了经济下行压力、就业形势恶化的趋势，但是难以改变全年就业景气度偏弱且下行的总体态势。综合研判，2022年GDP全年增速将呈现前低后高态势。其中，经济增速第二季度开始筑底回升，高点出现在第三季度，第四季度又会有所回落。与宏观经济走势基本一致，作为滞后性指标的就业指数，将大致呈现先持续下降后略有回升的态势。

第二，制造业和服务业就业景气指数"类K形"分化走势大概率仍将持续。 2021年第四季度，工业和制造业就业市场景气指数已经开始企稳回升（见图11.9），随着稳增长政策下增长的持续较快恢复，制造业和建筑业就业市场景气指数将可能出现快速回升。尽管2021年全年服务业就业市场景气指数不断下降，但在2022年年初出现边际改善迹象，2022年1—2月服务业从业人员PMI（采购经理指数）出现边际回升（见图11.16）。特别需要关注的是，2022年1月以来服务业业务活动预期PMI迅速回升，由1月的56.7迅速上升到2月的59.6（见图11.17）。在没有大范围疫情扰动的情形下，预计服务业活动的加快恢复会带来用工需求的弱回升，但预计服务业就业景气度仍将低于疫情前水平。

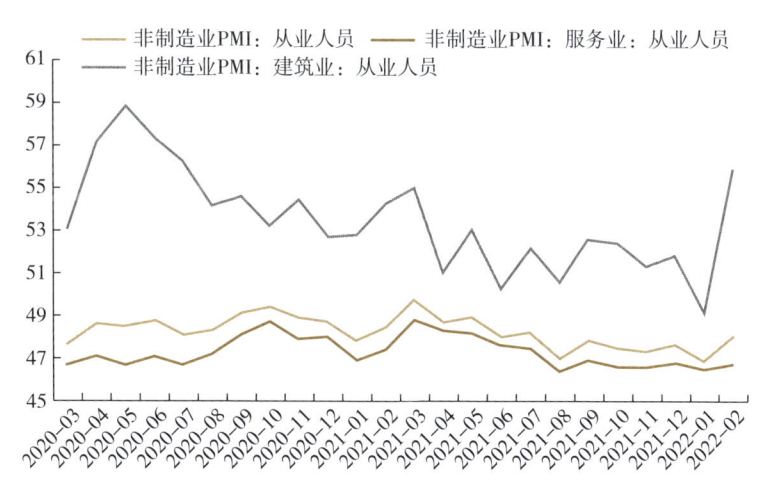

图 11.16　2020—2022 年非制造业 PMI 从业人员指数
资料来源：Wind。

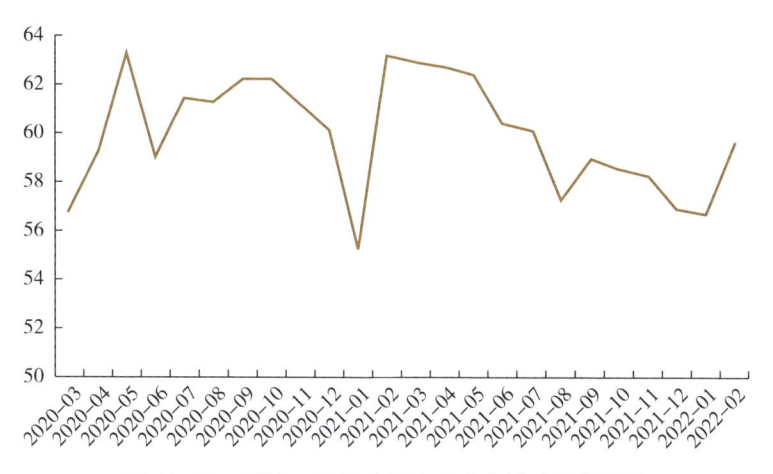

图 11.17　2020—2022 年服务业业务活动预期 PMI
资料来源：Wind。

第三，中小微企业就业景气指数仍将相对低迷。中小微企业是解决就业问题的主体，但2021年中小企业劳动需求指数持续下降（见图11.18），相应地，2021年第三季度后中小微企业就业市场景气指数开始下降（见图11.19），特别是2022年以来中国中小企业发展指数和信心指数仍在回落（见图11.20）。尽管稳增长政策的发力，会对经济增长产生一定的提振作用，但是当前稳增长的重心集中在基建、能源等领域，偏向于重大项目，更加利好大型企业和国有企业，对中小微企业就业需求和就业市场景气度的改善程度较为有限。

第四，高校毕业生和青年群体就业问题更加突出。2022年高校毕业生规模将达到1 076万人，比上年增加167万人，规模和增量均创历史新高。加之往年累积的尚未就业的学生以及留学生回

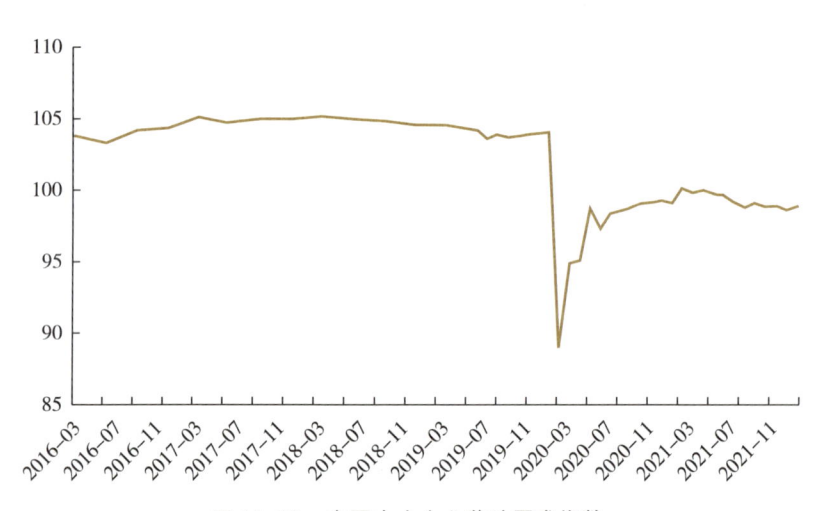

图11.18 中国中小企业劳动需求指数

资料来源：Wind。

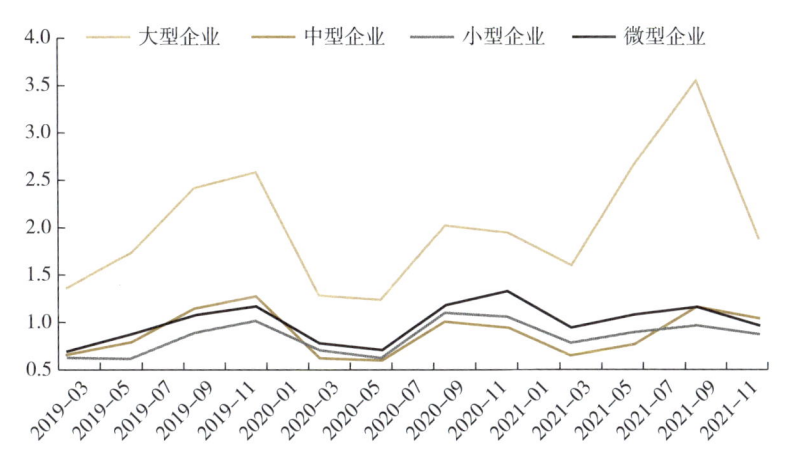

图 11.19　2019—2021 年我国不同规模企业就业市场景气指数
资料来源：Wind。

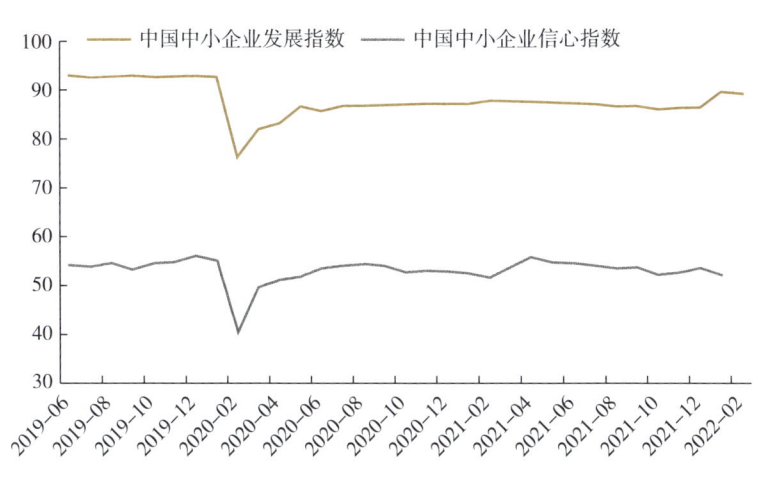

图 11.20　2019 年以来我国中小企业发展指数和信心指数
资料来源：Wind。

国数量增加，高校毕业生供求矛盾将进一步加剧。与之相对应，青年群体就业问题将更加突出。2021年，16~24岁人口的调查失业率已达到14.2%，远高于过去三年历史同期水平。2022年在劳动需求没有明显扩张空间的条件下，上述供给因素的叠加，会进一步加剧青年群体的就业难度。

第五，灵活就业将在保就业方面发挥更加重要的作用。灵活就业已经成为解决就业问题的重要途径。截至2021年年底，我国灵活就业人员已经达到2亿人左右。中国人民大学灵活用工课题组等发布的《中国灵活用工发展报告（2022）》蓝皮书调查数据显示，2021年中国有61.14%的企业采用灵活用工，与2020年调查数据相比，灵活用工比例上升了5.46%，企业倾向于扩大灵活用工规模。2022年，在传统正规就业空间有限扩张的背景下，基于平台的灵活用工和就业，在稳定就业和稳定劳动收入方面将会发挥更加重要的作用。

规范平台灵活就业的相关政策建议

随着数字经济和平台经济的发展，与平台新业态相关的灵活就业逐渐成为重要的就业形态，在拓宽就业渠道、增强就业弹性、增加劳动者收入等方面发挥着越来越重要的作用。国家信息中心分享经济研究中心发布的《中国共享经济发展报告（2020）》数据显示，2019年我国以新就业形态出现的平台企业员工达到623万人，平台带动的就业人数约7 800万人。据调查，一些平台外卖骑手达到400多万人，平台主播及相关从业人员有160多万人。平台新业态在从业人员规模、服务类型多样化等方面都处于世界前列。

基于平台的灵活就业，与以往传统的灵活就业或非正规就业相比，呈现一些新的特征和优点：一是劳动力就业需求的集中性、稳定性和持续性更高。互联网平台能够规模化聚合大量消费需求和服务需求，这决定了基于平台的灵活就业集中度远高于传统的灵活就业。相较于小规模企业因经营的不稳定导致在吸纳灵活就业人员方面的不稳定，平台企业的规模化组织方式决定了就业岗位需求的稳定性和持续性相对更高。二是劳动力搜寻匹配、利用和配置效率更高。互联网平台能够规模化聚合消费需求和生产服务供给，并利用算法实现劳动者与业务的实时搜寻，促进灵活就业人员技能素质与业务需求的时间、地点、薪酬等方面的高效精准匹配，并在不同的平台、岗位和工种之间高效切换，使劳动能力得到更充分的发挥，极大地提高了劳动力的使用效率和配置效率。三是就业的时空选择、方式和劳动关系更加自由、灵活且富有弹性。新就业形态突破了劳动者与企业组织和岗位之间在劳动关系、劳动形式、劳动时间等方面的一系列限制，劳动关系、薪酬标准、工作时间、工作地点、工作方式等更加灵活和富有弹性，特别是劳动者进入和退出的选择性和自主性更高、更加灵活。

总体看，基于平台新形态的灵活就业，有效促进了就业，但也出现了一系列问题亟待规范。一是平台"算法困境＋以过分追求准时率和好评率为导向的考核体系"导致网络配送员追求极短的配送时间，引发的职业（伤害）等问题比较突出。二是基于平台的灵活就业带来的劳动争议缺乏明确的、适用的法律条款和相关行政规定。按照我国现行《中华人民共和国劳动法》规定，灵活就业等新业态通常被认定为劳务关系而非劳动关系，因此不受《中华人民共和国劳动法》保护，劳动仲裁机构和司法机关在处理有关争议时缺乏相应的依据。三是对通过复杂用工关系转移职业风险和责任的行为缺乏有效的规制。为降低用工成本和减少劳动纠纷，一些平台企业通过外包、众包等方式模糊与劳动者的法律关系，使安全事故和劳动责任界定非常困难，最终将职业风险向劳动者转移。

为此，应强化平台新业态灵活就业的管理，加快完善平台新业态灵活就业的相关法律和规章制度，保障劳动者合法权益、劳动安全和职业安全，促进平台新业态灵活就业的健康发展。

第一，规范用工管理考核体系，建立健全沟通协商机制和惩戒机制，保障平台灵活就业者劳动权益。 加快出台对算法设定和算法取中的相关管理规定，督促平台改进灵活用工考核体系。建立主管部门、协会、平台、律师、研究机构、劳动者代表等多方沟通协商机制，签订行业集体合同或协议，推动制定行业劳动标准。建立健全平台灵活就业用工信息公开制度和激励惩戒制度。

第二，加快完善规章制度和管理办法，明确平台灵活就业新业态的劳动关系及其适用标准。 加快出台平台灵活就业管理条例或管理办法，明确界定不同类型用工形式下企业和劳动者的关系，以及适用的劳动协议或业务协议，扩大平台灵活就业者劳动协议或业务协议覆盖面。完善平台灵活就业相关政策措施和司法解释，在条件成熟的情况下，尽快修订《中华人民共和国劳动法》，增加平台灵活就业相关条款。

第三，开展平台灵活就业职业伤害专项整顿行动，推广工伤保险制度，提高职业伤害保障水平。 集中开展平台劳动工伤与职业伤害专项整治行动，采取约谈、专项检查等方式，加大对平台灵活就业违规违法行为的曝光和处罚力度。借鉴浙江、广东为灵活就业者单独购买工伤保险的做法，率先在主要平台推广实行职业伤害保险制度。建立健全职业伤害保障管理服务规范和运行机制，按照"先赔付救治、后界定责任"的原则，确保发生职业伤害的劳动者及时获得基本的医疗救治和经济补偿。

参考文献

张车伟.中国人口与劳动问题报告（No.21）——"十四五"时期人力资本提升与经济高质量发展［M］.北京：社会科学文献出版社，2021.

世界银行.2016年世界发展报告：数字红利［M］.北京：清华大学出版社，2017.

World Bank. World Development Report 2019：The Changing Nature of Work［R］. https：//www.worldbank.org/en/publication/wdr2019.

第十二章 返乡、睡村与家庭城镇化

——农民工回流本地的近忧与隐虑

卓贤 杨修娜[①]

要点透视

➢ 2021年我国城镇化率提升速度放缓,这背后既有2020年人口普查的高基数效应,也有疫情导致的城镇化驱动力进一步改变。

➢ 农民工总量规模基本恢复到疫情前水平,跨省农民工回流趋势加强,超四成农民工在本乡镇内就业,近四分之三农民工在省内就业。

➢ 农民工在全国范围内出现了就业半径缩小的趋势,但就近就业范围有所扩大,本地农民工就业半径从"乡镇"延伸到"县域"。

➢ 农民工回流并非发达地区用工需求下降所致,县域

---

① 卓贤,国务院发展研究中心发展战略与区域经济研究部副部长、研究员;杨修娜,中国发展研究基金会副研究员。

经济发展和"举家城镇化"的高成本构成回流的引力和推力。

➢ 农民工持续回流造成了劳动力市场的空间错配,当前应从"以人为核心的城镇化"升级为"以家庭为核心的城镇化"。

2021 年城镇化进程回顾与未来十年展望

2021 年我国城镇化率提升速度放缓。2021 年年末,我国城镇常住人口达到 9.14 亿人,比 2020 年年末增加 1 205 万人,常住人口城镇化率为 64.72%,比 2020 年年末提高 0.83 个百分点。相比于过去十年的均值,2021 年我国城镇化率提升速度下降了 0.59 个百分点,这一反差背后主要有两方面原因。

一是 2020 年人口普查的高基数效应。根据第七次全国人口普查(以下简称"七普"),我国 2020 年的城镇化率达到 63.89%。从 2011 年到 2020 年的十年间,我国城镇人口每年增加 2 364 万人,城镇化率年均上升 1.42 个百分点。2020 年城镇化率的提升速度,超过了此前数年抽样调查反映的城镇化进展趋势。这是由于全国性的人口普查更全面地反映了人口流动的情况,以往年份因为居所不固定、新型就业形态等原因造成的城镇人口漏登情况,在 2020 年得到了一次性补齐。

二是疫情导致城镇化的驱动力进一步变化。根据国家统计局的数据,2021 年新增的城镇人口中,城镇区域扩张、城镇人口自然增长和乡村人口流入城镇三方面因素的贡献率分别为 43.37%、14.46% 和 42.17%。新冠肺炎疫情对城乡人口迁徙,特别是农民工的流动仍然有较大影响,农业转移人口对城镇人口的贡献(即"乡村人口流入")比就地城镇化(即"城镇区域扩张")低 1.2 个百分点。城镇区域扩张导致的就地城镇人口增长绝对量也有明显下滑，反映出疫情对城市产业扩张和城乡一体化建设的拖累。城镇人口自然增长的贡献率下滑较快，这与城镇家庭生育率受到疫情冲击有关。

当前中国城镇化仍处在潜力较大的中速推进期。疫情终将过去，城镇化进程也将回归常态。根据 Logistic 模型的推算，未来十年我国城镇化率将保持年均提升 0.8~0.9 个百分点的速度，在 2030 年将突破 70%，到 2035 年将达到 75% 的水平。由此推算，未来十年我国城镇常住人口还将在现有基础上增加 1.2 亿人。

本章余下部分将讨论在疫情背景下农民工从发达地区回流到家乡地就业的现象。如前文所述，这是近两年来制约我国城镇化进程的一个重要因素。研究发现，农民工回流并非原流入地就业需求不足所致，县域经济发展和"举家城镇化"的高成本才是主因。这一趋势有利于乡村振兴和县域经济的发展，但也要关注本地农民工比重增加带来的劳动力市场错配，就业不饱和、不稳定以及收入增长放缓等问题。

农民工跨省回流和本地就业半径扩大的新趋势

农民工总规模基本恢复到疫情前水平。2010 年以来，农民工总规模扩张速度放缓，同比增速从 2010 年的 5.4% 下降到 2019 年的 0.8%。根据国家统计局数据，受疫情影响，2020 年农民工总规模首现下滑，当年有 517 万人退出就业市场，农民工总量下降到 2.86 亿人（见图 12.1）。但整体而言，由于我国疫情较早得到有效控制，农民工就业并未受到较大冲击。2021 年，随着疫情得到有效控制，农民工就业逐渐恢复，到 2021 年年末农民工总量达 2.93 亿人，与疫情前 2019 年年末 2.91 亿人的水平相当。

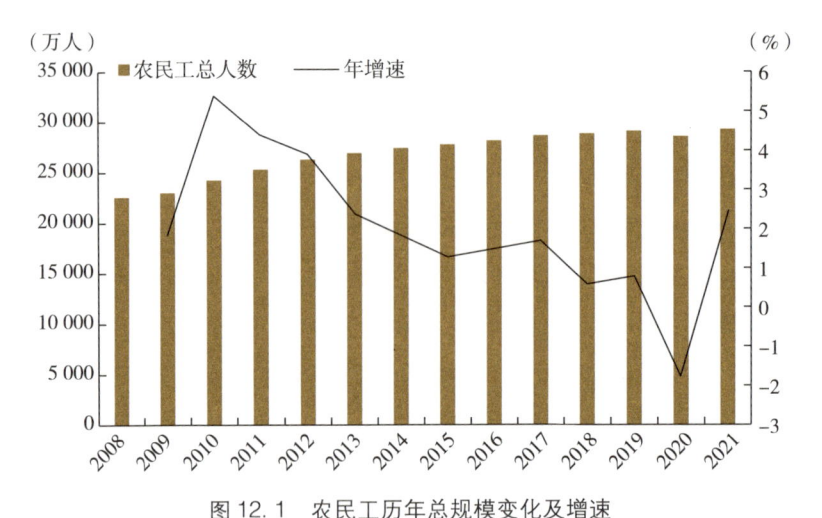

图 12.1　农民工历年总规模变化及增速
资料来源：国家统计局历年《农民工监测调查报告》和笔者计算。

跨省农民工回流趋势加强，超四成农民工在本乡镇就业，近四分之三农民工在本省就业。2010—2021 年，跨乡镇就业的外出农民工增速一直低于本地农民工，外出农民工比重从 2010 年的峰值 63.3% 下降到 2021 年的 57.7%（见图 12.2）。其中，跨省农民工的回流尤为明显，其比重从 2010 年的 31.9% 持续下降到 2021 年的 24.4%，约四分之三的农民工在省内就业。跨省农民工的绝对人数出现下降始于 2015 年，2015—2019 年五年之间下降了 359 万人。疫情加速了跨省农民工的回流，2020 年跨省就业农民工比上年减少 456 万人，超过此前五年减少的总和。相比之下，2020 年在户籍所在乡镇就业的本地农民工只微减了 51 万人，总规模为 1.16 亿人，占比达到 40.6%，2021 年进一步提高至 41.3%，成为稳定农民工就业的重要力量。

■本地农民工 ■省内外出农民工 ■跨省农民工

31.9%　36.7%　　27.9%　39.2%　　24.4%　41.3%

31.4%　　　　　32.9%　　　　　34.3%

2010　　　　　2015　　　　　2021

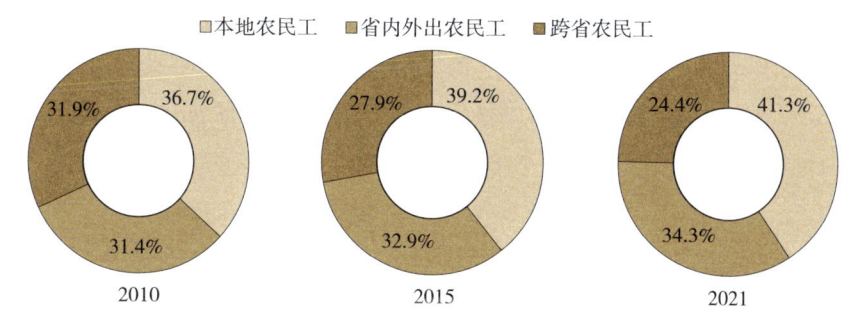

图 12.2　本地、省内外出和跨省农民工的比重变化

资料来源：国家统计局历年《农民工监测调查报告》和笔者计算。

主要劳务输出地农民工回流趋势明显。2020 年，从东部、中部、西部和东北地区输出的跨省农民工分别比 2019 年减少了 102 万人、209 万人、134 万人和 11 万人。从回流目的地看，中部地区农民工主要回流到本县域内，而西部地区农民工则主要回流到省内中心城市，如成都、西安和贵阳等。以公布农民工结构数据的安徽省为例，2020 年安徽前往省外打工的农民工减少了 100 万人，而在省内新增的 89.9 万农民工中，本乡镇就业、乡外县内就业和县外省内就业的比例分别为 52∶36∶12，农民工从省外回到县域的趋势较为明显。

本地农民工就业半径从"乡镇"延伸到"县域"。虽然在全国范围内农民工出现了就业半径缩小的趋势，但本地农民工的就近就业范围有所扩大。基于 2021 年上半年对 20 余个行政村的实地调研，我们发现得益于乡村公路和县域公交系统的发展，农民工"离土不离乡"的范围有所扩大。类似于大城市周边的卫星城，不少农村也出现了"睡村"和"两栖农民工"现象，即不少农民工白天跨乡镇就业，但在晚上返回农村的家中，或一周中的工作日在县城工作，但周末回村居住。电动车成为本地农民工最主要的通勤工具。我们对样本村落昼夜用电户数以及工作日和周末用电变化的观察，也印证了由实地访谈获得的直观印象。

根据现有统计标准，本地农民工是指"在户籍所在乡镇地域以内从业的农民工"。在原有统计口径下，上述跨乡镇工作但回村居住的农民工，归属于在本乡镇之外就业的"外出农民工"。但其就业范围和生活圈仍以农村住宅为轴心，他们是实质上的"本地农民工"。因此在现实中，还有不少游离于现有统计口径之外的本地农民工。仍以安徽省为例，2020年安徽省农民工共1 967.4万人，其中本乡镇就业农民工为625.2万人。根据国家统计局安徽调查总队的数据，该省乡外县内就业农民工为248.5万人，如果以县域为界重新定义本地农民工，新口径下的本地农民工规模已达到873.7万人，比2019年增长了10%。

县域经济发展和"举家城镇化"的高成本构成回流的引力和推力

农民工就业正经历从发达地区向家乡地回流的区域再配置，这一过程因疫情暴发而加速，但并未因疫情稳定而放缓。农民工持续回流不是发达地区用工需求下降所致，而是县域经济发展的"引力"和"举家城镇化"成本高昂的"推力"共同作用的结果。

农民工回流并非发达地区用工需求下降所致。2020年下半年以来，在全球疫情推动制造业订单回流国内的背景下，我国中低端劳动力市场用工缺口明显。根据人力资源和社会保障部数据，劳动力市场用工缺口从2020年第四季度的92.9万人上升到2021年第一季度的105.5万人，历史上首次突破100万人关口。当前最紧缺的前100个职业多为农民工岗位，其中有42个属于生产制造岗位，比2019年同期多出6个。招不到人的企业以加班的方式应对用工短缺。根据我们对 2 000 余个国家级和省级开发区工人工作时长的分析，2021 年重点园区工人的日均工作时间比 2019 年同期延长 0.25 个小时。其中，外省农民工数量下降最多的广东，其工人的日均工作时长比 2019 年同期增加 0.44 个小时。

一方面，县域经济发展成为农民工回流的"引力"。近年来，交通基础设施完善、区域间产业转移和脱贫攻坚工程的实施，推动了传统劳务输出地的县域产业发展，吸引不少农民工主动返乡就业。另外，一些在外积累了资金、技术和市场渠道的农民工返乡创业，并通过乡邻关系召回了在外务工的同乡。受疫情影响，2020 年我国市辖区新注册市场主体比 2019 年减少 4.7%，而县域地区（含建制镇和乡村）新注册市场主体比 2019 年增加 13.2%，为回流农民工创造了大量就业岗位，拓宽了农民工就业的空间。

同时，平台经济的下沉为小乡镇创造了大市场。2020 年，全国新增网民中约 75% 来自农村，当年农村网民增量相当于前 5 年农村网民总增量的近两倍。加之农产品价格总体呈现上涨趋势等因素，2020 年全国"淘宝村"数量同比增长 26%，"淘宝镇"数量同比增长 57%。根据我们对头部招聘网站的调研，2020 年以来，县域经济和乡村产业对农业无人机操作、短视频制作、电商线下销售、农产品品控等新形态就业岗位的需求增长较快。

另一方面，"举家城镇化"的高成本是农民工回流本地的"推力"。虽然大多数城市放宽了农业转移人口的落户条件，但农民工仍面临着住房、教育和养老等市民化的高成本，难以实现"举家城镇化"。基于对农民工的年龄结构分析，我们发现农民工回流的年龄拐点出现在 30 岁和 55 岁。

第一个年龄拐点是农民工婚育高峰期。根据我们在河北和山东等地的调研，由于青年男女比例失衡，农村青年男性结婚需要准备总价值 100 万~120 万元的住房、汽车和彩礼"新三大件"，其中住房价值在 80 万~100 万元。在县城购房对农村家庭来说已勉为其难，在一、二线城市购房成家对绝大多数农民工来说则高不可攀。处于 30~34 岁婚育高峰期的农民工，跨县外出打工的比重比年龄在 30 岁以下的农民工垂直下滑了 18.3 个百分点。对于年龄大于 30 岁的女性农民工，其外出打工的比重更是比 30 岁以下的女性农民工下滑了 25.4 个百分点，其背后的逻辑是女性要回乡生育和照看子女的家庭分工。

第二个年龄拐点出现在农民工父母高龄失能期。大规模的快速城镇化导致农村人口年龄结构异化，传统的农村家庭养老和照料方式面临挑战。七普数据显示，农村 60 岁以上的老龄人口比重（23.8%）远高于城市（15.8%）。我们发现，在 55 岁以上的农民工群体中，只有 43% 在本县之外就业，比 30~54 岁群体又明显下降了 8.7 个百分点。据我们访谈了解，当在农村的高龄父母出现失能时，外出农民工夫妇中收入较低的一方往往会返乡，在县域范围内就近就业，以兼顾照料老人。根据 58 同城的数据，2020 年计划在疫情后调整工作状态的职场人中，有 36.5% 选择在家乡发展，主要就是为了方便照顾父母。另外，农民工子女还面临在流入地就读高中难的问题，一些特大城市只向农民工随迁子女开放中等职业学校，而重点高中不对随迁子女开放。中高龄农民工返乡，除了要照料失能老人，还有不少人承担着看护留守家乡的第三代的职责。

农民工回流本地的近忧与隐忧

农民工持续回流造成劳动力市场的空间错配。从实地调研来看，不少在疫情之后回乡的农民工从事建筑、装修、搬运等"零散工"岗位，工作时间不饱满、收入不稳定、劳动保护差，劳务输出地难以发挥持续分流就业的作用，部分农村劳动力处于闲置状态。与此同时，发达地区的外来农民工总量明显下降。2020年在东部地区就业的农民工比2019年减少568万人，降幅为3.6%。其中，在京津冀、江浙沪、珠三角等发达地区就业的农民工分别比上年减少132万人、212万人、195万人。2021年，在东部地区就业的农民工规模有所恢复，但仍比2020年减少了262万人。目前重点城市特别是作为制造业重点地区的珠三角缺工现象较为明显，普工的劳动力成本上涨较快。劳动力市场的空间错配，削弱了我国吸纳制造业回流订单的能力，限制了经济增长的潜力。此为农民工持续回流的近忧。

从中长期来看，农民工持续回流还有可能造成机器替代、劳动降级和收入增长停滞。

农民工回流和机器替代互相强化，劳动密集型岗位面临永久性减少。疫情导致普工和初级技工缺口拉大，倒逼企业投入大量自动化设备替代人工生产。长期以来，由于用工成本上升、季节性用工短缺以及对提升生产效率的内在需求，企业一直在推动人工生产向机械臂、真空吸力、机器视觉系统等自动化场景转变，以保持生产的持续性和稳定性。根据笔者在江苏、安徽等地的调研，一个中型机械臂的成本约为3名工人一年的工资，但能替代6人的工作量。高资本投入的机器替代原本是一个长期、渐进的过程，但疫情冲击让这一替代过程大大提速：2021年中国工业机器人完成产量超过36.6万台，同比增长54.4%，几乎是2020年增速（19.1%）的3倍。与此同时，2020年全国从事制造业的农民工比上年减少了170.2万人，同比多减少92.1万人，为连续第5年减少（见图12.3）。2021年因订单回流，制造业农民工回升了

130万人，但占全部农民工的比重还是下降了0.2个百分点。从事制造业的多为中高龄低技能农民工，一旦家乡地就业机会减少，重新外出打工的农民工将面临原有就业岗位被机器永久性替代的局面。

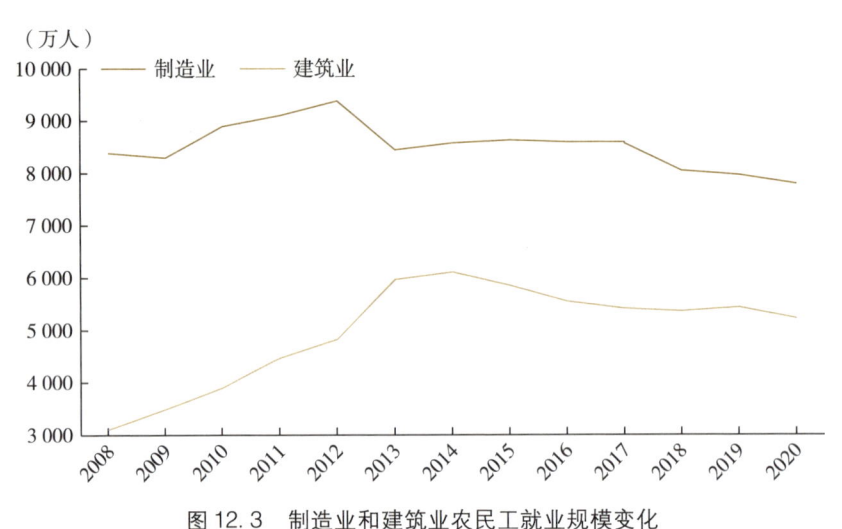

图12.3 制造业和建筑业农民工就业规模变化
资料来源：国家统计局历年《农民工监测调查报告》和笔者计算。

回流农民工存在劳动技能相对降级的可能。农民工在发达地区就业，除获得有形的物质收入，还通过"干中学"积累先进设备的操作技能，获得无形的人力资本增值。疫情加快了发达地区制造业、建筑业乃至生活性服务业的自动化进程，降低了对低技能劳动力的需求，企业需要更多能操作数字化设备的中高级技工。农民工退出发达地区就业市场，回乡从事对技能要求不高的零散工种，其技能升级的进程被打断。随着疫情期间数字化技术的渗透，企业对普工和低技能工人的需求降低，对掌握自动化设备操作、维修乃至编程的高技术工人需求上升，回流农民工的人力资本面临贬值压力。回流本地的农民工以受教育水平较低的中高龄人群为主，这部分人群的技能学习能力较弱，而且较高质量的职业教育资源目前仍主要分布在发达地区，农民工不容易在家乡地获得中高技能的学习机会，一旦家乡地就业形势发生变化，他们难以通过技能升级适应发达地区升级后的用工需求。

农民工群体的绝对收入将因回流而下滑。根据国家统计局数据，外出农民工的月平均工资为 4 543 元，比本地农民工高出 26%。当外出农民工回流为本地农民工，其年收入将平均减少 10 373 元（考虑到春节返乡因素，我们将农民工一年打工的时间设为 11 个月）。以 2019 年的农民工结构为参照，2021 年农民工群体将因回流而减少增收 535.1 亿元，农民工整体收入增速将损失 0.7 个百分点。同时，由于县域经济短期内增加了大量农民工，形成劳动力供大于求的局面，还会进一步挤压本地农民工的收入。由于大城市和县域的物价差异，回流农民工的个体福利短期内未必降低，但由此带来的宏观层面收入和消费的增长压力仍不容小觑。

应从"以人为核心的城镇化"升级为"以家庭为核心的城镇化"

农民工回流给家乡地带来了劳动力、资金和技术，对激活县域经济和促进乡村振兴有积极意义。当然，我们也要正视农民工回流带来的近忧和隐虑，实现新型城镇化、乡村振兴和县域经济的协同发展。

短期之举，应消除信息不对称以解决劳动力市场的空间错配。充分发挥互联网对就业的撮合作用，鼓励互联网中介建立农民工就业的类"淘宝"平台，吸引各类用工企业、就业中介机构和各级地方政府入驻，提供实时有效的就业岗位信息，疏通农民工外出流动渠道。通过"校企合作""订岗实习"等方式，提高职业教育和技能培训的普及率和针对性，特别要针对农村初中毕业生和高中辍学生设置职业培训课程，让更多年轻农民工拥有数字化技能，提升农民工的人力资本。

中期而言，应推动县域经济发展和乡村振兴协同共振。在新型城镇化和乡村振兴战略中，县一级处在承上启下的关键环节，要以提升县域产业内生增长能力为重点，发展绿色食品、服装加工、旅游等劳动密集型产业，让就近就业的农民工留得下、稳得住、富得起。同时，应以提高农村产业附加值为导向，继续深挖农业多种功能，提高农产品加工深度和附加值，补齐技术、品牌、物流、营销等农业产业链短板，推动农业与乡村旅游、康养等产业融合发展，尽可能地将依托农业农村资源发展的第二、三产业留在县域，让返乡农民工更多分享产业增值收益。

长远来看，必须推动"以家庭为核心"的新型城镇化。要实现企业用工需求和农民工就业的稳定性，光是推动农民工个人的市民化是不够的，新型城镇化应从"人的城镇化"进一步升级为"家庭的城镇化"。一是建立住房类财政转移支付规模与农民工举家迁徙规模相挂钩的机制，将进城农民工家庭同等纳入住房保障体系。二是推进农民工随迁子女入学待遇同城化，可考虑按"在当地连续受教育年限"扩大农民工子女高中阶段入学比重，并推进异地高考制度改革。三是推进农村养老服务业和农村养老基础设施建设，让农民工从照料老人的重务中解放出来，并根据农村劳动力季节性闲置的特点，探索"农村养老银行"的互助模式。还应完善不同地域、不同养老保险制度之间的衔接，最大限度地将已退休的农民工群体纳入城市社会福利体系，让留在城市的高龄农民工也能享受到应有的养老保障。

参考文献

国家统计局．人口总量保持增长城镇化水平稳步提升［EB/OL］．网址：http：//www.stats.gov.cn/xxgk/jd/sjjd2020/202201/t20220118_1826609.html．

国家统计局．2020年农民工监测调查报告［EB/R］．http：//www.gov.cn/xinwen/2021－04/30/content_5604232.htm.2021．

国家人力资源和社会保障部．2021年第一季度全国招聘大于求职"最缺工"的100个职业排行［EB/R］．http：//www.mohrss.gov.cn/SYrlzyhshbzb/dongtaixinwen/buneiyaowen/rsxw/202104/t20210426_413714.html.2021．

康蕊，王震，潘健平．"落叶归根"还是"量力而行"——退休农民工养老模式的影响因素研究［J］．劳动经济研究，2020（02）．

卢伟．入学不易升学更难：农民工随迁子女之教育困境及对策探讨［J］．中小学管理，2020（12）．

58同城招聘研究院．2021年一季度人才流动趋势：深圳为求职热门城市，全国平均月薪8 491元［EB/OL］．https：//www.thepaper.cn/newsDetail_forward_12068339.2021．

第十三章 绿色发展：减污降碳协同增效助推绿色转型

黄俊勇

要点透视

➢ 2021年，我国环境质量继续改善，大气、水、土壤等多维度的质量提升工作取得积极成效；生态保护、国土空间格局继续优化，生物多样性保护效果显现。

➢ 近年来，我国绿色低碳转型成绩斐然，在促进能源转型、提高能源利用效率、推动绿色产业发展等方面取得明显成效。

➢ 未来十年是我国生态文明建设的关键期，我国将以降碳为重点战略方向，推动减污降碳协同增效，生态环境质量将大幅改善，绿色低碳转型将扎实推进。

➢ 未来需要扎实推进污染防治工作，开展整体系统的生态保护修复，"先立后破"促进能源低碳转型，也需要不断发挥科技创新在其中的引领和支撑作用。

2021年我国生态文明建设成效显著

2021年，我国生态环境质量继续改善，应对气候变化取得积极成效，减污降碳协同推进。大气和水环境质量持续向好，土壤环境治理扎实推进，国土空间布局不断优化，生态系统稳定性持续增强。碳达峰、碳中和"1+N"政策体系逐步构建，能源继续低碳转型，绿色产业稳步发展。

生态环境质量明显改善

一是空气质量显著改善。2021年大气污染防治工作扎实推进。在工业领域，截至2021年年底，我国实现超低排放的煤电机组超过10亿千瓦，节能改造规模近9亿千瓦，灵活性改造规模超过1亿千瓦。钢铁污染物减排成效明显，中国钢铁工业协会统计数据显示，截至2021年年底，已有34家大规模钢铁企业完成了超低排放改造，产能超2.2亿吨。在生活领域，各地在保障供暖的前提下，因地制宜开展了清洁取暖改造，2021年北方地区完成散煤治理约420万户，大大减少了由散煤燃烧造成的大气污染。通过持续开展重点区域、重点领域大气污染综合治理攻坚行动，我国空气质量明显改善，主要大气污染物排放量继续下降，空气质量优良天数比例持续增加。2021年，全国339个地级及以上城市平均优良天数比例为87.4%，同比上升0.5个百分点（见图13.1）。六项主要标准污染物全国整体年均浓度均实现下降（见图13.2）。PM2.5平均浓度为30微克/立方米（μg/m³），同比下降9.1%；O₃平均浓度为137微克/立方米，同比下降0.7%；PM10平均浓度为54微克/立方米，同比下降3.6%；SO₂平均浓度为9微克/立方米，同比下降10.0%；NO₂平均浓度为23微克/立方米，同比下降4.2%；CO平均浓度为1.1毫克/立方米（mg/m³），同比下降8.3%。

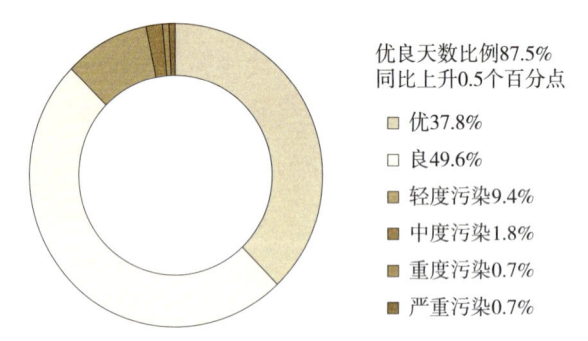

图13.1　2021年全国339个地级及以上城市各级别天数比例
注：图中数据为四舍五入值。
资料来源：生态环境部。

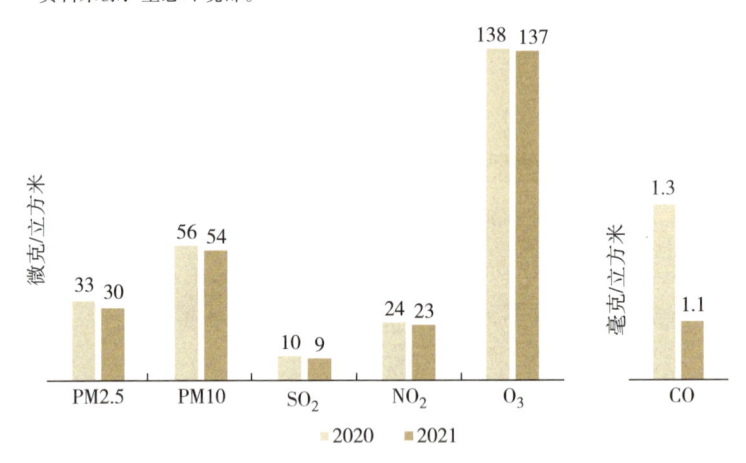

图13.2　2020年与2021年六项主要标准污染物全国整体年均浓度对比
资料来源：生态环境部。

二是水环境质量持续提升。2021年水体治理工作扎实推进。河流治理方面，各地继续加强排污口管控，扎实推进碧水保卫战。在长江、黄河等重大流域建立健全水生态考核指标体系，对沿线入河排污口开展监测、溯源、整治工作。长江流域排污口溯源完成率达80%以上，整治排污口7 000多个；黄河流域完成7 827千米岸线排污口排查，登记入河排污口4 434个。2021年，全国3 641个国家地表水考核断面中，水质优良（Ⅰ～Ⅲ类）断面比例为84.9%，比2020年上升1.5个百分点（见图13.3）。在生活饮用水质量提升方面，全面完成县级及以上水源地环境问题清理整治，累计划定19 132个乡镇级集中式饮用水水源保护区，积极开展农村供水基础设施建设，提升了4 263万农村人口的供水保障水平。海洋环境方面，继续加强入海排污口管理，开展"碧海2021"海洋生态环境保护专项执法行动，在工程建设项目、废弃物倾倒、海洋野生动物保护等8个重点领域，全面强化监管。2021年全国近岸海域优良水质面积比例平均为81.3%，近年来持续提升。

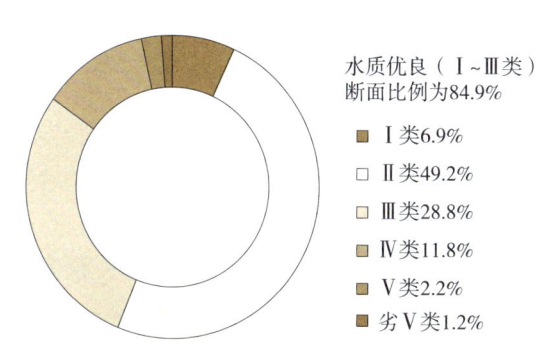

图13.3　2021年全国3 641个国家地表水考核断面水质分类比例
注：图中数据为四舍五入值。
资料来源：生态环境部。

三是土壤环境状况总体保持稳定。各地继续加强土壤污染风险区域管控，开展农村面源污染整治，扎实推进净土保卫战。稳步推进"无废城市"建设试点，开展资源循环利用。在化工园区加强土壤污染风险管控和治理，开展68个国家级化工园区和9个重点铅锌矿区地下水环境状况调查评估。加强农业面源污染治理与监督，2021年新增完成1.6万个行政村的环境整治。

生态系统稳定性进一步增强

一是国土空间布局进一步优化。截至2021年，我国已完成全国生态保护红线勘界定标，划定40 737个环境管控单元，形成生态保护红线全覆盖、多要素、能共享的生态环境管理"一张图"。建立了三江源国家公园、大熊猫国家公园、东北虎豹国家公园、海南热带雨林国家公园、武夷山国家公园等第一批国家公园，累计建成国家级自然保护区474个，国家公园5个，国土空间开发格局进一步优化。

二是生态治理成效明显。2021年，我国继续开展生态治理工程，新增水土流失治理面积6.2万平方千米，水土流失状况明显改善。长江、黄河上中游、东北黑土区等重点区域的水土流失面积和强度均实现下降。"十三五"期间，新增国家沙化土地封禁保护区46个，新建国家沙漠（石漠）公园50个，沙化土地封禁保护区面积2 660万亩（1亩≈666.7平方米），荒漠化治理取得新成绩。

三是生物多样性保护力度加大。2021年，我国成功举办《生物多样性公约》缔约方大会第十五次会议（COP15）第一阶段会议，达成《昆明宣言》，宣布成立昆明生物多样性基金、设立第一批国家公园等东道国举措。组织开展"绿盾 2021"自然保护地强化监督工作，大力推进生态系统保护与修复监管。濒危野生动植物就地和迁地保护成效显著。长江流域开始实行重点水域十年禁捕。

四是绿化环境持续变好。近年来，我国不断提升森林覆盖率和质量，推进城市绿化建设，生态碳汇能力得到持续巩固。2021年完成造林面积 360 万公顷，种草改良面积 307 万公顷，治理沙化、石漠化土地 144 万公顷，退耕还林、退耕还草分别完成 38.08 万公顷和 2.39 万公顷，开展草原生态修复 156.26 万公顷，全国累计建设"口袋公园"2 万余个，建设绿道 8 万余千米。

应对气候变化取得积极进展

一是积极开展应对气候变化制度体系建设。2021 年 9 月 22 日，中共中央、国务院印发《关于完整准确全面贯彻新发展理念做好碳达峰碳中和工作的意见》，对碳达峰、碳中和工作做出系统谋划，明确了 10 方面 31 项重点任务。2021 年 10 月 24 日，国务院印发《2030 年前碳达峰行动方案》，对碳达峰工作做出总体部署。2021 年 9 月，生态环境部印发《碳监测评估试点工作方案》，聚焦重点行业、城市和区域开展监测试点工作。能源、工业、交通运输、城乡建设等重点行业和领域的政策措施也将陆续出台；财政、金融、标准计量等政策体系，以及督查考核等保障方案将不断完善。碳达峰、碳中和"1+N"政策体系开始构建。

二是能源继续绿色低碳转型。截至 2021 年年底，我国全口径发电装机容量 23.8 亿千瓦，全口径非化石能源发电装机容量达到 11.2 亿千瓦，首次超过煤电装机的规模。2021 年，我国能源供给和消费持续向绿色低碳转型。从消费端看，煤炭消费量占能源消费总量的比重由2005年的72.4%下降至2021年的56%。天然气、水电、核电、风电、太阳能发电等清洁能源消费量占能源消费总量的比重由2012年的14.5%提高到2021年的25.5%（见图13.4）。从生产端看，非化石能源发电比重持续上升。2021年非化石能源发电装机容量占总装机容量比重为45.4%，比2020年上升2.4个百分点。其中，水电、风电、太阳能发电和核电装机容量分别占比16.5%、13.8%、12.9%和2.2%（见图13.5）。风电和太阳能发电在过去十年增长迅速。

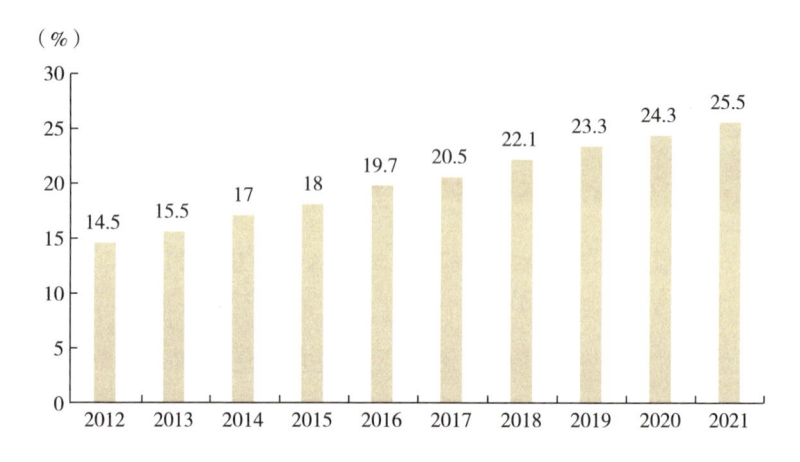

图13.4 清洁能源消费量占能源消费总量的比重

注：2021年数据为初步统计数据，各项统计数据均未包括香港特别行政区、澳门特别行政区和台湾地区。

资料来源：国家统计局，课题组整理。

三是绿色产业快速发展。2021年全国万元GDP二氧化碳排放[①]下降3.8%，相比2017年累计下降18.0%。产业结构不断优化，钢铁行业完成1.5亿吨落后产能淘汰目标，电解铝、水泥行业落后产能已基本退出；高技术制造业、装备制造业增加值占规

———

① 万元GDP二氧化碳排放按2020年价格计算。

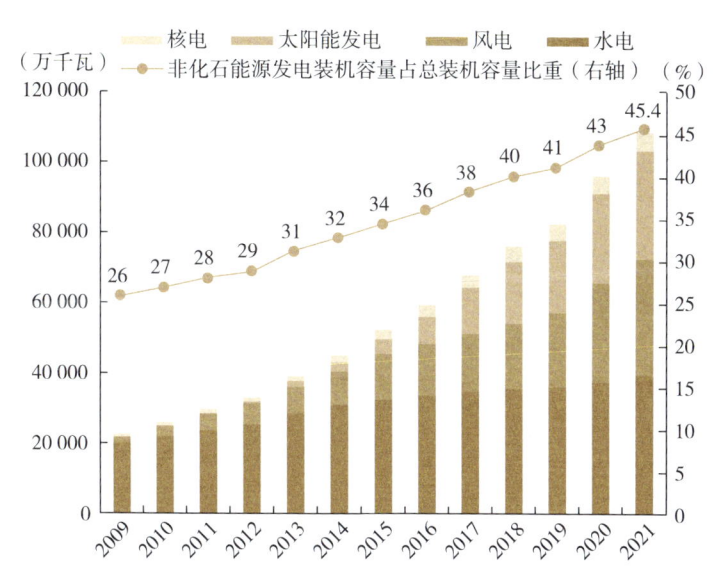

图 13.5　非化石能源发电装机容量及其占总装机容量的比重
资料来源：Wind。

模以上工业增加值比重分别达到 15.1%、33.7%，比重进一步提升。我国绿色低碳产业初具规模，部分产业位居世界领先水平。据工业和信息化部数据，2021 年我国新能源汽车产销量分别达到 354.5 万辆和 352.1 万辆，同比均增长 1.6 倍，连续多年位居全球第一，累计推广量已超过 900 万辆。太阳能电池组件在全球市场占比超过七成。全国各地推进绿色工业园区建设，绿色制造体系已成为绿色转型的重要支撑。

2022—2031 年我国绿色发展前景展望

未来十年是生态文明建设的关键时期。我国将以降碳为重点战略方向，推动减污降碳协同增效。到 2031 年，我国生态环境质量将持续改善，绿色低碳转型将扎实推进，为到 2035 年基本实现"美丽中国"建设目标奠定坚实基础。

生态环境质量持续改善

一是大气环境质量将持续向好。通过持续深入开展大气污染治理，未来一段时间我国大气污染物浓度将持续下降，重点区域和行业的污染物将得到消减。通过减排改造，大气减污降碳协同增效将取得显著成效。根据预测，改造 2 000 余万户家庭的清洁取暖方式，将削减散煤使用量 5 000 余万吨。预计到 2025 年，地级及以上城市 PM2.5 浓度将下降 10%，空气质量优良天数比率将达到 87.5%，重污染天气将消除。预计到 2031 年，我国大气环境质量将持续改善，主要污染物排放总量将持续下降，城市空气质量达标天数比例将达到 74%，PM2.5 浓度将降至 24 微克/立方米（见图 13.6）。

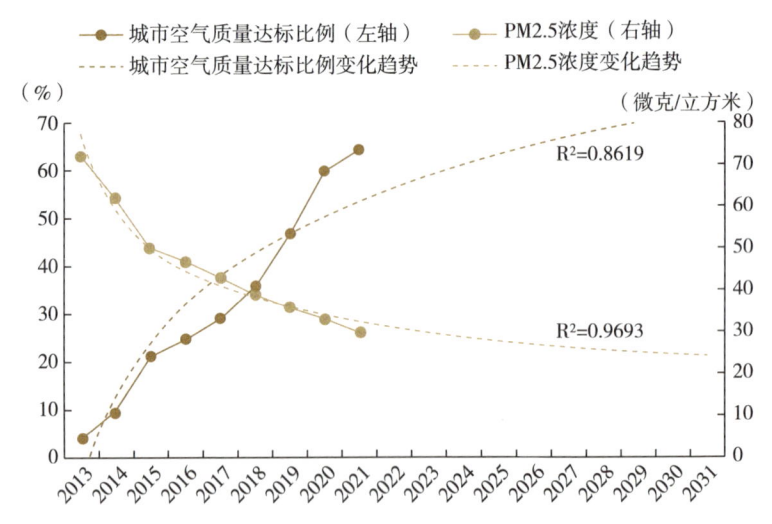

图 13.6 城市空气质量达标天数比例和 PM2.5 浓度趋势

资料来源：2013—2021 年数据来自《中国生态环境状况公报》。2022—2031 年数值为根据历史趋势预测的结果。

二是水环境将更加宜人。 2022年开始，各地重点排查地级、县级未完成治理、治理效果不稳定和新增的黑臭水体，从污水管网建设、雨污分流、污水处理能力、农村面源污染、垃圾污染等方面加强源头污染治理，并开展岸线修复、生态用水保护等生态修复工程。预计到2025年，地表水Ⅰ～Ⅲ类水体比例将达到85%，近岸海域水质优良（Ⅰ、Ⅱ类）比例将进一步提升，城市黑臭水体将基本消除。预计到2031年，水生态环境将朝着更美丽、更宜人的方向迈进，地表水Ⅰ～Ⅲ类水质断面比例将达到88%，Ⅳ～Ⅴ类水质断面比例将降至6%以下，劣Ⅳ类水质将基本消除（见图13.7）。

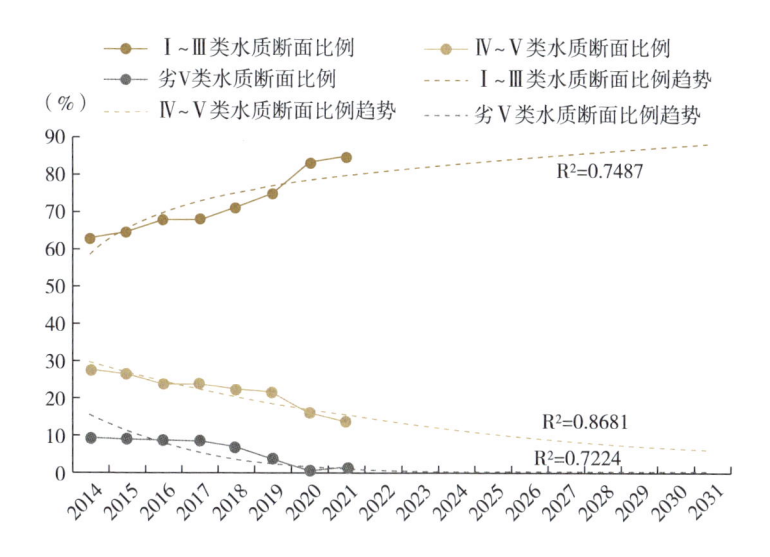

图 13.7 全国地表水监测断面水质趋势

资料来源：2014—2021年数据来自《中国生态环境状况公报》。2022—2031年数值为根据历史趋势预测结果。

三是生态系统更加优美。 未来十年，各项生态保育重大工程将全面实施，青藏高原生态屏障区，黄河、长江等重点生态区将开展生态系统保护和修复。森林、草原、湿地、河湖等生态系统质量将全面改善，生态系统服务功能继续提升，生态稳定性增强，国家生态屏障安全得到保障，生物多样性保护全面加强。开展整体系统的生态保护修复，有利于提升环境容量，同时增加生态系统碳汇能力，对减污降碳协同增效起到积极作用。

四是土壤污染风险进一步降低。"十四五"期间，我国土壤环境管控将以质量稳定、风险可控为重点；到2031年，全国土壤环境质量将稳中向好，农用地和建设用地土壤环境安全将得到有效保障，土壤环境风险将得到全面管控。

加快推进绿色低碳转型步伐

一是能源低碳转型稳步推进。构建以新能源为主体的新型电力系统是实现碳达峰、碳中和的必然要求。根据预测，2022年我国非化石能源发电装机投产约1.8亿千瓦，累计将达到约13亿千瓦，非化石能源发电装机占总装机比重有望首次达到一半。其中，水电4.1亿千瓦、并网风电3.8亿千瓦、并网太阳能发电4.0亿千瓦、核电5 557万千瓦、生物质发电4 500万千瓦左右。到2031年，非化石能源发电装机容量将持续上升，风电、太阳能发电总装机容量预计将达到12亿千瓦以上，能源低碳转型将取得显著成效。

二是重点行业领域继续低碳转型。未来一段时间，我国的城镇化和工业化进程仍将持续推进，国内市场对基础原材料的需求仍然旺盛，钢铁、建材、有色金属、石化化工等高耗能、高排放行业仍将保持稳定发展态势。这些行业需要大量化石能源，其原材料生产、生产过程、副产品、包装运输及使用等，也会产生碳排放。这就要求在重点行业领域持续控制化石能源总量，提高利用效能，着力提升电气化水平，实施可再生能源替代方案。未来一段时间，钢铁、建材、有色金属、石化化工等工业的低碳化改造，以及绿色建筑、绿色交通的推广普及，将是重要工作。在重点行业领域低碳转型战略布局推动下，预计在 2031 年以前，非化石能源占一次能源消费比重将达到 1/4。

三是绿色技术将蓬勃发展。国际能源署研究表明，全球约有 26% 的碳中和技术处于成熟阶段，尚有 39% 的技术处于早期应用阶段，仍有 36% 的技术处于原型期或者示范期，发展空间巨大。预计到 2025 年，我国绿色环保产业产值将达到 11 万亿元，在风电、光伏、储能电池、电动汽车等领域的技术创新全球领先地位将得到巩固。到 2031 年，新能源、新材料、新能源汽车、绿色智能船舶、高端装备、能源数字化等绿色环保战略性新兴产业的竞争力将继续提升，带动经济社会绿色低碳发展。

政策建议

未来一段时间，我国需在能源、工业、交通、建筑等多方面各领域持续减排，推进减污降碳协同增效，同时要着重发挥科技创新在其中的引领和支撑作用。

一是向纵深推进污染防治。聚焦重点污染物、重点区域、重点行业，扎实开展大气污染治理；加强臭氧、挥发性有机物监管；进一步开展扬尘等大气面源污染防治。进一步开展黑臭水体治理，以长江、黄河、京津冀、长三角、珠三角等区域为重点，加强污水排放管理和溯源整治；开展重点流域水生态保护修复；加强饮用水源管理，保障城乡生活饮用水安全；加强海洋环境保护，推动陆海协同治污。持续开展农业、农村面源污染治理，加强耕地污染溯源管控；开展土壤污染防治，加强水土环境协同防治。

二是开展整体系统的生态保护修复。我国幅员辽阔，拥有复杂多样的自然生态系统，孕育了丰富的生物多样性，全国各地充满生机，是我们生存和发展的重要基础。要继续做好生态系统保护和修复重大工程，着重抓好国家重点生态功能区、生态保护红线、重点国家级自然保护地等区域的生态保护和修复工作，解决一批重点区域的核心生态问题，持续提升生态碳汇能力。

三是"先立后破"促进能源低碳转型。我国的能源禀赋是"富煤缺油少气"，未来一段时间，煤炭仍然是我国能源系统安全的重要基础，要坚持"先立后破"，发挥煤电兜底作用，保障电力供需平衡，协调推进"控煤降碳"和"保安全"的关系，同时要加快推进新型电力系统建设，促进能源电力结构向绿色低碳转型。

四是发挥绿色技术创新的关键作用。科技创新是实现经济社会全面绿色转型的必要条件和关键领域，是绿色经济发展的强大动力。要加强精密部件、智能控制系统、工业软件等高精尖技术的研发能力，积极探索 CCUS（碳捕获、利用与封存）等负碳技术。要进一步促进市场多元化发展，鼓励和支持绿色低碳技术创新，发挥市场主体活力，引导产业资金支持，提升绿色低碳技术创新能力。

参考文献

生态环境部 . 2021 中国生态环境状况公报［EB/R］. https：//www.mee.gov.cn/hjzl/sthjzk/zghjzkgb/202205/P020220608338202870777.pdf.

黄润秋 . 凝心聚力 稳中求进 不断开创生态环境保护新局面［R］. 2022.

丁怡婷. 我国实现超低排放的煤电机组超十亿千瓦［N］. 人民日报，2022-04-26（014）.

生态环境部. 2021年全国生态环境质量持续改善［EB/R］. https://www.mee.gov.cn/ywdt/spxw/202202/t20220223_969734.shtml.

水利部. 水土保持"十四五"实施方案［R］. 2021.

国家林业和草原局. 中国荒漠化防治经验举世瞩目，为世界提供中国方案——世界荒漠化防治看中国［EB/R］. http://www.forestry.gov.cn/main/58/20210407/204942161208427.html.

国家统计局. 2017年国民经济和社会发展统计公报［EB/R］. http://www.stats.gov.cn/xxgk/sjfb/tjgb2020/201802/t20180228_1768641.html.

国家统计局. 2018年国民经济和社会发展统计公报［EB/R］. http://www.stats.gov.cn/xxgk/sjfb/tjgb2020/201902/t20190228_1768642.html.

国家统计局. 2019年国民经济和社会发展统计公报［EB/R］. http://www.stats.gov.cn/xxgk/sjfb/zxfb2020/202003/t20200302_1767765.html.

国家统计局. 2020年国民经济和社会发展统计公报［EB/R］. http://www.stats.gov.cn/tjsj/zxfb/202102/t20210227_1814154.html.

国家统计局. 2021年国民经济和社会发展统计公报［EB/R］. http://www.stats.gov.cn/xxgk/sjfb/zxfb2020/202202/t20220228_1827971.html.

工业和信息化部. "十四五"工业绿色发展规划［EB/Z］. https://www.miit.gov.cn/jgsj/ghs/zlygh/art/2022/art_dd7cf9f916174a8bbb7839ad654a84ce.html.

全国绿化委员会办公室. 2021年中国国土绿化状况公报［R］. 2022-03-11.

北京大学能源研究院气候变化与能源转型项目. 中国散煤综合治理研究报告2021［R］. 2021-09-15.

中国电力企业联合会. 2021—2022年度全国电力供需形势分析预测报告［R］. 2022-01-27.

国际能源署（IEA）. Energy Technology Perspectives 2020 Special Report on Clean Energy Innovation［R］. 2020.

产 业

第十四章　供给侧：承压筑底，复苏可期

赵建翔

要点透视

➢ 2021年经济增长呈"前高后低"走势，10月出现拐点迹象，GDP同比增速在两个月内保持小幅回升，12月回升至4.32%，高于4%的季度增速，此回暖态势为2022年经济增速实现5.5%的预期目标打下良好基础。

➢ 2022年政府工作报告强化稳增长预期，提出"着力稳定宏观经济大盘，保持经济运行在合理区间"。腾景宏观预测数据显示，2022年各行业将在波动中逐步回升，在8月达到顶点，而后小幅下行。

➢ 随着《关于促进工业经济平稳增长的若干政策》中保供稳价、财政税费等多项政策的协同发力，2022年工业经济将实现提振回升，其中，装备制造业、高技术制造业等行业将迎来持续发展，高耗能行业也将进行节能降耗和技术创新。同时，腾景行业预测数据显示，未来几个月工业经济将维持高位上行，在9月达到高点后下降。

➢ 《关于促进服务业领域困难行业恢复发展的若干政策》提出了下调服务费、财政资金支持、免征税费等具体措

施，对疫情以来受冲击较大的餐饮、零售、旅游、公路水路铁路、民航五大困难行业进行强力政策扶持。预计随着各项政策的推进落实，服务业的恢复发展将略有起色。腾景宏观预测数据显示，服务业生产指数将在下半年触底回升，而后持续上行。

供给侧经济观察

2021年经济呈"前高后低"态势

拐点初现，经济边际回暖

2021年我国生产法GDP达到114.4万亿元，同比增长8.1%，2020年、2021年两年平均增速为5.1%，依旧低于疫情前水平。工业、服务业、农业、建筑业分别拉动经济增长3.53个、3.88个、0.54个、0.14个百分点。2021年我国全年经济增长呈"前高后低"走势（见图14.1），10月出现拐点迹象，GDP同比增速在两个月内保持小幅回升，12月回升至4.32%，高于4%的季度增速，此回暖态势为2022年经济增速实现5.5%的预期目标打下良好基础。

从分行业增速来看，工业、服务业、农业、建筑业的年度同比增速分别为9.6%、8.2%、7.1%、2.1%。其中，如图14.2所示，工业增速在9月触底回升，12月的两年平均增速上升至5.73%，基本恢复到疫情前同期水平（2019年为6.28%，2018年为5.68%），工业回温支撑了年底经济的平稳收官。而服务业在全年处于收缩状态，仅12月略有上升。农业保持稳定状态，建筑业则由于疫情和政策等叠加因素影响，成为拖累项，增速持续下行，并于下半年进入负向区间。

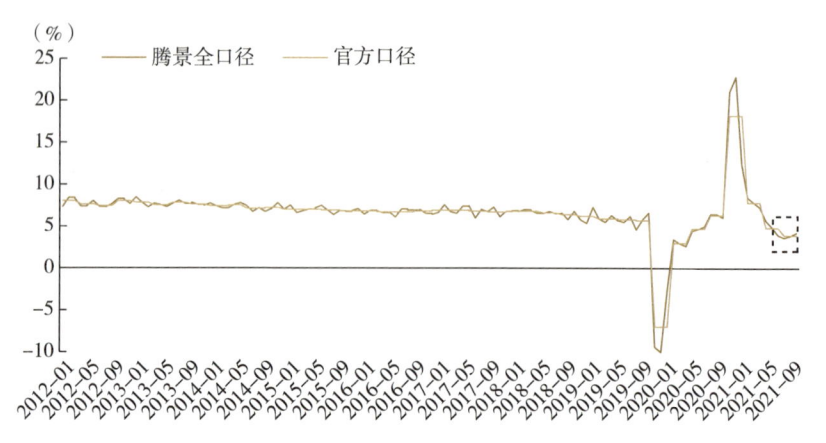

图 14.1　官方口径与腾景全口径 GDP 当月同比增速
资料来源：腾景国民经济运行全口径数据库，Wind。

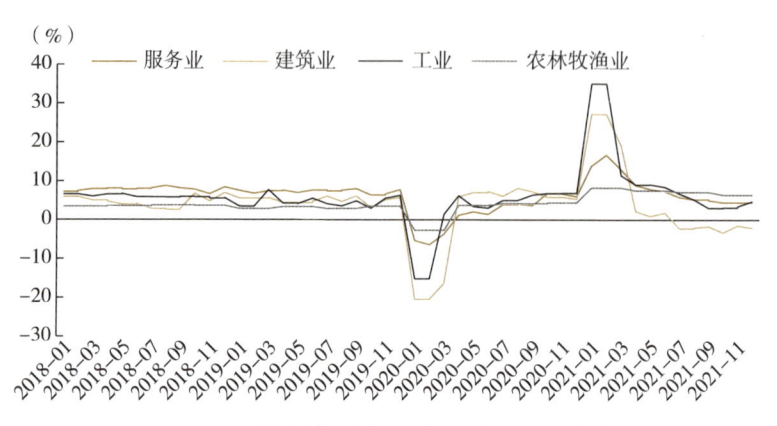

图 14.2　供给侧四大行业 GDP 当月同比增速
资料来源：腾景国民经济运行全口径数据库。

工业韧性支撑，服务业相对低迷

从经济增长动能来看，工业、服务业助力经济增长动能不弱，而建筑业相对乏力（见图14.3）。2021年，三者对GDP增长的贡献率分别为43.57%、47.93%、1.77%。其中，工业贡献率自9月逐步上升，与服务业贡献率的下滑形成替代，而建筑业自7月起对经济增长的贡献进入负向区间，持续低迷。

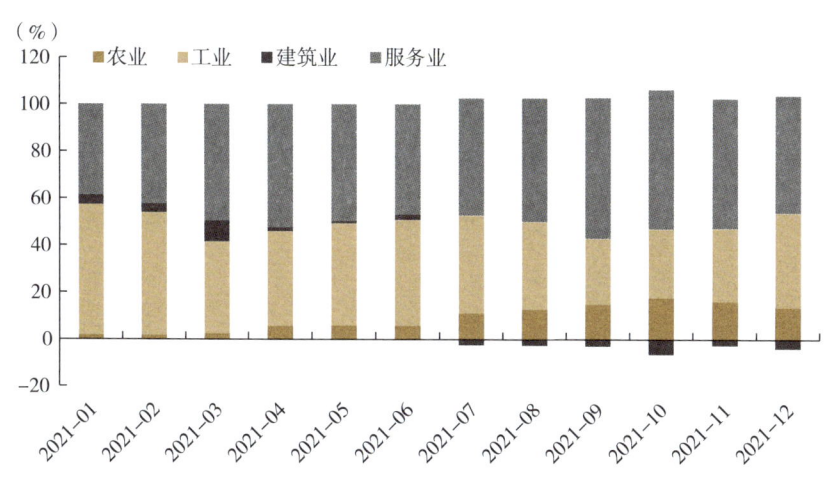

图14.3　2021年四大行业贡献率

资料来源：腾景国民经济运行全口径数据库。

拉长时间跨度来看，疫情以来我国经济增长减速主要受到服务业低迷的影响，而工业持续发挥支撑作用（见图14.4）。腾景国民经济运行全口径数据显示，2020年年初发生疫情后，服务业对GDP的贡献率骤降，虽在2021年有所回升，但仍处于低位，远不及疫情前水平。相反，工业的贡献率则稳步上升，与服务业的差距不断缩小，目前接近持平状态。

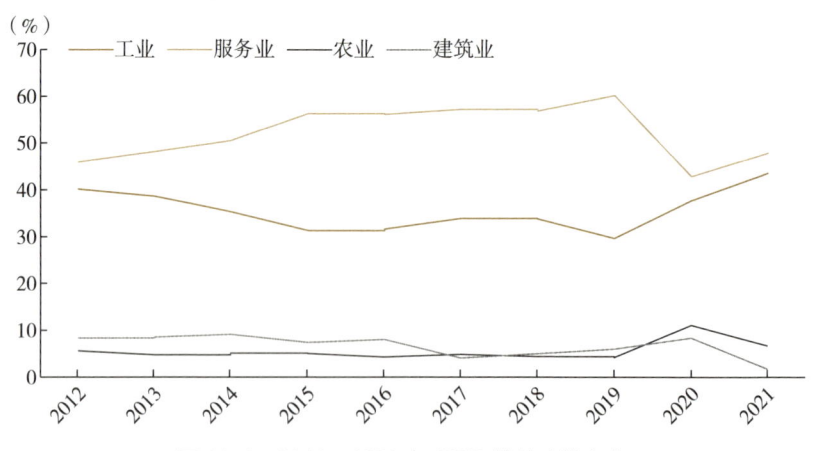

图 14.4　2012—2021 年 GDP 增长动能变化

资料来源：腾景国民经济运行全口径数据库。

产业升级，新旧动能转换

疫情以来，我国经济结构呈现加快转型特征。房地产、基建等传统稳增长动能行业的贡献率大幅下降，而高技术行业增长动能保持上行，强于疫情前水平。在双碳政策作用下，与绿色转型相关的高耗能工业产业动能骤降，成为经济增长的拖累项。服务业中，疫情促使线上类和线下类服务出现分化。其中，受疫情影响较小、与线上服务相关的信息传输、软件和信息技术服务业与金融业等行业的动能走强，而受疫情影响较大、偏线下服务的住宿餐饮业，交通传输、仓储和邮政业等行业的动能走弱，二者呈现两极走向。

具体来看，经济增长新旧动能此消彼长（见图 14.5）。其中，高技术行业对 GDP 产生的新动能在疫情后稳步上行，进入 2021 年后更是呈现加速趋势，而房地产、基建等行业对 GDP 产生的旧动能于 2021 年年初掉头下降，与新动能在 7 月交汇形成剪刀差，之后加速下滑，9 月跌落到负向区间，由稳增长的"压舱石"变成"绊脚石"，拖累了经济发展。

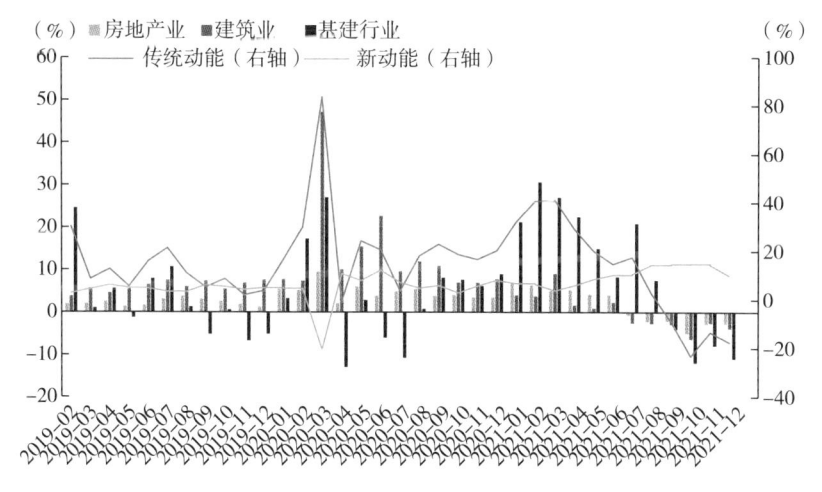

图 14.5　新旧动能此消彼长

资料来源：腾景国民经济运行全口径数据库。

2021年是落实双碳目标的第一年，减碳成了全社会的共同行动，但也出现了诸如拉闸限电等问题。2021年第三季度，中上游原材料等高耗能行业的贡献率陡崖式下降，直到10月碳达峰、碳中和顶层设计文件发布，国家发展和改革委员会等主管部门进行强力调控，生产约束放松后，上述行业的贡献率方触底反弹，略有回升（见图14.6）。

信息传输、软件和信息技术服务业，金融业等偏线上、受疫情影响较小的服务业，在2021年逐步恢复发展，对GDP增长的贡献率呈稳步上升态势，而交通传输、仓储和邮政业，住宿和餐饮业，房地产业等偏线下、受疫情影响较大的行业依旧低迷，增长动能持续下滑，与前者形成鲜明对比（见图14.7）。

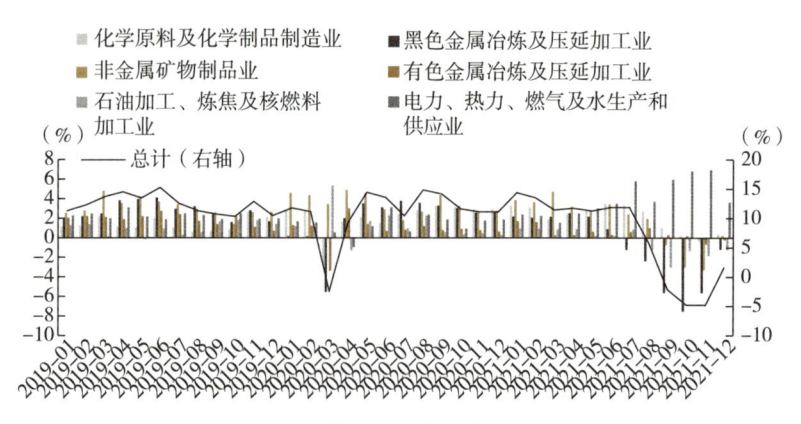

图 14.6 高耗能工业行业贡献率陡崖式跌落

资料来源：腾景国民经济运行全口径数据库。

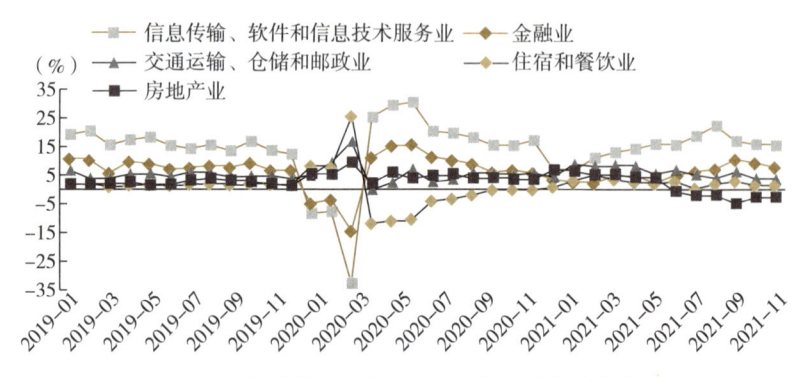

图 14.7 部分线上、线下服务业行业动能分化发展

资料来源：腾景国民经济运行全口径数据。

工业回稳，上中下游"齐步走"

腾景国民经济运行全口径数据库显示，2019—2021年房地产投资和工业增加值同比增速走势契合度较高，但在2021年5月出现了K形分化走势（见图14.8）。其中，工业增长整体稳定，略有上升，而房地产投资于下半年进入负向区间后持续低

位震荡。由于房地产行业涉及建材、钢铁、化工、各种机械设备等工业面因素，因此房地产的持续衰弱在一定程度上抑制了工业的修复。

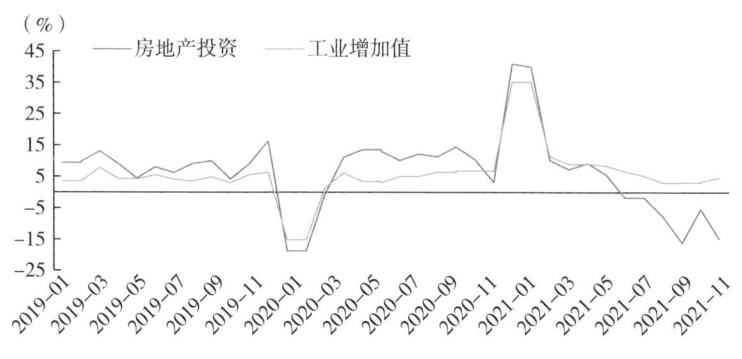

图 14.8　工业增加值与房地产投资当月同比增速
资料来源：腾景国民经济运行全口径数据库。

增长动能方面，2021年计算机、通信和其他电子设备制造业，电气机械及器材制造业，废品废料回收加工业和医药制造业4个行业的贡献率位居前列，均为工业增长贡献了10%左右的增长动能，而拖累项主要是有色金属矿采选业，贡献率为-0.11%（见图14.9）。

从上中下游来看，2021年上游原材料行业增速自3月企稳抬升，而靠近终端需求的中游机械设备行业和下游行业持续下行，整体呈现上游行业修复好于下游行业的态势，并且上中下游行业增速在12月趋于一致，说明需求在产业链条间的传导趋于畅通（见图14.10）。

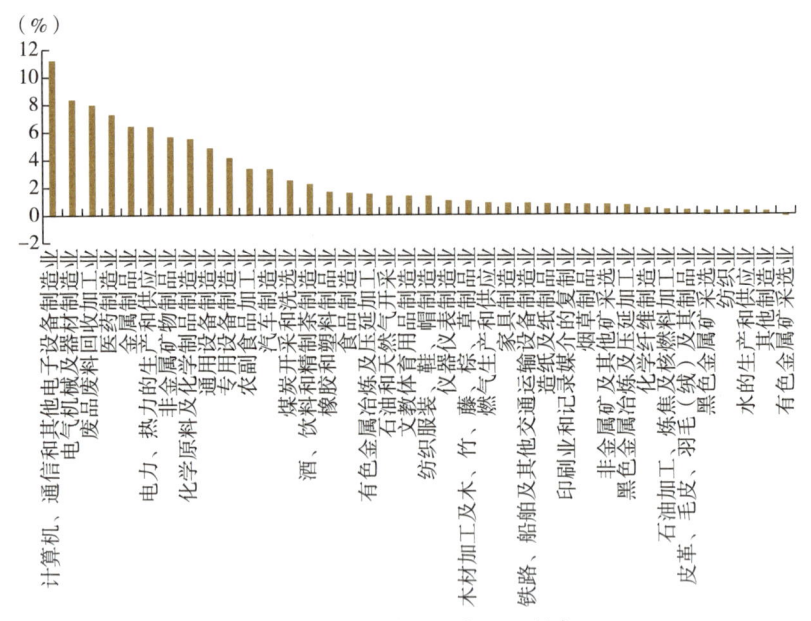

图 14.9　2021 年工业行业贡献率

资料来源：腾景国民经济运行全口径数据库。

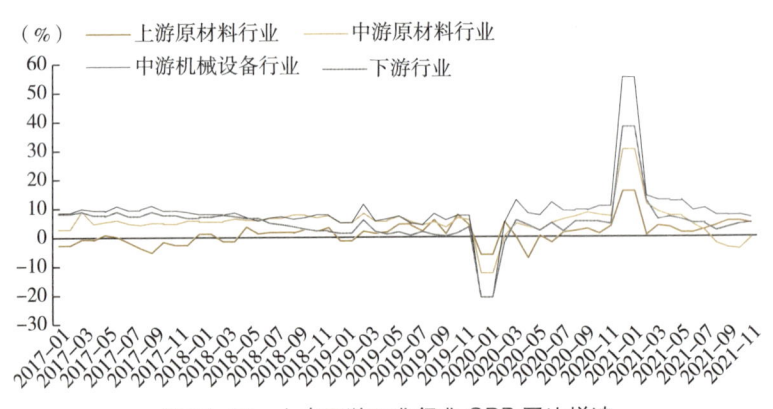

图 14.10　上中下游工业行业 GDP 同比增速

资料来源：腾景国民经济运行全口径数据库。

服务业低迷，两大行业提供过半动能

服务业增加值同比增速与服务业生产指数高度契合，2021年上半年因基数效应高企，而下半年整体呈现下行态势（见图14.11）。2021年年末的两年平均增速为5.4%，不及疫情前水平，这与消费不振密切相关。腾景全口径数据库显示，服务业投资（不含基建）增速在2020年10月触底回升，在12月由负转正，服务出口高位震荡，提振服务业增长，而居民服务性消费自2021年4月持续下行，低迷不振，拖累了服务业的增长修复（见图14.12）。

不过服务业内部呈分化态势（见图14.13）。受疫情影响较小的信息传输、软件和信息技术服务业在2021年12月的平均增速为16.26%，远高于服务业平均水平。接触类服务业则持续低迷，住宿和餐饮业以及租赁和商务服务业在2020年、2021年两年的平均增速分别为1.64%、5.20%，与疫情前水平（5.17%、10%）相差甚远，房地产业则已于2021年7月进入负区间。

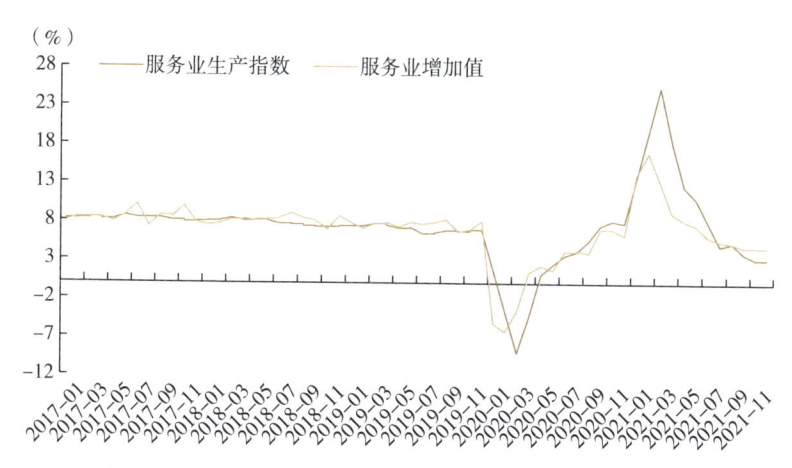

图14.11　服务业增加值与服务业生产指数当月同比增速
资料来源：腾景国民经济运行全口径数据库，Wind。

图 14.12　服务业增加值与需求端

资料来源：腾景国民经济运行全口径数据库。

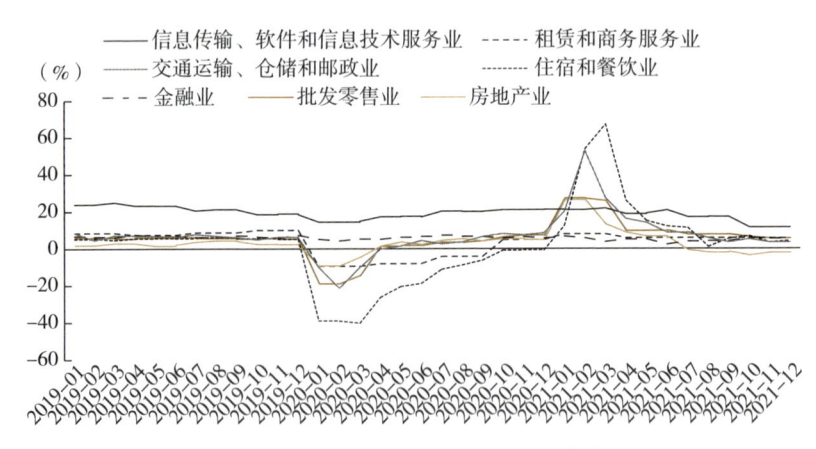

图 14.13　服务业细分行业 GDP 增速

资料来源：腾景国民经济运行全口径数据库。

贡献率方面（见图14.14），2021年仅批发零售业，信息传输、软件和信息技术服务业2个行业就为服务业增长提供了超过50%的贡献率，而拖累项主要集中在水利管理业、环境管理业和公共设施管理业等。

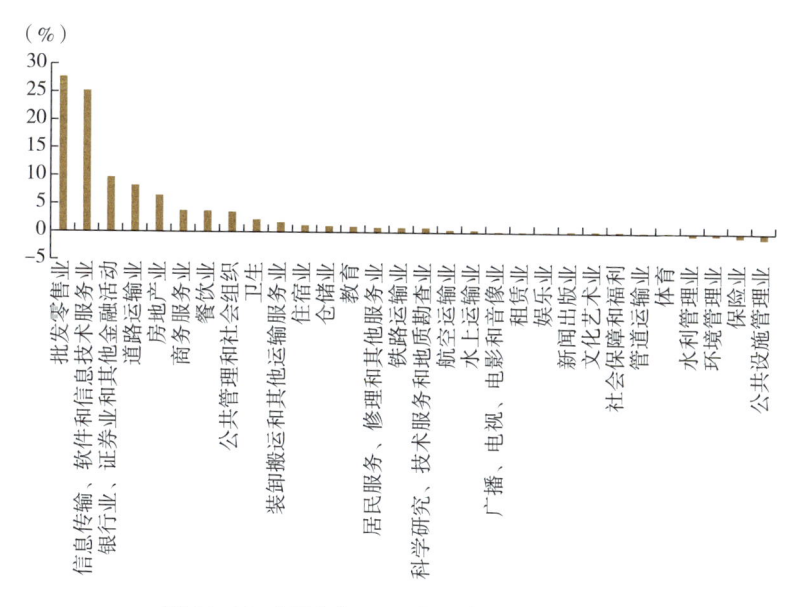

图 14.14　2021 年 12 月各服务业行业贡献率

资料来源：腾景国民经济运行全口径数据库。

供给侧经济展望

经济企稳上行，复苏可期

我国经济发展面临需求收缩、供给冲击、预期转弱三重压力，外部环境日趋复杂严峻和不确定，内部发展面临更多的风险挑战，但我国经济长期向好的基本面不会改变。2022 年政府工作报告强化了"稳增长"预期，提出"着力稳定宏观经济大盘，保持经济运行在合理区间"。腾景宏观预测数据显示，2022 年经济接下来将呈现逐步回升态势，在 8 月达到顶点，而后小幅下行（见图 14.15）。

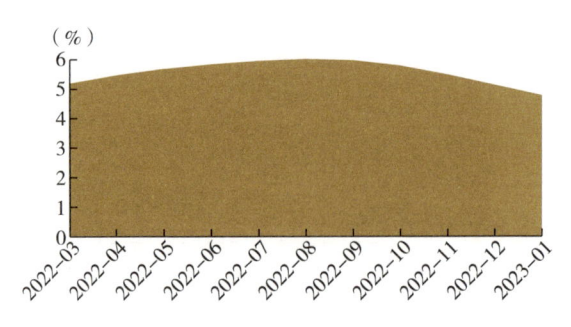

图 14.15　生产法 GDP 预测

资料来源：腾景宏观高频模拟和预测数据库。

近几年，我国经济呈现小周期的特点，持续时间短、阶段转换快（见图 14.16）。首先由于疫情导致"停摆"，经济过早地进入衰退期，而后随着疫情防控和复工复产的有序推进，才逐渐回暖复苏，但在 2020 年 10 月左右，经济增长又步入了近 1 年的滞胀期，

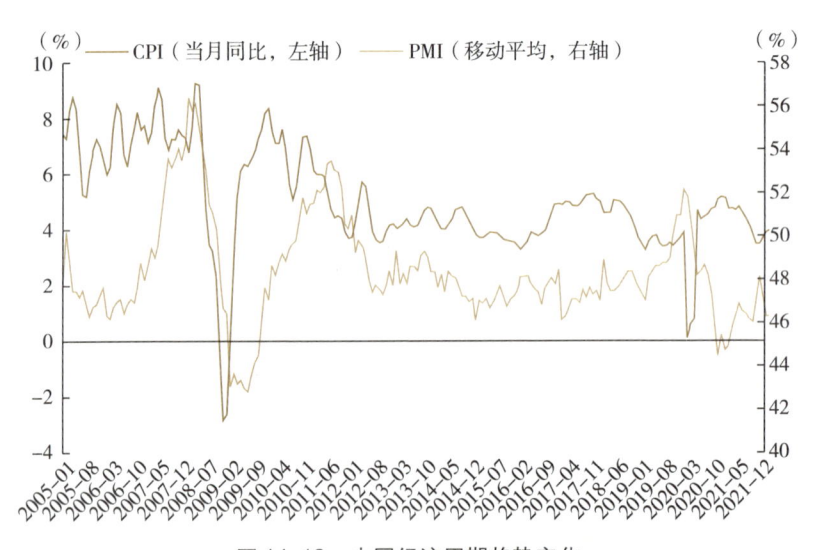

图 14.16　中国经济周期趋势变化

资料来源：Wind。

在此期间出现了大宗商品涨价、输入型通胀、限产限电等问题。从当前来看，我国经济已进入新一轮经济周期的复苏阶段，经济增长企稳上行，通胀水平见顶回落。

具体来看，2021年2月至12月，工业企业营业收入在高点回落并加速下行，同时产成品存货不断累积上升，企业进入被动补库存阶段，经济开始边际下行（见图14.17）。但自2021年11月以来，PMI指数已连续4个月大于50，表明经济正在边际好转，处于扩张状态，符合复苏阶段的特征（见图14.18）。同时，PMI新订单、PMI新出口订单及其差值，2022年年初以来均略有上升，说明内需、外需均有所恢复，而原材料库存指数和产成品库存指数略有下降，企业由补库存转为去库存，反映了企业对生产的信心尚有不足，对经济复苏趋势的认识存在时滞。

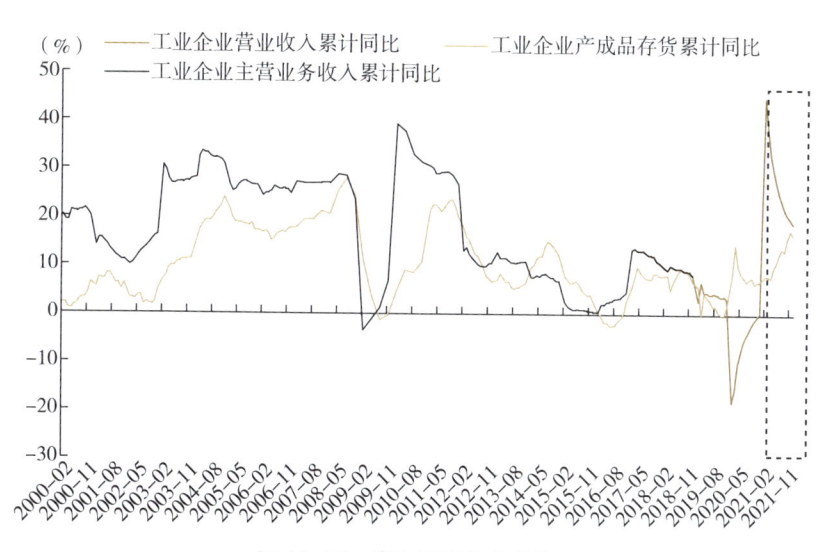

图14.17　库存周期变化趋势

资料来源：Wind。

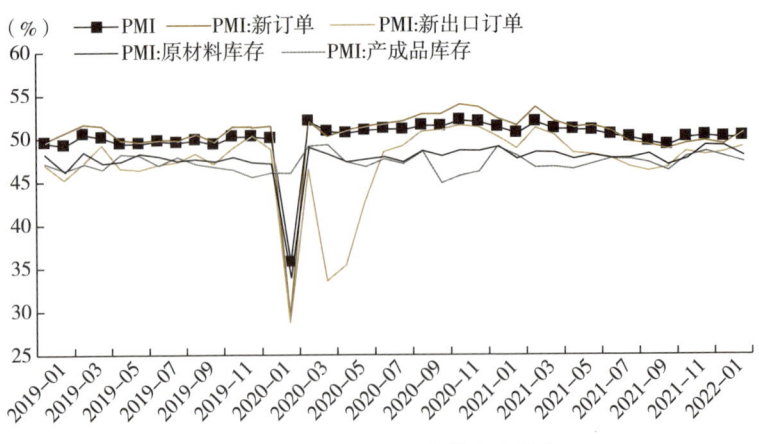

图 14.18　PMI 及分项指数变化趋势

资料来源：Wind。

农业整体稳定，建筑业或将持续拖累

我国粮食产量已在 2015—2021 年连续 7 年保持在 1.3 万亿斤以上，在疫情、灾害天气等不利因素影响下，2021 年粮食产量仍然达到 1.37 万亿斤，创历史新高（见图 14.19）。2021 年政府工作报告提出，2022 年的粮食产量目标是保持在 1.3 万亿斤以上，要大力抓好农业生产，加强农业科技攻关和推广应用，加快推进种业振兴和发展现代化设施种养业。同时，腾景行业预测数据显示，2022 年农业经济增长整体稳定，下半年增速或将下一个台阶（见图 14.20）。

2021 年年初以来，建筑业 PMI 震荡下行，成为经济增长的拖累项，与之密切相关的房地产投资呈大幅走低态势（见图 14.21）。从 2022 年 1—2 月国家统计局数据来看，商品房销售面积和销售额分别下降了 13.8% 和 22.1%，房地产开发企业到位资金增速已跌入负向区间，跌幅达 17.7%。同时，腾景行业预测数据显示，2022年建筑业将实现正向增长，或将在8月增速放缓，而后保持稳步上升（见图14.22）。

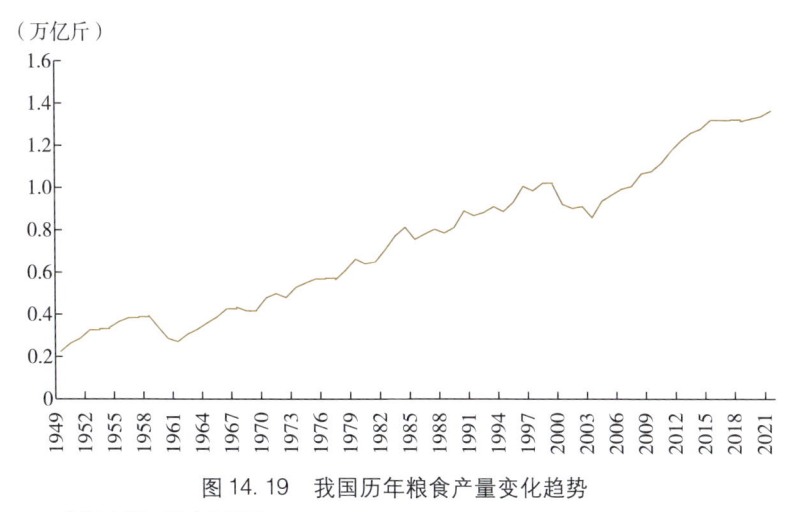

图 14.19　我国历年粮食产量变化趋势

资料来源：国家统计局。

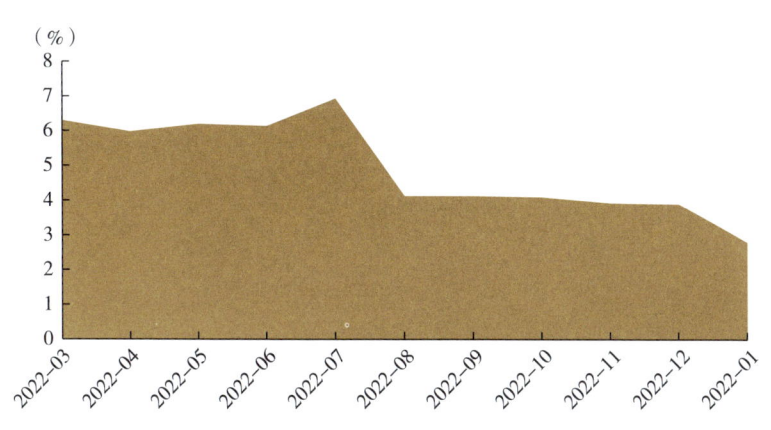

图 14.20　2022 年我国农业经济增加值预测

资料来源：腾景行业高频模拟和预测数据库。

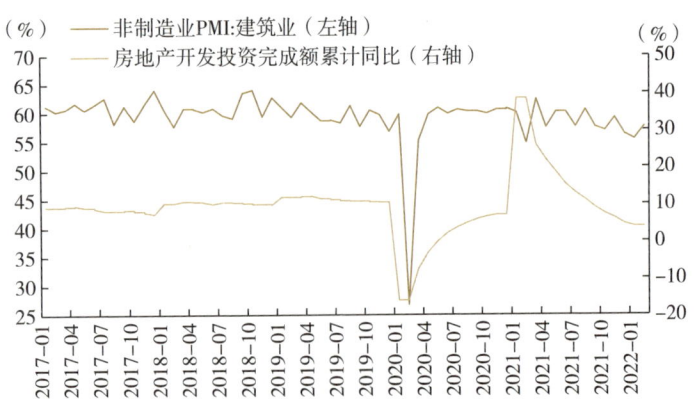

图 14.21　我国建筑业 PMI 与房地产开发投资完成额

资料来源：国家统计局。

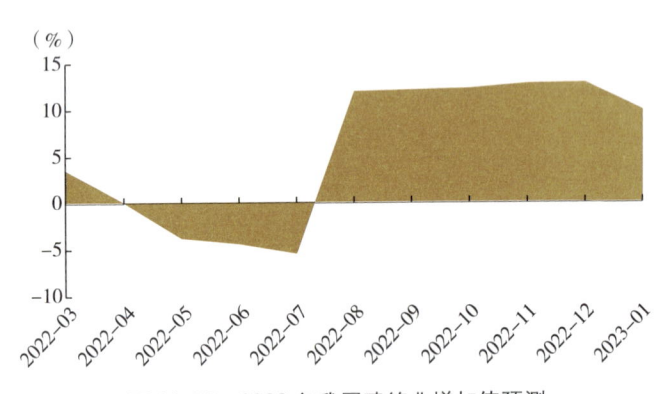

图 14.22　2022 年我国建筑业增加值预测

资料来源：腾景行业高频模拟和预测数据库。

工业经济提振回升，筑牢经济"压舱石"

2021 年第四季度以来，我国工业经济主要指标稳中向好，中上游行业生产逐步恢复，主要中上游工业品产量也较快回升（见图 14.23）。从 2022 年年初国家统计局数据来看，工业生产加快，高技术制造业和装备制造业增势良好。2022 年政府工作报告提出，要增强制造业核心竞争力，加强原材料、关键零部件等的供给保障，实施龙头企业保链稳链工程，维护产业链、供应链安全稳定。随着《关于促进工业经济平稳增长的若干政策》中保供稳价、财政税费等多项政策的协同发力，2022年工业经济将实现提振回升，其中，装备制造业、高技术制造业等行业将迎来持续发展，高耗能行业也将进入节能降耗和技术创新阶段。同时，腾景行业预测数据显示，2022年未来几个月工业经济将维持高位上行，在9月达到高点后下降（见图14.24）。

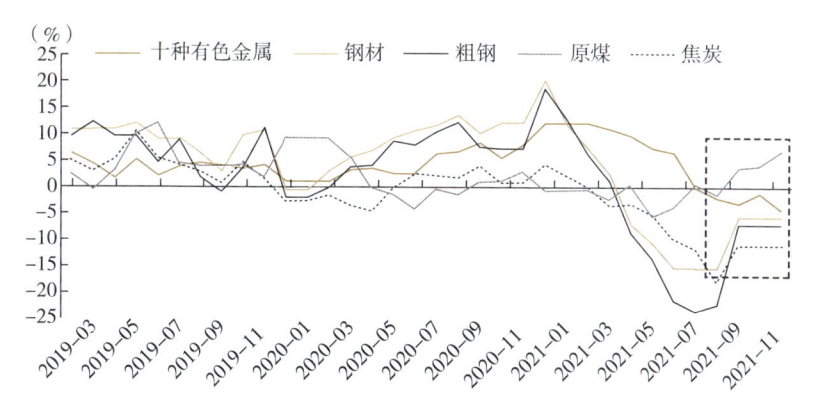

图14.23　我国中上游工业品产量增速

资料来源：国家统计局。

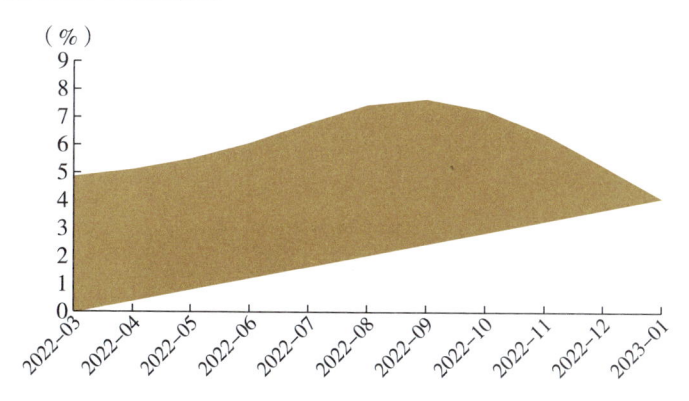

图14.24　2022年我国规模以上工业增加值预测

资料来源：腾景宏观高频模拟和预测数据库。

设备投资迎来新周期，制造业或将强劲发力

从朱格拉周期来看，我国经济自 1999 年至 2020 年经历了 3 轮完整的朱格拉周期，其中最近一轮周期由于疫情影响仅持续了 4 年（见图 14.25）。在此期间，主导产业经历了从黑色金属加工等行业，到通用和专用设备制造等行业，再到计算机、通信和其他电子设备制造业等行业的转变。2021 年以来，我国经济进入第 4 轮朱格拉周期的复苏阶段，计算机、通信和其他电子设备制造业等行业依旧为主导行业。

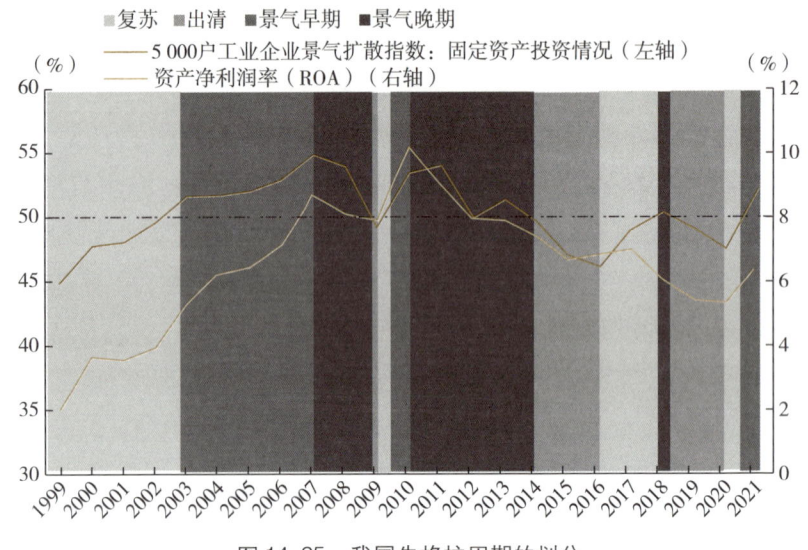

图 14.25　我国朱格拉周期的划分

资料来源：Wind。

结合 2022 年年初国家统计局数据来看，制造业投资超出预期，同比增速达到 20.9%，多数行业投资呈现上升态势，国内订单景气指数也维持在较高水平，这意味着市场需求正在逐渐扩大，工业企业加杠杆意愿也将逐步增强（见图 14.26）。从国内政策来看，"十四五"规划明确强调要"保持制造业比重基本稳定，推动

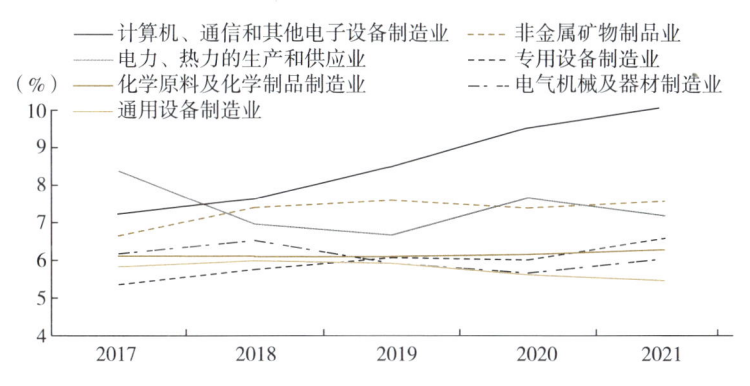

图 14.26　2017—2021 年各工业行业资本投资比重

资料来源：腾景国民经济运行全口径数据库。

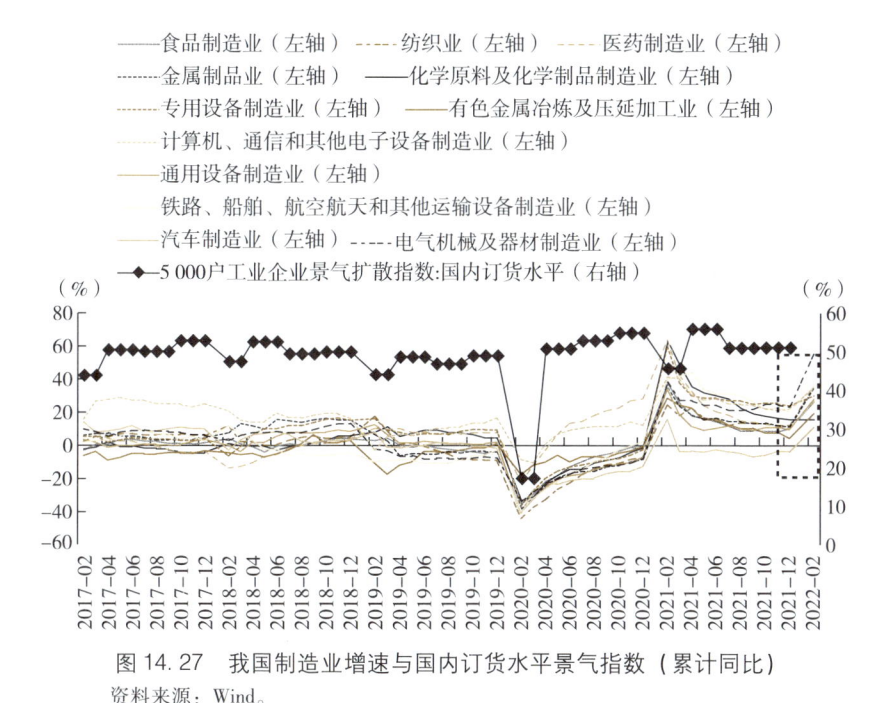

图 14.27　我国制造业增速与国内订货水平景气指数（累计同比）

资料来源：Wind。

第十四章　供给侧：承压筑底，复苏可期

制造业高质量发展",随着"继续引导金融系统向实体经济让利,加强对银行支持制造业发展的考核约束"等政策的落地生效,企业对市场需求和经营情况的预期将逐渐好转,企业设备投资将处于扩张状态,企业产能利用率、企业盈利将逐步回升,进一步促进制造业产业持续升级,为工业经济增长注入强大动能。

出口维持韧性,持续带动工业生产

生产端的动力主要来自需求,我国工业生产受到内需影响的同时也受到海外需求的较大牵动,强劲的出口不仅可让企业盈利能力提升,也会让出口企业自发地更新设备,进行技术升级。2020年下半年以来,我国出口迅猛,带动了工业生产的扩大,工业企业出口交货值随着出口增速提升而明显持续上行(见图14.28)。结合2022年年初国家统计局数据来看,2022年1—2月

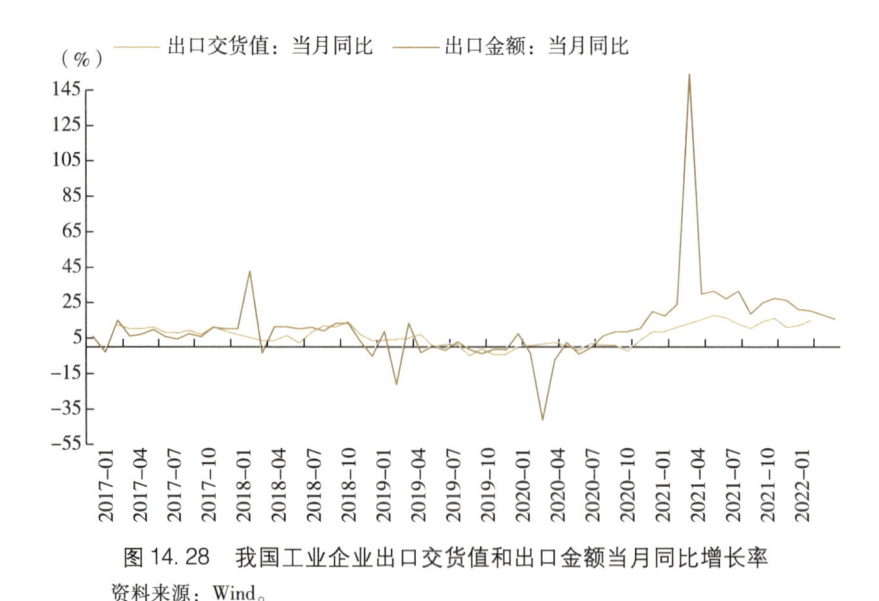

图14.28 我国工业企业出口交货值和出口金额当月同比增长率
资料来源:Wind。

工业增加值同比增速在较高基数基础上依然达到7.5%，比上一年12月的4.3%显著抬升，这与2022年1—2月出口的韧性支撑密不可分。同时，腾景宏观预测数据显示，2022年出口将依旧保持韧性增长态势，带动工业稳定上行（见图14.29）。

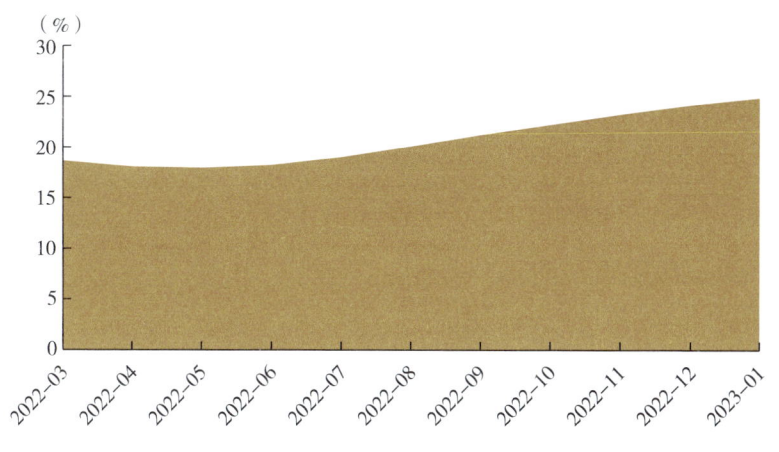

图14.29　2022年我国出口总额增速预测
资料来源：腾景宏观高频模拟和预测数据库。

我们运用工业交货值占营业收入的比重来衡量某行业的出口依赖度，将出口依赖度10%以上的行业定义为高出口依赖型行业（见图14.30）。根据2021年数据推算，我国共有13个高出口依赖型行业，其中多数行业的增加值增速呈上行态势，预计伴随未来出口的韧性增长，上述行业将维持较高位增速，提振工业总体生产水平（见图14.31）。

服务业任重道远，房地产或将发力

2021年以来，我国服务业呈持续下行走势（见图14.32），根据2022年年初国家统计局公布的数据来看，虽然社会消费品零售

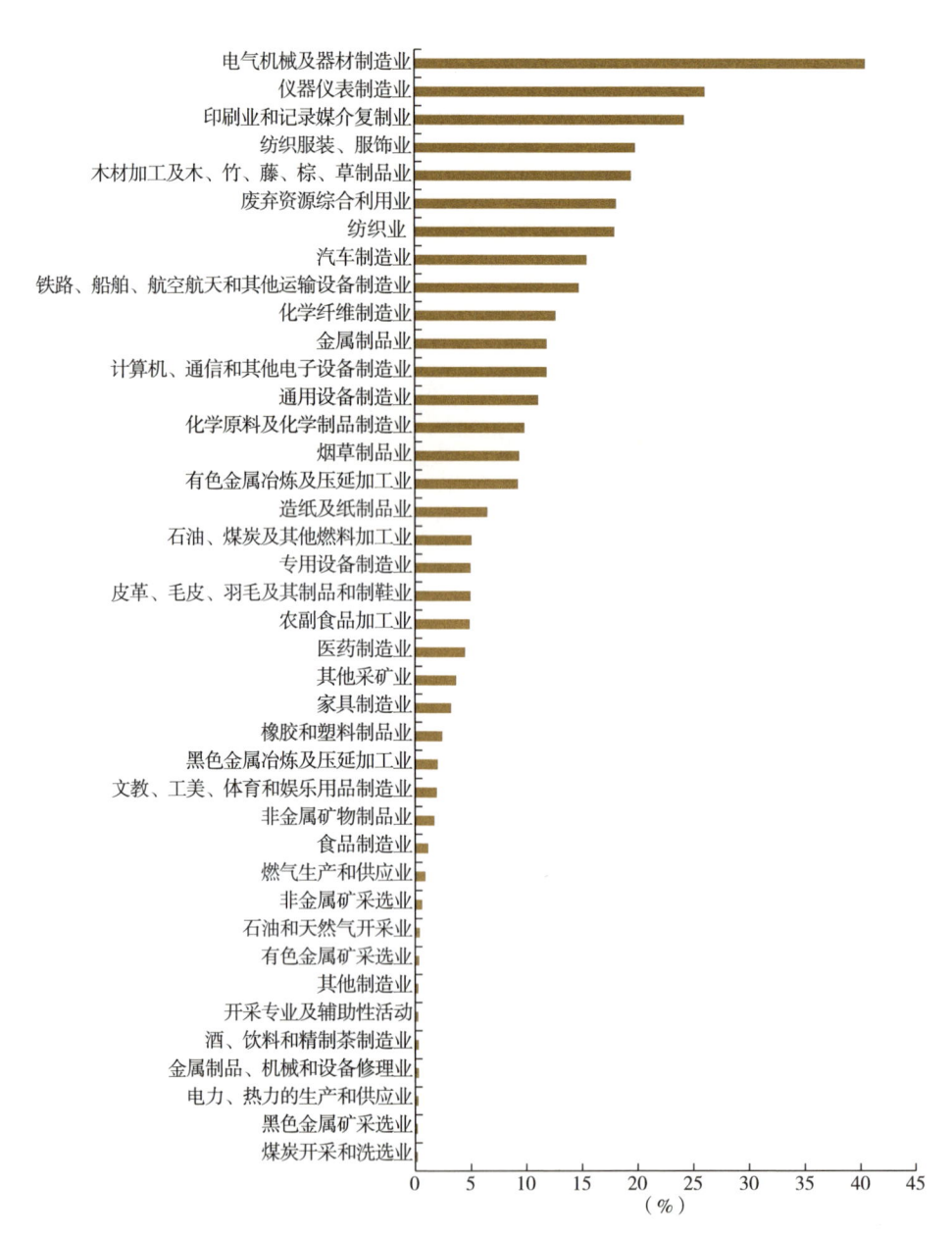

图 14.30　2021 年我国出口依赖度行业排行

资料来源：Wind。

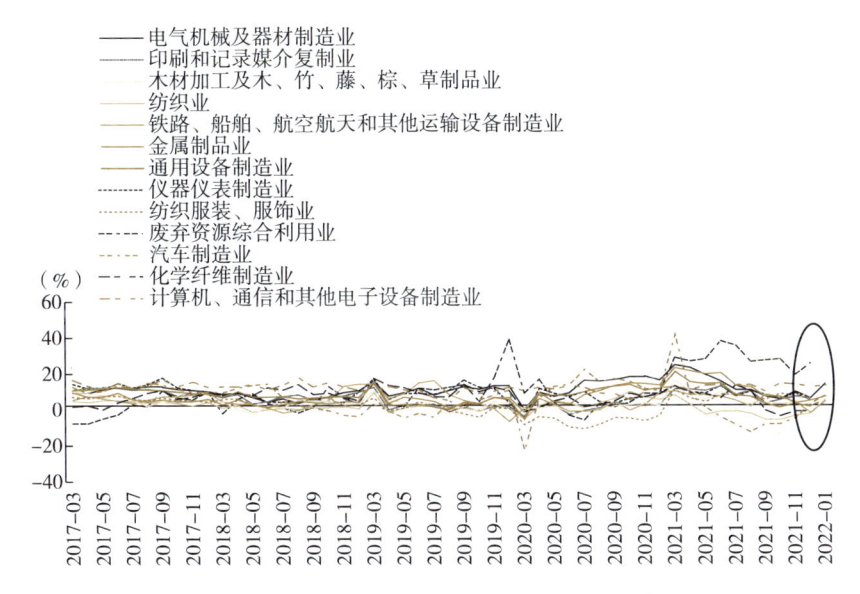

图 14.31　2017—2022 年我国出口高依赖型行业增加值增速（当月同比）

资料来源：腾景宏观高频模拟和预测数据库。

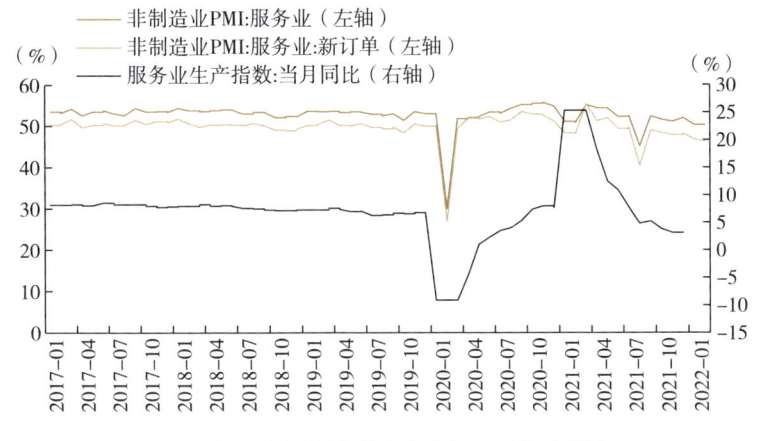

图 14.32　我国服务业生产指数和服务业 PMI

资料来源：Wind。

第十四章　供给侧：承压筑底，复苏可期

总额同比增长6.7%、消费市场有所恢复，服务业PMI略有抬头之势，但新订单指数依旧维持在低位，服务业的需求相对疲软。考虑到2022年3月国内局部疫情频繁暴发，预计住宿餐饮、交通运输等线下类服务业将继续受到拖累，服务业在未来的发展任重而道远。

虽然服务业发展面临较大压力，但机遇与挑战并存。从政策支持来看，服务业发展仍生机勃勃。2022年政府工作报告提出，"推动线上线下消费深度融合，促进生活服务消费恢复；促进家政服务业提质扩容；扩大鼓励外商投资范围，支持外资加大中高端制造、研发、现代服务等领域投资；增设服务业扩大开放综合试点"等。同时，《关于促进服务业领域困难行业恢复发展的若干政策》提出了下调服务费、财政资金支持、免征税费等具体措施，对疫情以来受冲击较大的困难行业进行强力政策扶持。预计随着各项政策的推进落实，服务业的恢复发展将见起色。根据腾景宏观预测数据来看，服务业生产指数将在2022年下半年触底回升，而后持续上行，直至2023年年初。

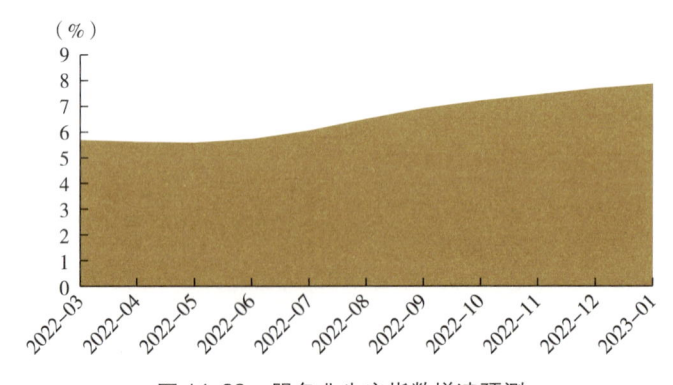

图14.33 服务业生产指数增速预测

资料来源：腾景宏观高频模拟和预测数据库。

从细分行业来看，房地产业是服务业中的重要行业，该行业除了房地产开发外，还涉及衍生出的多种服务行业，与人民衣食住行的方方面面密切相关，因此房地产业的景气度将在很大程度上影响服务业的恢复情况，乃至整个经济增长的进程。我国自2008年以来经历了三轮地产周期，最近一轮周期自2015年开始，受疫情影响持续至今（见图14.34）。2022年年初国家统计局数据显示，商品房消费面积加速下跌，而房地产投资略有抬头。从腾景宏观预测数据来看，房地产投资在9月之前将保持稳步上行态势（见图14.35）。因此，房地产业可能进入新一轮地产周期，迎来商品房销售面积触底回升，拉动行业发展。此外，随着科技政策的落地，信息传输、软件和信息技术服务业等现代服务业也将实现较快增长。

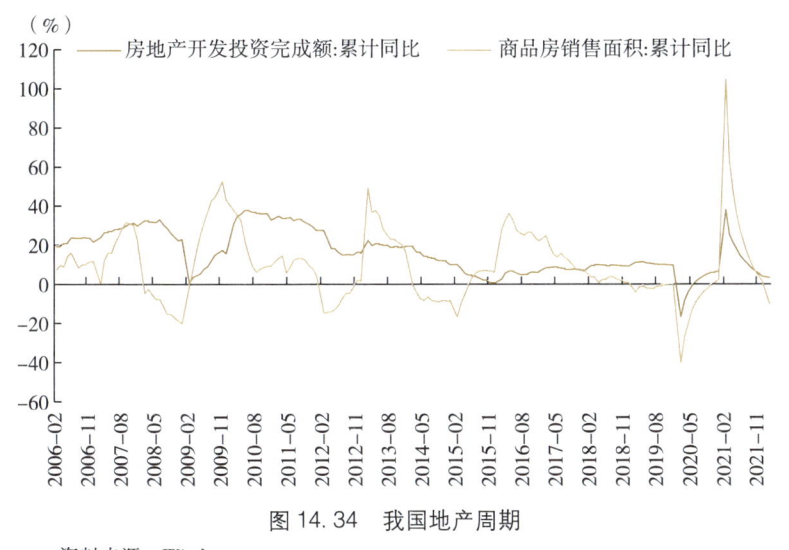

图 14.34　我国地产周期

资料来源：Wind。

图 14.35　我国房地产投资增速预测
资料来源：腾景宏观高频模拟和预测数据库。

最后，从经济增长的长期因素来看，我国的人口红利不再延续，老龄化问题将日益明显。虽然实施了三孩政策，但在配套政策完善、适龄人群生育意愿提升之前，都存在较长的"等待期"，在此期间可能会产生劳动力要素的供给限制，首先是限制了工业生产的扩大，进而影响其他行业发展。但随着国家深入实施创新驱动发展战略，推进科技创新，促进产业优化升级，突破供给约束堵点等，我国的高科技产业和新经济将迎来迅猛发展，成为未来中国经济增长的主要驱动力，以此来抵消劳动力退场产生的影响。

政策建议

稳住宏观经济大盘，发挥宏观政策防滑托底作用

稳定宏观环境，政策发力适当靠前。加大宏观政策跨周期调节力度，提高宏观调控的前瞻性、针对性。继续实施积极的财政政策和稳健的货币政策，加强与产业、环保等政策的统筹协调。

保持宏观政策的连续性、针对性，保持经济运行在合理区间。

稳定市场主体预期，提振企业信心。继续加大对小微企业、个体工商户、科技创新企业等重点群体的支持，畅通财政、金融政策直达机制，实施减费降税，减少企业负担。加大对制造业助企纾困和发展的支持力度，推动传统产业改造升级和企业科技创新，增强发展内生动力，夯实微观基础。

优化经济布局，促进各行业繁荣发展

强化落实助企纾困政策和稳岗扩就业政策，保证承载数亿人就业创业的市场主体的活力，扎实做好高校毕业生等重点群体就业工作，推进大众创业万众创新，巩固经济恢复基础。

大力抓好农业生产，促进乡村全面振兴。完善和强化农业支持政策，持续推进脱贫地区发展，促进农业丰收、农民增收。深入推进优质粮食工程，切实维护粮食安全。

增强制造业核心竞争力，促进工业经济平稳运行。推进产业基础高级化、产业链现代化，保持制造业比重基本稳定，增强制造业竞争优势，推动制造业高质量发展。改造提升传统产业，推动石化、钢铁、有色、建材等原材料产业布局优化和结构调整，扩大轻工、纺织等优质产品供给，加快化工、造纸等重点行业企业改造升级，完善绿色制造体系。

聚焦产业转型升级和居民消费升级需要，构建优质高效的服务产业新体系。聚焦提高要素配置效率，推动供应链金融、信息数据、人力资源等服务创新发展。聚焦增强全产业链优势，提高现代物流、采购分销、生产控制、运营管理、售后服务等发展水平。加快发展健康、养老、托育、文化、旅游、体育、物业等服务业，加强公益性、基础性服务业供给，扩大覆盖全生命期的各类服务供给。

先立后破，稳步实现双碳目标

绿色转型需要"先立后破"，只有在绿色技术支撑下形成新的供给能力，才能在供给安全的前提下实现能源的平稳转换。要做好长期规划，杜绝运动式减碳，形成降碳、减污、增绿、增长相互协同的机制；要推进制度创新，在碳核算的基础上建立碳账户，明确政府、企业、个人的减排责任；同时要推进绿色低碳技术研发和推广应用，提高技术含量和生产率，实现优于传统产业的更低成本。

有序推进、落实碳达峰行动方案。加强煤炭清洁高效利用，有序减量替代，推动煤电节能降碳改造、灵活性改造、供热改造。建设绿色制造和服务体系，推进钢铁、有色、石化、化工、建材等行业节能降碳，强化交通和建筑节能。坚决遏制高耗能、高排放、低水平项目盲目发展。提升生态系统碳汇能力。推动能耗"双控"向碳排放总量和强度"双控"转变，完善减污降碳激励约束政策。

平衡好短期和长期目标，发掘中速增长阶段结构性潜能

结构性潜能是指中国作为后发经济体在消费结构、产业结构、技术结构升级和城市化过程中所具有的潜能，比主要起短期平衡作用的宏观政策更为重要。

发掘结构性潜能要以都市圈、城市群发展为龙头，促进城乡要素流动，为中国经济下一步中速高质量增长打开物理和动能上的空间。在实体经济方面，补齐三大短板：提升基础产业效率，扩大市场准入，鼓励竞争，完善产权保护等；实施中等收入群体

倍增战略，着力提升低收入阶层的人力资本，加快农民工进入和融入城市的进程；提升基础研发能力，加快前沿性创新，增加研发投入力度。

同时，推进数字经济和绿色发展，为我国经济增长注入新动能。加强数字中国建设整体布局，完善数字经济治理，加快发展工业互联网，培育壮大集成电路、人工智能等数字产业，提升关键软硬件技术创新和供给能力。

第十五章 房地产：在阵痛中转型

韩阳

要点透视

➢ 2021年，我国商品房销售面积达到17.9亿平方米，增速放缓，见顶信号已出现。从月度层面看，上半年市场运行较为平稳，下半年急转直下，"地产熄火—投资下行—增长停滞"的压力传导链条较为清晰。

➢ "稳增长"的核心是"稳投资"，而"稳投资"首先要"稳预期"。为此要防止基建和房地产投资直线下滑，实现软着陆，为下一步"稳预期"打基础。

➢ "大运营时代"，人口拐点等长期制约因素将更加突出，房地产业的拉动作用将进一步减少，预计房地产链条对经济增长的贡献将下降。但考虑到新动能尚不成规模，我国房地产将由"前锋"回撤至"中场"，位置后移而不退场。

➢ 在需求收缩、供给冲击、预期转弱的三重压力下，应在"防风险"和"稳增长"等多重目标下重新寻找平衡点。

2021 年：撕裂的上下半场

2021 年，在国家采取的有效应对措施下，零星发作的新冠肺炎疫情并未再次对国内经济秩序造成明显冲击，我国经济发展和疫情防控保持全球领先地位，构建新发展格局，迈出新步伐，高质量发展取得新成效，实现了"十四五"良好开局。但相较于上半年，下半年较大的经济增速落差也应使我们充分警觉，"后疫情时期"的宏观经济遇到了需求收缩、供给冲击、预期转弱三重压力，"稳增长"成了当前的首要任务。

想要"稳"，先要明白为什么会"降"。腾景全口径数据显示，在 2021 年第三季度增速回落过程中，消费虽有回落，但幅度不大。投资下降幅度最大。按不变价当月同比口径，投资增速在 7 月就出现负增长，最大下降幅度超过 7%。这是除了 2020 年第一季度受疫情冲击外，很长时期以来未曾有过的现象，其中占据固定资产投资完成额近三成的房地产投资增速，也由年初的近 40% 迅速跌至年中的负区间。不难看出，当前的经济压力背后是一条较为清晰的"地产熄火—投资下行—增长停滞"的压力传导链条。

"软着陆"转为"硬着陆"

2021 年我国商品房销售面积为 17.9 亿平方米，增速较 2020

年小幅下降0.7个百分点，仍保持了1.9%的正增长。内部结构边际变化明显：全年住宅销售面积达15.7亿平方米，虽较2020年略有增长，但增速放缓，见顶信号已出现；办公楼和商业营业用房占房地产与销售面积比重虽相对较小，且销量自2018年起已连续三年逐步收缩，但2021年销量增速大幅恢复还是体现出疫情防控下的商业复苏态势。

月度数据比年度数据能更鲜明地体现由夏入冬的温差与撕裂感。从月度层面看，2021年初住宅销量增速高达100%以上，这部分是由于2020年初疫情冲击带来的低基数效应，但考虑到2020年下半年超预期的楼市行情，这种市场热度的确延续到了2021年上半年。然而2021年下半年房地产市场气温骤降，尤其是宏观经济尚未从疫情中完全恢复，脆弱性仍占据上风。随着房地产行业进入严监管的调整期，部分房企在经营管理方面未能根据市场形势变化审慎经营，反而盲目扩张，导致经营和财务指标恶化。6月是上下半场的分界线，若2021年上半年的楼市是沿着"软着陆"路径健康发展，那么下半年无疑是切换至"硬着陆"路径。伴随着某些龙头房企被曝出项目停工、商票逾期等消息，7月的商品房销量增速迅速由正转负至近-10%。2021年下半年，市场主体债务违约现象频发，据中国指数研究院统计，违约企业涉及房地产建筑面积达7.5亿平方米。在这种巨大的不确定性中，购房者观望情绪浓厚，房地产销量增速也在-20%附近低位震荡（见图15.1）。

开发商"躺平"

在"房住不炒"的总基调下，行业调控趋紧。2020年12月31日，中国人民银行与中国银行保险监督管理委员会出台《关于

图 15.1　商品房销售面积增速急转直下

资料来源：国家统计局，作者计算。

建立银行业金融机构房地产贷款集中度管理制度的通知》，将银行业金融机构划分为五档，分档设定房地产贷款占比上限以及个人住房贷款占比上限的"两道红线"。"两道红线"作为房地产金融审慎管理的重要政策，侧重于通过金融机构的力量在融资端集中管理房地产相关贷款，其目的是控制信贷资金流向。紧接着，2021年2月18日，自然资源部要求22个重点城市施行"集中供地"政策：一是集中发布出让公告，且2021年发布住宅用地公告不能超过3次；二是集中组织出让活动。新政策下，开发商在不同城市的拿地行为将在一定程度上"互斥"，企业资金将被分散。

一系列新政影响了开发商的投资积极性。房地产开发投资完成额同比增速由2021年年初的38.3%回落至年末的-13.9%，跌幅超过50个百分点。若将房地产投资拆分成项目投资和土地购置费，可看到土地购置费的降幅更加剧烈，2021年12月的同比增速

已跌至 -34.7%（见图15.2）。回顾近十年的行业历史，每当商品房销售速度进入下行通道，开发商往往会加大拿地力度，且楼市降温越快，购地便越激烈（见图15.3）。这种"逆周期"行为体现着朴素的"低价扫货"商业原则，也反映出开发商对于后市的乐观预期。然而面对此轮楼市寒潮，房地产开发商却并未"抄底"，甚至部分房企选择停止拿地——土地市场一同入冬，全国第一轮集中供地出现"流拍潮"。开发商的"躺平"、投资规律的失效充分体现出当前市场信心的匮乏，这需要我们警惕。

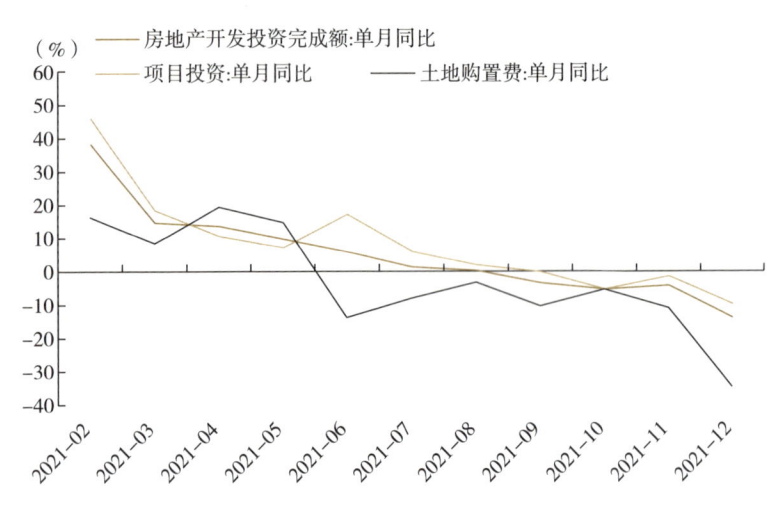

图15.2　土地购置费拖累房地产投资
资料来源：国家统计局，作者计算。

房企增收不增利

通过梳理申万一级行业分类中房地产业的相关上市公司近两年的经营情况，可以发现房地产业呈现普遍的"增收不增利"现象。在疫情冲击下，2020年第一季度上市的房企营业收入和净利

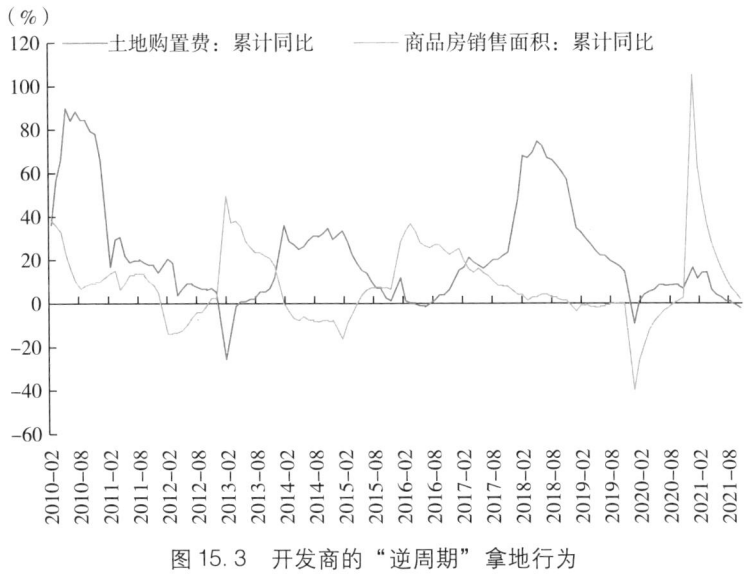

图 15.3　开发商的"逆周期"拿地行为

资料来源：国家统计局。

润同比增速分别降至 -4.3% 和 -41.0%。但随着疫情逐步得到控制、购房需求的后续释放，企业营收增速迅速修复，2021 年第一季度已达到 36.7% 的高点。不过净利润并不乐观，近两年基本上稳定处于负区间，且并未走出相似的上行修复形态，2021 年第三季度甚至进一步滑落至 -67.2%——比疫情冲击下的停摆状态还要低近 30 个百分点（见图 15.4）。

本质上讲，"增收不增利"的背后是成本高企的问题。一方面，2018 年左右的高地价抬高了企业成本，但企业在近两年入市时却由于疫情冲击、项目限价、市场降温等因素并未获得预期的利润。另一方面，在金融政策约束下，房地产行业承受着较高的融资压力。因此，行业利润仍在探底过程中。

图 15.4　房地产业"增收不增利"

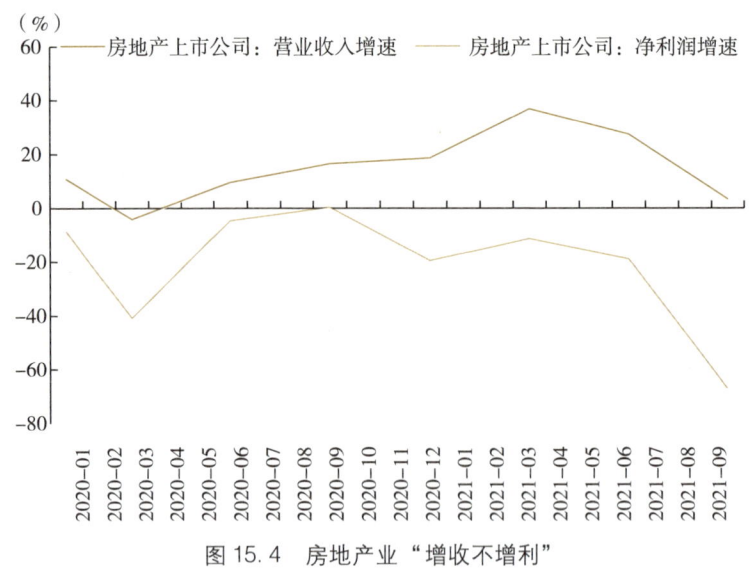

资料来源：Wind。

2022 年：增温御寒

在需求收缩、供给冲击、预期转弱的三重压力下，当前我国宏观经济面临增长压力，"地产熄火—投资下行—增长停滞"的传导链条在其中扮演了重要角色。展望 2022 年，"稳增长"的核心是"稳投资"，而"稳地产"则是"稳投资"的关键。

为什么有必要"稳投资"

首先，在按购买力平价计算的相同人均收入水平下，中国的基建投资比重较 OECD 国家高出一倍以上，房地产投资比重也高出 30% 以上。换句话说，我们在这些领域的投资在前些年可能已经出现潜能透支的问题。若期望通过人为扩张投资，使宏观经济在投资的带领下迅速出现"V"字反弹，是违背经济发展规律的。但我们是否就可以对投资下滑听之任之，将注意力都放在消费等未来发展方向上？恐怕也不是。投资是对未来预期的当前反应，2021年下半年投资增速的大幅下滑已对GDP形成了明显拖累，若这种势头在2022年得不到有效遏制，则将进一步打击市场信心。当前稳投资首先要稳预期，防止基建和房地产投资的跌落式下滑，实现软着陆，为下一步逆转预期、引导预期打基础。同时也不能期待投资增速回升到疫情前的水平，可能要有一定幅度的下调，逐步稳定在一个具有可持续性的平台之上。

其次，若从跨期视角进行分析，当前的消费、投资、净出口对未来产出的影响与其在GDP中的占比是迥异且动态变化的。例如2019年我国货物和服务净出口仅占GDP的1%，但不能简单认为外贸对我国经济增长的作用可忽略不计——宏观经济是复杂系统，指标间的非线性交互作用是不可以简单根据同期视角的数值大小进行判断的。根据非线性维度的相关测算，投资占GDP比重虽然下滑，但其对后续增长的作用依然不小。因此即便投资不再是未来发展的方向，但它对于当前节点还有较高重要性，有必要采取积极措施稳住投资。

房地产投资增速第三季度企稳、前低后高

2021年，我国房地产企业土地购置费降至4.4万亿元，同比下降2.1%，连续三年下行，连续两年对房地产投资整体形成拖累，月度数据更加真切地反映出土地市场的刺骨寒意。但作为土地购置费的先行指标，土地成交价款的走势稍显乐观，有一定的企稳迹象（见图15.5），叠加集中供地政策的边际放松，预计2022年土地购置费增速将逐步企稳。

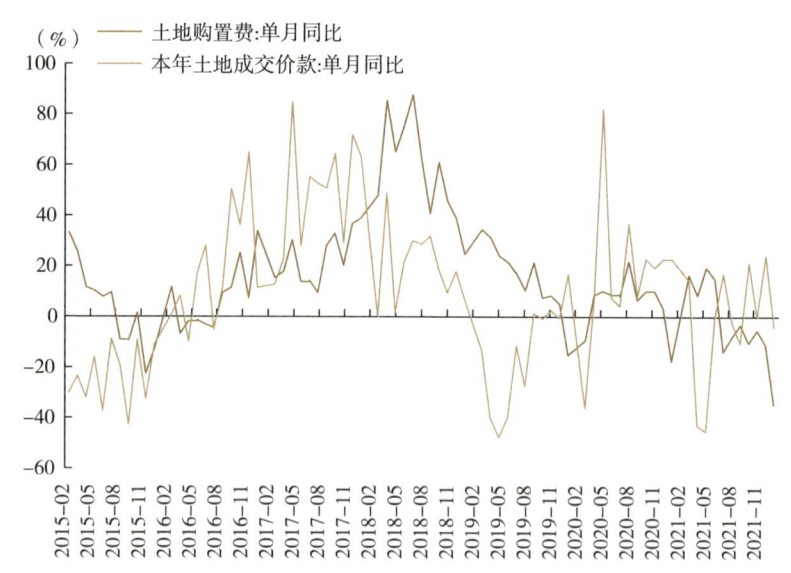

图 15.5　土地成交价款对土地购置费的支撑

资料来源：国家统计局，作者计算。

项目投资代表了建筑安装、设备购置等所有用于建造过程的投资，其在内涵上与房屋施工面积较为接近，而前期的拿地与随后的施工存在一定对应关系（见图 15.6）。2021 年，我国房屋施工面积增速也表现出失速下滑的特点，12 月单月增速已跌至 −35.4%——为近十年的最低点。施工面积和土地购置的"双低"都预示着 2022 年上半年的房地产项目投资增速将难言乐观。

综上，房地产投资的下行趋势将延续至 2022 年上半年，其中项目投资或将取代土地购置成为主要拖累因素。在 2022 年年初一系列稳增长措施的提振下，我国房地产市场有望于下半年企稳。同时考虑到 2021 年前高后低的基数效应，预计 2022 年我国房地产投资增速将于第三季度企稳、前低后高，全年增速进一步下降至 −2% 左右。

图 15.6　项目投资仍有下行压力

资料来源：国家统计局，作者计算。

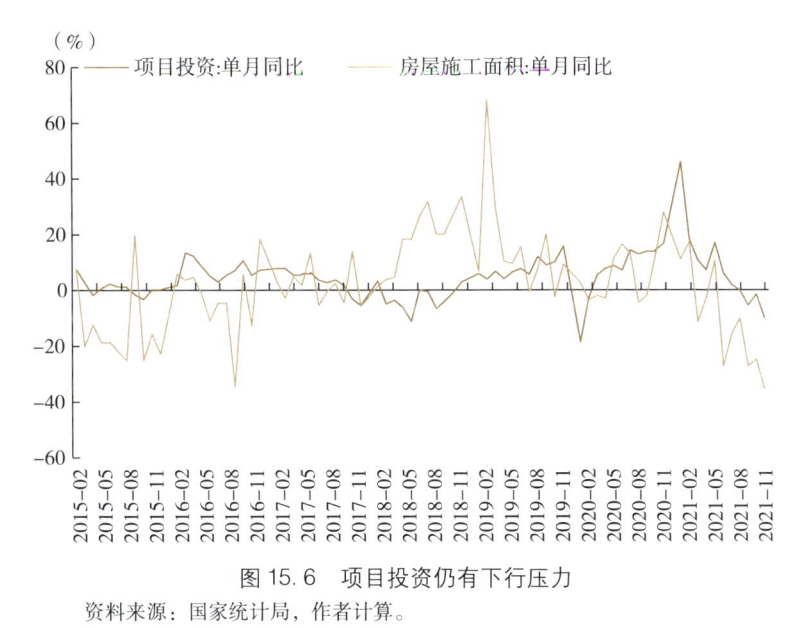

2022—2031 年：从"前锋"到"中场"

自 1998 年住房制度改革后，尤其是 2003 年房地产业被明确为"支柱产业"后，我国房地产业在近 20 年间飞速发展。2021 年，房地产业创造了近 7.8 万亿元的 GDP，占据全社会 GDP 的近 7%（见图 15.7）。这个数字看似没有那么惊人，但在国民经济核算体系中，房地产业仅代表销售环节的增值部分，若根据相关投入产出测算，包含施工、竣工、销售等完整环节的房地产链条直接和间接贡献了 GDP 总额的近 30%。可以说，在中国经济的增长奇迹中，房地产业就是那个攻城拔寨的"前锋"。

"新常态"下，中国经济正在经历一系列深刻的结构性转换，宏观经济也由高速增长转为中速增长。近两年的疫情冲击、政策收缩、预期转弱似乎也在印证房地产业这位曾经的"前锋"已疲态毕露。

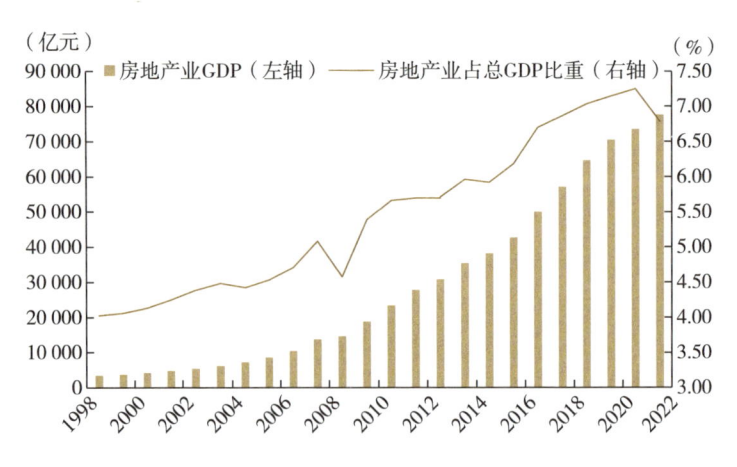

图15.7 作为"前锋"的房地产业
资料来源：国家统计局，作者计算。

"大运营时代"下的减速规律

我们对国家统计局近20年间公布的全国投入产出表进行核算，并通过近似时间序列的处理方式进行组合分析。通过计算中国房地产业和其他行业之间的最强拉动系数变化情况，可以发现房地产业对建筑业的拉动效率呈总体下滑态势，而对金融业、租赁和商务服务业等生产性服务业的拉动效率逐步提升。同时，我国房地产业对金融业，居民服务、修理和其他服务业以及批发零售业等服务业的推动系数也大致呈现逐步上升的趋势，且这种趋势从2010年至今更加明显。[①]

---

① Han, Y., Zhang, H., and Zhao, Y., 2021. Structural evolution of real estate industry in China: 2002 – 2017. Structural Change and Economic Dynamics, 57, 45 – 56. https://doi.org/10.1016/j.strueco.2021.01.010.

逻辑上与房地产业联系较为密切的建筑业在行业间关系强度中的表现反而不及诸多现代服务类行业，这表明在人口城镇化边际放缓的背景下，中国房地产业正朝着服务化、精细化和专业化的方向发展，战略、法律和咨询等商业服务的重要性正得到行业从业者的重视。我们认为下个十年房地产业将迎来从"大开发时代"到"大运营时代"的深刻变革，更多相关企业也将进一步由单纯的"房地产开发商"转型为"综合服务运营商"，服务类收入占公司整体收入的比重将不断提高。①

在"大运营时代"，人口拐点等长期制约因素将更加突出，且房地产业拉动效率较高的相关服务业在国民经济中的占比相对较低，而房地产业对增加值规模更大的建筑业和上游原材料生产工业的带动效应又呈缩减趋势，可以预计房地产链条对经济增长的贡献将遵循减速规律。

后撤而不撤退，找准新定位

近年来，"新基建"等代表下一步经济增长点的新动能引起较强的社会共鸣，而房地产业、"铁公基"（铁路、公路、机场、水利等重大基础设施建设）等旧动能则或多或少被冷落。诚然，在当前发展阶段，继续透支旧动能存在巨大的人力、物力、财力浪费等弊病，房地产业拉动作用的相对下降和旧动能的退潮是难以逆转的大势，问题的关键是要找准新定位。

新动能尚幼。以"新基建"为例，其每年几千亿、上万亿元的体量在中国每年五六十万亿元的固定资产投资规模中算不上大

---

① 请见韩阳，"房地产：控风险、保增长，张弛有度稳市场"，选自《新倍增战略》（刘世锦主编，2021）。

头,更别说让其短期内挑起稳增长的大梁了,且大数据中心、5G、软件投资等"新基建"项目大部分并非由政府主导,而是由企业、风险投资主导的商业化项目,有其自身的发展规律。①

旧动能压舱。房地产投资近年来的"结构性景气"主要由都市圈、城市群聚集效应产生的需求所拉动,而当前我国的城镇化率尚不足65%,虽边际放缓,但与发达国家相比仍有一定发展空间。因此,以房地产业为代表的旧动能还将在相当一段时间内继续扮演"压舱石"的作用。②

综上,新旧动能将在下个十年进一步碰撞、转换,我国房地产业也将由"前锋"回撤至"中场",位置后移而不退场。虽不再锋芒毕露,不再担任拉动经济的"火车头",但其重要性将通过"控场"能力充分体现。

政策建议:创造温和的渐进式改革环境

相关投入产出研究表明,一方面,我国房地产业与众多行业均有着密切的关联性,同时近年来房地产业与其他行业之间资源传输的平衡被明显破坏,反映出其在中国宏观经济系统中的风险倾向有加重趋势③,因此应继续制定并严格执行符合当地情况的宏

---

① 请见《后基建时代,稳增长还能靠投资吗——兼与余永定和李扬先生商榷》(滕泰,2022)。
② Meng, J., Zhu, Y., and Han, Y., 2022. Can 'new' infrastructure become an engine of growth for the Chinese economy? Journal of Chinese Economic and Business Studies. https://doi.org/10.1080/14765284.2022.2036571.
③ Han, Y., Zhang, H., and Zhao, Y., 2021. Structural evolution of real estate industry in China: 2002 – 2017. Structural Change and Economic Dynamics, 57, 45 – 56. https://doi.org/10.1016/j.strueco.2021.01.010.

观审慎政策。但另一方面,"后疫情时期"的三重压力又真真切切让我们感到经济形势的严峻复杂,若房地产业得以回暖,至少可缓解"需求收缩"和"预期转弱"两重压力。综上,调控尺度的收和放、紧和松都在考验着政策制定者的决心和智慧,应在"防风险"和"稳增长"等多重目标中重新寻找平衡点。

平衡金融监管与金融支持力度

我国房地产业和金融业深度绑定,房地产类相关贷款占银行信贷总额的比重较高,来自房地产市场的微小冲击都可能会引起金融市场的剧烈震荡,而这种能量又将使整个经济系统承受巨大的压力。因此,在进行房地产调节时,往往要格外警惕二者的密切关系,将防范并化解房地产金融风险作为重要决策维度。

"三道红线"后的"两道红线"通过金融机构直接对开发商和个人购房者进行全面金融审慎管理,其影响可谓深远。2021年,无论是开发所需的国内贷款还是购房所需的个人住房贷款增速都呈现较大幅度的单边下跌态势,中枢水平甚至明显不及遭受疫情严重冲击的2020年(见图15.8),诸多规模较大的龙头企业也难以获得金融支持,频频发生债务违约事件。

这些现象充分体现出房地产金融监管的力度加大,但也表明其在一定程度上对房地产市场的健康发展造成干扰,尤其是抑制了部分刚性购房需求。因此,非常有必要重新审视并动态平衡金融监管和金融支持的力度,避免打着防范系统性风险的旗号形成"一切从紧"的政策倾向,损害行业正常发展,威胁宏观经济复苏,在控风险的同时要更大力度地保障住房消费者的合法权益。

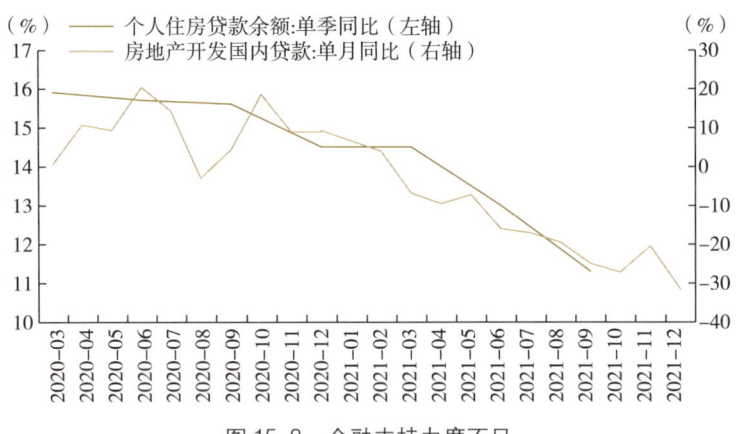

图 15.8　金融支持力度不足

资料来源：国家统计局，作者计算。

超前开工保障房项目，避免投资失速下滑

本章提出了"地产熄火—投资下行—增长停滞"的压力传导链条，并指出"新基建"等新动能尚幼，无力承担稳增长重任，而房地产等旧动能即便不再是未来发展方向，但对于当前节点还有较高重要性，有必要采取积极措施稳住投资。具体来说，保障房或可成为当前较为妥当的抓手。虽然多地政府已经计划在"十四五"期间大力增加保障房供给，但本章建议政府前置投资计划，在重点都市圈范围内超前开工相当规模的保障房项目，核心城市甚至可在短期内开工"十四五"期间保障房规划总量的一半，为房地产投资快速托底。

另外，有别于商品房，保障房在价格上有自身的优势，可有针对性地解决特定人群的住房需求，换句话说，保障房项目的入市不仅不会烘托市场热度、抬升住房价格，反而会对商品房价格有所压制，符合"房住不炒"的精神。

渐进式推进房地产税改革

2021年10月15日，《求是》杂志发表习近平总书记的重要文章《扎实推动共同富裕》，文章指出，要积极稳妥推进房地产税立法和改革，做好试点工作。10月23日，第十三届全国人民代表大会常务委员会第三十一次会议做出决定，授权国务院在部分地区开展房地产税改革试点工作，标志着房地产税改革正式进入试点阶段。

社会各方非常关注房地产税改革的有关进展，很多人认为只要推行了房地产税，房价便会降下来。然而相关研究表明，单纯的房地产税虽有一定的市场调控功能，但是不足以达到民众预想的把房价降下来或者使房价维持在既不高也不低的水平上的目标。[①] 更为重要的是，房地产税表面上看是一个税种的问题，但是它的提出有非常复杂的、宏大的背景，由这样的税收衍生的地方政府财政安全问题也是在谋篇布局中必须要考虑的内容。开征房地产税意味着我国要从以间接税为主转向以直接税为主，这个过程是迈向现代化的一道极具考验的关口，会对社会各方面进行一次强大的压力测试。因此，应继续坚持我国在长期实践中形成的渐进式改革路径，稳步推进房地产税改革。

---

① 请见《房地产税试点需要重视几大问题》（冯俏彬，2021）。

第十六章　汽车：从补偿性增长向潜在增长水平回归

王青　刘馨

要点透视

➢ 2021年，中国汽车市场结束连续三年的负增长，国内汽车销量为2 627.5万辆，同比增长3.8%；全国汽车保有量和千人汽车拥有量分别达到2.9亿辆和208辆。

➢ 预测到2031年，全国汽车保有量和千人汽车拥有量将分别达到4.3亿辆和310辆。

➢ 随着芯片供给影响因素弱化，2021年汽车市场运行将更多受宏观经济和疫情影响。在内外部环境相对稳定的前提下，预计2022年汽车销量有望保持4%左右的增速。

➢ 燃油汽车的首要碳排放环节是使用环节，但平均碳排放呈下降趋势；新能源汽车减排效果也日益显著。汽车领域有望在2029年前后实现全生命周期的碳达峰。

汽车销量结束三年连降，市场持续修复

在2021年第一季度汽车销量实现高增长的基础上，尽管下半年市场出现突出的供给瓶颈，但全年销量仍然实现正增长，结束了连续三年的负增长。市场也在补偿性增长中持续修复，增长基础也有所改善。

市场结束负增长，企业盈利水平回升

销量触底回升，价格继续降低

2021年，国产汽车生产和销售分别实现2 608.2万辆和2 627.5万辆，分别同比增长3.4%和3.8%（见图16.1），增幅较2020年回升5.4和5.7个百分点。全年销量增速呈现前高后低态势，增幅自第三季度开始回升，12月销量已接近上年同期水平（见图16.2）。

乘用车对2021年汽车市场增长发挥了主要支撑作用，而商用车销量在下半年出现大幅下滑。全年乘用车和商用车分别销售2 148.2万辆和479.3万辆，分别同比增长6.5%和-6.6%（见图16.3）。

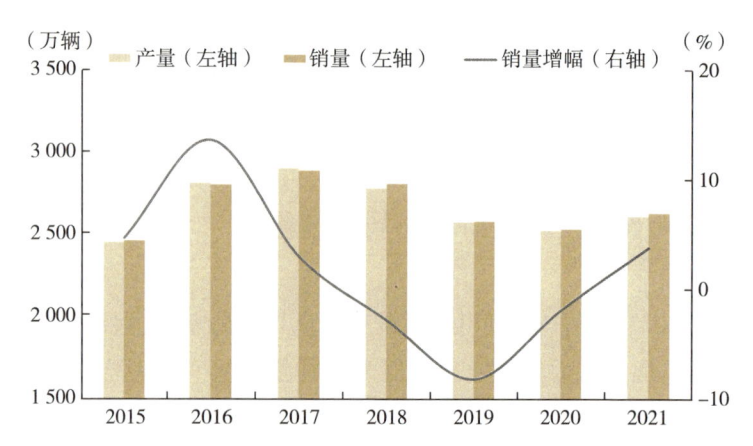

图 16.1 中国汽车产销量及销量增长情况（2015—2021 年）
资料来源：中国汽车工业协会。

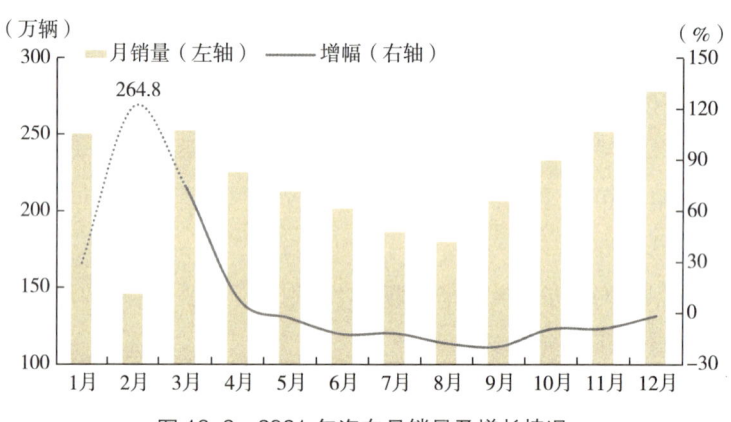

图 16.2 2021 年汽车月销量及增长情况
资料来源：中国汽车工业协会。

350　双碳目标下的绿色增长

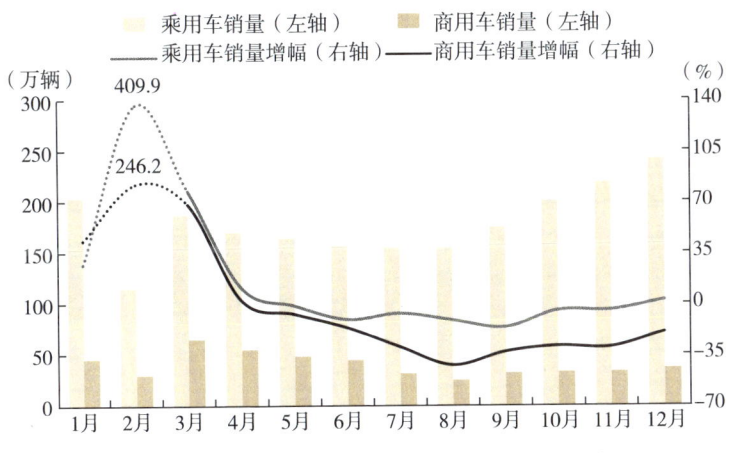

图 16.3 2021 年各月乘用车和商用车销量增长情况

资料来源：中国汽车工业协会。

与 2020 年截然相反，商用车市场 2021 年最突出的特点是客车销量明显回升而货车销量大幅下滑。客车销量增速较 2020 年提升了 18 个百分点，货车市场主要受排放标准切换、"蓝牌轻卡新规"以及投资收缩等因素的影响，销量增速较 2020 年大幅降低了 30 个百分点（见表 16.1）。

表 16.1 2021 年商用车产销情况

车型	数量（万辆）生产	数量（万辆）销售	同比增幅（%）生产	同比增幅（%）销售
客车	50.8	50.5	12.2	12.6
其中：非完整车辆	1.6	1.6	-9.5	-9.6
货车	416.6	428.8	-12.8	-8.5
其中：非完整车辆	59.3	63.9	-22.3	-10.0
半挂牵引车	64.5	67.7	-24.1	-18.9

资料来源：中国汽车工业协会。

第十六章 汽车：从补偿性增长向潜在增长水平回归

2021年乘用车市场的结构特点是：从车型①结构看，所有细分市场均实现增长，特别是基本型乘用车（轿车）销量增速反超SUV，较2020年提高了17个百分点，成为增长最快的车型（见表16.2）。

表16.2　2021年乘用车市场结构变化

车型	生产情况 产量（万辆）	增幅（%）	销售情况 销量（万辆）	增幅（%）
基本型	990.8	7.8	993.4	7.1
MPV（多用途汽车）	107.3	6.1	105.5	0.1
SUV（运动型多用途汽车）	1 003.0	6.7	1 010.1	6.8
交叉型	39.7	0.6	39.1	0.8

资料来源：中国汽车工业协会。

从排量结构看，与2020年相比，排量在1.6L以下特别是1.0~1.6L的车型销量占比明显降低，而1.6~2.0L的车型销量占比继续大幅提升（见表16.3）。

表16.3　2021年乘用车排量结构变化情况

排量区间	销量占比（%） 2021	2020	变化
排量≤1.0L	0.44	1.12	-0.68
1.0L＜排量≤1.6L	63.04	65.75	-2.71
1.6L＜排量≤2.0L	33.40	30.39	3.01
2.0L＜排量≤2.5L	2.33	2.15	0.18
2.5L＜排量≤3.0L	0.80	0.49	0.31
排量＞3.0L	0.001	0.10	-0.10

资料来源：根据中国汽车工业协会公布数据整理，数据为四舍五入值。

---

① 本章的车型划分依据《GB/T 3730.1-2001》。

从乘用车价位结构来看，随着近年来居民汽车消费升级加快，20万元以下的乘用车占比整体下降，20万元以上的乘用车占比持续提升（见图16.4）。

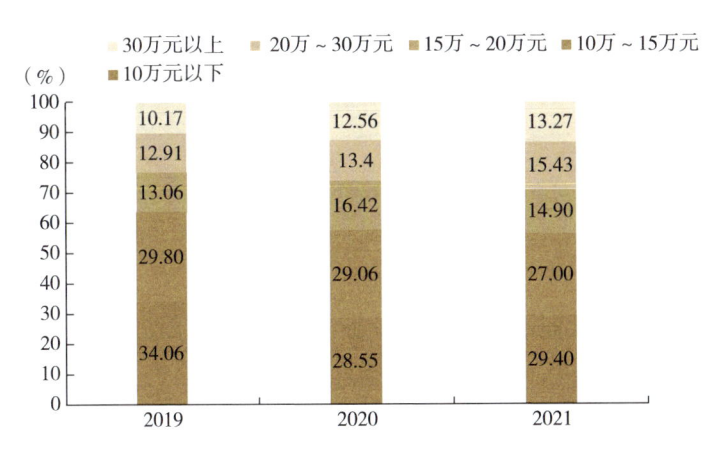

	2019	2020	2021
30万元以上	10.17	12.56	13.27
20万~30万元	12.91	13.4	15.43
15万~20万元	13.06	16.42	14.90
10万~15万元	29.80	29.06	27.00
10万元以下	34.06	28.55	29.40

图16.4　2021年乘用车价位结构变动情况

资料来源：国务院发展研究中心市场经济研究所。

从能源结构来看，新能源汽车[①]销量继续保持高速增长。2021年共销售新能源汽车352.1万辆，同比增长1.6倍（见图16.5），市场渗透率达到13.4%，较2020年提升了8个百分点。私人市场占比约为78%，较2020年提升7个百分点。中小城市及县乡市场占比达到47%，成为新能源汽车销售的主体地区，也是近年来增长最快的区域市场（见图16.6）。这些市场特征表明，在购买补贴等政策驱动力持续弱化的同时，新能源汽车消费的市场驱动力在稳步增强。

---

① 本章所说的燃油车包括汽油、柴油和普通混合动力车型，新能源汽车包括插电式混合动力、纯电动、燃料电池等车型。

图 16.5　新能源汽车销量及增长情况（2011—2021 年）

资料来源：中国汽车工业协会，数据为四舍五入值。

图 16.6　2021 年新能源汽车销量区域结构变化

资料来源：全国乘用车市场信息联席会，数据为四舍五入值。

从价格水平变化来看，受芯片短缺影响，2021 年下半年乘用车市场供给大幅减少，整体价格水平在第三季度出现上涨，直到第四季度才有所回落。2021 年 12 月末国产乘用车市场价格指数为 31.70，较上年同期小幅下跌 0.99 点（见图 16.7），20 万元以上车型跌幅较大（见表 16.4）。

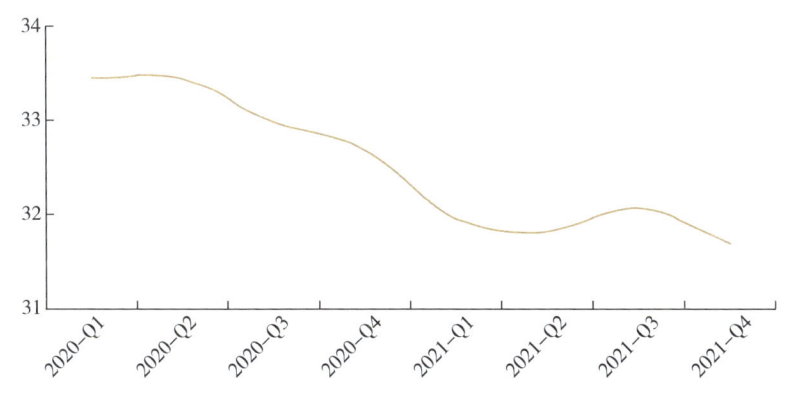

图 16.7　乘用车价格指数变化（2020—2021 年）

注：以 2004 年 1 月末价格水平为 100。
资料来源：国务院发展研究中心市场经济研究所。

表 16.4　2021 年不同价位乘用车市场价格指数变化

价位	2021 年 12 月	2020 年 12 月	指数下跌
10 万元以下	29.56	29.97	-0.41
10 万~15 万元	31.47	32.06	-0.59
15 万~20 万元	34.49	34.86	-0.37
20 万~30 万元	33.59	35.05	-1.46
30 万元以上	31.81	34.93	-3.12

资料来源：国务院发展研究中心市场经济研究所。

保有量接近 3 亿辆，千人汽车拥有量突破 200 辆

2021 年中国民用汽车保有量（不含三轮汽车和低速货车）约为 2.9 亿辆，千人汽车拥有量约为 208 辆，分别较 2020 年增长 7.3% 和 7.2%（见图 16.8）。

图 16.8　中国民用汽车保有量及千人汽车拥有量增长情况
（2000—2021 年）

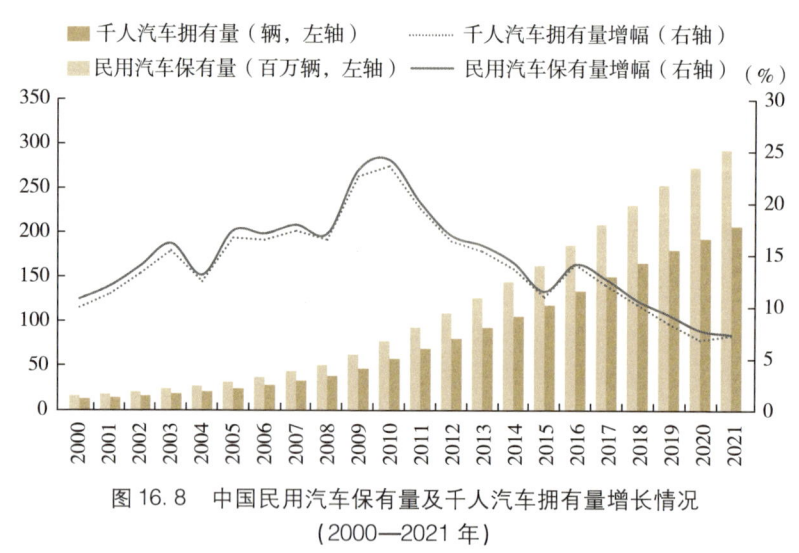

资料来源：根据国家统计局公布数据整理。

从汽车保有量的区域分布①看（见图 16.9），东部沿海地区依然是民用汽车保有量最高的区域②，但增速已明显低于全国平均水平。黄河中游、长江中游和西南地区对我国汽车市场增长的支撑作用日益明显，其中广西、西藏、湖南、甘肃、重庆等省市增速均超过 9%。千人汽车拥有量较高的地区主要是华东、华北和东北地区，但华中、西北和西南地区增长较快。

---

① 依据国务院发展研究中心李善同研究员提出的中国经济区域划分方法，具体是：南部沿海地区（广东、福建、海南）、东部沿海地区（上海、江苏、浙江）、北部沿海地区（山东、河北、北京、天津）、东北地区（辽宁、吉林、黑龙江）、长江中游地区（湖南、湖北、江西、安徽）、黄河中游地区（陕西、河南、山西、内蒙古）、西南地区（广西、云南、贵州、四川、重庆）、西北地区（甘肃、青海、宁夏、西藏、新疆）。
② 《中国统计年鉴 2021》公布的 2020 年数据。

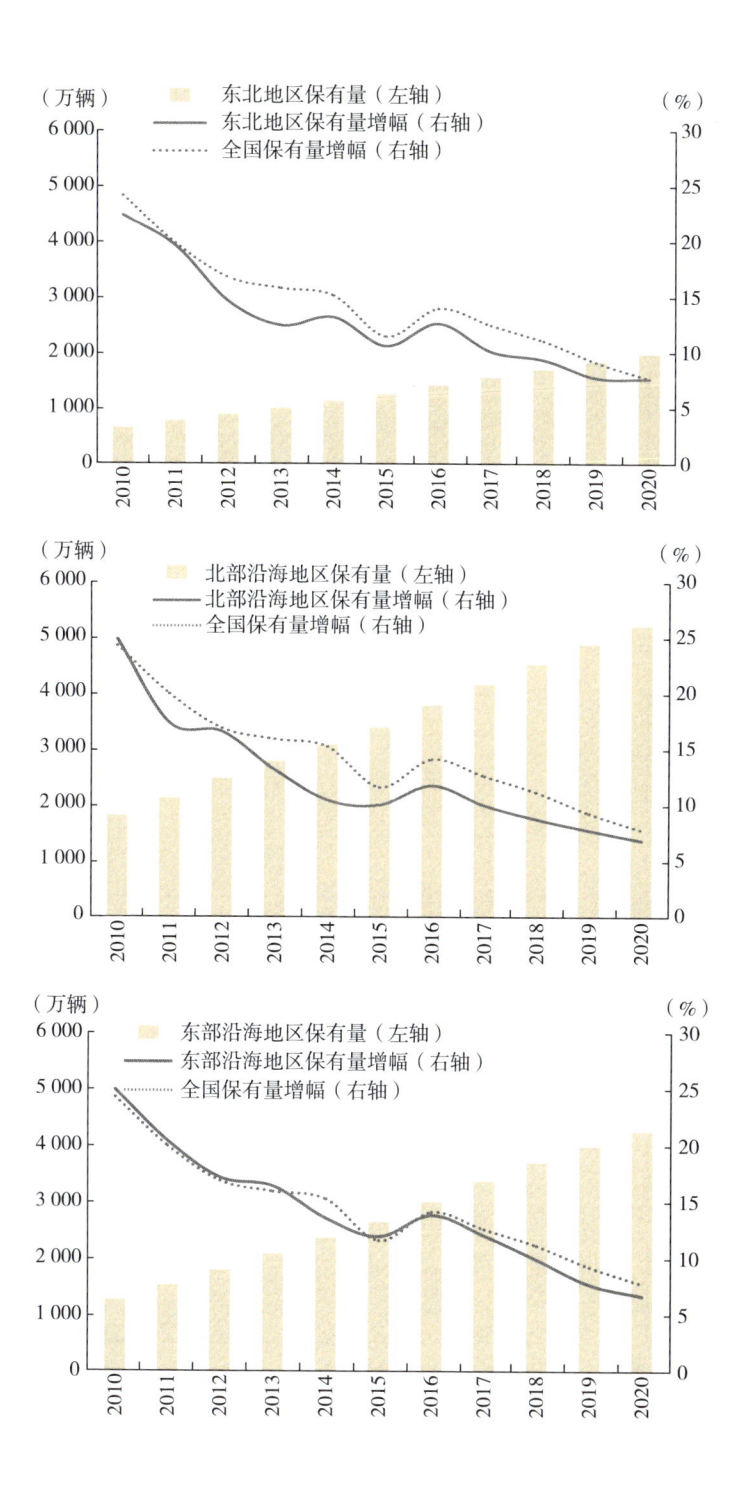

第十六章 汽车：从补偿性增长向潜在增长水平回归

358　　双碳目标下的绿色增长

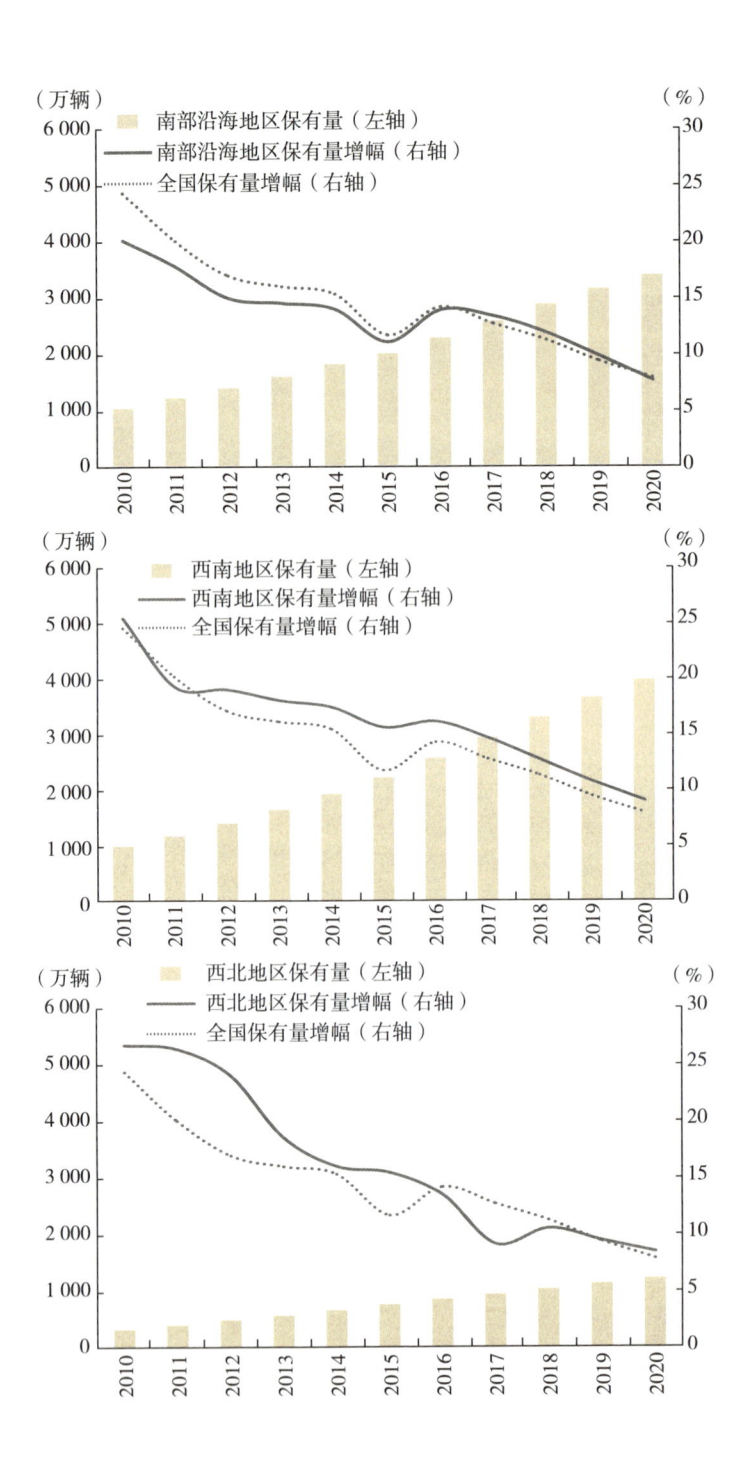

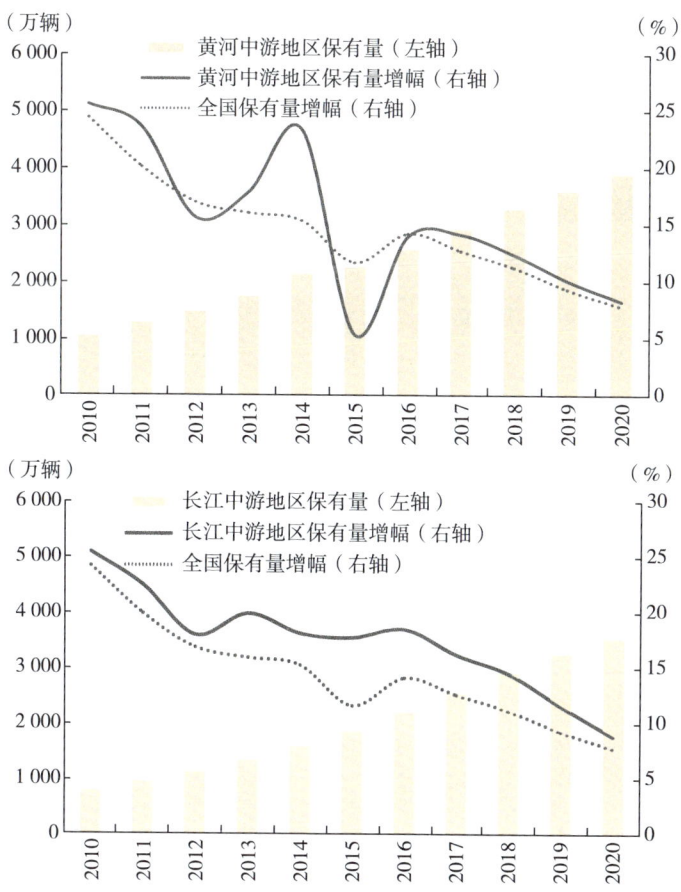

图 16.9　2010—2020 年中国主要地区汽车保有量及增长情况
资料来源：根据国家统计局公布数据整理。

生产企业效益明显好转，经销商库存压力明显缓解

尽管汽车制造企业面临原材料、芯片价格上涨和汽车价格下跌等情况，但在销量回升的支撑下，效益水平也明显回升。2021年1—11月，中国汽车工业协会统计的汽车工业重点企业（集团）包括北汽集团、中国长安、华晨汽车集团、一汽集团、上汽集团、吉利控股集团、江淮汽车、奇瑞控股集团、东南汽车、厦门金龙汽车集团、郑州宇通集团、重汽集团、东风汽车、广汽集团、庆铃汽车、陕汽集团和比亚迪共17家。2021年，主要汽车企业利润总额同比增长5.28%，较2020年提高约16个百分点；企业利润率也在连续6年下滑后首次回升（见表16.5和图16.10）。

表16.5　2021年主要汽车企业收益指标变化

时期	利润总额（亿元）当期	同比（%）	营业收入（亿元）当期	同比（%）	营业成本（亿元）当期	同比（%）
2019年	3 123.01	−18.65	40 441.16	−3.12	33 320.69	−2.25
2020年	2 791.91	−10.75	42 446.84	5.18	35 362.66	6.36
2021年1—11月	2 805.85	5.28	35 885.02	1.72	30 206.16	2.58

资料来源：中国汽车工业协会。

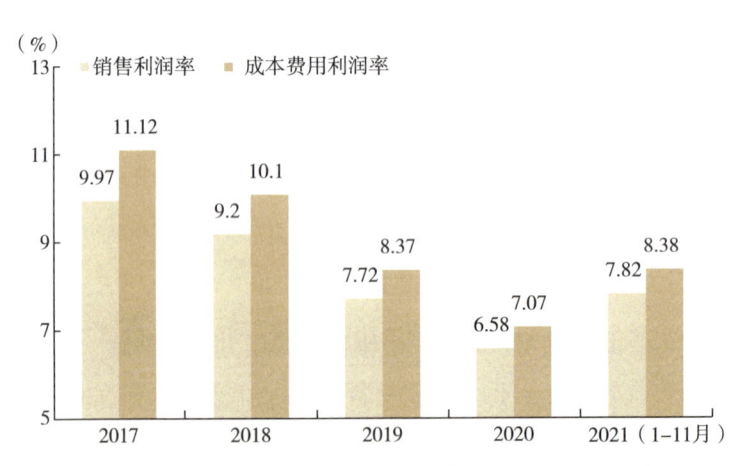

图16.10　主要汽车企业利润率变化情况（2017—2021年）
资料来源：中国汽车工业协会。

2021年销量前十位的汽车企业市场份额为55.88%，较2020年降低3.8个百分点（见图16.11）。

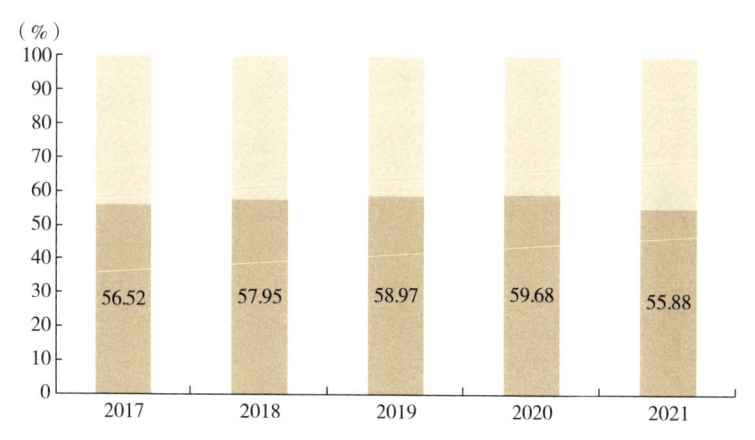

图16.11 销量前十位汽车企业市场份额变化情况（2017—2021年）
资料来源：根据中国汽车工业协会发布的数据整理。

在奇瑞、长城、上海股份和上汽通用五菱等企业市场占有率提升的带动下（见表16.6），2021年中国品牌汽车企业市场占有率提升到44.4%，较2020年提高6个百分点（见图16.12）。

表16.6 2021年主要汽车企业市场占有率

排序	企业	2021年市场占有率（%）	较2020年增长（%）
1	一汽大众	10.27	-1.89
2	上汽通用五菱	7.46	0.46
3	上汽通用	7.27	-1.07
4	吉利	6.54	-0.36
5	长城	5.55	0.49
6	上汽大众	5.43	-1.68

(续表)

排序	企业	2021年市场占有率（%）	较2020年增长（%）
7	上海股份	4.91	0.47
8	奇瑞	4.39	0.90
9	东风日产	3.99	-0.59
10	广汽丰田	3.86	0.06

资料来源：根据中国汽车工业协会发布的数据整理。

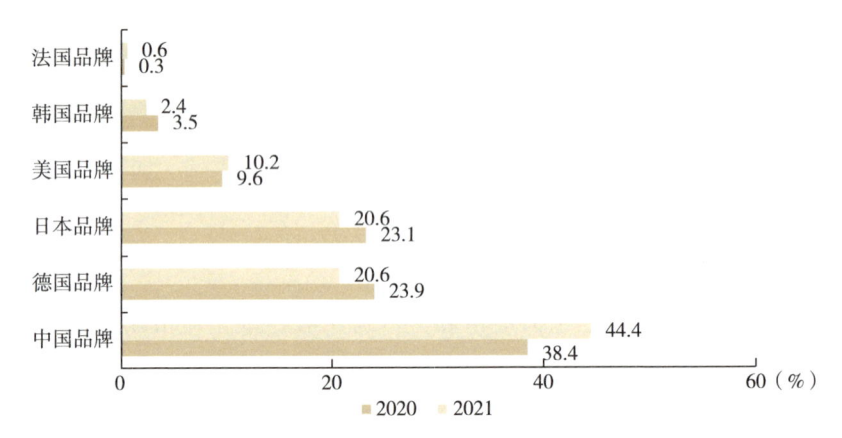

图16.12 不同国别品牌汽车企业市场占有率变化（2020—2021年）
资料来源：中国汽车工业协会。

2021年12月，经销商库存系数①为1.4，比2020年年末降低0.4个百分点，维持在库存警戒线以下；经销商库存预警指数②为56.1%，比2020年降低4.6个百分点（见图16.13），表明在市场需求回升情况下，经销商库存压力明显缓解。

---

① 经销商库存系数＝期末库存量/当期销售量。该系数由中国汽车流通协会每月定期发布，库存系数在0.8~1.2处于合理范围，而库存系数预警临界值为1.5。
② 经销商库存预警指数是中国汽车流通协会采用扩展指数的编制方法编制发布的，以50%为荣枯线，库存预警指数越高，反映出市场的需求越低迷。

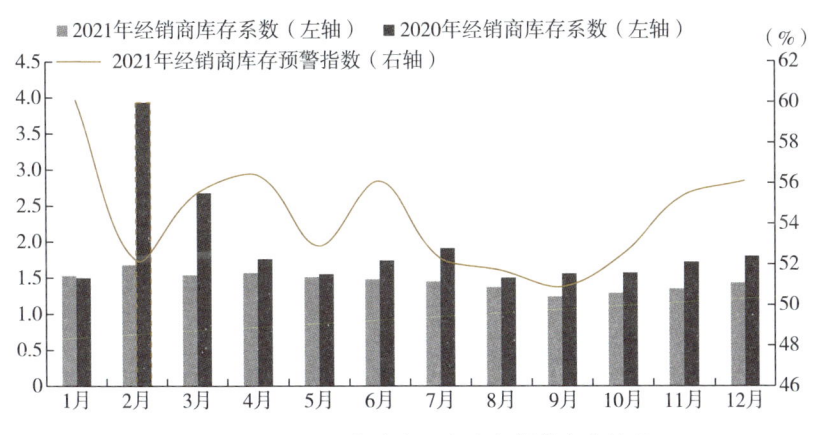

图 16.13　2021 年汽车厂商库存指数变化情况
资料来源：中国汽车流通协会。

需求回升是市场自我修复和补偿性增长的结果

我们在 2020 年年底对 2021 年汽车市场的判断是：汽车市场继续保持回暖态势，全年销量增速将实现由负转正，大致在 0～2%。2021 年年初，我们曾将销量增速修正为 3% 左右，并指出从第二季度开始，市场将出现大幅下滑。

对 2018 年以来的市场运行波动进行分析可以发现，从 2019 年开始，汽车市场就一直存在自我修复的内在需要，只是这一过程先后受到疫情、"芯片荒"等因素的干扰。2021 年市场增速由负转正，正是市场自我修复和补偿性增长的结果。而 2021 年出现的"三个反超"，正是市场逐步修复、增长基础和动力有所改善的重要表现。

2018年汽车市场出现负增长，是宏观经济增速回落、2016年政策透支效应相互叠加导致的结果。① 2018年开始的负增长，明显偏离了当期3%~5%的潜在增长率。从2019年开始，市场逐步积累的一些潜在需求开始释放，2019年下半年市场降幅逐月收窄，市场回升势头已经显现。

2020年第一季度暴发的新冠肺炎疫情，打乱了市场回升的节奏，整个汽车市场陷入停摆状态，供求两端都出现严重下滑。随着2020年第二季度疫情逐步缓解，持续积累的潜在需求得以继续释放，市场也进入了快速回升阶段。特别是自2020年5月开始，市场连续7个月保持10%以上的高增长，这一阶段一直持续到2021年第一季度。市场出现的高增长，主要由被抑制需求的持续释放所支撑，是补偿性增长，难以长期维持。

进入2021年第二季度后，随着被抑制需求的陆续释放，其对市场高速增长的支撑作用不断弱化，销量增速相应出现自然回落。与此同时，全球汽车芯片供给日益紧缺，导致汽车产量缩减，再次引发市场大幅下滑。随着第四季度芯片供应紧张局面的缓解，汽车产量才得以稳步回升，月销量降幅也开始收窄，到12月汽车产销量大致恢复到2020年同期水平（见图16.14）。

---

① 为推进调结构、扩内需，国家决定从2015年10月1日到2016年12月31日，对购买1.6升及以下排量乘用车的消费者实施减半征收车辆购置税的优惠政策。在该政策的刺激下，汽车销量增速从2015年前三季度的0.3%，大幅拉升到2016年的14%。据测算，2016年汽车销量中由购置税优惠政策直接拉动的约有200万辆，该政策对当年汽车销量增长的贡献率接近60%，这对后期市场形成了明显的透支效应。

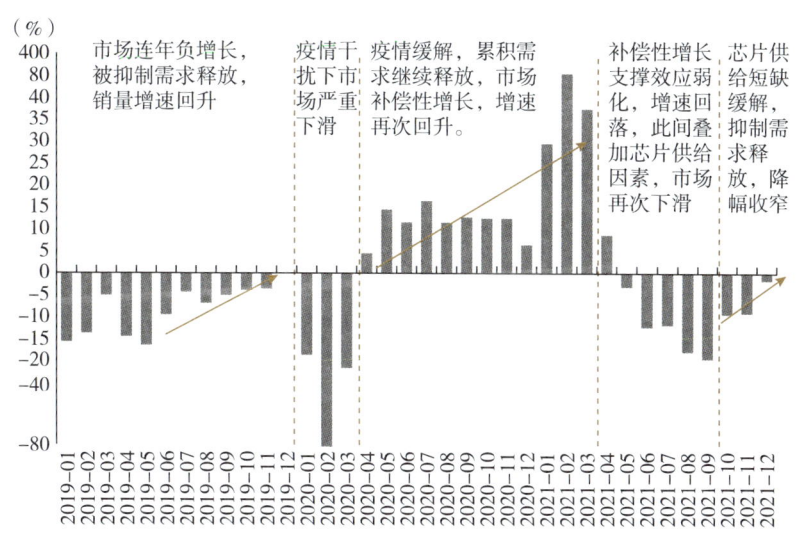

图 16.14　2019—2021 年汽车销量增速变化及汽车市场的阶段性影响因素
资料来源：中国汽车工业协会。

未来十年中国汽车需求增长前景（2022—2031 年）

在支撑因素逐步释放和芯片供给问题日益缓解的背景下，2022 年汽车市场将继续向潜在增长率回归，宏观经济运行和疫情仍然是影响汽车市场走势的重要变量。

中国汽车需求未来十年增长展望

依据我们近年来的预测思路和方法，我们继续将国际经验推算和 Logistic 模型预测相结合，对我国未来十年的汽车市场潜力进行预测。

国际经验推算

我国汽车需求处在中速发展阶段，具有一定的潜在增长率。

根据国际经验，汽车需求与经济发展阶段呈现明显的相关性（见表16.7）。2021年中国人均GDP大致为15 176国际元①，千人汽车拥有量突破200辆，汽车市场进入中低速发展阶段，千人汽车拥有量增速自然回落到4%~5%的增长区间。根据测算，未来十年，我国新车销售规模将保持年均1.5%~2%的潜在增长率，而未来2~3年依然有每年3%~4%的增长空间。

表16.7 发达国家或地区汽车需求增长的典型阶段特征

发展阶段	增长特征		千人汽车拥有量（辆）	人均GDP（1990年国际元）	年均增速（%）	历时（年）
孕育期	低速		0~5	0~3 500	—	—
普及期	高速		5~20	3 500~4 500	18~21	7~9
			20~100	4 500~9 000	19~20	8~9
	中速	中高速	100~200	9 000~12 000	11~12	5~7
		中低速	200~400	12 000~16 000	4~5	14~16
饱和期	低速		>400	>16 000	1~2	—

资料来源：国务院发展研究中心"中国经济增长十年展望课题组"。

根据汽车市场发展的国际经验和规律，在不考虑技术进步和商业模式创新的条件下，预计到2031年，我国民用汽车保有量将达到4.36亿辆，新车产销规模将约为3 100万辆，千人汽车拥有量大致为315辆，日益接近千人汽车拥有量350辆的峰值水平（见图16.15至图16.17），市场也将逐步进入饱和期。

---

① 为麦迪森"1990年国际元"。参见刘世锦主编：《中国经济增长十年展望（2019—2028）：建设高标准市场经济》，中信出版集团，2019年6月，第32页。

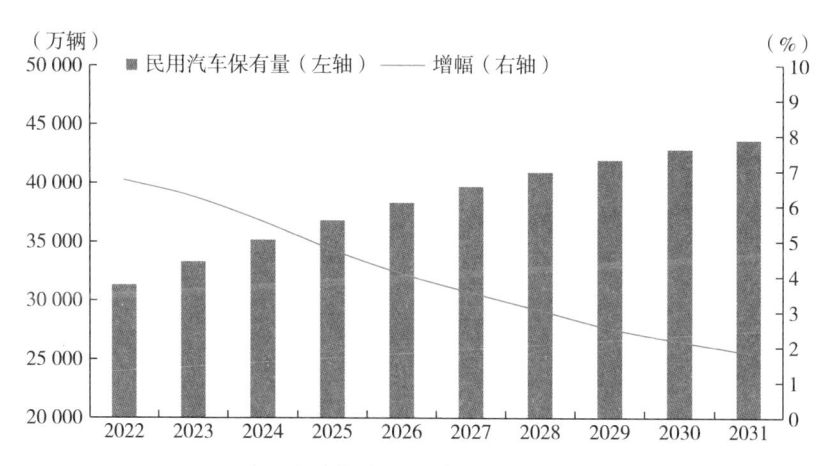

图16.15　中国汽车保有量及增幅预测（2022—2031年）
资料来源：国务院发展研究中心"中国经济增长十年展望"课题组。

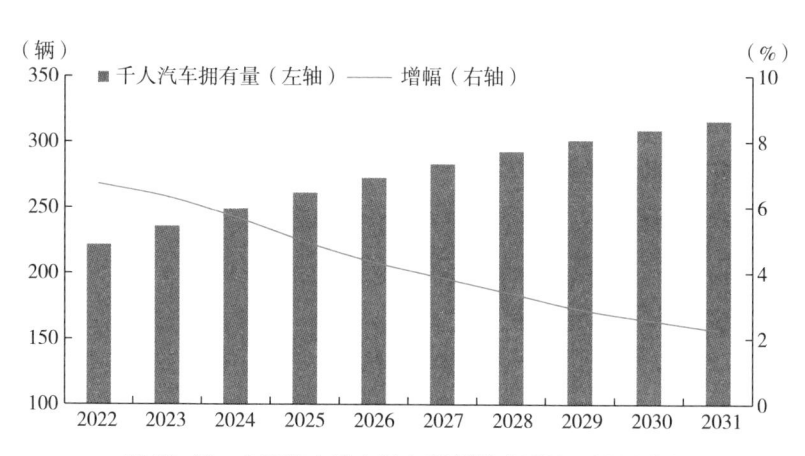

图16.16　中国汽车千人拥有量预测（2022—2031年）
资料来源：国务院发展研究中心"中国经济增长十年展望"课题组。

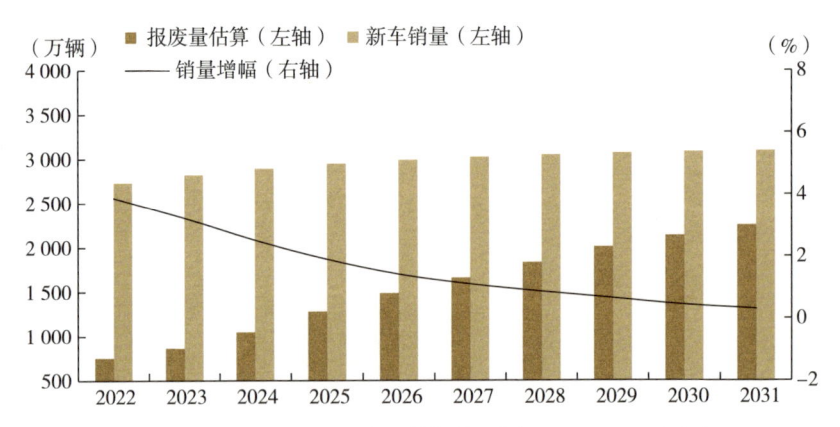

图 16.17　中国国产新车产销规模预测（2022—2031 年）
资料来源：国务院发展研究中心"中国经济增长十年展望"课题组。

Logistic 模型预测

Logistic 模型的基本公式为：

$$y(t) = \frac{m}{1 + e^{b-r(t-t_0)}} \tag{1}$$

式（1）中 $y(t)$ 表示市场上 t 时点的汽车保有量（t_0 = 1995，则 1996，1997，1998，…即 $t-t_0$ 分别为 1，2，3，…）；其中，y 为市场最大潜在汽车保有量，t 为年份，b、r 为参数，m 为汽车保有量的增长极限值。通过 SPSS 软件对方程的参数 b、r 进行估计：m 值取 45 000，b 和 r 估计值分别为 4.50 和 0.20，R^2 = 0.998，模型预测结果为：到 2031 年中国汽车保有量约为 4.19 亿辆（见图 16.18）。

综合以上两种预测方法，我们判断到 2031 年，中国汽车总保有量将接近 4.3 亿辆，届时千人汽车拥有量约为 310 辆。

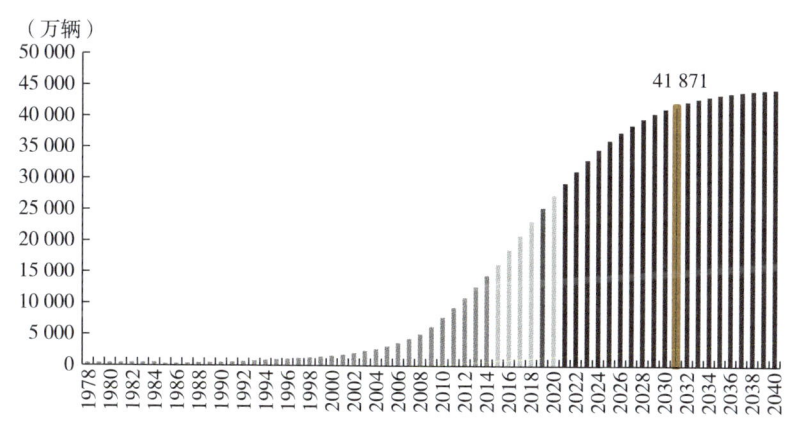

图 16.18　Logistic 模型汽车保有量预测（2022—2040 年）
资料来源：国务院发展研究中心"中国经济增长十年展望"课题组。

2022 年汽车市场的预测及影响因素分析

2021 年，被抑制需求的释放是支撑汽车市场增速由负转正的主要因素，市场存在六大亮点或增长点。除了前面提及的新能源汽车、中高端价位、中西部地区三个增长较快的增长点之外，还有以下三个增长点：

一是皮卡①市场继续保持快速增长。从 2019 年开始，随着不少省份和城市逐步放宽甚至放开皮卡进城限制，皮卡市场进入快速增长时期。2021 年，我国共销售皮卡 55.4 万辆，同比增长 12.9%，近年来销量增速明显高于汽车整体水平（见图 16.19）。

二是汽车出口量迅猛增长。2021 年我国出口汽车达到 201.5

---

① 皮卡又称轿卡，是一种驾驶室后方设有无车顶货箱，货箱侧板与驾驶室连为一体的轻型载货汽车，兼具轿车的舒适性和货车的实用性，是适应多用途和汽车改装需求的主要车型。

万辆，首次突破 200 万辆大关，同比增长 101.1%。其中，新能源汽车出口 31 万辆，同比增长 3.05 倍。

图 16.19　我国皮卡市场增长情况（2015—2021 年）
资料来源：中国汽车工业协会。

三是二手车市场规模实现快速扩张。2021 年我国二手车交易量达到 1 758.5 万辆，同比增长 22.6%（见图 16.20），销售金额首次突破万亿元，达到 11 316.9 亿元。单车平均价格为 6.4 万元，较 2012 年增长 94%。二手车市场的较快增长，不仅对于汽车后市场发展能够发挥积极作用，更有利于形成新车和二手车市场间的互促循环机制。

2021 年汽车市场上"三个反超"反映出市场增长基础的改善，"六大亮点"也体现了未来一段时期市场结构优化的重要趋势，都将对汽车市场保持增长发挥积极作用。总体而言，我们判断 2022 年汽车销量增速将在市场逐步修复的基础上，向 3%～4% 的潜在增长水平回归。在内外部环境相对稳定和配合的前提下，有望实现 4% 左右的同比增幅，并且在全年保持前低后高的增长格局。

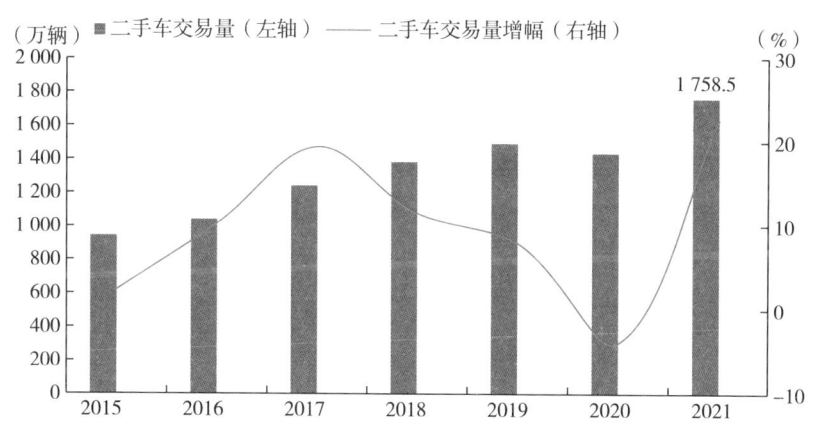

图 16.20 我国二手车交易量增长情况（2015—2021 年）
资料来源：中国汽车工业协会。

2021 年汽车市场运行主要受宏观经济、疫情防控、全球供应链的稳定性三大因素影响。从芯片供给来看，2022 年这一因素对市场的抑制作用将有所减弱。到 2021 年第四季度末，汽车月产量已经超过芯片短缺之前的水平，表明芯片供给短缺问题基本缓解。但由于芯片生产结构调整和供给量增加需要时间，特别是在产业链仍然面临疫情冲击风险的情形下，估计随着产量的增长，2022 年芯片供求仍然会处于紧平衡状态。初步测算，2021 年由于芯片供给短缺，汽车市场大致缩减了 160 万～180 万辆的供应量，仍然有 130 万～150 万辆的被抑制需求将陆续释放。这也将对 2022 年市场增长起到一定支撑作用。

2022 年，宏观经济运行和疫情防控依然是影响汽车市场运行的主要因素。随着我国疫情防控日益科学精准，即使疫情出现局部的反复，只要不出现大规模、全国范围的暴发，对汽车市场和汽车消费的影响就不会像 2020 年那样严重。国内外研究机构对我国 2022 年 GDP 增速预测为 4.3%~5.5%①,较 2021 年有所回落,但这对汽车消费产生严重影响的可能性不大。然而,全年宏观经济运行也有一些风险点值得持续关注,例如房地产市场运行情况及小微企业经营状况等。

总体上看,2022 年汽车市场将从补偿性增长回归潜在增长水平,全年销量增速大致在 3%~4%。在疫情防控和宏观经济运行相对稳定的条件下,有望实现略高于 4% 的增长,全年销量增速也将保持前低后高的增长格局。

双碳目标引领下的中国汽车产业低碳转型发展

汽车是重要的碳排放源,全生命周期产生的碳排放量超过我国碳排放总量的 10%。实现碳达峰、碳中和目标,汽车领域需从供需两端发力,重点是降低使用环节中的碳排放,加快实现高质量可持续发展。

汽车领域全生命周期碳排放有望在 2030 年达峰

燃油汽车的碳排放主要是在使用环节。燃油汽车在使用过程中的燃料消耗,以及车用电力、燃料能源的生产,均会产生大量二氧化碳。2020 年,汽车使用直接和间接产生的碳排放量近 9 亿吨,约占汽车全生命周期排放量的七成,其中燃料燃烧产生的二氧化碳约 7 亿吨,是最主要的碳排放来源。2011—2020 年,随着我国汽车保有量持续上升,汽车使用环节的直接碳排放量持续提

---

① 国际货币基金组织和世界银行对中国 2022 年 GDP 增速预测分别为 4.8% 和 5.1%,高盛和摩根大通的预测分别为 4.3% 和 4.9%,国内机构预测大多在 5.5% 左右。

高，尽管从 2016 年开始增速放缓，并在 2019 年出现小幅降低，但道路交通二氧化碳排放量仍保持在 7 亿吨以上（见图 16.21）。其中，商用车特别是重型商用车直接碳排放量较大。2020 年，商用车保有量占汽车总保有量的 12%，但排放了 52.5% 的二氧化碳。其中，仅占汽车总保有量 3.1% 的重型货车，排放了 36.8% 的二氧化碳，而占汽车保有量 88% 的乘用车，其排放量仅占 47.5%（见图 16.22）。

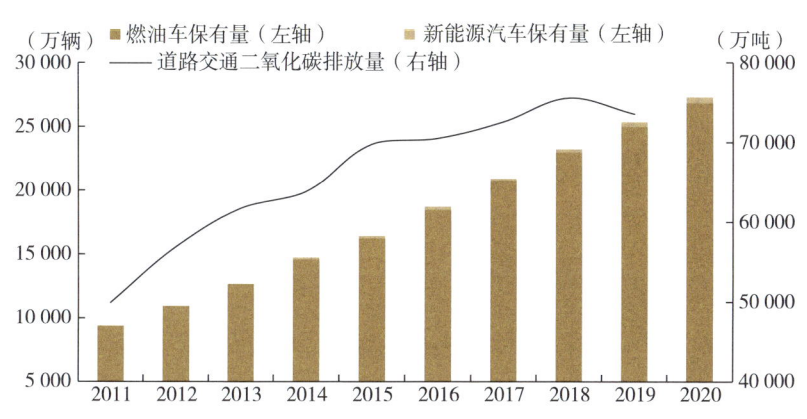

图 16.21　我国汽车保有量及道路交通二氧化碳排放量
资料来源：Wind，国家统计局，公安部，IEA。

生产环节的间接排放不容忽视。基于投入产出表测算，2018 年我国汽车生产带来的所有碳排放量近 4 亿吨，约占汽车产业全生命周期排放总量的三成。其中，汽车制造业在生产过程中直接产生的二氧化碳排放较少，2019 年不足 600 万吨，尚不到我国碳排放总量的 1‰，且 2013 年以来呈逐年下降趋势（见图 16.23）。但是，汽车生产过程中消耗的大量钢材、铝、塑料、橡胶等材料，碳足迹总计规模较大，间接排放占生产环节排放总量的比重超过 99%。

☐乘用车 ☐中型客车 ☐大型客车 ☐微型货车 ☐轻型货车 ☐中型货车 ☐重型货车

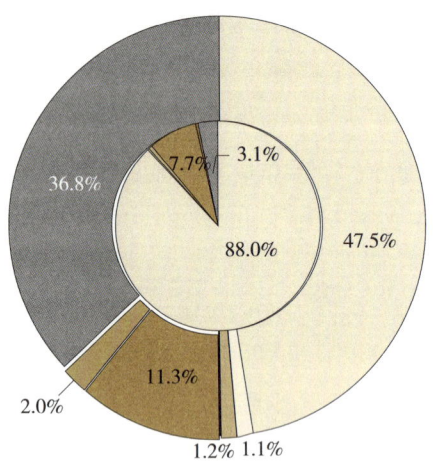

图 16.22　2020 年我国乘用车、各类商用车保有量及碳排放量
注：内圈为各类车型保有量，外圈为二氧化碳排放量。
资料来源：基于国家统计局《节能与新能源汽车发展报告 2021》的数据计算。

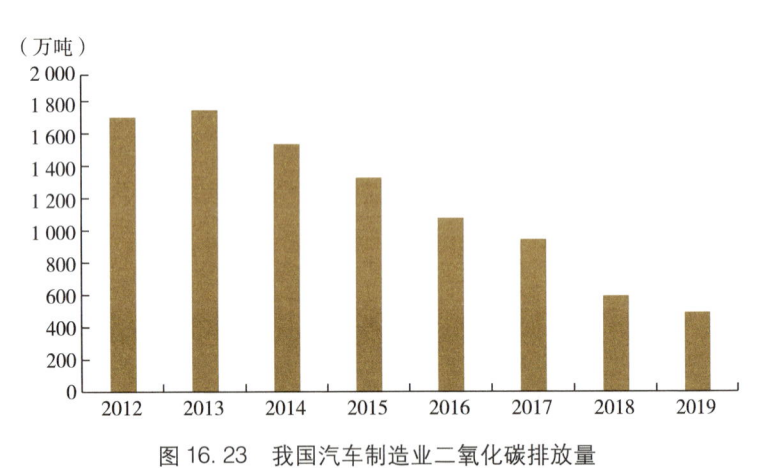

图 16.23　我国汽车制造业二氧化碳排放量
资料来源：Wind，CEADs（中国碳核算数据库），中国统计年鉴，作者计算。

使用环节平均碳排放呈下降趋势。随着节能技术的推广和新能源汽车占比的不断提高，我国单辆汽车平均碳排放量逐年下降。2020年，平均每辆民用汽车在使用环节约直接排放2.6吨二氧化碳，大致为2011年排放水平的一半，年均下降超过7%。特别是2017年以来，随着新能源汽车占比提升，单车使用环节的直接碳排放量下降速度加快（见图16.24）。随着能耗标准的不断提高和技术进步，乘用车的能耗不断下降，使用环节包括车用能源在生产和使用过程中的碳排放量也逐年下降（见图16.25）。

图16.24 2020年我国单辆汽车碳排放及新能源汽车保有量占比
资料来源：国家统计局，IEA，作者计算。

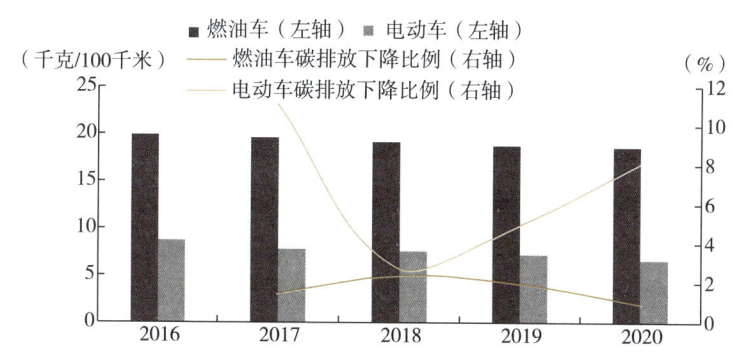

图16.25 2020年我国乘用车使用环节单位里程碳排放及下降比例
资料来源：基于国家能源局、《节能与新能源汽车发展报告2021》《中国产品全生命周期温室气体排放系数集》的数据计算。

第十六章 汽车：从补偿性增长向潜在增长水平回归

新能源汽车减排效应显著。从全生命周期来看，新能源汽车的碳排放量显著低于汽油车和柴油车，特别是电动车的减排效应最为显著。2020年我国生产的乘用车中，基于各类汽车的销量进行加权，纯电动车平均单位行驶里程产生的全部碳排放仅为146.5克，比汽油车、柴油车分别低39.4%和55.8%，常规混合动力车和插电式混合动力车的碳排放分别比汽油车低18.7%和12.7%（见图16.26）。

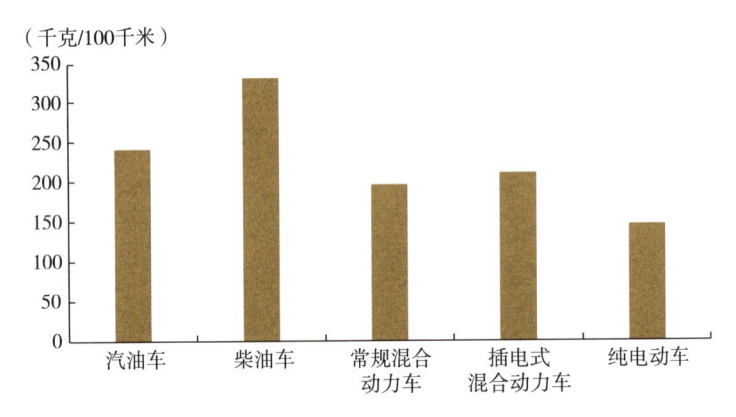

图16.26　2020年我国乘用车单位行驶里程碳排放
资料来源：《中国汽车低碳行动计划研究报告（2021）》。

电动车由于电池碳足迹较高，生产环节的碳排放比燃油车平均高出50%~65%，但其在使用环节不直接产生碳排放，且电力生产产生的碳排放远低于燃料直接燃烧产生的碳排放，自2016年以来还保持6.7%的年均降幅。电动车使用环节碳排放较汽油车平均水平低48%~55%。其中，大车型的电动车减排效应更明显，B级和C级电动车比同类型的汽油车碳排放低35%左右，A0级和A级电动车分别比同类型的汽油车碳排放低32%和30%（见图16.27）。

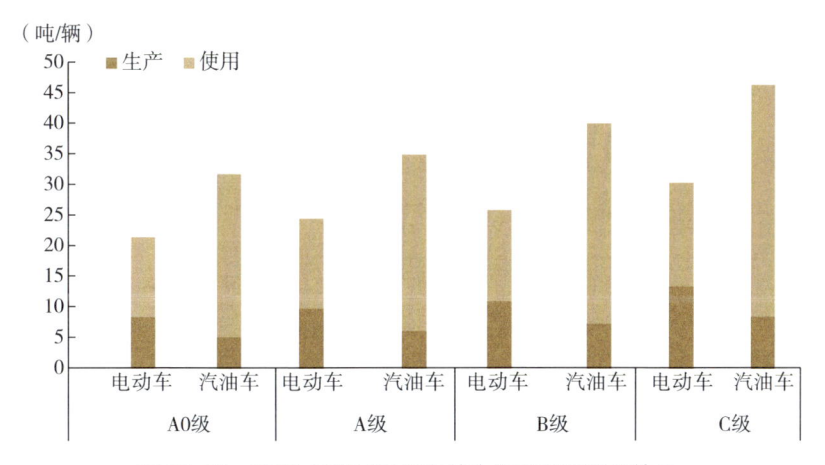

图 16.27 2020 年我国乘用车单位行驶里程碳排放量

资料来源:《中国汽车低碳行动计划研究报告（2021）》《中国产品全生命周期温室气体排放系数集》。

分区域来看，电网排放因子较低的华中电网和南方电网地区，电动车比汽油车的减排效应更大，减排比例比全国平均水平高8.9个和8.4个百分点，而东北电网和华东电网地区的减排比例较小，分别比全国平均水平低11.3个和8.9个百分点（见图16.28）。

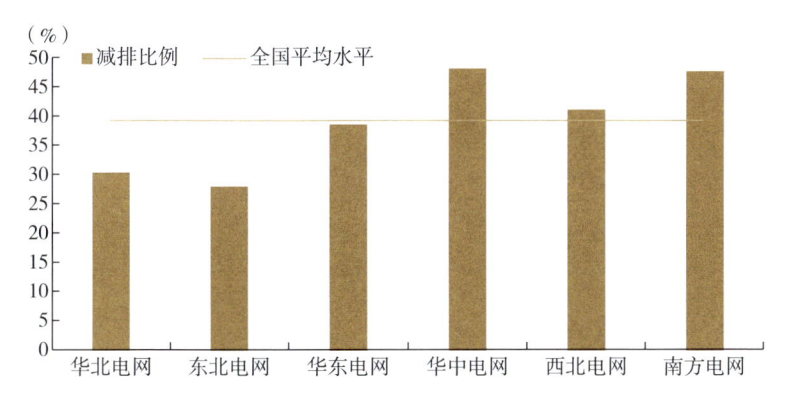

图 16.28 2020 年我国不同区域电动车相比于汽油车的减排比例

资料来源：基于《中国汽车低碳行动计划研究报告（2021）》的数据计算。

第十六章 汽车：从补偿性增长向潜在增长水平回归

燃料和电能在生产和使用过程中的碳排放变化趋势决定了碳达峰的时间。截至 2021 年年底，新能源汽车保有量占汽车总保有量的比重达到 3%，预计到 2030 年汽车保有量中燃油车仍会占主要地位。2025 年之前，汽车使用环节的碳排放总量仍将保持中速增长；2025 年之后，预计新能源汽车保有量占比将快速上升，同时随着节能技术更加成熟，使用环节的碳排放量将转向低速增长，预计将在 2030 年前后达峰。汽车生产阶段的碳排放主要来自间接排放，排放量取决于上游行业的排放强度。未来十年，我国汽车产销量将保持 1.5%~2.0% 的年均增速，随着节能降碳相关措施的不断推进，整体碳强度也将不断下降，生产阶段的碳排放有望在 2025 年前后达峰。在经济社会系统全面低碳转型的背景下，我国汽车全生命周期的碳排放有望在 2029 年前后达峰（见图 16.29）。

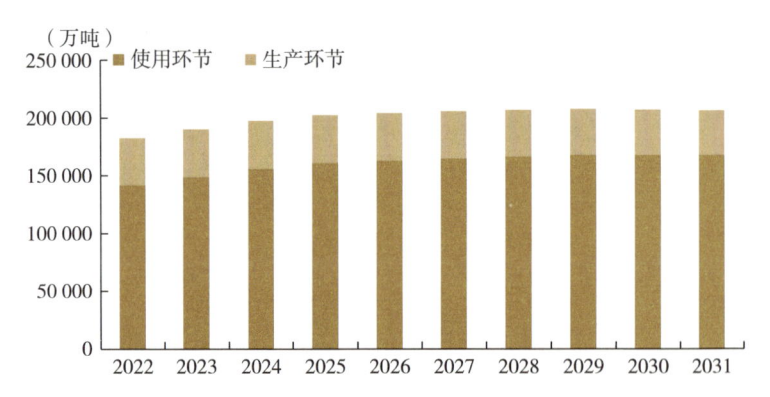

图 16.29 我国汽车全生命周期碳排放预测（2022—2031 年）
资料来源：国务院发展研究中心"中国经济增长十年展望"课题组。

供需两端共同发力，推动汽车全生命周期低碳转型

聚焦汽车使用环节和生产环节，从汽车保有量和平均单车排放两个着眼点出发,坚持降低资源消耗和调整低碳资源使用并重,注重从供需两端共同发力,推动汽车全生命周期低碳发展,引领上下游行业实现低碳转型。

供给端:加快新能源汽车技术升级,全面推动制造环节低碳化转型

鼓励新能源汽车技术加快发展。整合国家、行业、科研院所和企业研发资源,协调各方关注点,理顺激励平衡机制。完善新能源汽车准入、投资、税收、研发、人才等政策体系,降低新能源汽车产业创新发展成本,提升生产销售规模。加强动力电池、电控系统、电机、车规级芯片、充电设备技术等关键技术领域研发,探索集成化、模块化生产制造平台体系创新,降低生产成本和整车价格。

继续跟进氢燃料汽车技术研发。以长距离、高负载的重型商用车为重点,加大对氢燃料汽车技术的研发和商业化,进一步减少使用环节的直接碳排放。推进绿电、绿氢产业发展,减少电力、氢燃料在生产过程中的碳排放,减少汽车使用环节间接碳排放。

进一步降低车辆能源消耗水平。完善"双积分"政策体系,加大对节能技术研发和应用的扶持力度,对油电节能技术研发及商业化给予一定补贴,促进车辆油耗或电耗持续下降,减少车用能源消耗及碳排放。

推动低碳足迹材料应用和替代。推进汽车轻量化设计,降低整备质量,减少钢材、塑料等高碳足迹材料的消耗。鼓励企业扩大绿色低碳要素投入,推广可再生电力生产的钢材、铝材等产品,增加循环再生原料、再制造产品使用。规范发展报废汽车回收利用产业,提高汽车回收利用率,完善电池循环利用法规标准和政策体系,加快推进汽车产品生产者责任延伸制度试点建设。

加快完善公平透明的竞争市场。加快全国统一市场建设，在购买补贴、采购招标和汽车下乡等领域，避免或明或暗地出现地方保护和市场分割现象。改善汽车市场竞争环境，鼓励具有市场竞争力的新能源汽车产品脱颖而出。

需求端：加快形成有效制度环境，持续壮大新能源汽车消费市场

加快优化调整商用车需求结构。补齐铁路、水运运力及设施短板，进一步调整运输结构，推进公转铁、公转水，减少重型货车公路货运量。对于乘用车和城市客运、物流、作业等应用场景的轻型商用车，加快推进电动化转型。

加快充电设施规划建设。进一步完善规划、用地、税收等优惠政策，鼓励社会资本进入。加大政府投资力度，加快公共充换电设施建设，特别是增加直流充电桩供给，优化充电桩布局，提高充电桩使用效率。协调各部门、各地方出台配套鼓励政策，推进充电设施进社区、进高速、进景区、进公共停车场（停车位）的"四进工程"。探索推动充换电标准化、换电设施共享化，实现充电换电技术路线共同发展。

积极引导推动老旧车型更新。对于置换更新消费需求[1]，适当增加老旧车型更新补贴，直接在购买新车缴纳购置税时扣除，并鼓励有条件的地方和企业提供配套支持服务。在污染防控重点区域，加强对高排放标准车型限时段、限区域和限路段行驶管理，促进老旧车型加快更新。在汽车限购城市设定一定期限，允许闲置二手车本地交易带牌过户，在不增加保有量的前提下优化号牌

---

[1] 我国汽车保有量中，国Ⅲ排放车辆约 4 000 万辆，车龄基本超过 10 年，乘用车保有量中 6 年及以上车龄比重超过 45%。目前新车销量中换购需求占比达到一半。

资源配置。引导城市四轮低速电动车升级为微型电动车，制定符合实际的车辆标准、路权划分和驾驶员资格规定，加强分类管理。结合个人信用、车型价位、能源能耗等，对换购消费特别是燃油汽车更新为新能源汽车的，给予汽车信贷消费优惠利率或贴息。

创新优化汽车消费税收政策。以污染排放总量或百公里油耗为标准，调整优化汽车购置税、消费税和进口环节税收的税率税档，矫正现行政策对消费者车型选择造成的扭曲。创新促进新能源汽车消费的税收手段，允许将购车款按比例一次性或分期纳入个税抵扣项。以省为单位，合理确定销量基数，探索车辆购置税、消费税增加部分实现央地共享，提高地方政府扩大汽车消费的积极性。适当下调二手车交易增值税，缩小二手车贸易公司和经纪人的税收差距，促进新车和二手车市场之间的循环畅通。

有序取消抑制消费的相关行政性限制。目前全国仍有8个大型城市实施汽车牌照配额管理。2021年北京市和深圳市小客车牌照指标中签率分别约为2.98%和2.78%，北京市新能源汽车申请者要等待至少7年才能取得新能源汽车牌照。应继续增加汽车限购城市号牌指标投放，逐步放开新能源汽车牌照限制，充分释放新能源汽车消费潜力。

营造良好的社会推广示范环境。进一步加大政府、国企、事业单位新能源汽车采购力度。在城市巡游出租车、分时租赁、共享出行等领域，增加运营牌照扶持和更新新能源汽车的相关优惠补贴。

改善提升汽车消费市场环境。近年来新能源汽车成为消费者投诉新热点，在行驶安全、充电安全、掉电锁电、违约减配、责任争议、系统故障等方面，举证维权、责任认定也更加困难。应加强产品质量监管，杜绝厂商和经销商夸大宣传、以次充好的行为，严格实施缺陷产品召回制度。专项整治销售领域违反合同约定、加价搭售等行为。明确各方举证责任和举证责任倒置范围，强化消费者保护。

探索建立汽车碳足迹核算体系。将碳足迹从生产环节向消费环节延伸，试点推出碳足迹标签，建设低碳零碳供应链，引导居民购买使用低碳汽车产品。

参考文献

Roy Dave. The study on the car sharing under the sharing economic. Journal of Business，2017，1（8）.

United States. Bureau of Public Roads，Robert H. Burrage：" Parking guide for cities"，U. S. Govt. Print. Off.，1956.

邓恒进，等. 基于 Logistic 模型的我国汽车保有量增长期分析［J］. 企业经济，2008（08）.

杜勇宏. 对中国汽车千人保有量的预测与分析. 中国流通经济［J］. 2011（06）.

刘世锦主编. 中国经济增长十年展望（2013—2022）：寻找新的动力和平衡［M］. 北京：中信出版集团，2013.

刘世锦主编. 新倍增战略［M］. 北京：中信出版集团，2021.

蒋艳梅，等. Logistic 模型在我国私人汽车保有量预测中的应用研究［J］. 工业技术经济，2010（11）.

中国汽车技术研究中心有限公司. 2021 节能与新能源汽车发展报告［M］. 北京：人民邮电出版社，2021.

中汽数据有限公司，等. 中国汽车低碳行动计划研究报告（2021）［R］. 2021.

第十七章　装备制造业：绿色化数字化推动转型升级

于亮亮　董安胜

要点透视

> 2021 年，装备制造业增加值增速较 2020 年有所回落，但仍高于工业整体和 GDP 增速；行业利润情况有所好转，并进入利润平缓稳定增长区间。从细分行业来看，各子行业增加值、投资完成额增速等差异较大，一定程度上反映了结构的持续分化。

> 2022 年，装备制造业需求旺盛，光伏、锂电以及风电等新能源行业有望维持高景气，拉动上游设备需求持续增长；随着我国创新能力的大幅攀升，发动机、材料、数控机床、工业软件等领域将迎来机遇期；半导体芯片制程也有望进一步突破。

> 未来十年，装备制造业仍将保持高速平稳有序发展，在双碳战略背景下，将加快绿色化转型升级；若干国家创新型产业集群将形成，绿色循环体系将初步建立，能源结构将得到进一步优化，核心零部件国产化率以及国际竞争力都将有较大提高。

➢ 装备制造业是基础性产业，应当进一步强化政府对双碳战略的有力统筹和制度性保障，充分利用各个地方的能源禀赋，发挥好地方优势；进一步完善与装备制造业减碳有关的治理规则体系，处理好发展和减排的关系。

2021年：行业增长平稳，结构调整在路上

后疫情时代的平稳增长

装备制造业生产稳中有升。2021年，装备制造业增加值比上年增长12.9%，高于全部规模以上工业平均水平3.3个百分点，对全部规模以上工业增长贡献率达45.0%，有力支撑了工业增长稳步回升。

分行业来看，多数行业实现两位数增长，金属制品业，电气机械及器材制造业，计算机、通信和其他电子设备制造业在2020年、2021年两年平均增速均达到两位数，且明显高于2019年水平。

分产品来看，新能源汽车比上年增长145.6%，产量各月均保持成倍增长；工业机器人、太阳能电池、微型计算机设备等主要产品实现较快增长，增速分别为44.9%、42.1%、22.3%。

自新冠肺炎疫情暴发以来，我国装备制造业受到较大冲击，经过2020年的恢复性增长，目前增加值累计同比呈现高点回落的态势，但依然显著高于工业增加值和GDP增速（见图17.1）。

具体来看，电气机械及器材制造业和金属制品业在装备制造业细分的8个子行业里表现较好（见图17.2），这主要得益于双碳政策的推动和政府的扶持。

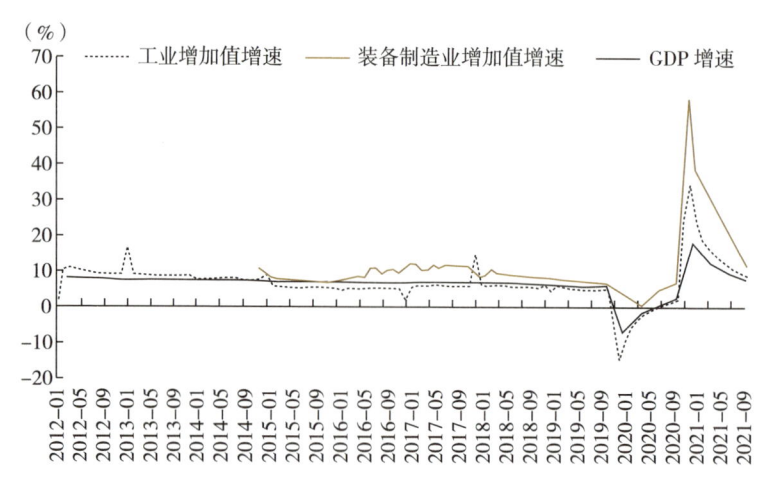

图17.1　GDP增速、工业增加值增速与装备制造业增加值增速
资料来源：腾景数研。

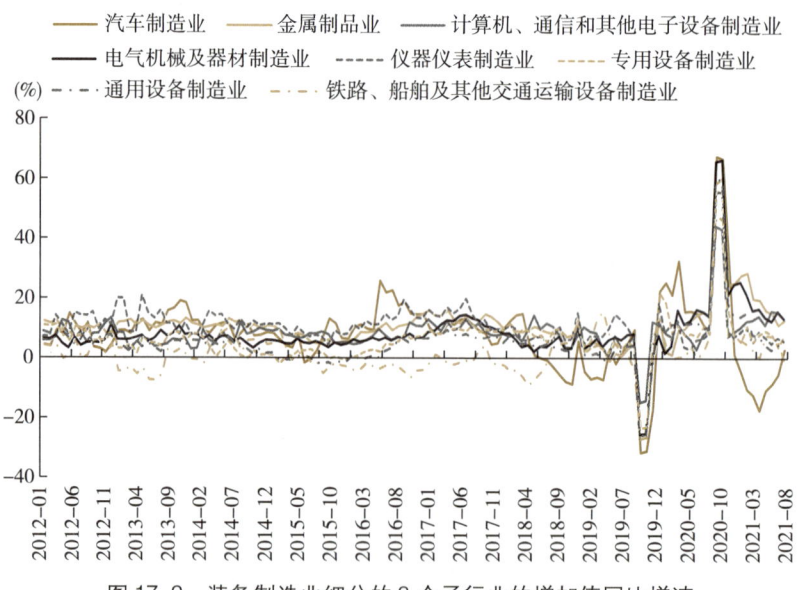

图17.2　装备制造业细分的8个子行业的增加值同比增速
资料来源：腾景数研。

内需稳、外需强

随着疫情趋于常态化，装备制造业投资明显好于整体固定资产投资，除汽车制造业外，装备制造业中其他 7 个子行业的固定资产投资完成额同比增速均高于整体固定资产投资完成额（见图 17.3）。其中专用设备制造业累计同比增速较高，这主要得益于房地产市场在 2020 年下半年回暖后的趋势延续，带动了专用设备特别是基建设备的投资快速增长。由于疫情有所缓解，铁路、船舶及其他交通运输设备制造业累计同比增速也较高。值得关注的是，电

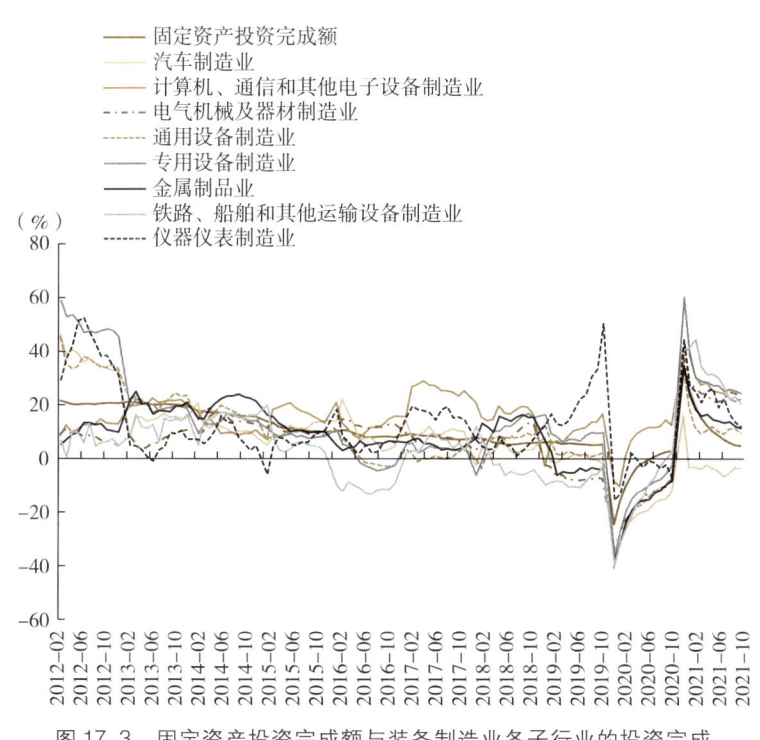

图 17.3　固定资产投资完成额与装备制造业各子行业的投资完成额对比（累计同比）

资料来源：腾景数研。

气机械及器材制造业在2021年下半年降幅最小，新能源持续发力，这充分体现了企业对双碳战略的支持和信心。受芯片等因素的影响，汽车制造业的投资出现了负增长。

出口方面，装备制造业表现较好（见图17.4）。目前我国自主汽车品牌在欧洲市场取得了大幅突破，这也改变了以往这些品牌过度依赖亚洲和非洲市场的局面。另外，2021年中国新能源汽车出口持续走强，且新能源汽车出口的主要市场集中在西欧、比利时、英国、澳大利亚等成熟市场，这也从侧面反映出在全球汽车产业向新能源领域深度转型的风口下，中国汽车的制造能力和智能化水平正逐步被工业化程度更高的西方国家所认可和接受。

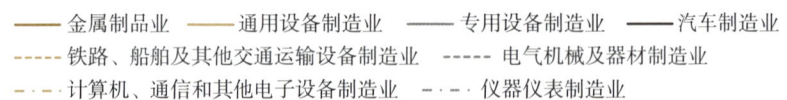

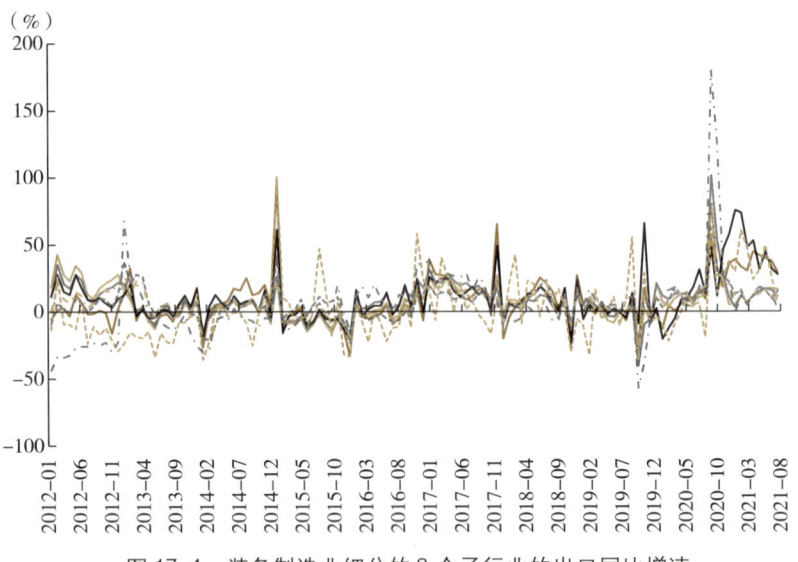

图17.4　装备制造业细分的8个子行业的出口同比增速

资料来源：腾景数研。

重点行业发展迅速、产能利用率较高

从产能角度来讲，受益于国家对于5G、半导体芯片、大数据技术的政策支持，计算机、通信和其他电子设备制造业发展迅猛。根据中国信通院的统计，2021年我国5G手机出货量为2.66亿部，同比增长63.5%，占同期手机出货量的75.9%，远高于全球40.7%的平均水平，其发展不仅快于其他国家，也快于4G同时期。配合大数据技术，产业物联网的效率也有极大提升。在硬件提升、深度学习算法进步、区块链技术的广泛应用、5G的持续推广等因素的作用下，元宇宙相关产业在短时间内异军突起。另外，疫情常态化下，对远程办公、互联网医疗等需求旺盛，对计算机、通信和其他电子设备的需求也保持旺盛。云计算发展稳中有进，在供需和投资端都获得了长足进步，这直接带动计算机、通信及其他电子设备制造业的增加值高速增长。

腾景数研的数据显示，2021年我国专用设备制造业增加值和固定资本投资都较2020年有一定程度的下滑，但在产能利用率上有明显提高（见图17.1、图17.3、图17.5）。尽管整个子行业处于发展的成熟期，但在淘汰落后产能和提高效率等方面还在不断进步。其中，半导体制造业在14纳米、28纳米等制程芯片的设计和制造方面有一定积累，使得我国在个人电脑、服务器、智能汽车等应用领域的芯片"卡脖子"问题得到一定程度的缓解。与此同时，2021年水泥专用设备、矿山专用设备、金属冶炼设备、大中型拖拉机等专用设备的产量均高于2020年。2021年5月以后，挖掘机销量累计同比基本为负，但在2021年11月达到低点后有回升迹象，表明整个行业的下滑趋势得到明显缓解。

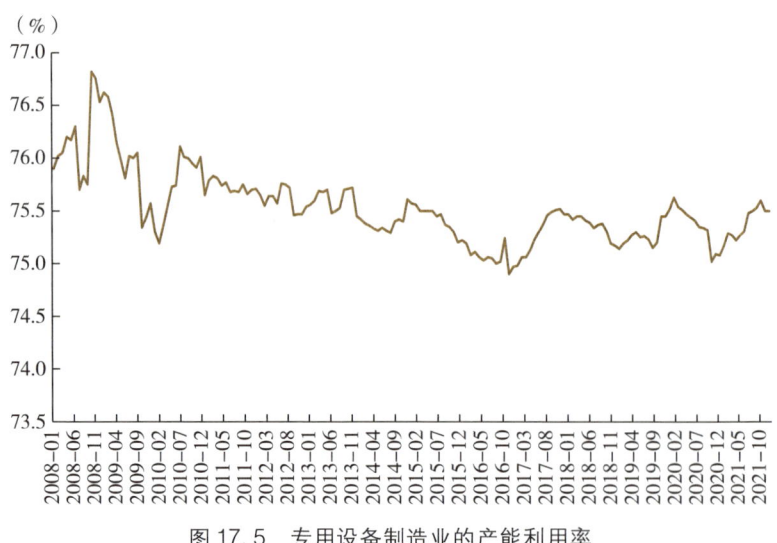

图 17.5　专用设备制造业的产能利用率

资料来源：腾景数研。

装备制造业细分行业利润分化明显

从细分板块的利润角度来看，2021 年金属制品业，计算机、通信和其他电子设备制造业，电气机械及器材制造业，仪器仪表制造业等行业利润增速较高，专用设备制造业、汽车制造业利润增速有所下滑，汽车制造业利润增速为负值（见图 17.6）。

利润的分化与 2021 年装备制造业的价格分化也存在一定的关系，受成本端原材料价格上涨影响，装备制造业价格也有所抬升，由于价格指数在各细分行业间有所分化（见图 17.7），装备制造业的各细分行业价格上涨程度也不尽相同。受经济增速放缓及疫情影响，装备制造业下游需求仍较弱，价格涨幅不及成本端原材料涨幅，利润空间整体呈分化、收窄的趋势。

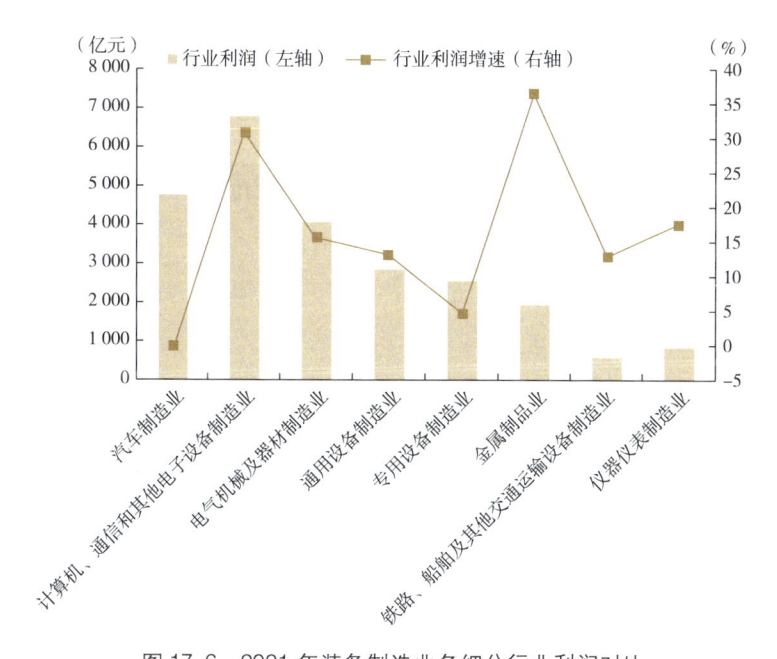

图 17.6　2021 年装备制造业各细分行业利润对比

资料来源：腾景数研。

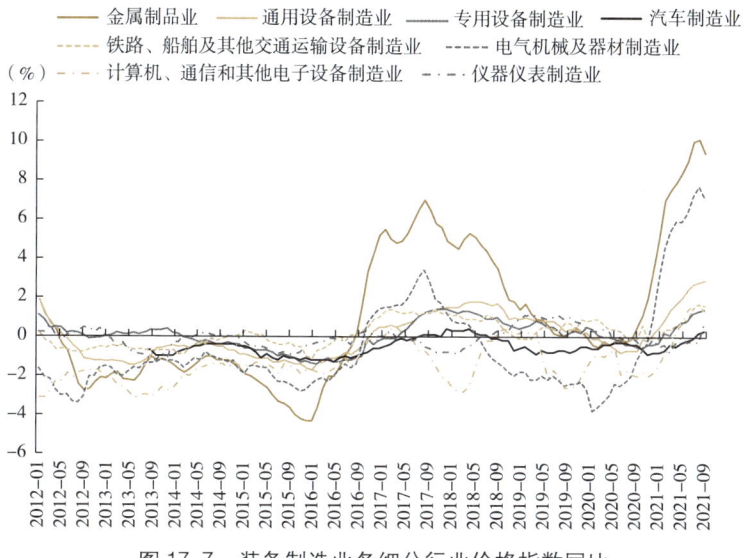

图 17.7　装备制造业各细分行业价格指数同比

资料来源：腾景数研。

第十七章　装备制造业：绿色化数字化推动转型升级

2022年：挑战中孕育着希望

根据2021年宏观经济走势并结合前沿深度学习算法，我们认为2022年的装备制造业将呈现以下发展态势。

当前我国经济面临三重压力，但随着2022年基建投资等传统"稳增长"抓手的发力，预计装备制造业将成为复苏进程中的重要稳定器，但细分行业领域也将面临不同程度的分化，装备制造业细分8个子行业的增加值同比增速预测结果如图17.8所示。

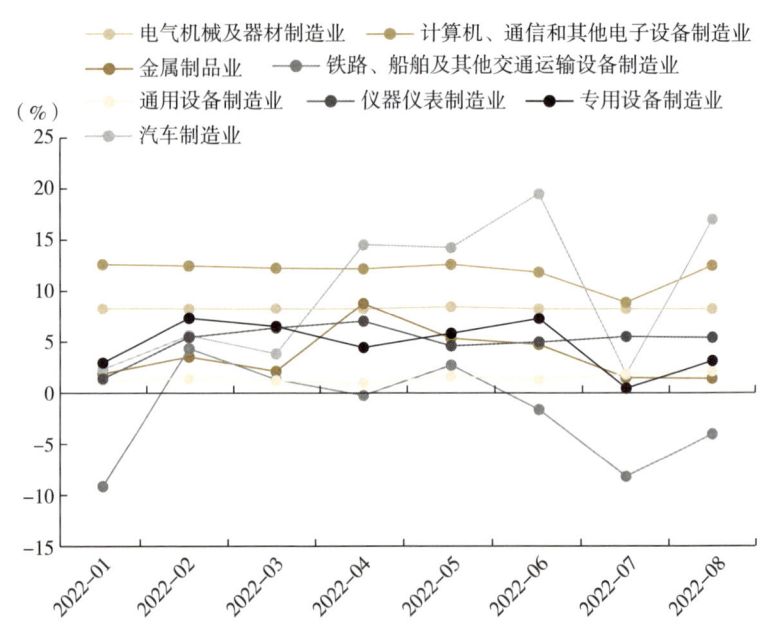

图17.8 装备制造业细分8个子行业的增加值同比增速预测
资料来源：腾景数研。

电气机械及器材制造业将平稳发展

电气机械及器材制造业在双碳政策的支撑下有望维持高速增长趋势，且在后续国内外市场的良好预期下，行业投资规模将进一步扩大。

腾景数研基于人工智能模型预测2022年前三个季度电气机械及器材制造业的行业营收及利润均将呈现平稳上升的趋势（见图17.9）。

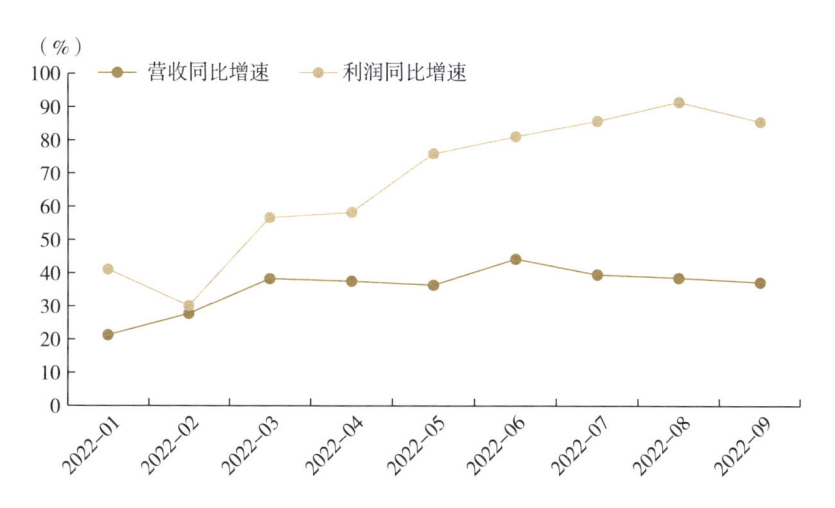

图17.9 电气机械及器材制造业营收及利润同比增速预测
资料来源：腾景数研。

新能源汽车消费逐步由牌照路权需求扩展到自发需求，国内新能源汽车发展由政策驱动转换为市场驱动。新能源汽车还将继续保持高速增长状态，并在欧洲市场、美国市场进一步渗透。预计2022年国内新能源汽车销量将达到500万辆。新能源汽车销量高速增长拉动电池放量，电池厂商前期产能扩张得以释放，出货量将大比例提升，有望迎来量价齐升的良好局面。光伏行业将获得更有力的支持。双碳战略目标下，风电进入平价时代。2022年海上风电产业链，有望复制2021年陆上风电招标价格大幅下降和招标量快速增加的过程。

汽车制造业面临一定的下行风险

腾景数研预测2022年前三个季度汽车制造业的行业营收及利润均将呈现下降的趋势（见图17.10）。考虑到2021年下半年上游大宗商品的价格暴涨，2021年汽车制造业的投资处在非常低的水平，再叠加汽车制造领域的"缺芯"状况并未得到显著改善，预计汽车制造业将面临一定下行风险。

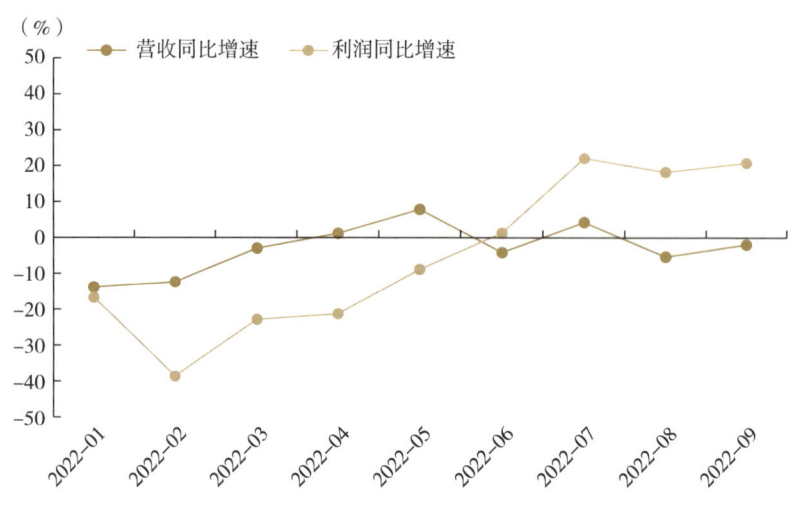

图17.10　汽车制造业营收及利润同比增速预测

资料来源：腾景数研。

专用设备制造业将以稳为主并实现局部突破

考虑到国产半导体在前些年实现了从0到1的突破，但光刻胶、硅片、掩模版、湿电子化学品等领域的国产化率仍然很低，且芯片的制程也落后于台积电和三星等行业巨头。预计 2022 年整个产业链会有自下而上的进步，不仅国产化原材料市场占比会提高，芯片制程也有望取得进一步突破。传统的专用设备制造业与房地产等工程建设领域也息息相关，尽管预计 2022 年基础设施建设进程将明显加快，但考虑到房地产市场自 2021 年年中起表现的硬着陆姿态，预计传统的专用设备制造业在 2022 年将以稳为主。另外，石油、矿产相关期货的价格在 2021 年持续走高，加之俄乌冲突的后续影响，我们预期市场对石油相关的专用设备需求会有增加的趋势，它们在 2022 年的产能会得到一定程度的扩大。结合图 17.11 腾景数研人工智能预测结果来看，我们预测专用设备制造业将以稳为主，高新技术领域在局部会有所突破，但在装备制造的整个大行业中难以脱颖而出。

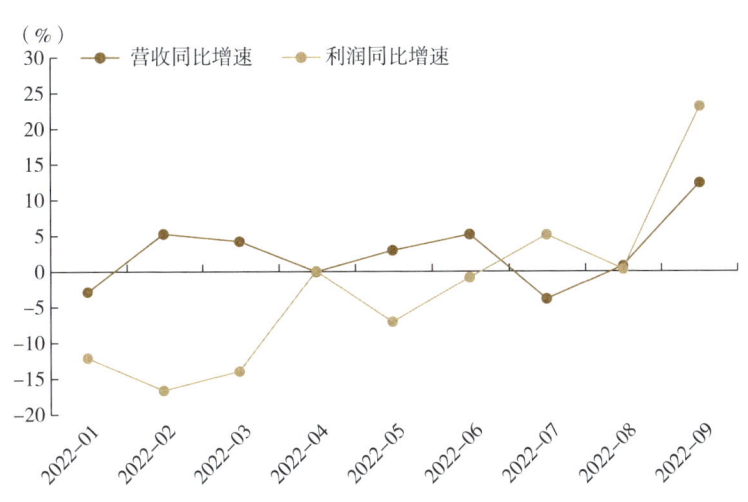

图 17.11　专用设备制造业营收及利润同比增速预测

资料来源：腾景数研。

2022—2031年：装备制造业绿色化转型和进一步升级

未来十年，我国经济将进入高质量发展阶段，技术迅速升级，市场竞争也逐步加剧，国家安全日趋重要。同时未来十年也是碳达峰、碳中和的关键期、窗口期，在双碳战略背景下，装备制造业将会形成若干国家创新型产业集群，绿色循环体系会初步建立，能源使用结构得到进一步优化，国际竞争力大幅度提高。

双碳战略下，装备制造业挑战与机遇并存

我国是世界上工业体系最完备的国家之一，在装备制造业上游和下游都有完整的供应链。然而，我国装备制造业也同样面临着诸多来自国际的挑战。制造业出口面临发达国家和发展中国家的双重挤压。世界主要国家对制造业发展的关注度不断提升，并积极出台相关政策鼓励本国制造业发展，加大国际市场争夺，因此我国制造业正面临越来越大的国际竞争压力。高端制造业发展受制于海外关键零配件及设备进口。部分产业发展所需的关键核心零部件、材料、设备及工艺，由欧美及日韩等国垄断甚至独家垄断，一旦相关产品进口中断，势必会给我国产业发展带来巨大冲击。产业技术升级面临发达国家的压力。技术创新是制造业实现高质量跨越发展的不竭动力。从专利数据来看，与西方专利强国相比，我国制造业核心技术发展仍然落后，且屡次面临"专利天花板""技术封锁线"，严重阻碍了我国制造业自主创新能力的提升。

直面挑战，我国装备制造业也有不可多得的机遇。在以国内大循环为主体、国内国际双循环相互促进的新发展格局下，中国的内需潜力将进一步被激活，庞大的内需市场将需要大而强的本

土制造业体系在供给端与之匹配，形成需求与供给的良性循环。面对核心技术"卡脖子"之痛，在政策红利下，随着研发投入加大，高端装备制造产业将逐步完成核心产业链环境从进口依赖向国产替代的转型。目前，少数本土装备制造企业通过多年的研发和积累，已掌握了相关核心技术，拥有自主知识产权，具备一定的规模和品牌知名度，占据了一定市场份额，依托国内的成本优势，有望逐步实现进口替代。并且我国的劳动力资源丰富，劳动力市场为装备制造业提供了大量的高素质劳工。与此同时，我国广阔的本土市场也为装备制造业的消费提供了强大动能，使整个行业的发展充满机遇。

根据"十四五"数字经济发展规划，我国的数字经济核心产业增加值占GDP的比重将达到10%。具体来说，在装备制造业，首先要加快建设以5G、光纤为主的数字信息高速公路，尤其是千兆宽带用户要达到6 000万户。在此基础上，通过整合算力、算法、数据和应用资源，结合全国各个地方的禀赋，可以建立起一批数据中心和云计算中心，从而在推动数字经济发展的同时为我国地区间的平衡发展和共同富裕添砖加瓦。2022年2月，国家发展和改革委员会、国家互联网信息办公室、工业和信息化部等部门联合启动"东数西算"工程，将西部的能源和算力优势与东部的数据充分结合，将在接下来数年内促进东西部协同联动的同时赋能装备制造业。与此同时，在农业、水利、能源、金融等行业数字化转型的过程中，装备制造业将为它们提供全方位的硬件支持，使它们高效地完成转型，解决其"不会转""不能转""不敢转"的难题。预计到"十四五"收尾之年，我国工业互联网平台应用普及率将达到45%。最后，通过充分发挥中国特色社会主义在体制、市场和人才上的优势，在高技术芯片、工业软件、下一代移动技术、量子计算等关键领域集中力量突破，从而在数字产业化的进程中促进装备制造业的发展。

装备制造业将形成绿色循环体系

生态文明建设是工业文明转型升级的必然选择；建立健全绿色低碳循环发展的经济体系，是实施生态文明战略的必由之路；大力发展循环经济是绿色低碳循环发展经济体系的基石。开展绿色制造工程是我国制造业实现绿色化发展的关键举措，是制造业转型升级的必由之路。

我国装备制造业总体上处于产业链中低端，产品附加值较低，相比美国、德国、日本等发达国家，产品资源能源消耗高，对生态环境的影响突出，迫切需要加快绿色发展，构筑绿色装备制造体系。

《国务院关于加快建立健全绿色低碳循环发展经济体系的指导意见》指出要大力推进工业绿色升级。加快实施钢铁、石化、化工、有色、建材、纺织、造纸、皮革等行业的绿色化改造。推行产品绿色设计，建设绿色装备制造体系。大力发展再制造产业，加强再制造产品认证与推广应用。建设资源综合利用基地，促进工业固体废物综合利用。全面推行清洁生产，依法在"双超双有高耗能"行业实施强制性清洁生产审核。完善"散乱污"企业认定办法，分类实施关停取缔、整合搬迁、整改提升等措施。加快落实排污许可制度。加强工业生产过程中的危险废物管理。通过技术创新和系统优化，将绿色设计、绿色技术和工艺、绿色生产、绿色管理、绿色供应链、绿色循环利用等理念贯穿产品全生命周期，实现全产业链的环境影响最小、资源能源利用效率最高，获得经济效益、生态效益和社会效益的协调优化。

装备制造业将进一步优化能源使用结构

在工业化快速发展的背景下,能源不足问题也逐渐显现,需要不断调整产业结构来改善能源消费结构,实现经济与能源的协调发展。装备制造业是能源消耗量巨大的产业。国家规划要求企业在资源环境约束不断加强的新形势下实现能源结构的优化和资源的可持续发展。而这一目标的实现无疑将从装备制造业这一能源属性最强的产业的结构优化开始。虽然制造业节能减碳转型是全球绿色低碳发展的必然要求,具有共同的趋势性,但也要清楚地认识到,制造业节能减碳关系到各国的工业化演进和产业体系建设,又具有显著的国情差异性。我国制造业节能减碳转型会放在积极应对全球国际竞争格局变化、加快构建"双循环"新发展格局、推动制造强国建设的大背景中推进,实现节能减碳与产业高质量发展和现代产业体系建设相协调,更好地促进产业链、供应链的稳定性和竞争力提升。目前,乘用车和公共领域车辆等板块都明确了未来5~15年内电动化的目标。有"油老虎"之称的挖掘机、装载机等工程机械产品,其经济性也将会得到持续改善。

工业和信息化部、国家发展和改革委员会等十部门联合发布《关于促进制造业有序转移的指导意见》,明确提出要引导产业合理有序转移,支持高载能行业向清洁能源地区集聚。在满足产业、能源、碳排放等政策的条件下,支持符合生态环境分区管控要求和环保、能效、安全生产等标准要求的高载能行业向西部清洁能源优势地区集聚。支持资源型地区发展接续产业和替代产业,促进资源型地区转型升级。西部地区承接和吸纳产业转移的能源优势逐步显现,这也将影响装备制造业的产业结构空间分布。

装备制造业在实体经济的地位将进一步强化

目前,世界经济发展的重心已经向实体经济回归,新一轮的产业革命唤醒了沉睡的制造业,尤其是高端装备制造业必须身先士卒。西方发达国家在第三次工业革命后,装备制造业已经达到世界先进水平。但也随着金融危机的爆发出现了一系列新的问题,例如金融服务业过度膨胀、实体经济"空心化"、资产价格泡沫等,这些问题导致经济衰退和大量人口失业。在这样的背景下,西方发达国家再次重视本国的工业化和装备制造业,目的是促进本国经济发展,解决大量的失业问题,同时也希望在世界装备制造业领域获得更多的话语权。以美国为代表的发达国家提出"再工业化"等政策,掀起以"工业化"为主的第四次工业革命,经济发展模式也从传统模式向信息化、技术化转化。在第四次工业革命的影响下,实体经济更加受到发达国家的重视,并且把发展目标转移到高端装备制造业。为了刺激经济发展和提高国际地位,西方发达国家把高端制造业的发展作为经济发展的主要战略,充分体现了西方发达国家对于高端制造业的高度重视,并且创造了新的竞争优势,国际之间的竞争转变为高知识、高技术以及高附加值的高端装备制造业间的竞争。在这样的国际背景和竞争下,我们的装备制造业在实体经济的地位将进一步强化,只有这样才能在国际竞争中有一席之地。

政策建议

在机遇与挑战并存的国际大环境下,政策制定者应当进一步强化政府对双碳战略的有力统筹和制度性保障,为装备制造业的发展顺应低碳、高效的时代潮流保驾护航。同时，为了进一步优化装备制造业能源使用结构，并促使装备制造业为实体经济的发展做出更突出的贡献，政策制定者应进一步完善与装备制造业减碳有关的治理规则体系，在确保双碳战略有效实施的前提下，创造可观的经济效益。

进一步强化政府对双碳战略的有力统筹和制度性保障

在原有的各个新能源建设规划可以得到有效实施的基础上，应当科学高效地制订新计划，充分利用各个地方的能源禀赋，发挥好地方优势。同时要规划好电力运输和电力存储，尽可能杜绝储存、运输和调度导致的浪费。在努力达成双碳目标的同时，需循序渐进地建设新能源设备，考虑现在和未来的需求，尽可能实现供需匹配，并统筹兼顾新能源与实体经济和国计民生的融合，纠正一些地方上在建设新能源设备和限制旧能源使用时用力过猛的问题，避免新能源的建设与经济的发展和民众的便利相冲突。

为保障"十四五"数字经济发展规划圆满实现，财政和货币政策要相互配合发力，引导实体经济平稳较快地转型。在高效合理的前提下，可以由政府牵头搞一些必要的新基础设施建设，为后续的发展铺路。

针对新能源和数字经济等装备制造业的各个细分行业，要制定明确科学的行业规范以指导它们发展，同时应当完善相关法律来保障它们的权益和规范它们的行为，从而推动行业健康有序发展。其中，我们尤其应当注意保护知识产权，这对于发展的动力至关重要，也是装备制造业的核心竞争力。同时，应为很多国外有极大优势且国内正在迅速发展的领域提供各种便利，尤其是对于研发投入大、回报周期长的行业。即便这些国外成熟但国内新兴的领域无法在短期内做出成熟的产品，或者已有初代产品而当下的市场不认可，但积极地开展创新仍十分必要，这不仅会增加我国的高新技术积累，在国际形势突变的当下更能保障我国经济的平稳发展，也会为我国经济的发展提供新的增长点。

进一步完善与装备制造业减碳有关的治理规则体系

新发展格局绝不是封闭的国内循环，而是开放的国内国际双循环。国际经济联通和交往仍是世界经济发展的客观要求。我国经济已经与全球经济深度融合，国内国际市场体系相互依存、相互合作，成为经济全球化的重要内容。面对逆全球化潮流，我们要坚定地维护和推进全球化进程，坚持对外开放不动摇、不后退。推动战略性优质装备制造业走出去，尤其是扩大在发达国家的市场份额，有利于提升我国装备制造业的整体形象，打造自主品牌，引领标准、规范的建立，占据国际市场，推动战略性新兴装备制造业做大做强。

在中共中央政治局第三十六次集体学习中，习近平总书记提出双碳工作需要注意的"4对关系"，为相关单位保障我国装备制造业做好减碳有关工作提供了一个治理规则体系的模板。

首先，处理好发展和减排的关系。习近平总书记指出，"减排不是减生产力，也不是不排放，而是要走生态优先、绿色低碳发展道路"。2021年，我国一些地方过于急躁和片面地实施了减碳工作，使传统能源行业和依赖传统能源的其他行业陷入危机。这不仅威胁了我国的能源、产业链和粮食安全，也在一定程度上使经济陷入停滞。要改进此问题，应当修正过度考察碳排放总量的错误，而把单位GDP能耗与单位GDP碳排放量的下降作为考核重点。这样不仅可以更科学地制定减碳目标，也可以在实现减碳目标的同时尽可能减少对经济发展的负面影响。

其次，处理好整体与局部的关系。要明确从全国的角度规划减碳目标，各个地方的减碳工作要互相搭配、统筹兼顾，既要力争完成整体目标，也要结合地方实际情况，科学合理地做好减碳指标的规划。同时，应当做好各个产业间和产业与地方间关系的协调。装备制造业属于碳排放量最高的第二产业，应当使装备制造业在其自身能效比提高和碳排放量降低的同时，引入第一产业和第三产业帮助其更有效地减碳，并推动全行业减碳目标的实现。例如，将农业废料转化为能源、利用数字技术来规划生产和管理能耗等。

再次，处理好长远目标和短期目标的关系。这就要求相关单位在执行减碳指标时要科学合理、循序渐进地制定长期目标和短期任务，而不应当急躁地为了完成减碳任务而牺牲经济发展和脱离民众需求。在2021年年中，"运动式减碳"在一些地方开展起来，虽然短期内降低了碳排放并提前完成了指标，但"拉闸限电"、收紧煤炭供应等做法使得生产停滞、煤炭价格升至历史高位，在损害了经济发展动能的同时，给民众的正常生活也带来了极大的困难。在当今稳增长的背景下，我国在装备制造业的政策制定上应当在保障其平稳发展和实现长期双碳目标的基础上，制定合理科学的短期目标，引导其逐步改进生产方式。

最后，要着重处理好政府与市场的关系。2021年7月，我国建立了全国碳排放权交易市场，确立了我国利用市场机制引导各个行业减碳的路线。但碳交易相关立法仍不甚完善，具有碳交易核算能力的专业人员也不够多。要使碳交易市场发挥好其引导节能减碳的作用，政策制定者应当完善碳交易市场的规范并加快专业化人员的培养。与此同时，应建立合适的奖惩机制积极推动装备制造业中的企业加入碳交易市场，推动装备制造业在市场的引导下自主自发地减碳。

参考文献

刘世锦主编. 新倍增战略［M］. 北京：中信出版集团，2021.

赛迪顾问智能装备产业研究中心.“十四五”期间我国装备制造业发展趋势特征分析［R］. 中心年报，2020.

马适道. 高水平开放下中国高端装备制造产业国际竞争力的提升策略研究［D］. 北京：对外经济贸易大学，2020.

第十八章 钢铁行业：压力下的韧性增长

丁东 马天昊 张航

要点透视

➢ 2021年国内钢铁行业在多方压力下逐步回归正常增长轨道，其中供给侧和需求侧都有小幅下降，钢材价格在高位震荡后趋于回落；进出口方面，原材料对进口的依赖度降低，废钢使用增多，钢材出口进入反弹阶段。

➢ 2022年预计钢材价格呈现先升后降趋势；供需方面或将出现双弱的情况。房地产不景气或将成为需求下行的主要因素；基础建设投资将对钢材需求有所支撑。

➢ 未来十年，钢材需求量将会见顶，钢铁行业将向生产清洁化、管理数字化方向发展，行业集中度将提升。

2021年钢铁产业回顾

2021年作为新冠肺炎疫情暴发后的第二年，一方面，国外疫情反复阻碍国际社会的复产复工，国际钢价进入宽幅震荡，另一方面，国内钢企面临去产能、碳达峰、碳中和等压力。尽管如此，钢铁行业仍然展现出顽强的韧性。具体来看，钢铁供给和需求都在全年走弱的局面下在年底拉升，钢材价格全年保持在高位，而全球经济复苏拉升了钢铁出口。同时在全球大宗商品价格上涨的驱动下，钢企降低对铁矿石进口的依赖，改进生产技术工艺，营收和利润率相比2020年得到了大幅提升。

供给侧减产政策落地，粗钢产量同比下降

2021年全国钢铁供给侧在去产能和双碳政策目标的影响下，全年产量较2020年有所回落，但产品结构进一步优化。国家统计局数据显示，生铁年产量为86 856.8万吨，同比降低了4.3%；粗钢年产量为103 278.8万吨，同比降低3%；钢材年产量为133 666.8万吨，同比增长0.6%（见图18.1）。

月度数据显示，生铁、粗钢和钢材产量在2021年上半年均呈现上升态势，进入6月后发改委《关于钢铁冶炼项目备案管理的意见》出台，叠加全国去产能考核临近，地方钢厂间歇性停工停产，钢铁产量开始出现下降（见图18.2）。同比来看，停工停产

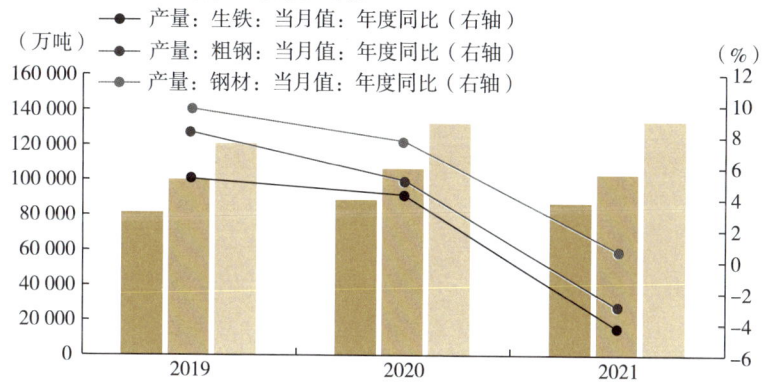

图 18.1 2019—2021 年钢铁年度产量及同比

资料来源：Wind。

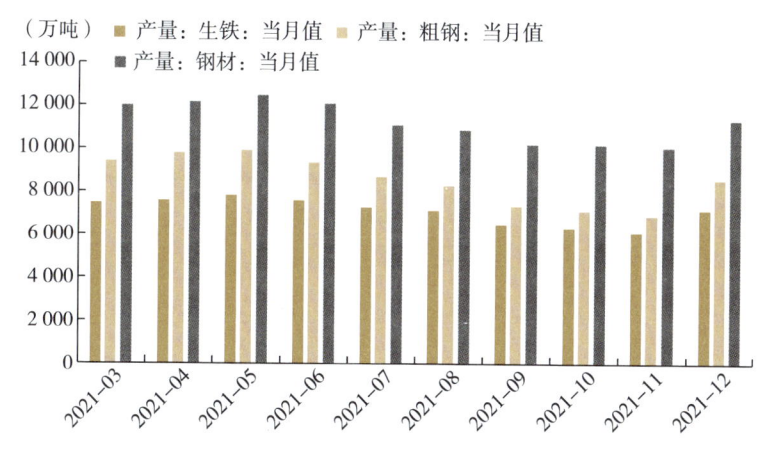

图 18.2 2021 年钢铁产量月度分布

资料来源：Wind。

也直接遏制了产量连续上涨的趋势。2021 年钢材产量月度同比上升趋势从 4 月开始收窄，在 7 月由升转降，到 10 月同比触底并且下降幅度收窄，截至 12 月底钢材产量月度同比下降 5.64%（见图 18.3）。

图 18.3　2019—2021 年钢材产量当月同比

资料来源：Wind。

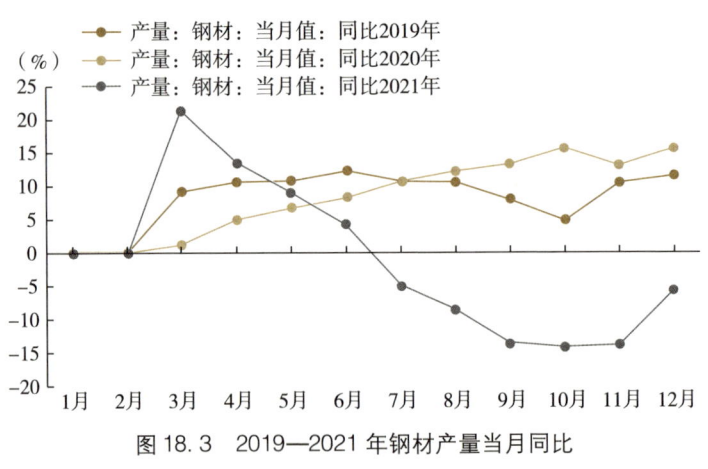

作为供给侧改革的重点，2021年粗钢和生铁产量得到了有效控制。自下半年开始，各地区的减产减排工作逐步展开，粗钢和生铁产量开始回落，并在 7 月出现同比下降。而北京冬季奥运会管控和京津冀错峰生产等一系列措施进一步发力，使得粗钢和生铁产量在下半年保持同比下降，并于年底双双转负（见图 18.4、图 18.5）。

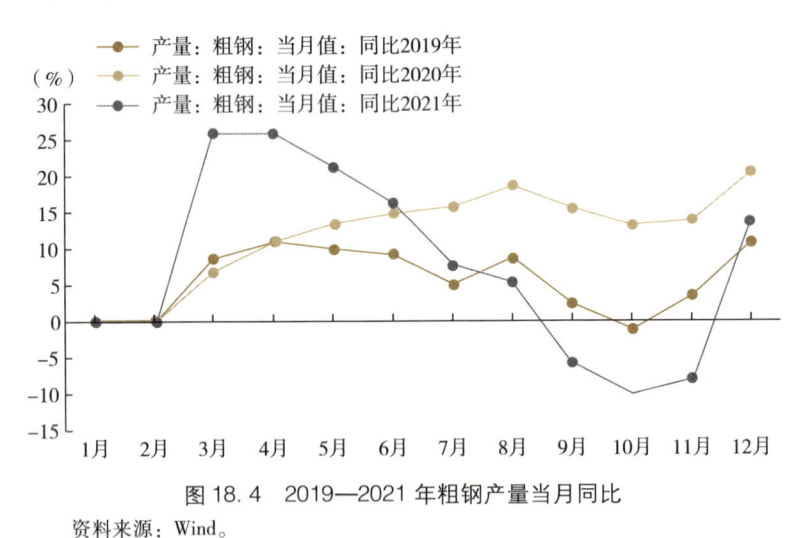

图 18.4　2019—2021 年粗钢产量当月同比

资料来源：Wind。

双碳目标下的绿色增长

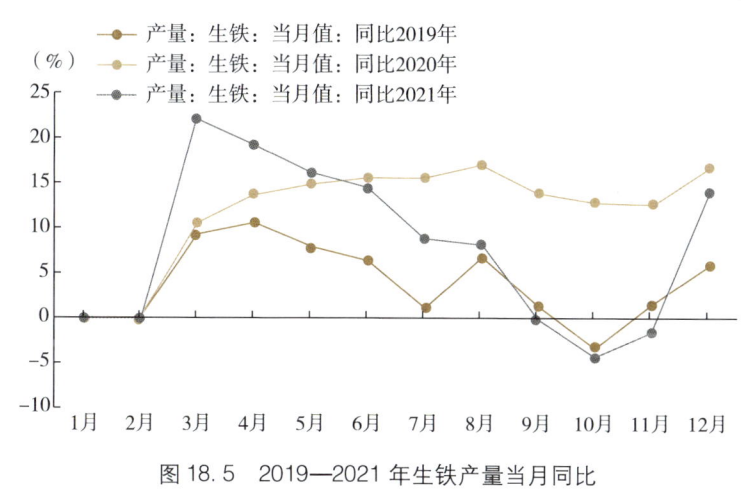

图 18.5　2019—2021 年生铁产量当月同比

资料来源：Wind。

需求侧有所萎缩，钢材表观消费下降

在 2021 年国内经济增速先高后低的背景下，受下游行业投资和产业增速双重下滑的影响，钢铁行业需求量也有所萎缩。据中国钢铁工业协会数据显示，2021 年钢材年度表观需求量为 107 973.4 万吨，同比下降 3.49%，自 2016 年以来首次下降（见图 18.6）。具体到月度，2021 年 2 月春节过后，经济运行逐步恢复正常，基础设施建设开始发力，叠加钢铁行业"金三银四"传统旺季的到来，钢材需求量开始逐步增大。4 月以后，随着中央在"房住不炒"的方针之下加大对房企的监管力度，房地产行业低迷成为钢材需求下行的主要因素。6 月起钢材需求量开始下降，11 月达到低位 9 808.0 万吨，同比下降 14.55%。12 月央行降准释放流动性，钢材需求有所回暖并由降转升。相较 2020 年，钢材需求量当月同比则从 3 月开始进入下行趋势，在 7 月由升转降，9 月达到谷底的 -16.07%。第四季度下降趋势逐步收窄，12 月同比下降 6.28%（见图 18.7）。

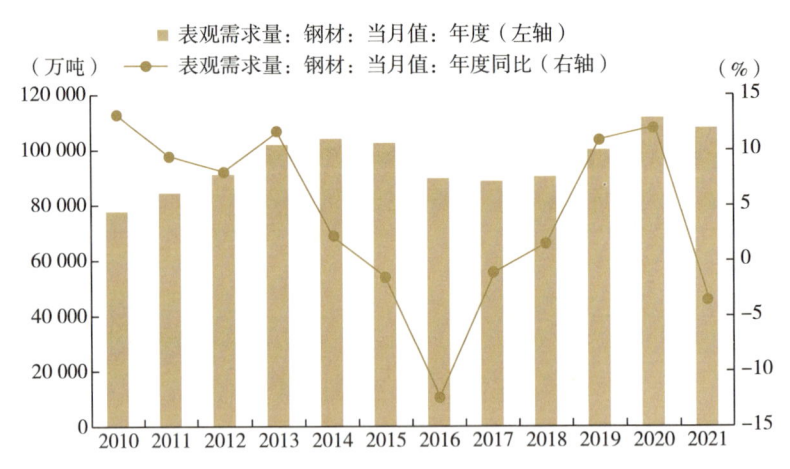

图18.6　2010—2021年钢材表观需求量及年度同比

资料来源：中国钢铁工业协会。

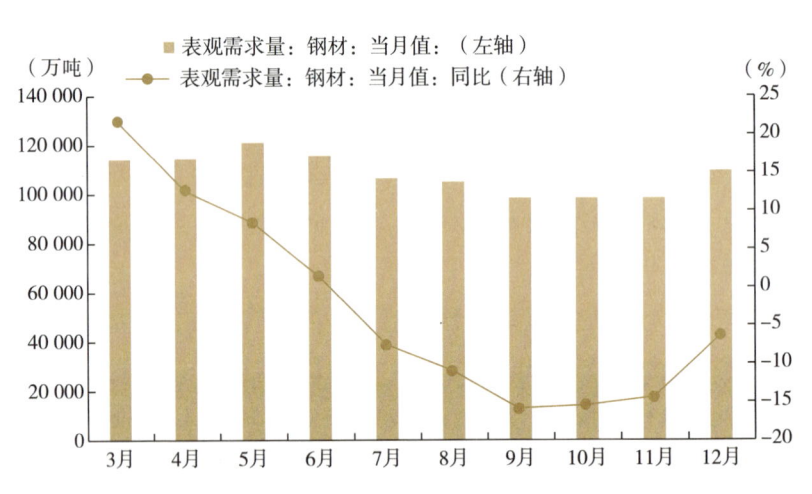

图18.7　2021年钢材月度表观需求量及当月同比

资料来源：中国钢铁工业协会。

价格高位运行，同比大幅增长

2021年大部分国家复工复产使得用钢需求增长，叠加国内的限产政策共同抬升了钢铁产品价格。但是在全球货币政策调整和国内稳增长的需求下，钢价经历宽幅震荡。2021年的钢材综合价格指数在120以上高位运行，其中9月达到历史峰值157.7。而全年月度同比都处于增长状态，其中4—10月的同比增长都在38%以上，进入11月后，同比增长迅速滑落至18%。1月到9月钢价的震荡上行主要源于国际经济恢复带动的对钢铁需求的复苏，叠加货币宽松政策的影响，导致原材料价格上涨。同时，国内的限产政策导致市场对供给侧预期偏紧。而10月之后在保供稳价政策发力和市场预期回落的共同作用下，钢材价格有所回落（见图18.8）。

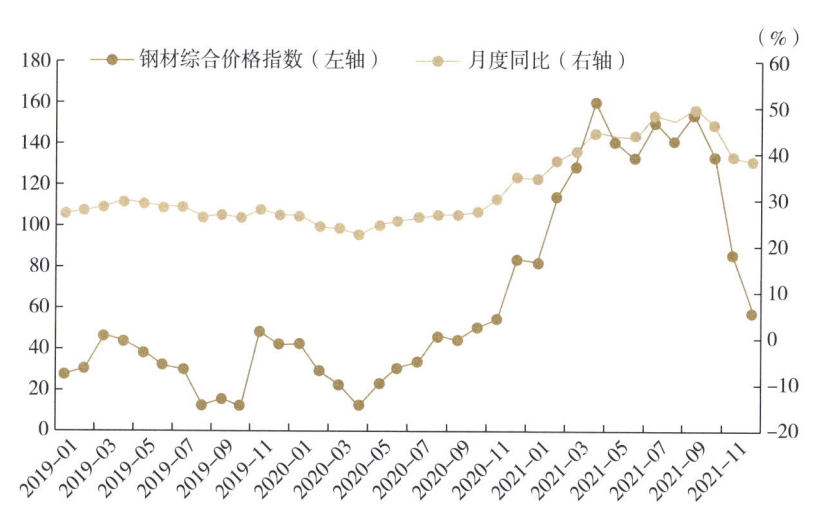

图18.8　2019—2021年钢材综合价格指数及月度同比
资料来源：中国钢铁工业协会。

铁矿石进口量下降，钢材出口量上升

在国际铁矿石价格上涨的影响下，其进口量有所回落。2021年铁矿石年度进口量为 112 431.51 万吨，同比下降 3.91%（见图 18.9）。钢铁产品方面，国际钢价高位运行使得钢材进口量下降，全年进口钢材量 1 426 万吨，同比降低 29.51%。而国际社会经济复苏带动钢铁外需的增加，出口量一改多年下降的态势开始反弹，全年出口 6 691 万吨，同比增长 24.65%。虽然我国两次取消钢材品种出口退税，但是由于国内外价差持续加大，全年钢材出口量增长依然非常显著（见图 18.10）。

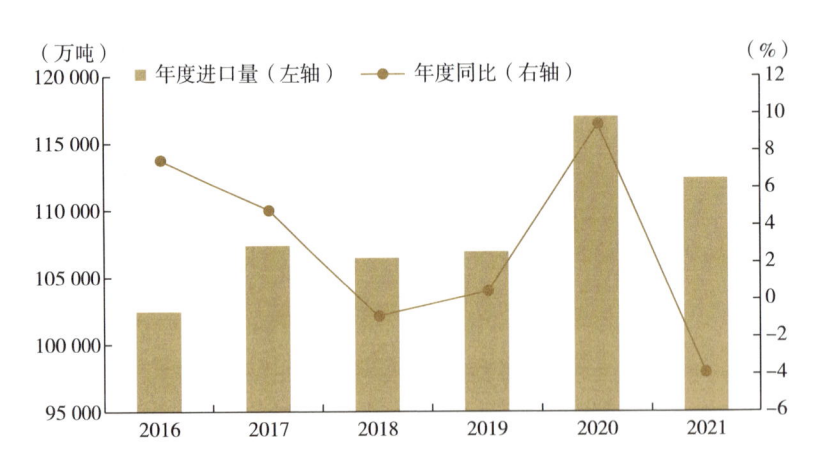

图 18.9　2016—2021 年铁矿石年度进口量及年度同比
资料来源：海关总署。

月度数据显示，2021 年 1 月至 4 月钢铁需求进入旺季，钢材进口量月均同比增长 16.85%。国内外价差持续处于高位，拉高了钢材消费成本，从 5 月到 12 月进口量月均同比下降 37.5%。钢材出口量方面，全年月均同比增长超过 20%（见图 18.11）。

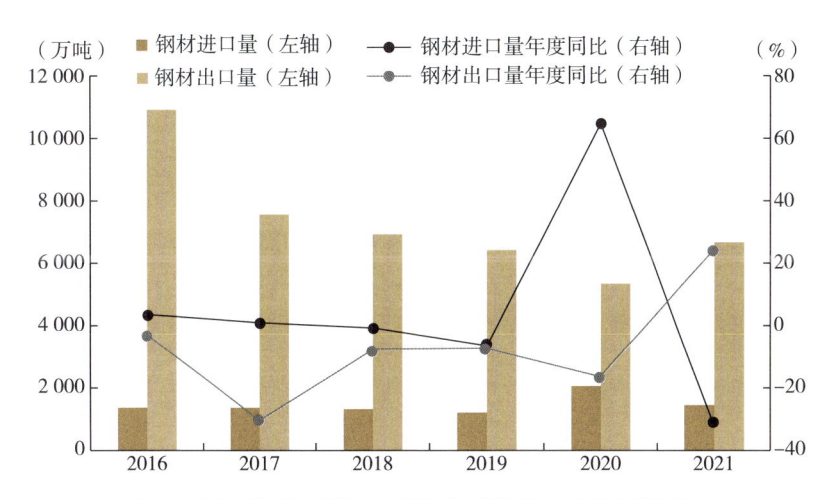

图 18.10　2016—2021 年钢材年度进出口量及年度同比

资料来源：海关总署。

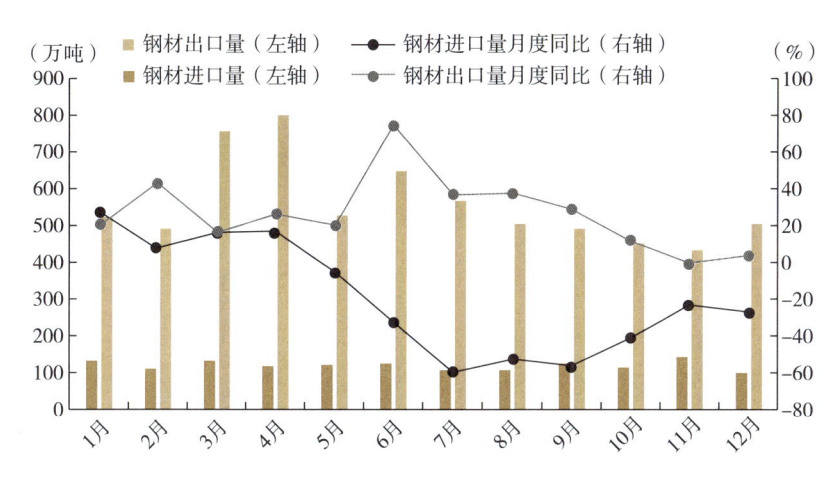

图 18.11　2021 年钢材月度进出口量及月度同比

资料来源：海关总署。

第十八章　钢铁行业：压力下的韧性增长　413

钢企开工率下降，盈利能力仍大幅提升

钢企生产方面，2021年全国钢厂的高炉开工率为70%，同比下降18%（见图18.12）。月度数据显示，2021年上半年高炉开工率依旧普通超过80%，随着去产能检查的临近，7月高炉开工率迅速降至75%，并在12月降至65%。与2020年相比，从5月开始，开工率月度同比由正转负（见图18.13）。2021年钢厂高炉开工率下降，一方面是因为年初生态环境部和工信部将钢铁行业纳入碳排放权交易市场，并按双碳目标要求减产；另一方面是因为多地政府对重污染天气启动紧急预案，部分钢厂进入停产限产状态。工信部在4月开展的全国去产能检查也导致部分钢厂进入紧急停产状态。

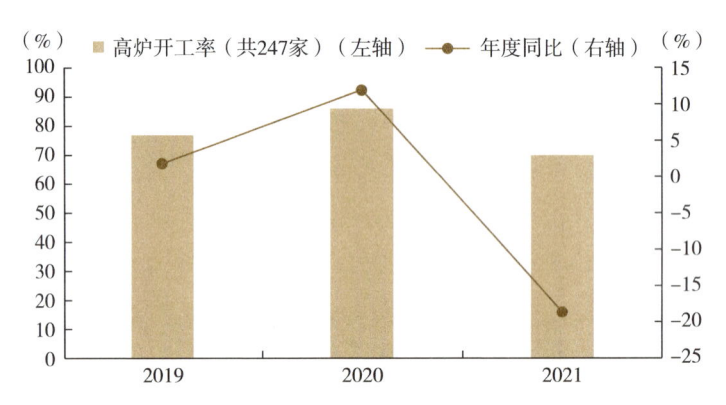

图18.12　2019—2021年全国钢厂高炉开工率及年度同比
资料来源：中国钢铁工业协会。

具体到钢厂主体方面，由于钢价大幅上涨和吨钢盈利提升，行业整体盈利也显著增长。2021年大中型钢铁企业累计销售收入达到6.93万亿元，同比增长50%左右。大中型钢铁企业的累计利

润总额达到3 500亿元，同比增长69%（见图18.14）。与2020年相比，大中型钢铁企业的效益大幅增加，供给侧改革进一步提升企业利润率。

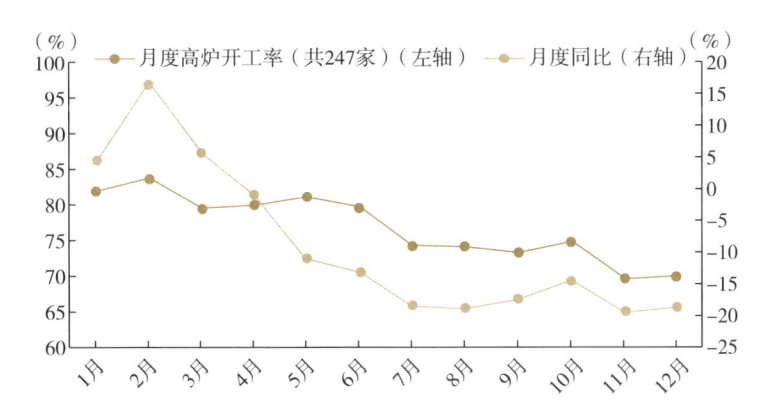

图18.13　2021年全国钢厂月度高炉开工率及月度同比
资料来源：中国钢铁工业协会。

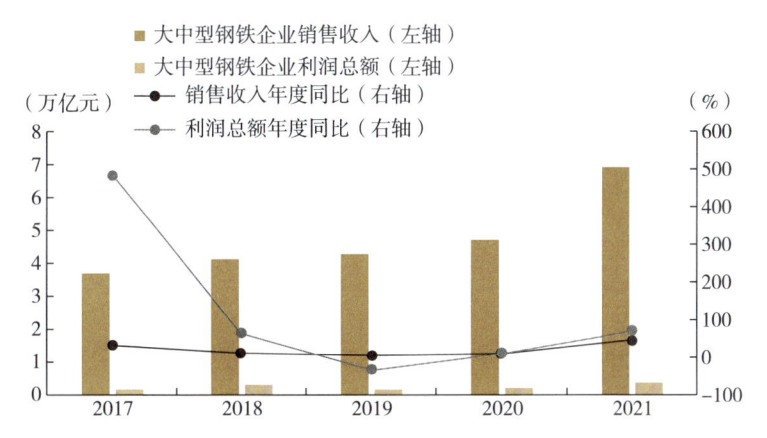

图18.14　2017—2021年大中型钢铁企业销售收入和利润总额
资料来源：中国钢铁工业协会。

2022 年双碳背景下的钢铁行业

预计 2022 年钢材价格会出现先升后降态势，在第二季度出现小幅高点，随后可能下降。供需方面，供给侧或将温和恢复，但整体还会呈现弱态势。需求侧方面预计 2022 年将弱于 2021 年，重点可关注房地产行业的恢复情况。

钢材价格先升后降

2021 年钢材价格在多种因素叠加作用下全年波动较大。展望 2022 年，预计钢铁生产的上游原材料供给紧张情况将得到缓解，价格维持在稳定水平，原材料成本得到控制，从而有望降低钢材价格。钢材价格将在 2022 年呈现先升后降态势。同时在"稳增长"的政策加持下，钢材需求仍具有一定的韧性，后期价格很难再达到较低水平。

钢材供给温和恢复

2021 年国家政策及上游原材料供应不稳定等诸多因素，导致钢材产量有较大波动，钢材产量在 2021 年年底处于较弱水平。展望 2022 年，钢材产量将温和恢复。叠加 2021 年第四季度钢材产量下降的基数影响，预计 2022 年第四季度钢材产量将恢复正增长。双碳等政策原因叠加上游原材料价格上涨因素，预计钢材产量温和恢复。

全年钢材需求相较 2021 年较弱

预计 2022 年全年钢材需求相较 2021 年较弱，腾景数研预测结果显示，2022 年全年月钢材需求量同比均为负值，年度钢材需求量同比为-5.23%（见图18.15）。其中房地产行业对钢材需求有一定的拖累作用，而基建、汽车等行业则对需求产生一定的支撑作用，但腾景数研认为这些支撑无法抵消房地产对于钢材需求的拖累，所以2022年整体钢材需求不及2021年，全年钢材需求量较2021年呈现负增长。

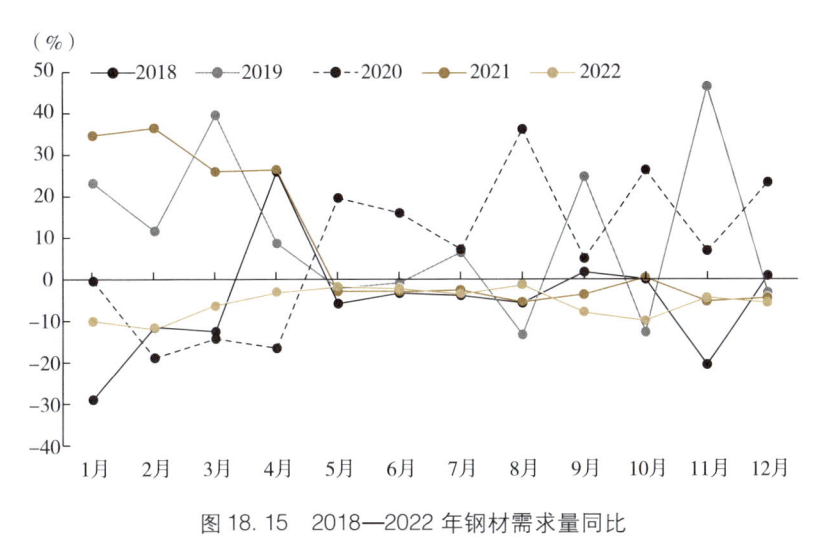

图18.15 2018—2022年钢材需求量同比
资料来源：国家统计局、腾景数研。

房地产方面，我国钢材需求以建筑用钢为主，建筑用钢占国内钢材总需求比重超过一半。在建筑用钢中，房地产建设用钢又常年占据首位。整体而言，房地产建设用钢约占钢材总需求的35%，并且由于房地产施工过程中用到的机械器材以及完工后对于家电的采购也能间接拉动钢材的需求量，因此房地产行业的景气程度对于钢材需求有重要影响。

2021年是中国房地产市场的调控大年，房地产行业面临着前所未有的挑战，"房住不炒"的基调被反复提及，但近来房地产政策趋缓，"预期引导""良性循环"的政策被提出。展望2022年，房地产下行趋势将放缓，乐观预期或将迎来拐点，但恢复将较为缓慢。根据腾景数研预测的2022年房地产投资数据来看，房地产投资呈现先降后升趋势，全年累计同比预期为－2.76%（见图18.16）。房屋新开工面积、施工及销售面积也都整体呈现较弱态势，因此房地产行业虽然政策有所放缓，但拐点何时来临以及恢复程度如何都还是未知数。总体而言，2022年房地产行业将会较2021年增速放缓，用钢需求量将有所减少，对于钢材需求有一定拖累。

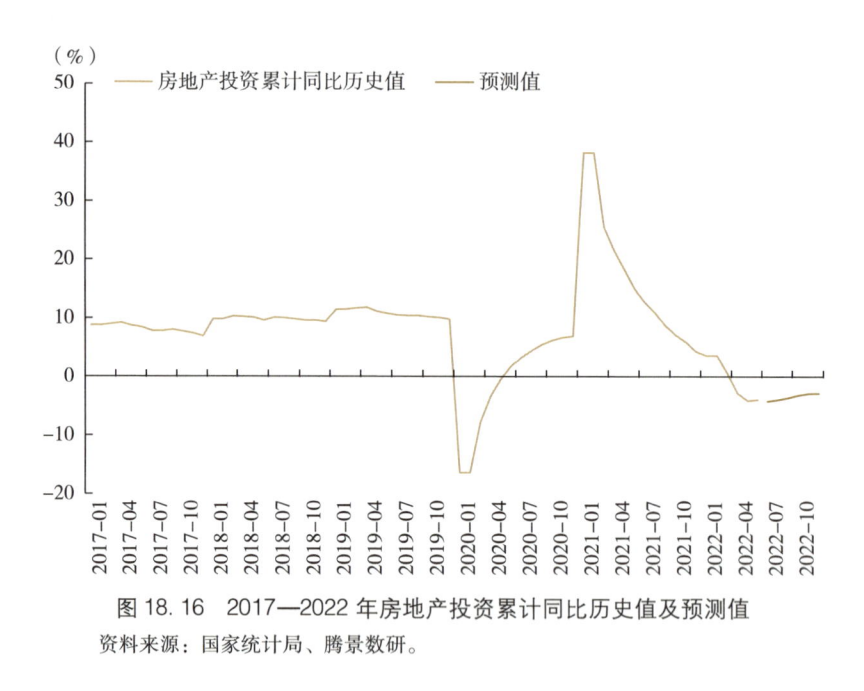

图18.16　2017—2022年房地产投资累计同比历史值及预测值
资料来源：国家统计局、腾景数研。

基建方面，基础设施建设是除房地产外另一个钢铁需求量较大的行业。腾景数研认为基础设施建设会成为2022年钢材需求的拉动项。2021年有约1.4万亿的政府专项债将结转至2022年，加之政府工作报告提到的2022年专项债发行额度在3.65万亿元左右，预计2022年专项债额度将在5万亿元以上，结合2021年年底全国财政工作会议中提出的适度超前开展基建投资，预计2022年基建投资将对经济起到重要的拉动作用。目前基建投资的主要发力点转向"新基建"领域。所谓新基建是指新型基础设施建设，主要包括5G基站建设、特高压、城际高速铁路和城市轨道交通、新能源汽车充电桩、大数据中心、人工智能、工业互联网七大领域，其中城际高速铁路和城市轨道交通、特高压、新能源汽车充电桩均有较大用钢量。综合来看，基建行业将对钢材需求产生一定支撑作用。腾景数研的预测结果显示，2022年基建投资全年呈震荡上升态势，预计年累计同比为9.14%（见图18.17）。

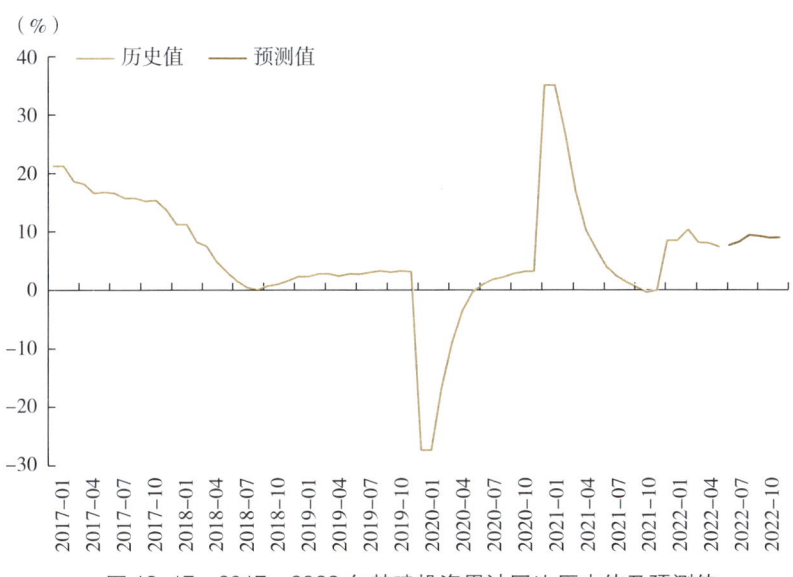

图18.17　2017—2022年基建投资累计同比历史值及预测值

资料来源：国家统计局、腾景数研。

综上所述，钢铁行业 2022 年全年运行仍以稳中求进为总基调，有可能出现需求、供给、价格三方齐降的态势。其中钢材价格预计呈现先升后降态势；需求端预计由于房地产行业的不景气受到一定的影响；供给端预计由于双碳政策的实施，会出现小幅低点。

钢铁行业中长期发展展望

钢铁需求量或将在五年左右见顶

2021 年上半年钢材需求量仍延续了往年持续上涨的大趋势，但自 6 月开始，需求量转向下行，在年底略有回升（见图 18.18）。

图 18.18 2015—2021 年钢材表观需求量

资料来源：Wind。

在限产政策和双碳目标的影响下，未来十年钢材需求量将会如何变化是钢铁及其下游行业关心的重点。腾景数研认为，未来五年左右，我国钢材需求量将会达到顶峰，随后开始平缓下行。如果将我国的需求量与一些发达国家不同时期的需求量进行对比，就会发现其在走势上均有一定相似之处。这种相似在我国与美国和澳大利亚的对比上体现最为明显，对比结果如下（见图18.19、图18.20，数据截至2019年）。

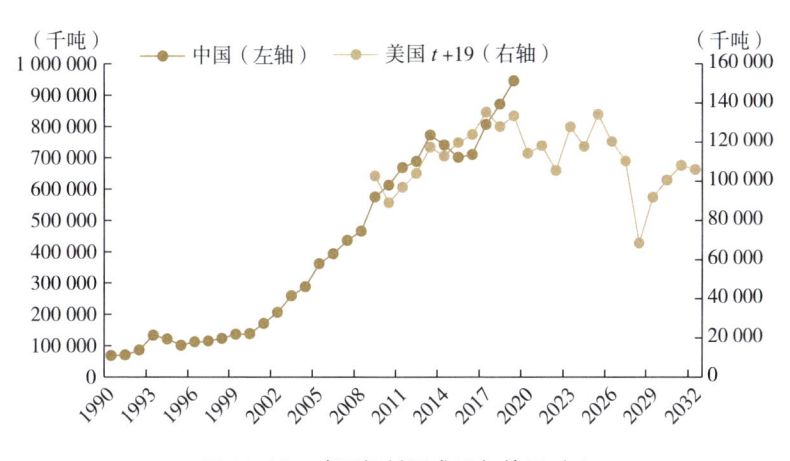

图18.19 我国钢材需求量与美国对比

资料来源：腾景数研。

在图18.18和图18.19中，分别对美国和澳大利亚的钢材表观需求量滞后19年和15年。由图可见，2010年至2019年我国表观需求量走势与1991年至2000年美国以及1995年至2004年澳大利亚的表观需求量走势非常一致。滞后的美国和澳大利亚的钢材表观需求量在2026年左右均出现一个局部的极大值，随后缓慢下降。除了以上两个国家外，与其他发达国家的对比也得到类似结论，即我国钢材需求量将在今后五年左右见顶。

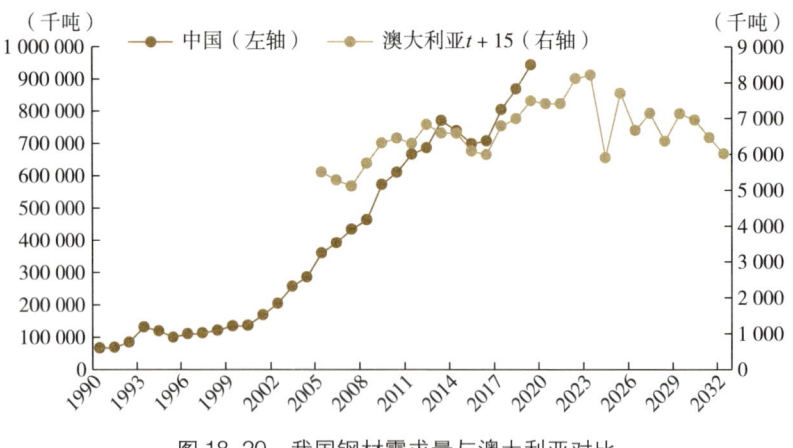

图 18.20　我国钢材需求量与澳大利亚对比

资料来源：腾景数研。

生产清洁化、管理数字化

2021年11月17日，工业和信息化部印发《"十四五"信息化和工业化深度融合发展规划》（以下简称《规划》），其中明确提出要培育新产品、新模式、新业态，推进行业领域数字化转型，筑牢融合发展新基础，激发企业主体新活力，培育跨界融合新生态。这就要求钢铁企业在生产上优化结构、拓展技术，在管理上智能运维、数字化监管。

生产方面，在实现双碳目标的大环境下，钢铁行业正在也将继续在未来十年中不断摸索节能减排的道路。具体举措包括：开展碳交易、建立和完善碳排放和碳交易核算制度、实施钢铁生产工艺改造、增加清洁能源的高效利用、钢铁物流向绿色转型、提高物流效率等。在产业升级的道路上，钢铁行业势必将投入大量成本以推动各项措施研发和落地。中国钢铁新闻网指出，我国钢铁行业要想实现碳中和，需连续30年每年投资5 500亿元左右。

在成本压力面前，还需国家和各钢铁企业相互配合、共同努力，以实现双碳目标。

管理方面，随着信息化技术的发展和广泛利用，钢铁行业进行数字化转型已成为必然的发展方向。《规划》明确了发展目标：到2025年，信息化和工业化在更广范围、更深程度、更高水平上实现融合发展，新一代信息技术向制造业各领域加速渗透，范围显著扩展、程度持续深化、质量大幅提升，制造业数字化转型步伐明显加快，全国两化融合发展指数达到105。在新技术的推动下，钢铁企业数字化开始向智能制造转型，大数据、人工智能、深度学习算法以及智慧决策系统的深度融合，即将成为推动钢铁行业数字化转型的新动力。

钢铁行业集中度提升

2021年2月7日，工业和信息化部、国家发展和改革委员会、生态环境部发布《关于促进钢铁工业高质量发展的指导意见》（以下简称《指导意见》），提出要推进企业兼并重组。随后8月20日，辽宁省国有资产监督管理委员会（以下简称国资委）与鞍山钢铁集团共同签署股权划转协议，将所持本溪钢铁集团51%的股权无偿划转给鞍山钢铁集团，本溪钢铁成为鞍山钢铁的控股子企业。10月18日，山东钢铁集团公告，将公司所持济南钢铁集团有限公司100%的股权划转至济南市国资委。这均表明钢铁行业正处于行业重整的进程中，我国钢铁行业集中度将逐渐提升。

所谓钢铁行业集中度，指的是全国数个产量最高的钢厂的产量之和占全国总产量的比例。在一些发达国家，例如美国、日本、欧盟国家的排名前四的钢铁企业的产量分别占其钢铁总产量的65%、75%、73%，韩国前两大钢企产量就能占到韩国钢铁总产量的85%。而我国排名前十的钢企的粗钢产量总和，仅能占到全国总产量的40%左右。相比之下，我国的钢铁产业集中度依然大幅低于发达国家水平，这便是我国近几年钢铁企业不断出现重组的原因之一。

我国钢铁行业集中度过低，已经成为继供给侧改革后钢铁行业面临的最大问题之一。产业集中度的提高，能使钢铁行业产能结构持续优化，并使产量得到控制，获得更多的上游原材料的定价权，促进钢铁行业资源共享和高质量可持续发展。

《指导意见》将原来的产业集中度数据目标取消，为钢铁行业的兼并重组松绑，不再为数据目标的实现而盲目重组，而是鼓励钢铁企业跨区域、跨所有制兼并重组，改变部分地区钢铁产业"小散乱"的局面，通过兼并重组增强钢铁企业发展的内生动力，利用协同效应推动重组后的企业实现跨越式发展。预计今后一段时间内，钢铁行业内的兼并重组模式将不断变化，重组效果也将更加突出，产业集中度也将获得有效提升。

政策建议

2020年9月，国家主席习近平在第75届联合国大会上宣布，中国力争2030年前二氧化碳排放达到峰值，努力争取2060年前实现碳中和的双碳目标。而作为31个制造业门类中碳排放量最大的行业，钢铁行业减少碳排放是实现双碳目标的重要环节。从双碳目标被提出开始，我国就不断制定相应政策以实现减压产能，降低碳排放量。各地企业也纷纷响应号召，努力实现节能减排。另外，稳定钢铁行业的上游原材料也是维持钢铁行业健康有序发展的主要举措。围绕钢铁行业绿色健康可持续发展，我们提出如下政策建议。

第一，推进钢铁企业优化产能结构。一方面对污染严重的企业生产加以控制，另一方面鼓励钢铁企业进行技术创新和引进先进的炼钢工业及设备，转变发展方式。在控制产量方面切莫实行"一刀切"政策，也不宜实行过于强硬的措施，应推出政策引导企业进行技术创新，学习并引进先进的生产工艺。对于单位钢产量碳排放不同的企业进行分类管理，对生产过程中污染严重的企业实施较多的限制，而对于能践行绿色生产的企业给予一定的宽松政策，逐步引导钢铁企业实现更绿色更低碳排放的结构优化升级。同时也要考虑企业优化升级所需的成本问题，在升级的过程中实现平稳过渡。

第二，保证原材料供应稳定。原材料不仅指铁矿石、焦煤焦炭等用于钢铁生产长流程的原材料，也包括应用于短流程的废钢原材料。目前我国铁矿石还较依赖进口，若铁矿石价格过高，则会削减钢铁企业的效益，因此政府及钢铁企业仍需努力保障铁矿石价格体系平衡，提升贸易话语权。

第三，增加废钢进口，发展短流程冶炼。在短流程炼钢的过程中，每利用1吨废钢，可节约1.7吨精矿粉、350千克标煤，同时还能减少1.6吨二氧化碳和3吨固体废物排放。但目前我国废钢供应仍存在较大缺口，短时间内无法支持企业全部应用短流程进行炼钢，因此建议可向增加废钢进口及提高废钢回收率方面提供倾斜性支持政策。

参考文献

刘世锦主编. 新倍增战略［M］. 北京：中信出版集团，2021.

张琦, 沈佳林, 许立松. 中国钢铁工业碳达峰及低碳转型路径 [J]. 钢铁, 2021, 56 (10): 152-163.

李江昀, 杨志方, 郑俊锋, 等. 深度学习技术在钢铁工业中的应用 [J]. 钢铁, 2021, 56 (09): 43-49.

张涵. 科技创新助推钢铁工业高质量发展 [J]. 中国国情国力, 2022 (01): 79.

第十九章 能源行业：转型升级的"突围战"

崔煜　彭田杰　张文清

要点透视

➢ 2021年，清洁能源消费量稳步上升，国内能源结构进一步优化；国内煤炭产量小幅上升，双碳目标近期内难以改变煤炭主体能源地位；原油国内产量稳中有升，天然气国内外供给相互补充，保障正常供应；光伏发电保持高速发展，多晶硅需求不减。

➢ 2022年疫情修复期，原油价格或将冲高后回落；动力煤价格或将缓慢下行；新能源发展势头或将持续强劲。

➢ 随着能源结构优化、产业结构升级、能源工业投资增长等，预测未来十年能源消费弹性系数将逐步降低，我国将进入绿色化高质量发展的新阶段。

2021年国内能源结构继续优化，清洁能源占比稳步提高

2021年，在"双循环"新发展战略格局下，内外循环良性互动，国内经济压力得到明显缓解，GDP增速达到8.1%。2021年，我国能源消费总量同比增速继续提升，煤炭在一次能源中的消费占比继续降低，可再生能源消费占比继续提升，能源行业继续向多元化、清洁化、智能化、高效化发展。

能源需求端，2021年全年能源消费总量52.4亿吨标准煤，比上年增长5.2%。煤炭消费量增长4.6%，原油消费量增长4.1%，天然气消费量增长12.5%，电力消费量增长10.3%。煤炭消费量占能源消费总量的56.0%，比上年下降0.9个百分点；天然气、水电、核电、风电、太阳能发电等清洁能源消费量占能源消费总量的25.5%，上升1.2个百分点。

能源供给端，在疫情影响不断缩小的前提下，2021年我国能源发展整体增速相较于上年有所提升。具体来看，国内原煤产量和发电量增速出现明显提升，国内原油产量稳中有升，天然气产量增速出现小幅回落，但天然气进口增速提升，保障需求量得以满足。在可再生能源方面，太阳能发电和风能发电增速保持强劲；在光伏发电快速发展的带动下，多晶硅需求不减。2021年，我国国内能源产量同比增速皆为上升。其中，发电量为85 342.5亿千瓦时，同比上升9.71%；原煤产量41.3亿吨，同比上升

5.84%；原油产量19 888.1万吨，同比上升2.11%；天然气产量为2 075.8亿立方米，同比上升7.84%（见图19.1）。

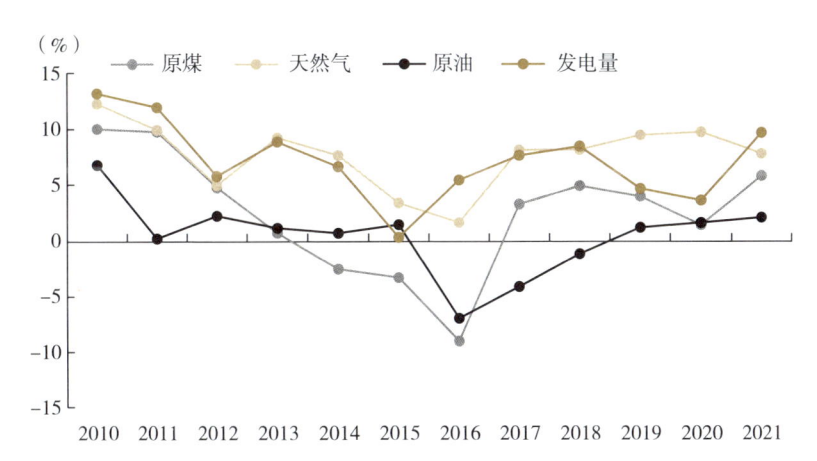

图 19.1　国内能源产量年度变化

资料来源：Wind。

2021年，全国电力生产供应能力稳步提升，供需总体平衡，结构进一步优化。从月度数据上看（见图19.2），发电量增速前高后低，原煤产量在2021年上半年基本保持不变，下半年煤炭产量增速逐步上升。由于近些年煤炭上游投资不足、库存低，煤炭供给受到较大抑制。与此同时，上半年外贸订单大增，用电需求随之提升，导致短时间上游供给无法满足下游需求。但随着下半年煤炭产量逐步上行，同时下半年国内地产开发、基建投资及出口订单出现明显回落，用电需求随之下降，上下游的供需矛盾得以缓解。对于可再生能源，受益于国家对新能源项目的大力投入，风电和太阳能发电增速稳步提高，国内能源结构进一步优化。

图 19.2　发电产量月度同比

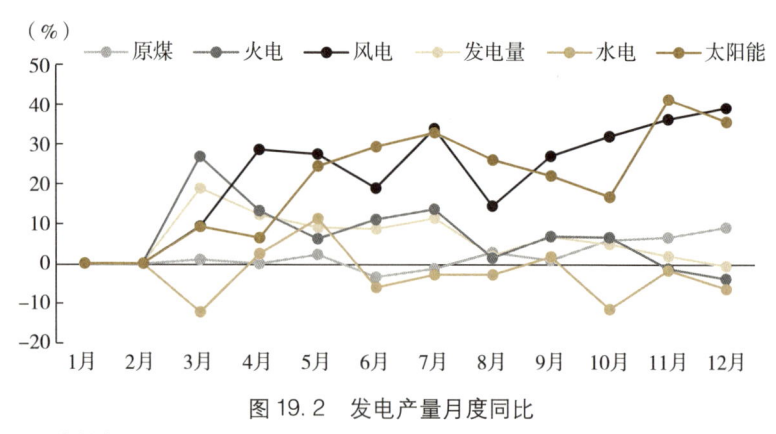

资料来源：Wind。

2021年，以三大油企为代表的国内油气生产企业继续提高产能，加大油气勘探开发力度，进一步实现增储增产。但鉴于国内富煤缺油少气的现状，油气资源对外依存度仍然较高，需要通过进口大量油气资源保障国内巨大的消费需求。尤其是自2013年以来，《大气污染防治行动计划》《北方地区冬季清洁取暖规划（2017—2021）》等中央文件密集出台，以"煤改气""煤改电"为主要形式的清洁供暖行动引发了能源消费和生活方式变革，导致国内对天然气的需求剧增。

2021年，原油国内产量稳中有升，进口数量占比略有降低。据估算，2021年原油对外依存度约为71.61%，2020年约为73.54%（见图19.3）。2020年，进口原油数量占比较大主要是源于疫情对需求端的打压导致油价低迷，打击国内原油开采积极性，但有利于国内炼化企业低价囤油，促使进口原油数量上升。2021年，疫情得以控制，对原油的消费需求有所回暖；原油供给端，由于近几年国际形势对于"碳减排"的需求，主要产油国对化石能源上游开采的投资不断减少，原油供给处于低水平状态，导致油价稳步上行。油价上行降低了国内炼化企业继续囤油的积极性，进口原油数量相对2020年有所降低。同时，油价上行提高了国内原油开采积极性，增加原油供给，导致原油进口数量占比有所降低。

图19.3　原油对外依存度

资料来源：Wind。

2021年，天然气进口数量和国内产量增速双双维持正增长，由于2021年的天然气价格较2020年大幅提高，导致天然气进口金额随之上升。从天然气进口数量占比看，2021年进口天然气数量占比较2020年有所提升，但国内天然气产量占比依然保持在50%以上（见图19.4和图19.6）。并且，可以看出，上半年国内天然气产量占比通常都比下半年要高。从2021年分月来看，由于冬季供暖需求旺盛，同时天然气价格处于全年相对低位，因此1月及第四季度天然气进口数量相对较高（见图19.5）。对于第二季度、第三季度，由于采暖需求较低，因此天然气进口数量有所降低，但第二季度同比增长仍达到28%左右。值得注意的是，天然气价格在第二季度稳步上涨，到第三季度相对于上年同期上涨超过50%，这其中既有冬季采暖对天然气需求提升的预期，也有天然气供给紧平衡的原因。

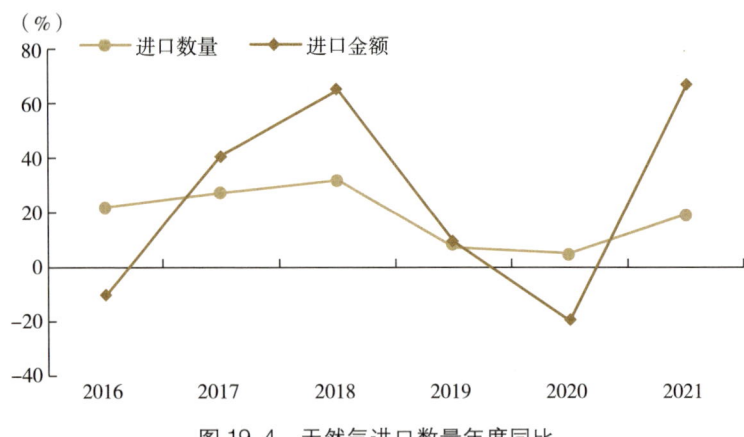

图 19.4 天然气进口数量年度同比

资料来源：Wind。

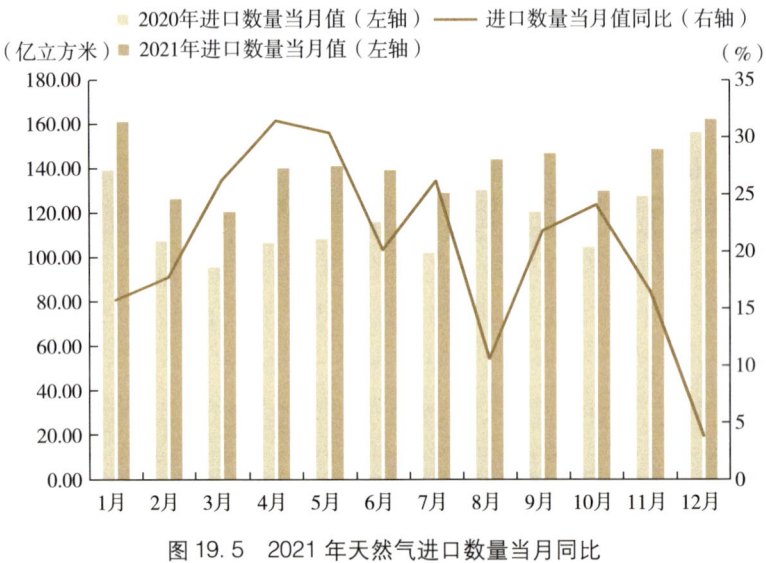

图 19.5 2021 年天然气进口数量当月同比

资料来源：Wind。

2021 年，新能源电力发展维持高速增长，光伏安装量保持逐季走高的趋势。具体来看，第一季度同比增长 34.94%，第二季度

图 19.6 天然气进口与国内产量月度变化

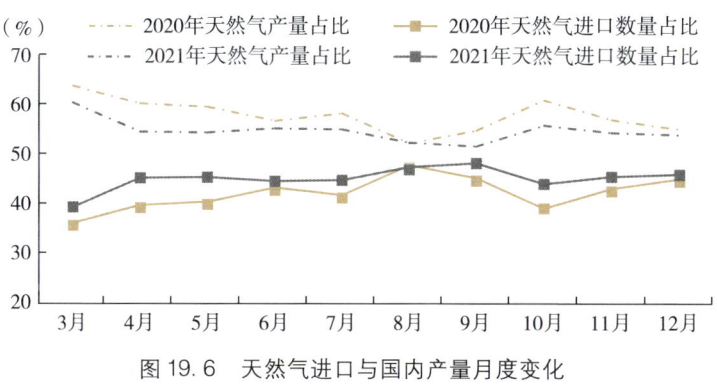

资料来源：Wind。

同比增长 1.45%，第三季度同比增长 74.79%。光伏安装在第一季度和第二季度一般为淡季，但由于 2020 年第一季度疫情原因，第一季度的光伏安装量几乎为零，需要在第二季度完成两个季度（第一季度和第二季度）的安装量，因此 2020 年第二季度的光伏安装量较大。基数效应导致 2021 年第一季度的光伏安装量同比增速达到 34.95%，第二季度的光伏安装量同比增速仅有 1.45%。

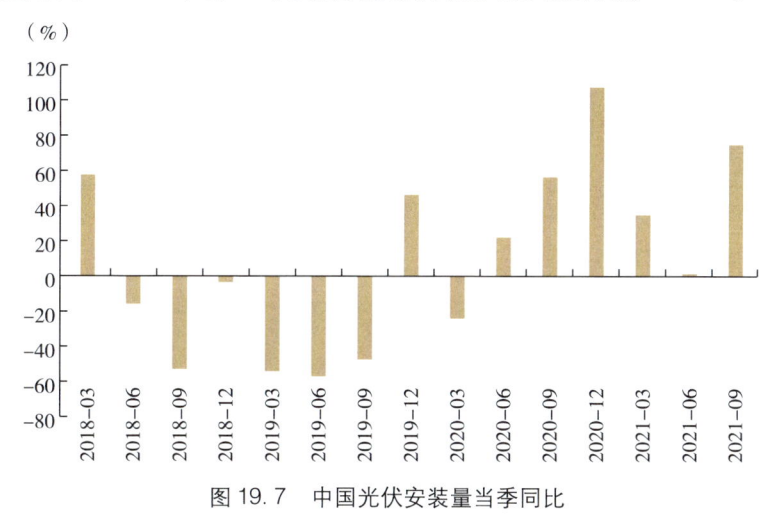

图 19.7 中国光伏安装量当季同比

资料来源：Wind。

第十九章 能源行业：转型升级的"突围战"

分地区来看，最新数据显示，2021年前三季度光伏发电新增装机容量总数达4 389.9万千瓦，其中山东、河北、河南、安徽、浙江、江苏及陕西等地在全国新增装机容量排名中靠前，分别实现新增装机容量1 024.9万千瓦、552.7万千瓦、320.6万千瓦、278.9万千瓦、269.4万千瓦、241.9万千瓦和210.8万千瓦。

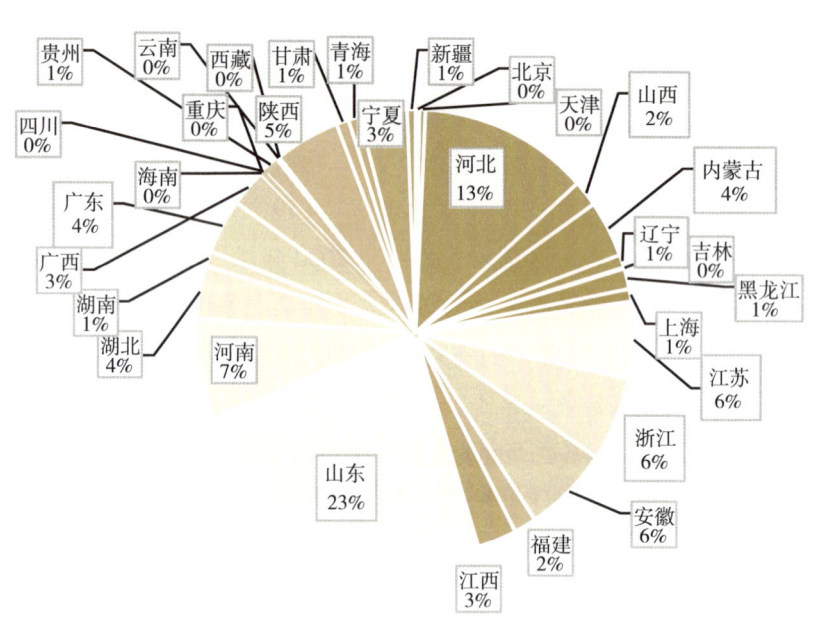

图19.8　2021年前三季度全国各地区光伏发电新增累计装机容量占比
资料来源：Wind。

光伏行业快速发展，带动多晶硅需求大增，由于供给趋紧，多晶硅价格在2021年创下新高（见图19.9）。2021年疫情影响逐渐消退，国内新基建项目加速推进，导致国内多晶硅需求较大，虽然自给率达到70%，但仍不能满足光伏发展需求，因此进口多晶硅数量在2021年上半年增长较快（见图19.10）。由于多晶硅制造属于"高耗能、高排放"项目，多晶硅供给能力受限，促使多晶硅进口价格连续攀升。多晶硅价格大涨严重压缩光伏产业链中下游利润，打击光伏产业发展积极性，导致2021年下半年多晶硅需求回落；但多晶硅的供需基本面并未出现明显改善，使得多晶硅进口价格的上涨势头不减。

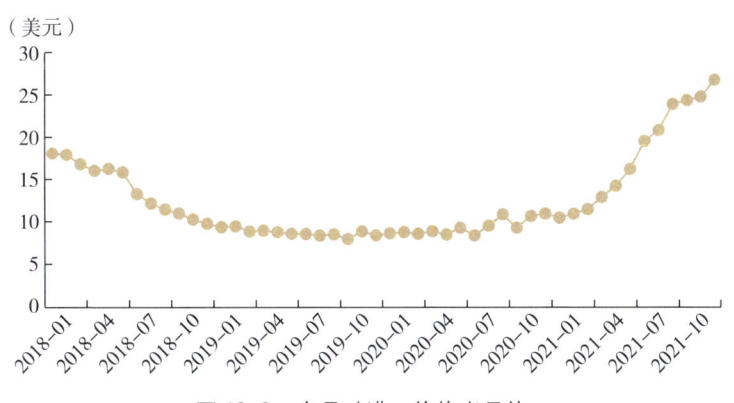

图 19.9　多晶硅进口价格当月值

资料来源：Wind。

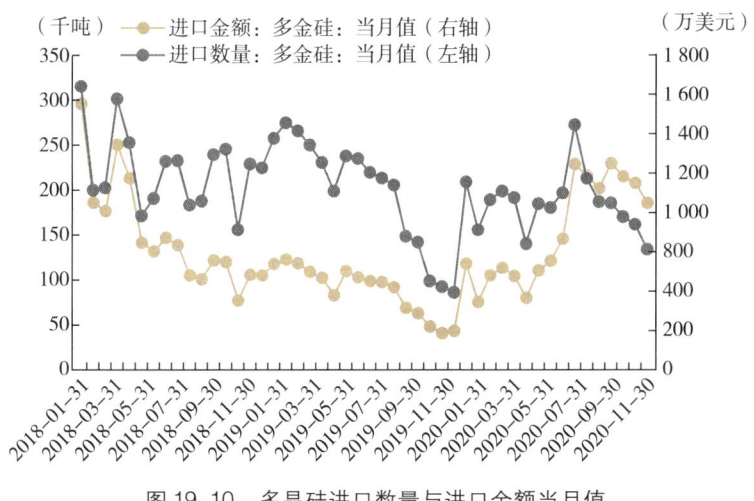

图 19.10　多晶硅进口数量与进口金额当月值

资料来源：Wind。

2022年新旧能源共同发力，能源结构持续优化

原油价格或将冲高后回落

2022年原油价格创新高，国内动力煤价格上涨。近期因地缘政治事件升级，市场波动率增加，原油价格暴涨，下游化工品价格均有不同程度的上涨。短期内，由于地缘事件存在继续升级的风险，原油价格或将持续上涨，但是长期在"碳中和"背景下，需求增速将放缓。价格终将回到正常区间。

据腾景数研预测，2022年原油将在第二季度出现峰值，随后或将缓慢下行。由于地缘事件存在不断升级的风险，这也给原油价格的波动增加了更多不确定因素。

图19.11 布伦特原油期货月度真实值与预测值
资料来源：腾景数研，Wind。

动力煤价格或将缓慢下行

中国动力消费结构以国内煤为主，进口煤为辅。2021年，中国进口动力煤8 000万吨左右，当前国内进口动力煤来源国主要是印度尼西亚和俄罗斯。近期俄乌局势导致全球能源格局变化，原

油价格大幅攀升，能源通胀担忧发酵，大宗商品价格普遍上行。全球煤炭价格节节攀升，外贸煤补充预期下降。而内贸煤方面，环渤海煤炭垒库缓慢，市场对供应担忧加剧；短期内强势状态仍会延续。不过近期发改委再次召开保障煤炭价格机制专题会议，促进煤炭价格回归合理区间。结合期货市场来看，动力煤短期内仍将保持强势，中长期有望回落。

据腾景数研预测，2022年动力煤期货收盘价月度平均值将缓慢下行，并于5月触底，后续仍然有上行压力（见图19.2）。需要密切关注用煤高峰期的价格变化，及时调整供需平衡。

我国煤炭自给率超过90%，实际上，根据多年市场运行情况，煤炭市场价格合理区间是客观存在的。煤炭价格合理区间充分考虑了成本因素。当前一段时间内，我国能源消费仍然以煤炭为主。在当前国际能源供需形势错综复杂的背景下，国家发改委等部门出台政策，进一步完善煤炭市场价格形成机制，明确价格合理区间、强化区间调控，引导煤炭价格在合理区间运行。但是国际局势动荡仍是煤炭价格不稳定的主要因素之一。

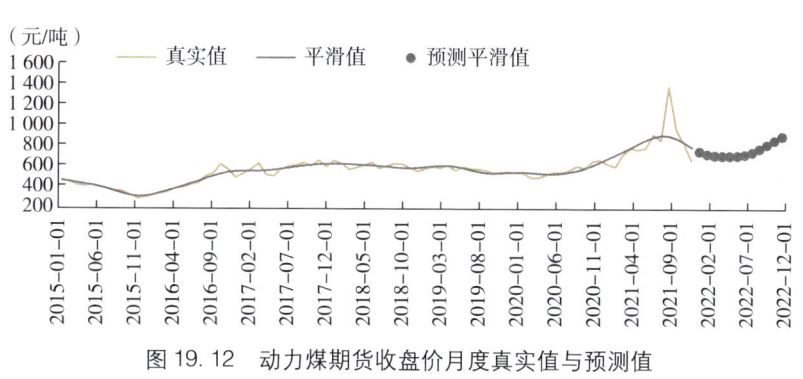

图19.12　动力煤期货收盘价月度真实值与预测值

资料来源：腾景数研，Wind。

新能源发展势头持续强劲

从需求侧看，全球加速脱碳，政策、金融助力新能源装机高速增长。作为光伏行业最上游，从中短期来看，世界主流国家都表现出对新能源的积极态度，在碳中和的背景下，行业需求或将越来越大。长期来看，光伏成本将越来越低，电站收益率将越来越高，需求将提高。在当前光伏占比较低的情况下，未来光伏行业成长空间巨大，硅材料需求将随之增长。

从供给侧看，硅材料价格大幅上涨，与下游光伏产能扩张过快过大、终端需求严重超出原料供应有关。行业数据显示，2021年全球多晶硅总产能约57万吨，而下游硅片整体产能跃升至300GW（吉瓦），对应多晶硅需求78万吨。供需不平衡之下，硅材料价格被需求方逐步推高。2021年第四季度，国内多个硅材料新产能投产，但是在供需不平衡的大背景下，预计2022年随着产能增加，多晶硅价格将稳中有升。

据腾景数研预测，多晶硅现货价月度均值在2022年整体呈现上行趋势，第一、二季度稳步上升，第三季度稍微回落，第四季度继续保持上行态势。

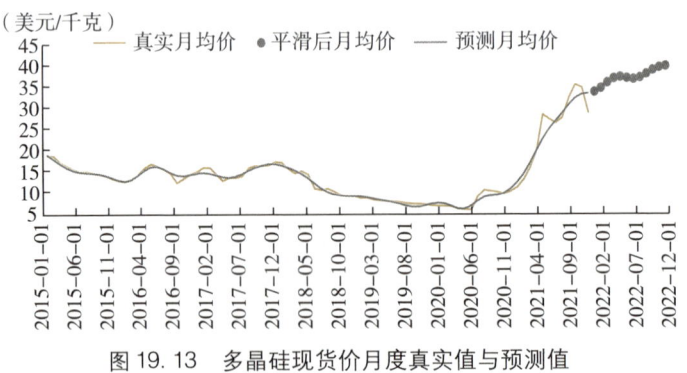

图19.13　多晶硅现货价月度真实值与预测值
资料来源：腾景数研，Wind。

以"绿色高质量发展"为目标,驱动能源行业中长期增长

本章将采用1980—2019年的历史数据对能源重要经济指标建模,并加以延伸,对2032年的趋势进行预测,并基于可借鉴的国际经验,分析中国能源行业中长期发展轨迹。

能源弹性系数对长期预测的重要性

在分析能源对宏观经济的影响时,我们通常关注能源消费弹性系数这一指标,该指标表示能源消费的相对变化与GDP的相对变化之比。当能源消费弹性系数远远大于1时,表示能源消费远远超过国民生产总值的增速,这将会给能源生产和节能减排带来巨大压力。反之,当能源消费弹性系数小于1时,反映经济向着绿色化方向发展。为了更好地反映能源行业的供需变化,我们同样会关注能源生产消费弹性系数以及能源消费增速和能源生产增速之比。

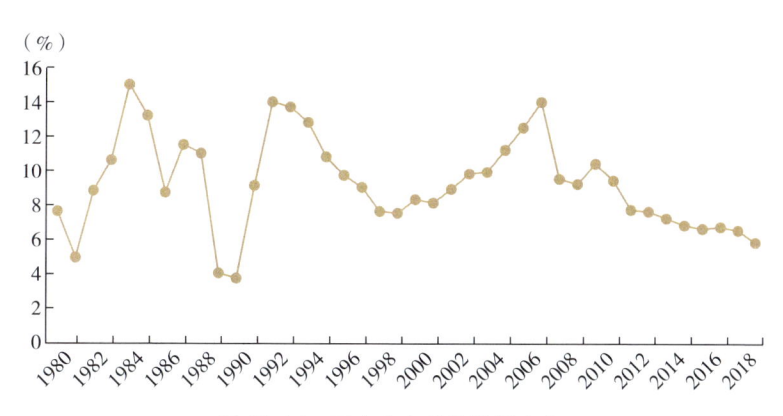

图 19.14 国内生产总值增长速度

资料来源:Wind。

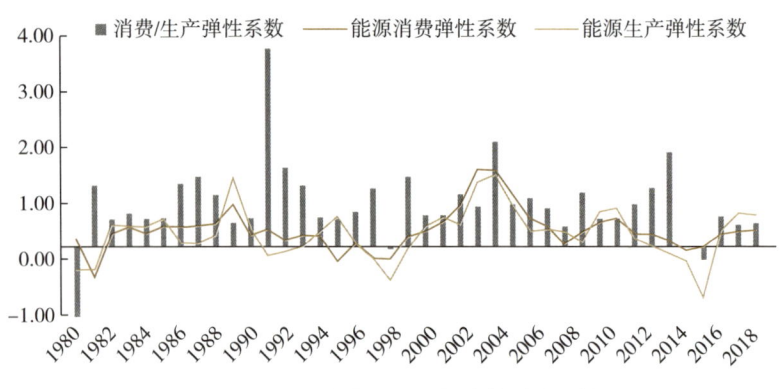

图 19.15　历史能源生产与消费弹性系数

资料来源：《中国能源统计年鉴 2020》，腾景数研。

自 1980 年至今，我国的能源生产、消费和 GDP 增速间一直存在着某种规律性变化。首先，我们关注能源生产弹性系数和能源消费弹性系数大于 1 的两个重要时间段，分别是 1988—1990 年和 2002—2004 年，这两段时间对应我国 GDP 增速的底部区间。1990—1998 年，能源消费弹性系数和能源生产弹性系数都在震荡下行，并且始终小于 GDP 增速。1998 年，能源消费的增速甚至小于能源生产的增速，这代表着能源消耗逐渐增多。2000 年以后，我国进入重工业时代，高能耗工业拉动经济增长，能源消费和生产增速上行的态势较经济增速更为剧烈。到 2006 年以后，能源消费和生产的增速逐渐在小于经济增速的区间波动，并且呈现逐渐走低的态势，一定程度上表示经济的发展逐渐向着能源利用率提升的良性发展之路迈进。从能源消费增速和能源生产增速之比来看，数值持续扩大一段时间代表能源消费相较生产增速逐渐走高，暗示着一定程度的能源浪费，能源市场逐渐开始出现供不应求的现象，市场通过价格调整供需平衡，一段时间后又将进入能源生产恢复区间。消费和生产弹性指数的周期性轮动变化从数据中也得到验证，在偏自相关系数和自相关系数中都能看到，季节性因子有较为明显的作用（见图19.16、图19.17）。

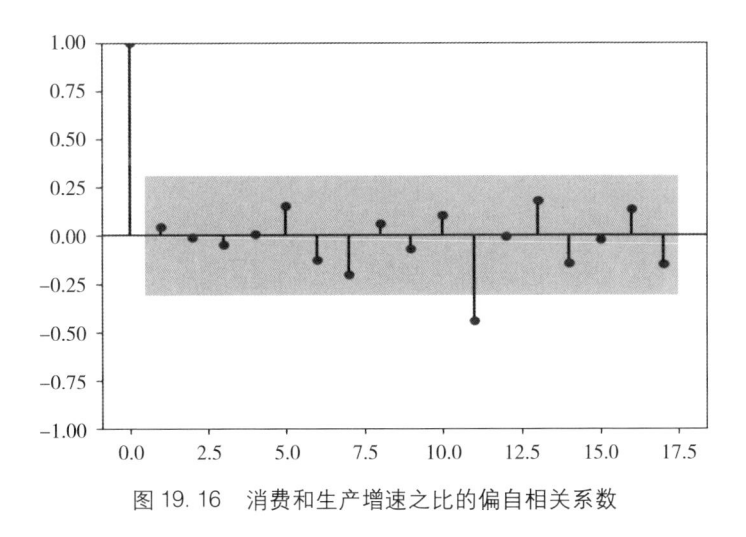

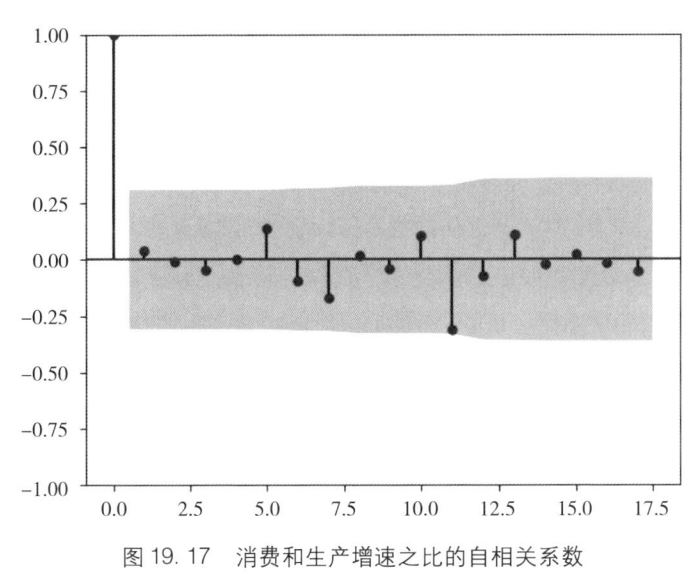

图19.16 消费和生产增速之比的偏自相关系数

图19.17 消费和生产增速之比的自相关系数

长期预测建模与影响因素分析

能源消费弹性系数的变化受多方因素影响，主要与宏观经济增速、宏观产业结构、能源行业变化、能源结构、技术与节能效率、能源投资等多重因素有关。以下是模型中包含的反映各方面因素的具体指标以及通过序列平稳检验的 ADF 单位根检验结果（见表 19.1）。

表 19.1　ADF 单位根检验结果一览表

类别	名称	统计量	滞后期	1%	5%	10%	
宏观经济	diff 国内生产总值增长速度（%）	−6.1	1.0	−3.6	−2.9	−2.6	***
	第一产业占比（%，不变价 GDP）	−3.4	10.0	−3.7	−3.0	−2.6	**
能源行业增速变化	diff 能源消费增长速度（%）	−4.0	4.0	−3.6	−3.0	−2.6	***
	diff 电力生产增长速度（%）	−4.3	4.0	−3.6	−3.0	−2.6	***
	diff 能源消费弹性系数	−3.4	1.0	−3.6	−2.9	−2.6	**
	diff 能源消费弹性系数	−3.9	4.0	−3.6	−3.0	−2.6	***
	diff 消费/生产弹性系数	−3.1	6.0	−3.7	−3.0	−2.6	**
	diff 消费/生产弹性 > 1（消费增速比生产增速快）能源总量（千克标准煤）	−6.6	1.0	−3.6	−2.9	−2.6	***
	diff 消费/生产弹性 > 1（消费增速比生产增速快）原煤（千克）	−7.0	1.0	−3.6	−2.9	−2.6	***
	diff 消费/生产弹性 > 1（消费增速比生产增速快）原油（千克）	−6.4	3.0	−3.6	−2.9	−2.6	***

（续表）

类别	名称	统计量	滞后期	1%	5%	10%	
能源行业增量变化	diff 消费/生产弹性＞1（消费增速比生产增速快）电力（千瓦时）	-7.7	1.0	-3.6	-2.9	-2.6	***
	diff 能源总量对数变化量	-4.4	4.0	-3.6	-3.0	-2.6	***
	人均消费量煤炭对数变化量	-3.5	2.0	-3.6	-2.9	-2.6	**
	diff 人均消费量煤炭对数变化量	-4.5	2.0	-3.6	-2.9	-2.6	***
	diff 人均消费量石油对数变化量	-4.3	5.0	-3.6	-3.0	-2.6	***
	diff 发电设备平均利用小时对数变化量	-5.2	6.0	-3.7	-3.0	-2.6	***
技术与节能效率	发电厂用电率（%）	-3.3	1.0	-3.6	-2.9	-2.6	**
	diff 发电厂用电率（%）	-5.8	2.0	-3.6	-2.9	-2.6	***
	diff 线路损失率（%）	-5.8	2.0	-3.6	-2.9	-2.6	***
	diff 发电标准煤耗（克/千瓦时）	-4.2	3.0	-3.6	-2.9	-2.6	***
	diff 供电标准煤耗（克/千瓦时）	-4.1	3.0	-3.6	-2.9	-2.6	***
能源结构	占能源消费总量比重：原油	-3.1	4.0	-3.6	-2.9	-2.6	**
能源投资	diff 城镇能源工业投资：全国对数变化量	-7.6	1.0	-3.6	-2.9	-2.6	***
	diff 城镇投资：电力、热力及燃气的生产和供应业：全国对数变化量	-4.7	3.0	-3.6	-2.9	-2.6	***

注：diff 表示经过差分处理的平稳序列。
资料来源：Wind，作者测算。

在序列平稳的前提下，我们通过格兰杰因果检验捕捉到消费和生产增速之比与能源消费弹性系数互为彼此的格兰杰原因，发电标准煤耗是能源消费弹性系数的格兰杰原因，而能源消费弹性系数是第一产业占比和发电厂用电率的格兰杰原因。由此，我们得到初步结论，能源消费弹性系数和能源效率与节能有着密切关系，第一产业占比指标提醒我们应从分行业的角度解读能源效率与节能的问题。我们分别通过能源消费弹性系数和能源消费强度来比较分行业能源消费。

通过对能源消费强度①指标的比较发现，第二产业能源消费强度比第一、三产业均较高，但第二产业能源消费强度自1995年以来以较快速度降低，农林牧渔业，批发零售业，住宿和餐饮业，交通运输、仓储和邮政业能源消费强度虽不高，但近20年降低的速度较慢（见图19.18）。

通过能源消费弹性系数可发现，农林牧渔业和代表生产性服务业的批发、零售、住宿和餐饮业以及交通运输、仓储和邮政业

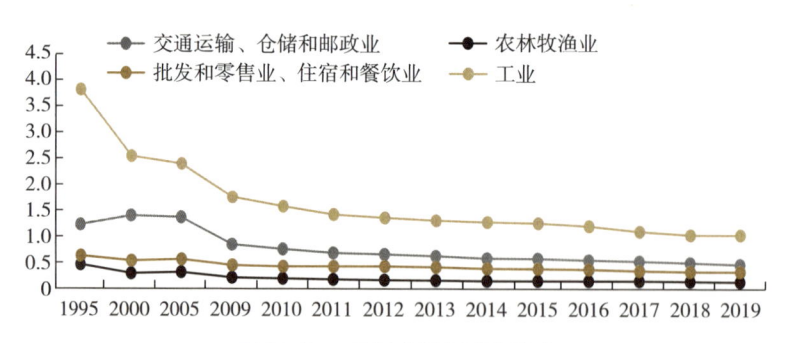

图 19.18　分行业能源消费强度

资料来源：Wind。

---

① 能源消费强度：单位国民生产总值的能源消费量。

的能源消费高于经济增速的高耗能情况屡见不鲜，2014年前后的"三去一补"政策让工业生产中的高耗能问题有所缓解，然而第一产业和第三产业的节能工作还需要进一步提高重视（见表19.2）。

表19.2 年度分行业能源消费弹性系数

行业	农林牧渔业	工业	交通运输、仓储和邮政业	批发和零售、住宿和餐饮业
2010	0.29	0.37	0.45	0.54
2011	0.34	0.35	0.44	1.02
2012	0.17	0.34	0.69	1.08
2013	0.40	0.35	0.54	0.61
2014	-0.09	0.51	0.36	0.26
2015	0.76	-1.10	0.83	0.77
2016	0.87	-0.03	0.40	0.63
2017	1.19	0.19	0.56	0.28
2018	-0.41	0.31	0.37	0.50
2019	0.30	1.02	0.09	0.92

资料来源：《中国能源统计年鉴2020》。

由于已验证为平稳的序列中有多重共线性的可能，因此我们在此选用机器学习领域的弹性网络模型建模，数据来自《中国能源统计年鉴2020》，选取其中1980—2019年的年度数据。由于2020年和2021年在疫情影响下，有不可预测的冲击因素，因此在建立规律性模型时没有将其纳入样本也是合理的。通过调整训练集和验证集的拟合准确性，我们从中挖掘出另外两个重要的影响因素指标，分别是反映能源产业结构的"占能源消费总量比重：原油"和反映能源产业投资情况的"城镇能源工业投资：全国"（见图19.19）。

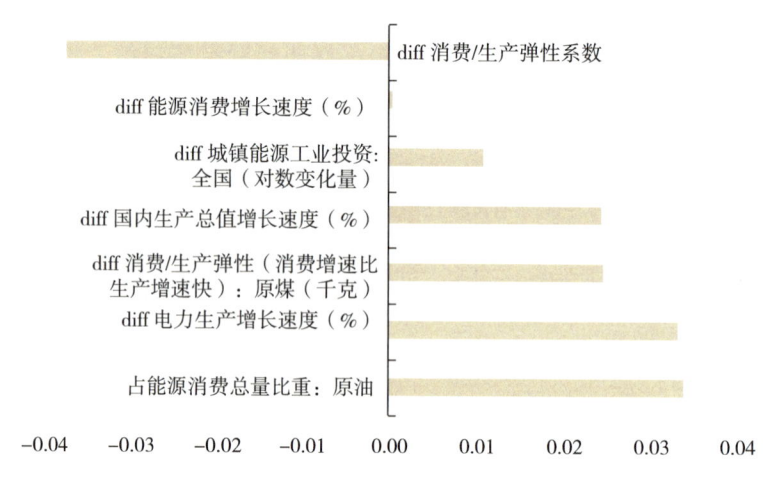

图 19.19　弹性网络影响因子系数

注：diff 表示经过差分处理的平稳序列。
资料来源：腾景数研。

能源产业结构可反映宏观经济的发展阶段和能源开采的技术水平。从《中国能源统计年鉴 2020》的分行业数据来看，第二产业中的制造业原油消费总量远高于采矿业和交通运输、仓储和邮政业。当原油占能源消费总量变小时，一定程度上预示着产业结构的调整，即制造业的比重将有所减小，这预示着工业化进程向着后工业化阶段过渡。从分行业能源消费强度来看，2016 年以来，工业原油消费强度的增速已出现放缓迹象，这在一定程度上表示在技术进步的过程中，原油在工业中的使用效率有所提升（见图 19.20、图 19.21）。第三产业中，原油消费量较高的交通运输、仓储和邮政业则表现出逐年递减的原油消费强度，即单位增加值利用的原油量逐年减少，能源利用率逐年提升。预计未来十年，原油消费在能源总量中的占比仍将随着利用技术的进步和工业化进程的推进呈现缓慢下行的趋势。

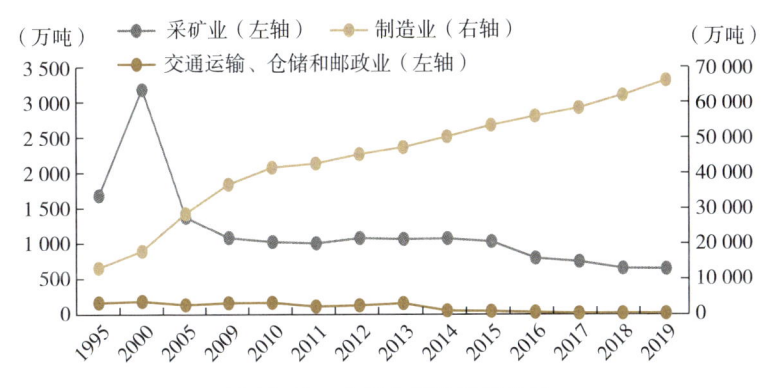

图 19.20 分行业原油消费总量

资料来源：Wind。

图 19.21 分行业原油消费强度

资料来源：《中国能源统计年鉴 2020》。

能源工业投资也将对能源消费弹性系数产生重要影响。从历史数据可知，由传统的能源结构组成的城镇范围内的投资已见顶，并且长期来看该领域的投资也很难有突破的空间（见图 19.22）。对于未来能源投资的预见大致可总结为三方面，一是重视提高能源利用率与节能的领域投资，旨在通过投资促进技术进步，使当下高能耗的行业转型升级，实现绿色发展。二是关注能源结构性变化带来的打破传统结构的投资机遇，旨在通过投资提高清洁能源的实战利用能力，从而提高能源结构中清洁能源的消费占比。三是聚焦非城镇区域的能源类投资空间，旨在聚焦区域性能源利用短板，提高整体水平。

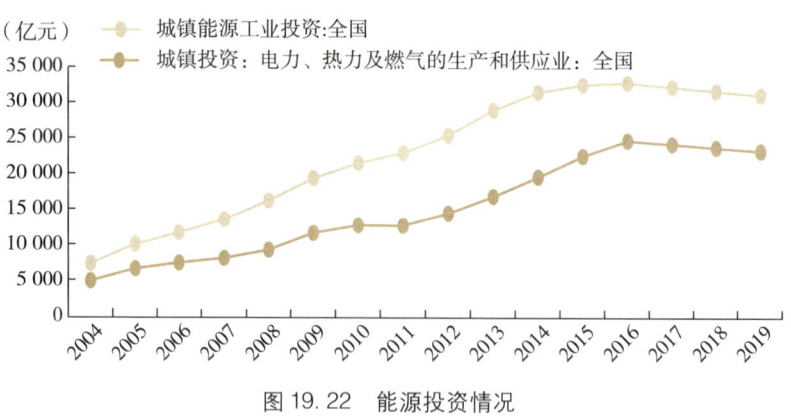

图 19.22　能源投资情况

资料来源：Wind。

综合模型结果和影响因素分析，预计能源消费弹性系数未来十年将保持在 0.5~1，整体趋势为震荡略向下（见图 19.23）。随着产业结构的优化、能源结构的清洁化，高耗能企业在市场机制下出清，能源消费的增速将有望低于经济增长的增速，实现绿色化高质量发展模式。投资的刺激使得绿色节能技术利用率进一步提升，因此长期来看能源消费有向下的趋势。弹性系数波动的幅度有望降低，这主要源于宏观经济增速在未来将保持中低速稳健增长，能源增速也将维持在较为平稳的区间波动。

结合国际经验来看，中国的一次能源消费强度近十年来虽然逐年下降，但仍明显高于世界平均水平（见图 19.24）。这表示我国整体能源消费强度仍有巨大下降空间，侧面验证了未来能源消费强度将逐渐向着发达国家靠拢，进一步下行态势显著。从一次能源消费弹性系数来看，如果我们认为弹性系数越低，能源利用

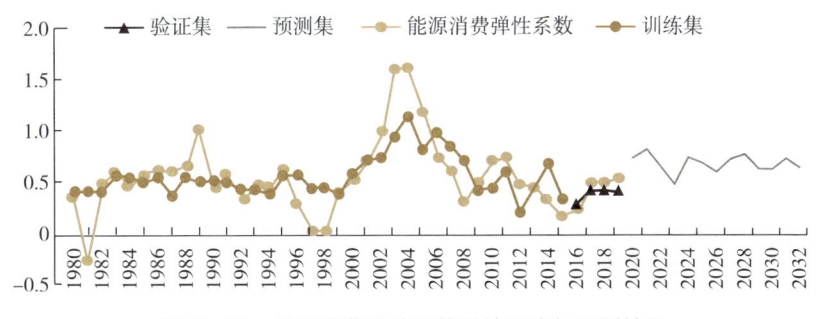

图 19.23　能源消费弹性系数弹性系统与预测结果

资料来源：腾景数研。

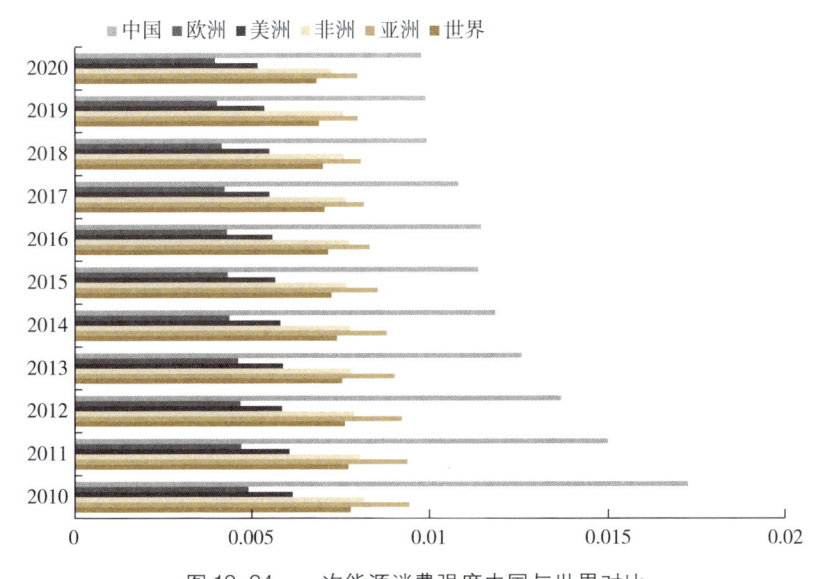

图 19.24　一次能源消费强度中国与世界对比

资料来源：《BP 世界能源统计年鉴》。

率就越高，我国近十年来的这一系数也在世界水平之下（见图 19.25），同样反映出能源利用的可优化空间。欧洲、美洲较世界平均水平在能源消费的利用率上表现出明显的优势，也将是我们未来重点聚焦的学习目标。

图 19.25　一次能源消费弹性系数中国与世界对比

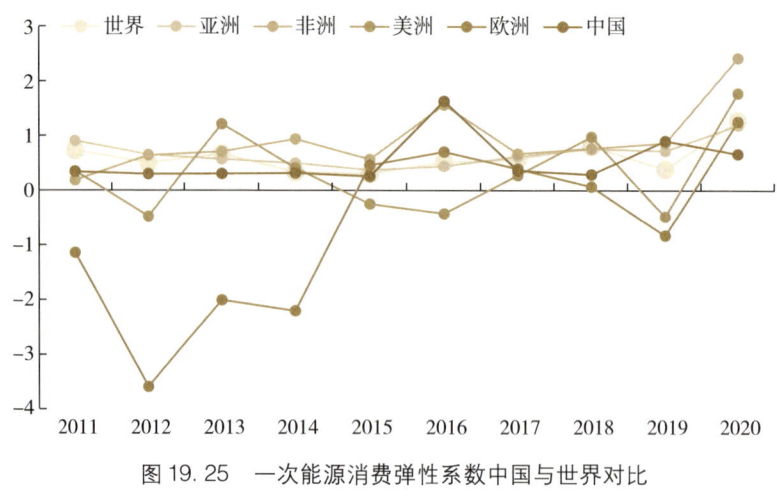

资料来源：《BP 世界能源统计年鉴》。

值得注意的是，未来十年能源消费弹性系数的下降空间或许十分有限。首先，我国"富煤缺油少气"的能源结构不易改变，工业对能源的使用结构同样不易转变。在工业生产中有更好的替代能源出现之前，传统能源的利用仍将延续。除非有明显技术突破，否则能源结构的清洁化转型将是长久的目标。现有行业的能源利用率提升技术亟待改善，但技术难度高，研究周期长，实际应用效果不及预期的问题仍然存在。不过，我们尚可从国际经验中学习借鉴，缩小我国在能源领域与发达国家的差距，并且在双碳目标下，直面能源难题势在必行，是否能实现绿色稳健的高质量发展也将在此一举。

政策建议

2021 年，国际通胀向内传导，大宗商品价格出现长期未见的高位，能源作为大宗商品中非常重要的产品也呈现极强的上涨势头。疫情的冲击让我们深切认识到在未知因素面前，我们的应变能力存在短板，从中可得到三点启发。

一是应健全市场预测预警机制，促进能源供需市场稳定。充分利用大数据信息建立预测机制，强调未发生风险的提前预知，出现风险及时发现的能力，避免能源市场因为信息不对称、信息理解偏误等带来不必要的市场价格波动。

二是应积极制定应急方案，做到未雨绸缪，保障供应。从此次疫情冲击得到的经验是，我们应充分考虑国内、国外两个维度，建立战争、地震及传染疫情等多种重大危机事件的能源应急保障机制。

三是应加强能源应急储备建设，加强在危机时刻保持国内能源供应的能力，发挥储备对能源市场的调节平抑作用。

除了疫情冲击带来的启示外，我们仍要直面我国能源消费中的问题，有序适度超前投资能源绿色技术进步。双碳目标不是让高耗能产业减少甚至停止生产，而是要让这些产业进行绿色革新继续生产甚至更多生产。双碳目标正在倒逼产业技术革新，随着碳交易将绿色成本显性化，传统高耗能产业若不改革将面临残酷的高成本低利润的市场环境，甚至惨遭淘汰。对于传统生产线来说，改革难度是巨大的，但又是势在必行的。建议企业提前布局绿色技术革新领域的投资，为技术的突破和创新争取时间。

另外要充分重视国际能源合作，用市场机制保证国内能源供给，保护本国利益，保障国内能源安全。疫情冲击导致的原材料价格快速上涨，严重挤压我国中下游企业利润，凸显我国尚未在国际能源市场上掌握与自身体量相称的定价权和话语权。加强国际能源合作有利于打造国际能源合作的利益共同体、责任共同体和命运共同体，从而逐渐从国际能源治理的边缘走向国际舞台中央。

参考文献

刘世锦，等．陷阱还是高墙？中国经济面临的真实挑战和战略选择［M］．北京：中信出版社，2011．

刘世锦主编．中国经济增长十年展望（2013—2022）：寻找新的动力和平衡［M］．北京：中信出版社，2013．

赵忠秀，王苒，HinrichVoss，闫云凤．基于经典环境库兹涅茨模型的中国碳排放拐点预测［J］．财贸经济，2013（10）．

朱欢，郑洁，赵秋运，等．经济增长、能源结构转型与二氧化碳排放——基于面板数据的经验分析［J］．经济与管理研究，2020（11）．

张丽峰．中国能源供求预测模型及发展对策研究［D］．北京：首都经济贸易大学，2006．

景春梅．加强能源国际合作的思考［J］．能源，2022（03）．

第二十章　服务业：全面恢复中推进低碳发展

刘涛　刘馨

要点透视

➢ 2021 年，我国服务业呈恢复性增长态势，线上消费、进出口、利用外资增幅明显，多数行业投资有所加快，大型服务业企业收入增速好于工业企业。

➢ 2022 年，疫情仍是影响经济的最大不确定因素，服务业发展面临短期需求不振、供给中断、市场主体预期不乐观等困难和挑战，推动服务业全面恢复还需政策精准纾困帮扶。

➢ 预计到 2031 年我国服务业增加值比重将超过 61%。在流通性服务业增加值比重缓步走低的同时，生产性服务业增加值比重持续上升，个人服务业增加值比重稳中有增，社会服务业增加值比重逐步提高。

➢ 低碳已成为现阶段服务业发展的重要方向和要求，要从加快交通运输行业低碳转型、培育服务业从业者和消费者低碳意识、完善相关制度体系、加强政策支持等方面，持续推进服务业低碳转型和创新发展，助力实现碳达峰、碳中和。

本章回顾了2021年我国服务业恢复发展的主要特点，分析了2022年的发展趋势，依据长期预测模型展望了未来十年服务业的增长前景；并结合碳达峰、碳中和目标下服务业低碳发展的机遇和挑战，提出了持续推进服务业低碳转型和创新发展的政策建议。

2021年我国服务业发展回顾

在应对经济形势复杂多变、克服疫情反复多点散发的不利影响下，2021年我国服务业呈现持续稳定恢复态势。

服务业增速较快，对经济增长贡献率明显提高

2021年，我国服务业增加值实际增长8.2%，增速实现大幅反弹，超过GDP增速0.1个百分点，与第二产业增速持平；与2019年相比，服务业增加值两年平均增长5%，2021年，服务业对GDP增长的贡献率达到54.9%，比上年提高8.6个百分点（见图20.1）。

线上服务消费增势强劲，新型消费蓬勃发展

2021年，我国非实物商品（服务类商品、虚拟商品等）网上零售额为22 841亿元，比上年增长24.8%，增速超过实物商品12.8个百分点，扭转了上年低迷的态势；非实物商品网上零售额占全部网上零售额的比重达到17.5%，比上年提高0.4个百分点（见图20.2）。

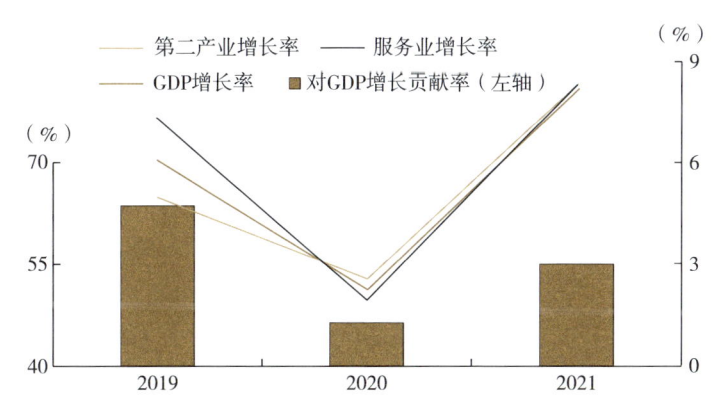

图 20.1 2019—2021 年服务业增长率及其对 GDP 增长贡献率
资料来源：《中国统计摘要 2022》。

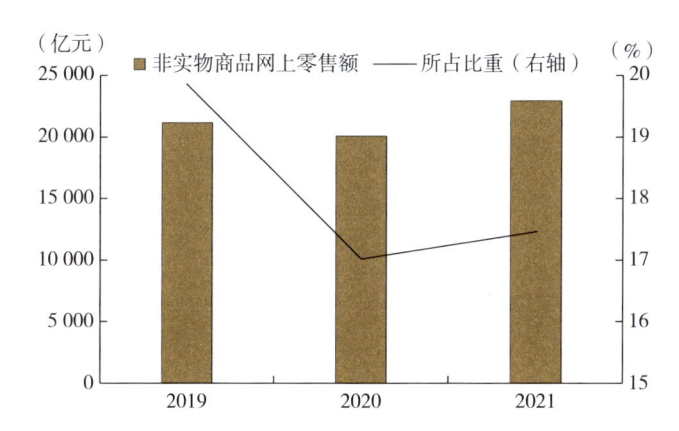

图 20.2 2019—2021 年非实物商品网上零售额及占比
资料来源：国家统计局，Wind。

持续的疫情改变了人们的消费习惯，线上消费黏性进一步增强。截至 2021 年年底，我国网络视频用户约为 9.8 亿人，网络直播用户超过 7 亿人，分别比上年年底增加 4 794 万人和 8 652 万人。目前，短视频已成为移动互联网主流的内容消费形态，与社交、电商以及本地生活服务平台加速渗透融合。在此背景下，2021 年规模以上互联网企业网络音视频、网络游戏等服务收入增长17%，增速比上年提高5.5个百分点。另外，直播带货模式及相关数字化技术服务更是被一些外资零售企业在华成功实践后反向输回母国。

多数服务行业投资提速，特别是住宿和餐饮业处于领先

2021年，我国服务业固定资产投资增长2.1%，增速比上年放缓1.5个百分点。分类来看，有3个行业增速比上年有所加快，且高于整个服务业，其中住宿和餐饮业增速最高，主要是上年负增长的低基数所致。批发和零售业等4个行业的增速也有不同程度的提高，但不及整个服务业。另外，卫生和社会工作，教育以及房地产3个行业的增速虽有所减慢或持平，但仍高于整个服务业；信息传输、软件和信息技术服务业，居民服务、修理和其他服务业，水利、环境和公共设施管理业的增速慢于2020年，且低于整个服务业（见图20.3）。

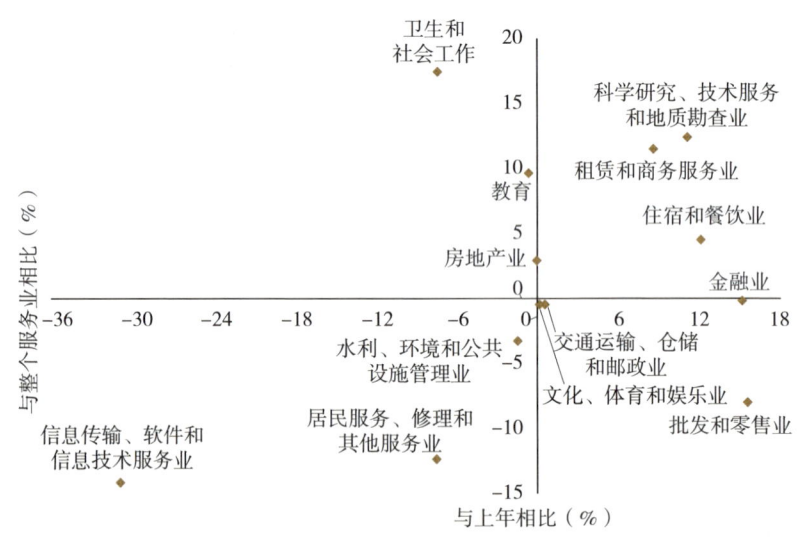

图20.3 2021年服务业固定资产投资的增长

资料来源：Wind。

服务贸易增长快速恢复，服务业吸引外资占比稳步上升

2021年，我国服务进出口总额比上年增长16.1%，整体规模已恢复到2019年的97.8%；服务出口增长31.4%，进口增长4.8%，由此带动服务贸易逆差下降69.5%，降至2 112.8亿元。同时，2021年服务业实际使用外资增长16.7%，增速超过实际使用外资总额1.8个百分点，占比达到78.9%，分别比2020年和2019年提高1.2个、9.1个百分点（见图20.4）。

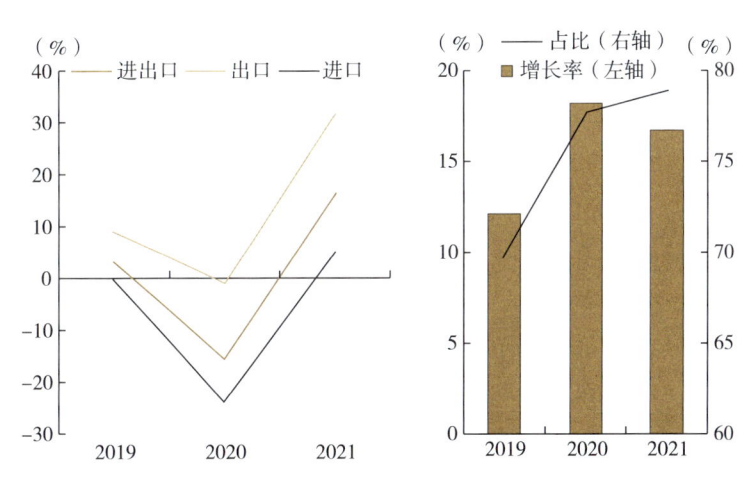

图20.4　2019—2021年服务贸易、服务业实际使用外资的增长
资料来源：商务部。

大型服务业企业收入增长快，增速高于工业企业

2021年，我国规模以上服务业企业营业收入保持较快增长，前11个月同比增长20.7%，两年平均增速为10.8%，高于2019年同期1.4个百分点；前11个月规模以上服务业企业营业收入增速比规模以上工业企业高0.4个百分点（见图20.5）。

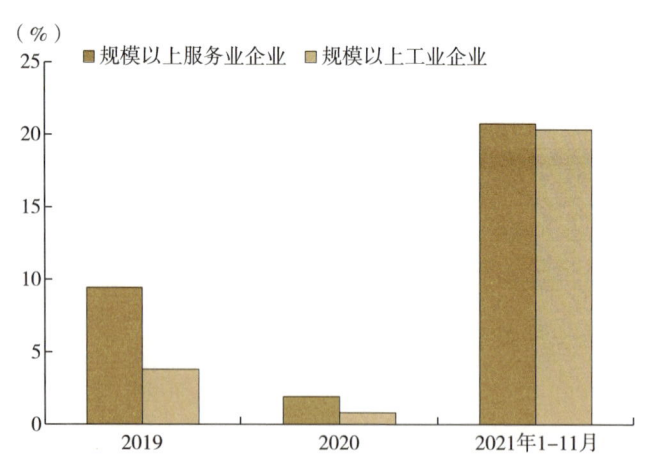

图 20.5　2019—2021 年规模以上服务业企业、工业企业营业收入增长情况

资料来源：国家统计局。

2022 年我国服务业发展展望

2022 年，疫情仍是影响经济最大的不确定因素，服务业发展面临一些困难和挑战，推动服务业全面恢复还需政策精准纾困帮扶。

服务业仍面临短期需求不振的压力

在经济的"三重压力"下，服务业需求端的恢复慢于供给端。从最终需求看，2021 年居民人均服务消费比上年增长 17.8%，两年平均增长 3.8%，低于居民人均消费两年平均增速 1.9 个百分点，人均服务消费占整个消费支出的比重为 44.2%，仍比 2019 年低 1.7 个百分点。从中间需求看，工业运行中不稳定、不确定因素较多，节能降耗压力不减，俄乌冲突导致能源、原材料等全球大宗商品价格大幅上涨和高位震荡，加剧了对我国的输入性影响，明显挤压工业企业利润空间。这些都将在一定程度上抑制消费者、市场主体对外部服务的需求。

部分服务行业存在供给中断风险

餐饮、住宿、文化娱乐、旅游等接触性和聚集性服务行业受局部地区疫情反复等因素的冲击，供给存在较大脆弱性，不排除一段时期内出现大面积关停、闭店的情况。同时，受疫情防控限制人员流动的影响，部分地区甚至更大区域范围可能面临交通物流阶段性受阻的风险，不仅制约这些行业自身正常运转，还将影响产业链和供应链的稳定畅通。

服务业市场主体预期不乐观

2022年是疫情暴发以来的第三个年头。疫情的持续反复，加重了服务业市场主体的经营困难，其中很多面临资金链困境。虽然近年来线上服务模式蓬勃发展，但尚不足以弥补经营损失。受此影响，不少服务业市场主体特别是小微企业和个体工商户预期转弱、信心不足，经营规模可能出现明显收缩，并采取裁员或减少工时、调岗、降薪等隐性裁员方式，以降低房租、人工等成本。

服务业纾困政策落地实施将为市场主体提供有效帮扶

为帮助服务业领域困难行业渡过难关、恢复发展，2022年2月国家发改委等14个部门发布《关于促进服务业领域困难行业恢复发展的若干政策》，出台了税收优惠、社保缓缴、租金减免等一揽子政策措施，并对餐饮、零售、旅游、公路水路铁路运输、民航5

个行业制定了专项措施，还强调了精准防控疫情"三个不得"① 的要求。目前来看，这些措施抓住了制约服务业市场主体全面恢复的关键，随着政策措施的落地和有效实施，将对缓解服务业市场主体特别是小微企业和个体工商户的经营压力产生明显效果。

未来十年我国服务业发展趋势

分析模型的更新

对未来十年我国服务业发展趋势的分析和预测，是根据典型工业化国家服务业结构演变的经验事实，结合我国人均 GDP（以 1990 年国际元衡量）的预测值，对照这些国家在相近收入水平上流通性服务业、生产性服务业、个人服务业和社会服务业的增加值占 GDP 比重，以其均值作为我国这四类服务业增加值比重的基本走势。在此基础上，综合其他主要影响因素（第二产业增加值比重、城镇化率等），对预测结果进行必要的验证和修正。最后，加总前述的四类服务业增加值比重预测值，得到整个服务业增加值比重的变动趋势。值得注意的是，利用该方法得到的预测结果更多地反映我国服务业发展的中长期趋势，具体年份的预测结果可能存在一定误差。② 还要说明的是，《中国统计年鉴 2021》公布

---

① 一是不得突破疫情防控相应规定进行封城、封区，不得非必要、不报批中断公共交通。二是不得非经流调、无政策依据对餐厅、商超、景区景点、电影院及相关服务业场所等实施关停措施、延长关停时间。三是不得在国务院联防联控机制政策要求基础上擅自增加对服务业的疫情防控措施。确有必要采取封城封区、中断交通等措施或在现行基础上加强疫情防控力度的，须报经国务院联防联控机制同意后实施。

② 参见《中国经济增长十年展望（2013—2022）：寻找新的动力和平衡》第十三章的内容。

的完整的"分行业增加值"数据截至 2019 年，需要结合疫情以来代表性服务行业的情况，对 2020 年、2021 年的预测结果进行必要调整。

对 2022—2031 年服务业发展趋势的预测

以 2021 年修正后的流通性服务业、生产性服务业、个人服务业和社会服务业的增加值比重为基准，按照前述分析框架，预测未来十年我国服务业发展趋势。总体上看，我国服务业增加值比重将保持稳步提升，预计到 2031 年将超过 61%。在流通性服务业增加值比重缓步走低的同时，生产性服务业增加值比重持续上升，个人服务业增加值比重稳中有增，社会服务业增加值比重逐步提高。预计到 2031 年，这四类服务业增加值比重分别为 15.7%、26.6%、3.6% 和 15.3%（见图 20.6）。

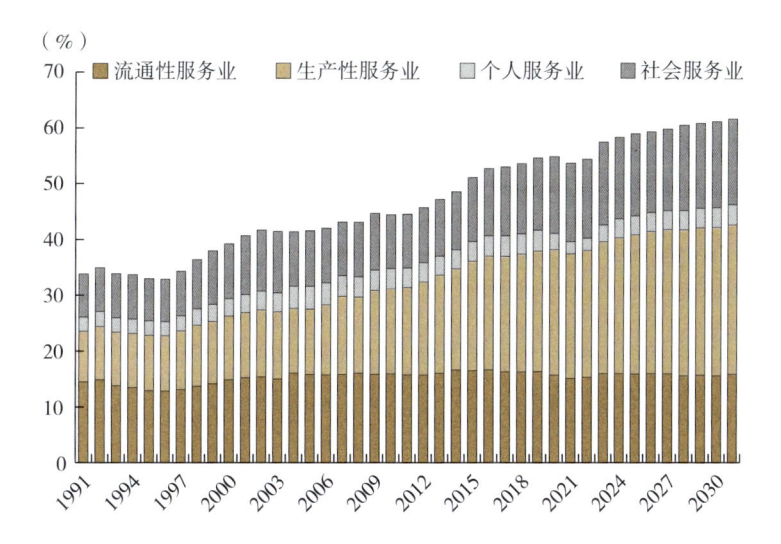

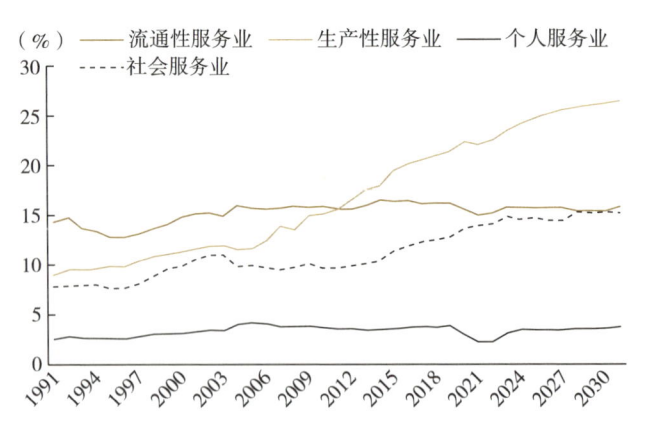

图 20.6　1991 年以来服务业增加值比重的走势及对
2022—2031 年的预测

资料来源：相关年份的《中国第三产业统计年鉴》及作者估算。

持续推进服务业低碳发展

现阶段，低碳已成为服务业发展的重要方向和要求。服务业低碳发展有两个方面的含义。一是服务业自身向低碳方向转型，充分利用低碳技术对服务行业进行改造升级；二是低碳服务行业的创新发展，为其他行业提供更多高质量的中间服务等，从而助力实现碳达峰、碳中和。

服务业低碳发展的现状

服务业发展逐步低碳化，但间接排放不容忽视

服务业是相对低碳的产业。2019 年，我国服务业直接产生 9.5 亿吨二氧化碳当量，占全部排放的 9.7%，碳排放强度为 0.4 吨/万元，约为全行业的 20%~25% 和工业的 10%。近年来，我国服务业结构不断调整，交通运输、仓储和邮政业等依赖于能源资源的高排放行业占服务业的比重明显下降，金融业、租赁和商务服务业、科学研究和技术服务业等更加依赖于人才、知识的低排放行业占比提升，促进了服务业碳排放强度的显著下降，2019年比最高的2004年降低50%（见图20.7）。

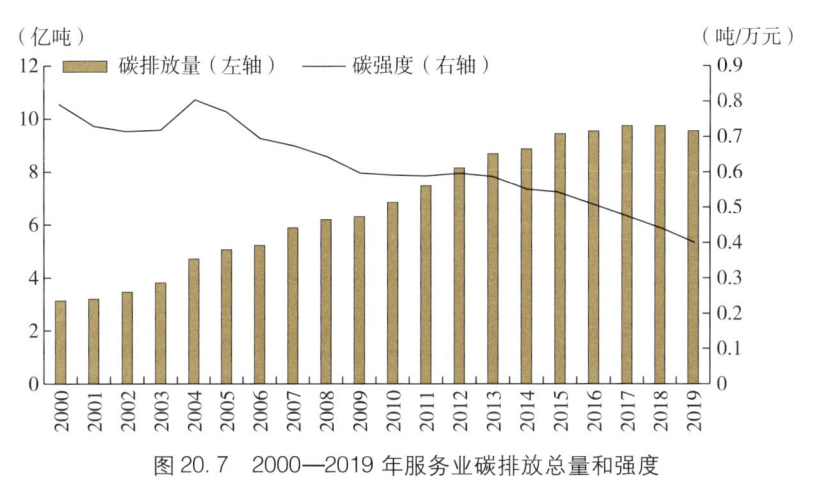

图20.7 2000—2019年服务业碳排放总量和强度

注：以2000年价格为基准价计算碳强度，下同。
资料来源：国家统计局，中国碳核算数据库（CEADs）及作者计算。

需要注意的是，目前我国服务业每年约消耗15%的电力，且消耗大量产品，虽然不直接产生碳排放，但这些产品生产中会形成一定的碳排放。根据2018年投入产出表测算，当年服务业间接产生9.4亿吨二氧化碳，接近直接排放量。

不同服务行业碳排放差异明显，交通运输行业是主要排放源

交通运输行业是典型的高排放行业，是我国服务业直接碳排放的主要来源，且占比呈上升趋势。2019年，交通运输、仓储和邮政业直接排放7.3亿吨二氧化碳（见图20.8），占服务业碳排放量的76.8%，比2010年上升6.1个百分点。其中，道路运输产生的排放量超过80%。总体上看，我国交通运输、仓储和邮政业的低碳转型较晚，碳强度长期维持在较高水平，是其他服务行业的 10~20 倍。不过，自 2015 年以来，随着新能源汽车和节能技术的快速发展，交通运输、仓储和邮政业的碳强度开始持续下降，2019 年降至 2.7 吨/万元，比 2015 年降低 19.5%（见图 20.9）。

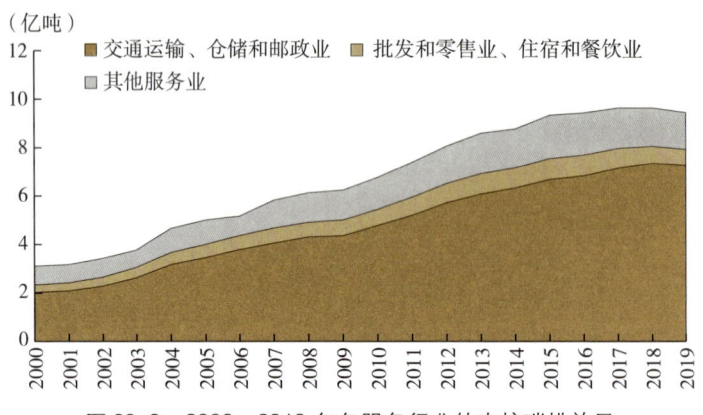

图 20.8　2000—2019 年各服务行业的直接碳排放量

资料来源：中国碳核算数据库。

图 20.9　2000—2019 年各服务行业的碳强度

资料来源：国家统计局，中国碳核算数据库及作者计算。

批发和零售业、住宿和餐饮业以及其他服务行业的直接碳排放量较小，碳强度较低，但间接排放量较大。2019年，我国批发和零售业、住宿和餐饮业共排放0.7亿吨二氧化碳，其他服务行业排放1.5亿吨二氧化碳，碳强度均只有0.1吨/万元。但要看到，这些行业在提供服务过程中，消耗的资源和产品会间接产生较多碳排放，分别为直接碳排放的2.4倍和7.6倍左右。例如，信息服务行业所配套建设的数据中心，年用电量约占全社会用电量的1%~2%。由于我国目前仍以煤电为主，电力的碳排放因子较高，耗电量大表明间接排放较多的二氧化碳。

低碳服务业快速蓬勃发展

在绿色发展理念和碳达峰、碳中和目标的引领下，我国经济社会低碳转型不断深化，随之对促进生产生活方式低碳化的技术、管理等服务需求不断增长，带动节能服务、碳排放管理服务等行业快速发展。

"十一五"以来，我国节能服务业发展日益受到重视，行业总产值从2005年的47.3亿元快速增加到2010年的836.3亿元，增长约16.7倍。2011年突破千亿元后继续保持高速增长，2021年超过6 000亿元，年均增长17.4%；节能服务业从业人数也由2005年的1.6万人增加到2021年的84.1万人，年均增长28.1%（见图20.10）。合同能源管理作为节能服务业的主要业态，通过合同能源管理项目投资形成节能能力，实现大量减排。2008—2018年，合同能源管理项目实现的减排量从796.9万吨二氧化碳提高到10 651万吨二氧化碳，2019年、2020年略有回落，但在碳达峰、碳中和目标提出后，2021年减排量再度攀升至10 748万吨二氧化碳（见图20.11）。

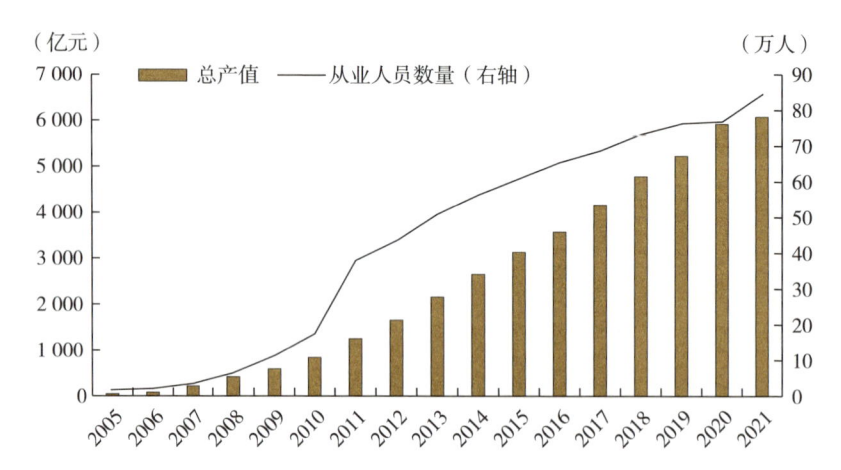

图 20.10　2005—2021 年节能服务业总产值和从业人数
资料来源：中国节能协会节能服务产业委员会。

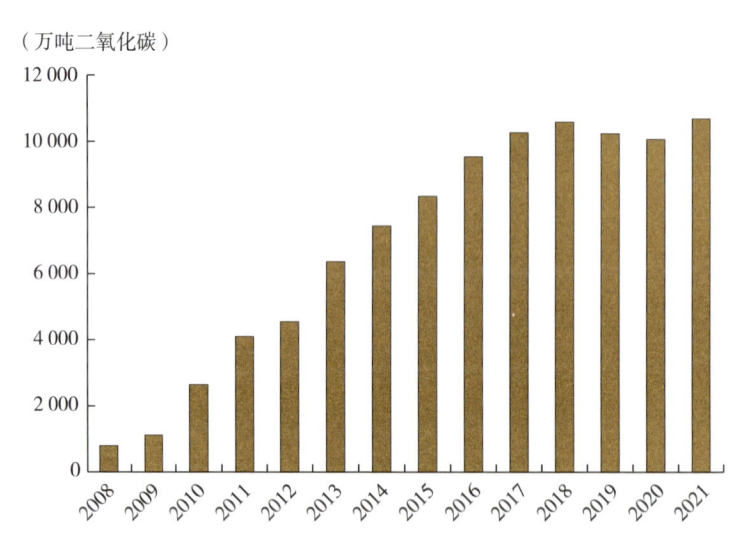

图 20.11　2008—2021 年合同能源管理项目实现的碳减排量
资料来源：中国节能协会节能服务产业委员会。

从碳排放管理服务看，其服务对象包括电力、石化、化工、钢铁、有色、造纸、水泥等控制排放行业。为应对气候变化，越来越多的企业设立了明确的减排目标，即允许的碳排放量是有限的，特别是已纳入碳排放权交易市场（以下简称"碳市场"）的重点排放企业，碳排放配额资源有限，成为企业的资产，企业对此需要进行有效管理。在此背景下，碳排放管理服务在碳市场发展中应运而生。其中，既有碳排放监测、核查等技术服务，以获取真实可靠的碳排放数据，保障碳市场的有效运行；还有碳市场分析、交易运作、培训等管理服务，指导企业提高碳排放资源使用效率，以更低的成本实现减排。目前，全国碳市场上线运行已有一年多，约400家企业可提供碳核查服务，多个大型国有企业成立碳资产管理公司，专业的碳排放管理服务公司也不断涌现。

服务业低碳发展的机遇和挑战

第一，推进碳达峰、碳中和为服务业低碳发展创造了有利的政策环境。碳达峰、碳中和目标的提出，将加快我国经济社会发展的全面低碳转型，促进低碳服务需求的释放。在明确的减排目标下，高耗能行业转变能源利用方式更加迫切，将加大高能效技术、可再生能源等低碳投资力度，为节能服务业的发展注入了强大动力。碳市场作为重要的减排工具，行业覆盖范围也将持续扩大，有利于为碳排放管理服务业提供更大的发展空间。另外，为实现碳达峰、碳中和目标，我国制定了一系列政策措施。其中，《中共中央国务院关于完整准确全面贯彻新发展理念做好碳达峰碳中和工作的意见》中对"积极发展绿色金融""加快推进低碳交通运输体系建设""加快商贸流通、信息服务等绿色转型"等做出了明确部署。相关行业或领域的规划中也提出了具体措施。例如，国家发改委发布的《"十四五"现代流通体系建设规划》提出加大流通全链条节能减排力度，加大绿色技术装备推广应用，加快流通设施节能改造，降低流通全过程资源消耗和污染排放等；教育部发布的《加强碳达峰碳中和高等教育人才培养体系建设工作方案》提出加快碳金融和碳交易教学资源建设，培养专门人才；新修订的《职业分类大典》首次将碳排放管理员纳入国家职业序列。这些都将促进低碳服务行业发展和传统服务行业低碳转型。

第二，新一轮科技革命为服务业低碳转型提供了新路径。技术进步创造了新的服务提供模式，孕育产生更多低碳的资源产品，有利于促进服务业低碳转型。一方面，新能源技术的不断成熟和发展，提供了低碳的能源选择，将改变服务业用能结构，减少碳排放。例如，新能源汽车的发展和推广，降低了交通运输行业对汽油、柴油的依赖，转而使用电能、氢能等低碳能源，可直接减少碳排放。再如，可再生能源和储能技术的发展，将促进电力排放因子下降，为服务业提供更加清洁低碳的电力，降低间接碳排放。另一方面，人工智能、大数据、云计算等数字技术的不断发展，形成了在线教育、在线医疗、云会展、云旅游等新业态新模式。相比于传统服务提供模式，线上提供服务在一定程度上可以减少资源消耗，间接降低碳排放，助推服务业低碳转型。

第三，服务业减排仍面临成本高、难度大的压力。由于服务业碳排放源相对分散，管理难度大，碳强度下降成本较高，而且服务业仍处于较快发展阶段，产业规模的扩张也将增加减排难度。交通运输行业对化石燃料依赖程度较高，特别是重型货车、船舶和飞机，新能源短期内难以大规模替代化石燃料，即使是相对成熟的中小型新能源汽车占比依然较低。而且，交通运输行业碳排放主要由车辆、飞机等移动排放源燃烧燃料产生，排放源分散，碳捕集技术应用难度大，深度减排仍存在不确定性。另外，其他服务行业相对低碳，间接排放高，从业者以及消费者减排意识不强、积极性不高。服务业低碳转型主要依靠减少服务过程中的资源消耗和选择低碳资源，但使用绿色电力、可循环包装等低碳资源的成本较高，在一定程度上影响市场主体的盈利情况。同时，减少资源消耗意味着改变消费者的原有习惯，也会在一定程度上降低消费的便利性，影响服务业低碳转型。

第四，服务业低碳发展的制度体系不完善。我国低碳服务行业发展时间短，相关制度尚不健全，不利于其规范健康发展。一是标准有待完善。低碳服务行业中的排放监测、核查等为专业技术服务，统一的技术标准是规范服务的基础。但目前来看，碳排放数据核算标准不统一，国家层面发布的温室气体排放核算方法与报告指南不够具体，核算方法存在与企业实际工艺流程不匹配、计量方式不一致等问题，可操作性不强；各地发布的碳排放核算标准有所差异，难以规范碳排放监测、核查服务，影响服务质量。二是监管仍有空白。以碳排放第三方核查为例，目前各地主要通过招投标选定核查机构，要求的资质仅是加分项而非强制项，一些资质不高的机构通过压低服务价格以进入市场。由于缺乏对核查工作的监管，部分核查机构为压低成本，存在"走过场"、造假等现象，服务质量难以保证，影响行业的可持续发展。

第五，低碳服务行业高质量发展的要素支持不足。目前，除少数发达地区外，碳排放第三方核查服务费用基本是由地方财政支付。由于碳排放核查的财政预算有限，核查服务费用偏低，但核查要求较高，且核查机构需承担较大责任，风险与收益不对等，导致一些资质优良的机构和企业退出碳排放核查业务，不利于行业健康发展。同时，碳排放管理服务业是跨领域的知识密集型行业，从业者进入门槛较高。以碳核查服务为例，由于各行业排放特点存在差异，不同行业的排放核查内容有很大区别，需要从业者掌握丰富的专业知识和实践技能。而我国碳排放管理服务相对冷门，从业者数量少；同时，人才培养体系有待建立，相关市场培训机构针对性不强，导致目前专业的碳排放管理人才缺口较大。

服务业低碳发展展望

一方面，服务业结构升级和低碳转型将推动服务业碳强度进一步回落。根据服务业发展的国际经验，未来十年我国交通运输行业增加值占GDP比重将稳步下降，预计2031年降低到3.7%左右；除交通运输之外的其他服务行业增加值占GDP比重不断上升，预计2031年约达到57.5%。对交通运输行业而言，能效提高和新能源汽车占比提升，将推动碳强度逐步下降。按照近年来的低碳发展态势，交通运输行业碳强度若保持年均5%的降幅，预计2031年碳强度可降低至1.5吨/万元左右。对其他服务行业来讲，节能改造技术应用范围不断推广，电力排放因子持续下降，碳强度若保持5%~10%的降幅，2031年将降低至0.04吨/万元。综合来看，预计2031年我国服务业碳强度将下降到0.13吨/万元左右。

另一方面，低碳服务行业发展壮大将助推其他行业实现更多减排。碳达峰、碳中和的推进，将使低碳服务需求显著增长。在节能服务业，预计行业集中度将有所提高，龙头企业获取资源的能力逐步增强，技术研发实力不断提升，有利于提升其综合服务能力，促进深度节能降碳。按照未来十年节能服务业总产值年均增长10%计算，预计2031年将超过1.5万亿元。在碳排放管理服务业，预计随着碳市场规模的扩大，企业的需求将不断增长。目前，全国碳市场仅纳入2 162家电力企业，拟新纳入的石化、化工、建材、钢铁、有色、造纸、航空等重点排放行业中，规模以上企业数量超过12万家，若将这些行业规模以上企业全部纳入，碳排放管理服务需求将成倍扩大，发展前景广阔。碳排放管理服务虽然不能直接产生减排效果，但可以帮助企业进行排放管理，寻找减排潜力，以更低成本、更合理路径实现减排目标，促进经济实现低碳转型。

政策建议

第一，供需两端协同推进交通运输行业低碳转型。加强新能源技术、节能技术研发，提升电动车、氢燃料汽车性能，降低汽车能耗，减少碳排放。加快充电设施建设，提升电动车使用的便利性。同时，鼓励采用更加低碳的交通运输方式，优化货物运输结构，增加铁路运能，着力推进"公转铁"，以低碳的铁路运输替代高排放的重型货车；加强对新能源汽车、低油耗汽车的税费支持，降低高油耗汽车占比，提高公共交通运行效率和舒适度，引导居民更多选择公共交通出行。

第二，培育服务业从业者和消费者的低碳意识。以减量使用、循环利用为重点，强化对服务业从业者的宣传教育，发挥行业协会作用，提升从业者对低碳服务的重视程度；制定服务行业低碳指南，指导从业者以更加低碳的方式提供服务，如无纸化办公、购买绿色电力、不主动提供一次性用品等。建立低碳餐馆、低碳商场、低碳办公楼等认证标签，设置低碳认证条件并进行评估，对符合条件的机构发放低碳认证标签，初期对获得低碳认证的机构给予一定的税收奖励。鼓励服务线上化，如线上教育、线上会展等，降低服务关联行为产生的排放。

第三，完善碳排放管理服务行业的制度体系。建立碳排放管理服务企业资质认证体系，对企业业务能力、信用等级、从业人员资质、硬件水平等指标进行评估。建立全国统一的碳排放核算标准。结合近年来的核算实践以及出台的温室气体排放核算方法与报告指南，研究制定可实际应用的各行业碳排放核算和报告标准。加强监测、核查过程中对仪器设备的使用，降低人为不确定性。强化监督管理，明确碳排放监测、核查工作规范流程。

第四，加强对低碳服务行业发展的财政支持。鼓励节能服务业科技创新，给予节能降碳技术研发一定的补贴，提高节能服务企业深度减碳能力。通过贴息等方式，加大对大型综合节能项目的融资支持，创新节能服务融资模式，拓宽融资渠道，支持企业提升综合服务能力。适当提高政府采购服务的预算，对资质较好的碳排放管理企业给予一定的补贴或税收优惠。

第五，构建完善的人才培养培训体系。建立高等教育培养体系，探索在能源经济、环境经济专业基础较好的高校设立本科专业，开设碳金融、碳交易相关课程。深化产教融合、校企合作，提高相关职业培训的专业化水平，制定碳排放管理员的职业技能标准。

参考文献

刘世锦主编. 中国经济增长十年展望（2013—2022）：寻找新的动力和平衡［M］. 北京：中信出版社，2013.

刘馨，刘涛. 在"双统筹"中推动服务业全面恢复和高质量发展［R］. 国务院发展研究中心调查研究报告，2021（413）.

中国节能协会节能服务产业委员会. 2021节能服务产业发展报告［R］. 2022.

王珏旻，孙小亮. 新形势下节能服务产业发展特点与趋势展望［J］. 电力需求侧管理，2019（5）.

第二十一章　金融业：保实体、增绿色、提效率

张振

要点透视

➢ 2021 年，金融整体发展与实体经济相适应，信用合理扩张，宏观杠杆率维持稳定。设立北京证券交易所、证券发行注册制等资本市场改革不断深化，融资结构持续优化。在我国贸易快速发展、外商投资继续增长的背景下，汇率保持在合理区间。

➢ 2022 年，世界面临疫情、通胀和地缘政治冲突三大不确定挑战，发达经济体宽松货币政策退出带来的外溢效果增加了经济复苏的难度。我国经济遇到巨大的供给冲击和需求冲击，中小微企业的现金流遭受考验。应该采取更加积极的货币政策，在不确定中为实体经济复苏提供确定性。

➢ 中长期来看，我国经济增长速度下降的不确定性增加、人口老龄化、气候变化都将对金融产生深远影响，对整体金融资产的安全性带来巨大考验。随着气候变化，绿色金融发展的内涵不断拓展，任务依旧艰巨。

➤ 面对机遇与挑战，我们应继续推进金融市场化改革，做好金融体系的市场制度和基础设施建设，坚决落实与实体经济发展相适应的资本市场改革工作，加快发展绿色金融。

2021年货币总量稳定、结构优化，汇率弹性增强

跨周期调控下，社会融资规模增量环比下降

2021年社会融资规模增量累计为31.35万亿元，比上年减少3.44万亿元，比2019年增加5.68万亿元。其中，对实体经济发放的人民币贷款增加19.94万亿元，同比少增907亿元；对实体经济发放的外币贷款折合人民币增加1 715亿元，同比多增265亿元；委托贷款减少1 696亿元，同比少减2 258亿元；信托贷款减少2.01万亿元，同比多减9 054亿元；未贴现的银行承兑汇票减少4 916亿元，同比多减6 662亿元；企业债券净融资3.29万亿元，同比减少1.09万亿元；政府债券净融资7.02万亿元，同比减少1.31万亿元；非金融企业境内股票融资1.24万亿元，同比增加3 434亿元。

企业债券、政府债券占比降低，人民币贷款占比提升，以商业银行为核心的货币内生循环逐步恢复

从结构来看，在2021年同期社会融资规模中，对实体经济发放的人民币贷款占63.6%，同比提高6个百分点；对实体经济发放的外币贷款折合人民币占比0.5%，同比提高0.1个百分点；委托贷款占比-0.5%，同比提高0.6个百分点；信托贷款占比-6.4%，同比降低3.2个百分点；未贴现的银行承兑汇票占

比 –1.6%，同比降低 2.1 个百分点；企业债券占比 10.5%，同比降低 2.1 个百分点；政府债券占比 22.4%，同比降低 1.5 个百分点；非金融企业境内股票融资占比 3.9%，同比提高 1.3 个百分点。

信贷总量增长稳定、结构优化

信贷总量增长的稳定性明显增强。2021 年年初，经济增长的积极因素较多，贷款需求比较旺盛，人民银行引导金融机构稳住上半年尤其是第一季度的贷款节奏，为应对下半年的不确定性创造条件。下半年，国内经济出现下行压力，信贷需求大幅放缓，人民银行前瞻引导金融机构增强信贷总量增长的稳定性，着力统筹做好信贷跨年度衔接，稳固金融支持实体经济力度，人民币贷款实现全年同比多增。2021 年四个季度贷款增量分别为 7.7 万亿元、5.1 万亿元、4.0 万亿元和 3.2 万亿元，季度增量占比分别为 38.5%、25.5%、19.9% 和 16.2%，比重与上年同期基本持平。信贷结构持续优化。2021 年年末，企（事）业单位中长期贷款比年初增加 9.2 万亿元，在全部企业贷款中占比达 76.8%。制造业中长期贷款增速为 31.8%，其中高技术制造业中长期贷款同比增长达 32.8%。普惠小微贷款余额 19.2 万亿元，同比增长 27.3%，普惠小微授信户数 4 456 万户，同比增长 38%。

货币供应量与社会融资规模合理增长

2021 年年末，广义货币供应量（M2）余额为 238.3 万亿元，同比增长 9.0%。狭义货币供应量（M1）余额为 64.7 万亿元，同比增长 3.5%。流通中货币（M0）余额为 9.1 万亿元，同比增长 7.7%。2021 年现金净投放 6 510 亿元，同比少投放 615 亿元。

初步统计，12 月末社会融资规模存量为 314.13 万亿元，同比增长 10.3%，增速比上年年末低 3 个百分点。2021 年社会融资规模增量累计为 31.35 万亿元，比上年减少 3.44 万亿元。金融机构对实体经济发放的贷款保持平稳。2021 年对实体经济发放的本外币贷款增加 20.11 万亿元，与 2020 年基本持平，比 2019 年多增 3.36 万亿元。债券融资回归常态，股票融资较快增长。2021 年政府债券净融资为 7.02 万亿元，比上年减少 1.31 万亿元，主要是因为上年发行了 1 万亿元抗疫特别国债。非金融企业债券净融资 3.29 万亿元，比上年减少 1.09 万亿元；非金融企业境内股票融资 1.24 万亿元，比上年增加 3 434 亿元。表外融资减少较多。委托贷款、信托贷款、未贴现的银行承兑汇票三项表外融资净减少 2.67 万亿元，比上年多减 1.35 万亿元。

汇率弹性增强

2021 年，跨境资本流动和外汇供求基本平衡，市场预期总体平稳。以市场供求为基础，参考一篮子货币调节，有管理的浮动汇率制度运行良好，人民币汇率以市场供求为基础，双向波动，弹性增强，发挥了宏观经济和国际收支自动稳定器功能。市场因素和政策因素对汇率偏离有效纠正，人民币汇率基本稳定在合理均衡水平。2021 年，人民币对一篮子货币汇率有所升值。2021 年年末，中国外汇交易中心（CFETS）人民币汇率指数报 102.47，较上年年末升值 8.1%；参考特别提款权（SDR）货币篮子的人民币汇率指数报 100.34，较上年年末升值 6.5%。根据国际清算银行测算，2020 年年末至 2021 年年末，人民币名义和实际有效汇率分别升值 8.0% 和 4.5%；自 2005 年人民币汇率形成机制改革以来至 2021 年年末，人民币名义和实际有效汇率分别升值 48.7% 和

58.2%。2021年年末，人民币对美元汇率中间价为6.3757元，较上年末升值2.3%，自2005年人民币汇率形成机制改革以来累计升值29.8%。2021年，人民币对美元汇率年化波动率为3.0%。

2022年的金融业：在不确定中为实体经济恢复提供确定性

世界经济不确定性因素尚存

疫情、通胀和地缘政治冲突是全球经济的三大不确定性因素，发达经济体货币政策调整节奏和决心将受到各方关注。新冠肺炎疫情已经进入第三年，全球经济的持续复苏面临病毒变异挑战。奥密克戎变异毒株迅速传播，导致许多国家迫于经济压力减少和限制人员与物资流动，劳动力供给短缺现象得到缓解。目前来看，疫情对全球经济的扰动影响将有赖于药物的研发和推广。随着全球供应链扰动的缓解，人流和物流逐渐通顺，但是货币政策的后续反应逐渐显现。北美洲、欧洲由于强劲的居民需求拉动，劳动力市场紧张局面加剧，通胀达到几十年以来的最高水平。高企的通胀不断侵蚀居民的资产负债表，给世界经济复苏蒙上阴影。广大发展中国家由于对外依存度高，在高失业和高通胀的双重压力下难言乐观。地缘政治冲突下，石油、天然气等能源以及粮食作物价格继续走高，石油价格冲上100美元高位，世界经济受到21世纪以来的最大供给冲击。创纪录的债务给许多国家的财政平衡带来压力，限制了许多国家应对更多扰动的能力。疫情应对、财政可持续、通胀治理都不断加深经济恢复的不确定性，债务后期处置考验世界经济协调能力。

但各种挑战的持续时间可能不同。相比德尔塔毒株，新的奥密克戎毒株的感染症状较轻，预计世界范围内感染病例激增的情况将较快缓解。奥密克戎毒株对 2022 年第一季度的世界经济活动造成拖累，但其影响将从第二季度开始消退。疫情的消退与供给扰动的减少将为世界经济的恢复创造一个良好环境。但是，也不能放松对世界范围内通胀超预期上涨、回落缓慢风险的应对准备，货币政策调整需要世界经济协调进行。假设供需失衡在 2022 年下半年缓解，有关行业供给改善，需求逐渐从商品消费转向服务消费，非常规货币政策顺利退出，通胀预期则继续得到锚定，实际通胀将在 2023 年消退。如果出现更危险的毒株，危机可能持续更长时间。如果美国通胀上涨超预期，美联储可能会大幅收紧银根，全球融资环境将急剧收紧。地缘政治紧张和社会动荡也给世界经济带来不确定性。

大多数国家的货币政策正在经受考验，通胀失控与大宗商品价格失控，两相夹击。美国等国家出现了广泛的通胀，同时经济在强劲复苏，通胀暂时论正在被市场抛弃。对于全球经济来说，为防止通胀预期脱锚，非常规货币政策要有序退出。一些国家的央行已经开始加息，以提前应对通胀压力。世界各国要就货币政策立场进行良好沟通，确保市场有序反应。在核心通胀压力仍然不高、复苏进展尚不明朗的国家，货币政策可以保持宽松。随着更多国家收紧货币政策，各国需进行调整，适应利率上升的全球环境。拥有大规模外币借款和外部融资需求的新兴市场和发展中经济体应在可行的情况下延长债务期限并控制币种错配，为可能出现的金融市场动荡做好准备。汇率弹性在一定程度上可帮助实现所需的宏观经济调整。在一些情况下，可能需要采取外汇干预和临时性资本流动管理措施，以便为货币政策提供空间，使其能够重点关注国内形势。

中国还应保持正常的货币政策空间

当前我国经济发展面临需求收缩、供给冲击、预期转弱三重压力，外部环境更趋复杂严峻和不确定。国内经济面临下行压力，疫情反复仍对消费需求形成抑制，部分领域投资尚在探底，通胀压力总体可控。2021年，我国CPI全年均值为0.9%，未来CPI运行中枢可能较上年温和抬升，继续在合理区间运行。与此同时，PPI同比涨幅在阶段性冲高后回落。未来全球经济供需缺口有望趋于弥合，加之高基数效应逐步显现，预计2022年我国PPI同比涨幅将延续回落态势。总体来看，我国经济供求基本平衡，实施正常货币政策，有利于物价走势中长期保持稳定。

当然，我们也要看到自2022年第二季度以来，我国遇到了巨大的供给冲击、需求冲击，这给我们的经济发展带来了阶段性挑战，有一些挑战可能是全局性和深远性的。我国石油等大宗商品的对外依存度相对较高，在地缘政治冲突下，石油价格的高位是我国经济在高对外依存度下首次接受考验，后续有可能出现一系列物价问题。同时，应对中小微企业、服务业等受疫情影响较重的特困行业，使用再贷款、再贴现工具，在总量货币政策下实现精准滴灌，为企业流动性提供支撑。

需求冲击的应对需要更加积极的货币政策，采取更加强势的态度扭转社会对于未来增长的担心。我国生产资料、生活资料的价格监控体系完善，并且有较强的市场调控能力，国内物价超预期上涨主要受制于境外大宗商品和汇率走势。在采取积极货币政策的同时，大力引导外汇市场是可行的。

量化宽松：退出和外溢

美联储等发达经济体央行的货币政策走向，是当前国际金融市场关注的焦点，也是国际金融市场变化的重要影响因素。回顾2008年国际金融危机之后的政策应对和市场反应，美联储货币政策紧缩周期中美元显著升值，对新兴市场经济体形成较大冲击。2014年年中美元指数开始快速升值后，新兴市场经济体货币大幅贬值，主要新兴市场经济体也出现了大幅资本流出。2015年至2017年年初，我国外汇市场也遭受较大冲击，人民币贬值伴随着资本流出、外汇储备规模下降。

我国外汇市场受本轮美联储政策转向的影响总体可控，跨境资本有望继续双向流动，人民币汇率将在合理均衡水平上保持基本稳定。当前中国经济处于更好的周期位置。上一轮紧缩时期，我国经济正处于增速换挡、结构调整和前期政策消化三期叠加的阶段，面临较大下行压力，PPI连续50多个月为负值。而当前国民经济保持恢复态势，主要宏观指标处于合理区间，就业基本稳定，国内稳固的经济基本面将是我国外汇市场应对外部冲击的基础保障。人民币汇率弹性也有所增强，可以更好地发挥自主调节作用。上一轮紧缩时期，人民币汇率前期单边升值，外汇市场累积了一定的贬值压力。近年来，人民币汇率形成机制不断完善，汇率双向浮动弹性增强。同时，人民银行、外汇管理局不断完善逆周期宏观审慎管理工具，在风险应对方面积累了更多经验。我国资本流入结构优化，对外投资稳定性增强。上一轮紧缩时期之前，我国外资流入主要是传统融资性外债，对汇率变化较为敏感，2015—2016年经历了外债集中去杠杆。近年来，我国外债流入以境外长期投资者投资人民币债券为主，稳定性较高。此外，当前我国企业"走出去"更加理性，未来对外直接投资预计将比较稳定。

2023—2033 年展望：绿色、科技重塑金融业态

做大、做强绿色金融

绿色金融体量潜力巨大。中国人民银行在 2021 年 6 月 24 日的研究报告称，当前投向清洁能源产业的绿色贷款占比不足 27%，未来仍有极大提升空间。"到 2060 年，清洁能源占比将从目前的不足 20% 逐步提升至 80% 以上，这一过程离不开金融尤其是绿色贷款的大力支持。"央行研究局表示，金融机构应聚焦碳达峰、碳中和目标，制定明确具体的绿色贷款业务发展规划，重点支持技术领先、有国际竞争力的清洁能源等领域的企业和项目。2020 年以来，绿色贷款持续增长。据人民银行统计，截至 2020 年年末，全国绿色贷款余额达 11.95 万亿元，在人民币各项贷款余额中占 6.9%，比年初增长 20.3%，全年贷款增加 2.02 万亿元。

增加绿色金融资产购买，提高绿色金融资产流动性。目前，全球主流的主权财富基金都将可持续发展作为其投资的考量因素之一，尤其是挪威和阿布扎比一类基金来源于化石燃料开采的主权财富基金。中国的主权基金应带头扩大在绿色金融项目上的资产。中国目前的主权财富基金规模已经达到世界第二，仅中投公司总资产已破万亿美元，外汇管理局和社保基金还持有超过近 7 000 亿美元资产。主权基金扩大对绿色金融资产的购买，将有助于促进绿色金融的壮大，同时带动其他公募、私募基金进入这一领域。

协调好汇率长期升值与出口转型升级的平衡，保持正常货币政策空间

当出现地缘政治等种种紧张状况后，国际上的资金开始购买美元资产，主要原因就是美元具有避险功能。但现在有一部分国际资金开始转而购买人民币资产避险，这是一个重要的转变。我国的经济实力和综合国力在增强，国内政治稳定、社会稳定，这都是促成这一转变的重要原因。当然，汇率升值和外贸出口之间是有矛盾的，人民币升值会对企业的外贸出口带来一些影响，因此，人民币升值不能太快，需要寻找一个平衡点。

人民币已经迈入长期升值轨道，这就要求国内企业特别是外贸出口企业切实提升劳动生产率。人民币升值将给出口带来压力，劳动生产率如果不能随之提高，出口企业的竞争力就会降低。劳动生产率提升慢的企业面临被转移到其他国家的压力，客观上会带来一定程度的摩擦性失业，如果处理不好，还可能带来经济结构转型中的风险。德国曾经有相当长的时间处于货币升值状态，但是其出口也一直保持增长。根本原因就在于德国劳动生产率的提升与汇率升值是相适应的，尽管汇率在升值，但出口仍然保持持续增长。中国出口企业可能也要走这条道路。

正确认识科技发展给传统金融带来的挑战

科技发展在产业中的快速成长会通过一系列因素对金融造成冲击，特别是传统金融机构。市场化竞争不足、对外开放适应能力不足的金融机构都会在未来科技发展中经受巨大挑战。金融形态将在数字经济的大发展中呈现完全不同的产业形态。金融部门作为特殊行业，现有业务领域都需要持有牌照才能营业。但是未

来金融新业态层出不穷，金融科技本身就是科技与金融的相互融合，从产业科技和金融科技发展来说，金融科技在全球的竞争力远低于产业科技。

科学技术作为发展的"起爆器"，对经济社会带来动态影响，特别是在中国高质量发展过程中，科技研发将起到更加重要的作用，产业形态也将发生巨大变化，中央银行将面对更大的货币政策和宏观调控挑战。因此，要正确认识科学技术进步带来的经济和金融方面的变化。

政策建议

建设数字金融、绿色金融标准化体系

标准化辅助现代金融管理，支撑金融产品和服务创新。加快完善绿色金融标准体系，有效推进普惠金融标准建设，加强产业链、供应链和金融标准保障。标准化引领金融业数字生态建设，稳步推进金融科技标准建设，系统完善金融数据要素标准，健全金融信息基础设施标准，强化金融网络安全标准防护，推进金融业信息化核心技术安全可控标准建设。深化金融标准化和高水平开放，加快先进金融国际标准的转化应用，积极参与金融国际标准化活动，推动金融标准化改革创新。优化金融标准供给结构，强化金融标准实施应用，培育金融标准化服务业，推动金融标准检测认证协同发展。夯实金融标准化发展基础。优化金融标准化运行机制，提升金融机构标准化能力，推动金融标准化工作数字化转型，加强金融标准化人才队伍建设。

根据实体经济发展需要深化资本市场改革

资本市场改革与发展要与实体经济转型升级相适应。重点要解决两个问题，即金融如何与实体经济转型升级相协调、相配合，以及如何为中小微企业有效提供资金，为中小微企业赋能。加大对战略性新兴产业的支持力度，推动经济结构战略性调整；全力做好对中小企业尤其是小微企业的金融服务，把主动为中小企业尤其是小微企业提供金融服务作为战略重点；增强农村金融服务能力，支持新农村建设；加大金融产品和服务创新力度，主动为实体经济提供全方位、一站式的金融服务。加大银行间债券市场对企业债务融资工具的宣传和推介力度，积极推动政府部门建立激励机制，支持符合条件的企业发行短期融资券、中期票据等债务融资工具。扩大企业和个人征信系统的应用服务范围和覆盖面，整合金融行业信息资源，搭建信用信息服务平台。建立多部门联动机制，建立并完善企业、项目信息库和信息发布平台，促进银企对接。

发展绿色金融

健全激励约束机制，着力提升绿色金融业务回报，是推动绿色金融市场化、可持续发展的必然要求。引导金融机构有序增加绿色资产配置。坚持"先立后破"，在发展清洁能源的同时继续支持煤炭煤电的清洁高效利用。通过鼓励金融产品创新、完善证券发行制度、规范交易流程、提升交易透明度等一系列制度安排，形成绿色贷款、绿色债券、绿色保险、绿色基金、绿色信托、碳金融产品等多层次的绿色金融产品和市场体系。完善环境信息依法披露制度，要求金融机构公开披露发放碳减排贷款的情况以及贷款带动的碳减排数量等信息,并由第三方专业机构进行核实验证。

参考文献

刘世锦主编. 中国经济增长十年展望（2020—2029）：战疫增长模式 [M]. 北京：中信出版集团，2020.

刘世锦主编. 新倍增战略 [M]. 北京：中信出版集团，2021.

比尔·盖茨. 气候经济与人类未来 [M]. 北京：中信出版集团，2021.